Tobias Peter

Wissen und Kontrolle

Ordnung, Regierung und Legitimation wissensbasierter Gesellschaften

Nomos

Die Deutsche Nationalbibliothek verzeichnet diese Publikation in der Deutschen Nationalbibliografie; detaillierte bibliografische Daten sind im Internet über http://www.d-nb.de abrufbar.

Zugl.: Leipzig, Univ., Diss., 2009

ISBN 978-3-8329-5525-0

1. Auflage 2010

Vorwort

Die wissenschaftliche Neugier auf das Wissen ist unersättlich. Das Wissen über das Wissen nimmt offensichtlich exponentiell zu – die damit verbundene wissenschaftliche Konjunktur ist so krisenfest, dass ein weiteres Buch zum Thema so zeitgemäß wie vergeblich scheint. Umso erstaunlicher ist es, dass die allgegenwärtige Rede von der Wissensgesellschaft auf allzu tönernen macht- und ordnungstheoretischen Füßen steht. Diesem Befund will die vorliegende Arbeit abhelfen, in dem sie Ordnung und Regierung wissensbasierter Gesellschaften über den Zusammenhang von Wissen und Kontrolle aufzuklären versucht.

Der vorliegende und überarbeitete Text basiert auf einer von Wolfgang Fach und Ulrich Bröckling begutachteten und von der Fakultät für Sozialwissenschaften und Philosophie der Universität Leipzig mit dem Prädikat *summa cum laude* angenommenen Dissertationsschrift. Folgt man dem Systemtheoretiker Dirk Baecker, heißt eine Promotion nichts anderes als herauszufinden, worauf man sich verlassen kann, wenn man sich auf nichts verlassen kann. Die Fakultät einer Universität beglaubigt demnach lediglich den erfolgreichen Abschluss genau dieses Prozesses durch die Verleihung eines akademischen Titels. Zugleich folgt daraus eine Autorisierung als Autor, mit der alle übrigen freiwilligen wie unfreiwilligen Prozessbeteiligten invisibilisiert werden. Damit werden wiederum neue Zwänge erzeugt – wo will man die prinzipiell infinite Suche nach Helfern und Helfershelfern abbrechen und welche Konsequenzen zieht jedwede Grenzsetzung nach sich?

Die vielzitierte Foucaultsche Figur des maskierten Philosophen verband die Idee einer anonymen Autorenschaft mit der Vorstellung, die Machtnetze aufzuheben, die unweigerlich mit der Personifizierung von Texten verbunden sind. So unmöglich es scheint, diesen Traum bei der Produktion von wissenschaftlichen Texten, zumal von qualifizierenden, zu realisieren, so naheliegend wie riskant ist dies bei der so subtil vermachteten Textsorte des Vorworts mit seinen sorgfältig ausgewählten Dankadressen. Somit bleibt, in ironischer Solidarität, der mit dieser Arbeit verbundene vielfältige und aufrichtige Dank anonym.

Leipzig, im Frühjahr 2010 — Tobias Peter

Inhaltsverzeichnis

Wissen ist Macht? Eine Orientierung

> „Wissen und menschliches Können ergänzen sich insofern, als ja Unkenntnis der Ursache die Wirkung verfehlen lässt. Die Natur nämlich lässt sich nur durch Gehorsam bändigen; was bei der Betrachtung als Ursache erfasst ist, dient bei der Ausführung als Regel.“[1]

Wissen ist Macht. In Francis Bacons Diktum *scientia est potentia* [2] scheint die gesamte Komplexität des Beziehungsgeflechts von Wissen, Wahrheit und Wissenschaft, von Fähigkeit, Möglichkeit und Herrschaft und dem, was dafür gehalten wird, eingeschrieben: Wissen ermöglicht zu handeln, Täuschungen zu ent-täuschen, aufzubauen oder zu erhalten, Wahres von Unwahrem zu trennen, Natur oder gar Menschen zu unterwerfen, wenn sich »Herrschaft kraft Wissen« (Max Weber) entfaltet. Einspruch kommt von prominenter Stelle; Thomas Hobbes relativiert: „Wissen ist Macht, aber nur in einem geringen Grade, weil ein vorzügliches Wissen höchst selten gefunden und auch sehr wenigen hier und da einmal einleuchten wird; denn Wissen kann nur von Wissenden entdeckt werden.“[3] Mit anderen Worten: gegen die kollektive wie individuelle Macht der Dummheit ist das Wissen ohnmächtig. Weit mehr als nur die allfällige Rede von der Macht des Wissens relativiert die Feststellung Hobbes' vor allem ihre eigene Wertung. Denn im Umkehrschluss steigt die Bedeutung des Wissens für die Macht mit der gelingenden Bindung des Wissens an die Subjekte. Wissen, das einleuchtet, das von den Wissenden entdeckt wird, so könnte man folgern, entfaltet sehr wohl Macht – bei denen, die Wissen produzieren, gewähren, verbergen und anreizen, ebenso wie bei denen, die sich Wissen im Unterschied zu anderen aneignen oder eben nicht: *tantum possumus, quantum scimus* – wir vermögen soviel, wie wir wissen – wie eine Tommaso Campanella zugeschriebene Einsicht besagt.

Für moderne Gesellschaften ist die Überwindung des Tradierten eine konstitutive Bedingung: „Das Reich der Autonomie beginnt, wo das Reich der Gewissheit endet.“[4] Produktion, Verfügbarkeit, Kontrolle und Steuerung von Wissen sind so genuine Themen der Macht und auf der „Suche nach den erkenntnistheoretischen Motiven für die notorische Selbstentgrenzung des Politischen stößt man unweigerlich auf

1 Bacon 1962, S. 41

2 Nico Stehr weist auf die etwas irreführende Übersetzung von *scientia est potentia* durch *Wissen ist Macht* hin und schlägt die weiterführende Interpretation der von Bacon gemeinten potentia als *Fähigkeit* vor (vgl. Stehr 2003a, S. 31). Ob die daraus von Stehr entwickelte Definition von Wissen als *Fähigkeit zum sozialen Handeln* präzise genug ist, bleibt zu klären. Jenseits dieser Debatte bleibt festzuhalten, dass sich gerade aus der vielfältigen Bedeutung des Wortes *potentia*, die enorme Spannung und abermalige Relevanz des Baconschen Diktums entfaltet. Näher zu Bacons Wissensverständnis siehe Schäfer 1993

3 Hobbes 1998, S. 81

4 So im Anschluss an Castoriadis: Bauman 2000, S. 118

die ihr zugrunde liegende Hypostasierung des positiven Wissens. Die Idee einer in ihrer Genese nahezu vollständig zu erfassenden, mithin zielgerichtet gestaltbaren und ergo zu verbessernden Gesellschaft kann als ein Urmotiv politischer Beobachtung gelten."[5] Von den »Vorzügen und Mängeln des Verstandes« bis zur »Einteilung der Wissenschaften« (Thomas Hobbes) sind Subjekt und Objekt des Wissens, individuelle Realisierung und institutionelle Verkörperung von Interesse, wenn es darum geht, die Entfaltung der Macht näher zu beschreiben. Dass Machtentfaltung schließlich zu gesellschaftlicher Ordnungsbildung führt, ist Erkenntnis und Problem politischer Theorie. Denn Ordnung bedarf der Legitimation gegenüber dem Subjekt, wollen Regierungen bestehen. Setzt man die Begrifflichkeiten miteinander in Beziehung, entsteht theoretischer Klärungsbedarf: Wie kann eine bestimmte Ordnung gerechtfertigt werden und unter welchen Voraussetzungen wird sie anerkannt? Genereller gefragt: welche Bedingungen der Möglichkeit, eine Ordnung zu rechtfertigen und als anerkennungswürdig zu erweisen, lassen sich aufzeigen? Bei der Beantwortung dieser Frage trifft der analytische Blick auf einen offensichtlich veränderten Gegenstand des Interesses: das weite Feld gesellschaftlicher Ordnung wirkt zusehends zerfurcht von konkurrierenden, sich überschneidenden und divergierenden Ordnungsansprüchen, deren Grenzen weit weniger deutlich und dauerhaft abgegrenzt sind. Geht man, der klassischen Staatslehre folgend, von den drei Elementen des Staates: Staatsvolk, Staatsgebiet und Staatsgewalt aus,[6] so wird mit Blick auf die gegenwärtigen Zeitläufe deutlich, dass die vielfältigen Machtbeziehungen nicht mehr in der Einheit dieser drei Elemente gefasst werden können.[7] So verwundert kaum, dass allseits eine Legitimationskrise des Staates konstatiert wird.[8] Dabei wird je nach Ansatz auf Globalisierung oder Komplexität als problematische gesellschaftliche Randbedingungen zeitgenössischer Staatlichkeit verwiesen, ohne jedoch die Legitimationsgrundlagen des Politischen an sich hinreichend komplex historisch und systematisch zu rekonstruieren.

Die theoretischen Perspektiven auf die Gegenwartsgesellschaften sind indes epochemachend:[9] Wissensgesellschaft oder Netzwerkgesellschaft, Postmoderne, refle-

5 Wefer 2004, S. 52

6 Vgl. Jellinek 1959, S. 394ff

7 Auch wenn Luhmann meint, dass „das Staatsgebiet auf dem Erdball hinreichend deutlich abgesteckt werden kann und das Staatsvolk [...] als ein bloßes Konstrukt behandelt wird" (Luhmann 2000, S. 192) so wird vor allem im Kontext der Globalisierungsdebatte deutlich, dass die unveränderte Konstruktion des Vorhandenseins der Elemente noch nicht für dessen Wirkmächtigkeit bürgt. Das Staatsvolk verflüchtigt sich und vermischt sich mit Nicht-Staatsangehörigen, das Staatsgebiet wird nicht nur durch die prinzipielle Ortlosigkeit des Machtfaktors Kapital irrelevant. Diese Andeutungen zeigen letztlich, dass Untersuchungen von Machtbeziehungen und Ordnungslegitimationen über die Analyse der Staatlichkeit hinausgehen müssen.

8 Vgl. z.B. Schneider et. al. 2006, S. 197ff

9 Dirk Baecker verweist auf die von Husserl aufgemachte Begriffsverwendung von *epoché*, die man auch als „eine Methode der Einklammerung verstehen kann, mit deren Hilfe für die spätere Betrachtung markiert werden kann, was vorläufig aus dem Gegenstand herausgehalten wird." Baecker 2007a, S. 40. Siehe Husserl 1950

xive oder zweite Moderne – die gesellschaftstheoretischen Zeitdiagnosen heben auf sich grundsätzlich ändernde Logiken der Moderne ab. [10] Allen Ansätzen ist gemein, dass sie implizit oder explizit einen veränderten Status des Wissens feststellen. Nicht, dass Wissen ein neuer Faktor im Spiel von Macht und Subjekt wäre, „denn jedes Wissen ist Machtquelle, wie es stets auch sozialen Einflüssen unterliegt"[11] – festgestellt wird vielmehr der signifikant gestiegene Stellenwert des Wissens innerhalb der gesellschaftlichen Zusammenhänge: umfassende Bildung, nicht schiere Muskelkraft führt zu Arbeit, Glück und Wohlstand; Informationsverarbeitung und Netzwerkbildung, nicht Kapital oder Bürokratie führen (in erster Linie) zu ökonomischem Erfolg und zum Gelingen gesellschaftlicher Steuerungsprozesse[12] – soweit die zunehmend populäre wissensgesellschaftliche Betrachtung.[13] Hinzu treten Beobachtungen, nach denen nicht nur das Wissen zunehmend »vergesellschaftet« wird (Helga Nowotny), sondern mit einem neuen Modus der Wissensproduktion Dedifferenzierungen betrachtet werden können, die die dominante Form funktionaler Differenzierung in Frage stellen.[14] Widerspruch zum wachsenden Einfluss des Wissens kommt scheinbar aus der Perspektive des »postmodernen Wissens« (Jean-Francois Lyotard). Demnach konvergieren in den großen (Legitimations-)Erzählungen die modernen Institutionalisierungen des Wissens und der Macht[15] und geraten zugleich mit deren Gefährdung in eine Krise. Nicht nur die Autorität der Macht, auch die Autorität des Wissens ist der Erosion ausgesetzt. Verbindet man beide Beobachtungen, so lässt sich ein Paradox formulieren: Mit dem Autoritätsverfall des Wissens wird Wissen zum zentralen Ordnungsfaktor und -problem moderner Gesellschaften.

10 Eine Versammlung von Gesellschaftsdeutungen, die mit jeweils verschiedenen Etikettierungen aufwarten, bietet der von Armin Pongs herausgegebene Band. Siehe Pongs 1999

11 Plessner in Stehr 2000, S. 57

12 Zu den Einwänden gegen die Einwände vgl. Stehr 2000, S. 12ff, 56ff

13 Die Zweifel gegenüber wissensgesellschaftlichen Deutungsmustern wiegen freilich schwer:sie scheinen ihre Plausibilität offensichtlich eher aus der empirischen Evidenz, denn aus der theoretischen Stringenz zu gewinnen (siehe Steinbicker 2001, Kübler 2005, Heidenreich 2003). So droht die mangelnde theoretische Begründung und die Einordnung eines Wissensgesellschaftsdiskurses, der sich „kaum um die avancierten gesellschaftstheoretischen Diagnosen kümmert" (Holland-Cunz), nicht nur den Begriff zu desavouieren, sondern gleichzeitig blinde Flecke auf dem Auge der politischen Theorie, aber auch der darüber hinaus gehenden gesellschaftstheoretischen Diskussion zu erzeugen. So konstatieren Gerlof/Ulrich: „Es gibt keine Theorie der Wissensgesellschaft; es besteht nicht einmal Einigkeit über ihre empirische Gestalt" (Gerlof/Ulrich 2006). Was dennoch an theoretischen Vorarbeiten existiert, handelt sich nicht zu Unrecht den Vorwurf ein, „androzentrisch, hermetisch, zirkulär, gefällig, schwankend, gesellschaftsanalytisch uninformiert und harmlos gegenüber den derzeit sich entwickelnden subjektiven und globalen Herausforderungen und ihrem ‚Niederschlag' in gesellschaftlichen Strukturen" zu sein (Holland-Cunz 2005, S. 14). Zur kritischen Auseinandersetzung mit dem Begriff der Wissensgesellschaft auch: Bittlingmeyer 2005

14 Siehe Kapitel IV (1)

15 Vgl. Lyotard 1982

Werden diese Deutungen ernst genommen, dann beginnen sich die Konturen der »nächsten Gesellschaft« (Peter F. Drucker) längst zu zeigen.[16] Angesichts der paradoxen Situation eines exponentiellen Wissenswachstums und gleichzeitigen Verfalls wissenschaftlicher Autorität stehen gesellschaftliche Reflexion und Diskussion von Wissen und immer problematischeren Wissenskonsequenzen und die daraus folgenden Konsequenzen für gesellschaftlich relevante (kollektiv bindende) politische Entscheidungen zur Disposition. Die gewohnten Gewissheiten kehren sich um. Mehr Wissen sorgt nicht für mehr gesellschaftliche Sicherheit, sondern zunehmend für mehr Unsicherheit. Die vorliegende Arbeit vertritt die These, dass mit dem sich verändernden Status des Wissens in modernen Gesellschaften zugleich fundamentale Veränderungen in deren politischer Konstitution verbunden sind, die die Dominanz einer neuen *Ordnung* der Legitimation begründen. Die Legitimationsgrundlagen des *Regierens* und die damit verbundenen Probleme gesellschaftlicher Ordnungsbildung verschieben sich in Richtung eines gesellschaftlichen »Diagramms« (Gilles Deleuze), so die Behauptung, das auf der veränderten Konfiguration von Wissen, Subjekt und Macht beruht: *Die Ordnung der Kontrolle*. Die aus der Kontingenz des Wissens entstehende Unsicherheit wird in der Kontrollordnung zum entscheidenden Ordnungsproblem moderner Gesellschaften. Diese These eines Zusammenhangs von *Wissen* und *Kontrolle* wird im Verlauf der Arbeit an verschiedenen, zum Teil altbekannten, zum Teil genuin zeitgenössischen Ordnungskategorien getestet und mit konfligierenden wie komplementären Erklärungsmustern konfrontiert. Dabei geht es weniger darum, aufs neue Gesellschaft über einen Zentralbegriff wie Wissen vollständig und erschöpfend zu erklären, aber mit der Fokussierung auf die Rolle des Wissens deutlich zu machen, dass alle Erklärungen ohne die Beachtung dieser Dimension defizitär sind. Signifikante Veränderungen in den Bedingungen der Möglichkeit des Politischen sind festzustellen: unregierbares Wissen, prekäre Citoyens, flüchtige Gemeinsamkeit. Die Drift zwischen Disziplinar- und Kontrollordnung zeigt nicht nur die Grenzen staatlichen Handelns auf, sondern begünstigt zudem jenseits des Staates Regierungsweisen mit der latenten Legitimation spontaner Märkte und ziviler Bewegungen.

Diese Arbeit schließt damit an die von Gilles Deleuze im Anschluss an Michel Foucault aufgestellte Behauptung an, „dass wir dabei sind, die Disziplinargesellschaften zu verlassen, dass das schon nicht mehr unsere Gegenwart ist. Wir treten ein in Kontrollgesellschaften, die nicht mehr durch Internierung funktionieren, sondern durch unablässige Kontrolle und unmittelbare Kommunikation."[17] Antonio

16 Vgl. Drucker 2001. Dirk Baecker hat in seinen ‚Studien zur nächsten Gesellschaft' (Baecker 2007a) den Versuch unternommen, die Konturen einer nächsten Gesellschaft zu skizzieren, die aufgrund des Computers als zentrales Kommunikationsmedium nicht zwingend über funktionale Differenzierung organisiert ist. Auch wenn die medienorientierte Engführung der Argumentation hier nicht übernommen wird, weist Baeckers Studie einige wichtige Analogien zu hier vorliegenden Argumenten auf, wie zu zeigen ist.

17 Deleuze 1993a, S. 250. Siehe dazu insbesondere die Prolegomena dieser Arbeit. Der von Deleuze angedeutete Begriff ‚Kontrollgesellschaft' erfreut sich einer breiten aber sporadischen Rezeption, ohne dass er ausgehend von der fragmentarischen Beschreibung Deleuzes

Negri und Michael Hardt haben diese These in ihren Arbeiten zum globalen Herrschaftszusammenhang des »Empire« und der ihm widerstrebenden sozialen Bewegung der » Multitude« wohl am konsequentesten weitergedacht.[18] Die vorliegende Arbeit teilt ihre Überzeugung, dass der Aufstieg von Kontrollgesellschaften mit einer zunehmenden Wissensbasierung gesellschaftlicher Prozesse einhergeht, orientiert sich jedoch in der Analyseperspektive anders als in der von Negri/Hardt beabsichtigen Erneuerung eines marxistisch-operaistischen Ansatzes an der Untersuchung gesellschaftlicher Ordnungsdimensionen, die über die Engführung auf einen »kognitiven Kapitalismus« hinausgehen.[19] Dementsprechend will diese Arbeit die von Deleuze im Anschluss an Foucault skizzierten historischen Diagramme gesellschaftlicher Ordnung für die politologische und soziologische Diagnose der gegenwärtigen gesellschaftlichen Veränderungen fruchtbar machen und im Rahmen ihrer system- und gouvernementalitätstheoretisch informierten Ausarbeitung auf einem dem Gegenstand angemessenen Komplexitätsniveau anschlussfähig für weitere Forschungen machen.

Ohne den Wert empirischer Beiträge für die Formulierung theoretischer Überlegungen grundsätzlich abzustreiten oder abzuwerten, entscheidet sich diese Arbeit dezidiert gegen eigene empirische Forschungen. Vielmehr sollen diverse theoretische Texte und heterogene Erklärungsansätze gesichtet, diskutiert, für die eigene Argumentation genutzt und, wo es nahe liegt, mit Ergebnissen empirisch fundierter Beobachtungen konfrontiert werden. Ziel dieser Theorie-Beobachtungen ist also weder eine exegetische Lektüre im Sinne der Klassikerforschung noch eine explizit vergleichende, dekonstruierende oder synthetisierende Aufbereitung theoretischer Texte; Ziel ist es vielmehr, die Konturen einer politischen Ordnung und ihrer Legitimationsgrundlagen zu zeichnen und mit den damit verbundenen theoretischen Beobachtungen die Schnittstellen zu markieren, an denen weitere Forschungen empirisch operationalisiert, theoretische Aussagen widerlegt, bestätigt oder konkretisiert werden können.

Die Arbeit folgt dieser Aufgabenbeschreibung durch die Übereinanderblendung eines unvermeidlich klassisch linearen Aufbaus mit einem Netzwerk (deleuzianisch gesprochen: Rhizom) von Theorievignetten. Der Aufbau kann prinzipiell als modular begriffen werden, das heißt, die einzelnen Kapitel der Arbeit können auch ohne Kenntnis anderer Kapitel mit Gewinn gelesen werden – das gilt insbesondere für die Paralipomena, die als Einschübe schlaglichtartig eingegrenzte Probleme und Konzepte beleuchten, zugleich aber auch die Konsequenzen der vorherigen Argumentation beispielhaft aufzeigen. Auch an ihnen zeigt sich, dass die Modularität nicht

systematisch ausgearbeitet wurde. Dominierend ist die (begrifflich naheliegende) Verengung im Sinne einer (sich vorzugsweise in Videoüberwachungs- und Datenverarbeitungssystemen materialisierenden) neo-repressiven *Überwachungs*gesellschaft. Die bisherige Literatur, die den Begriff explizit im Titel führt, steht eher am Rande des philosophisch-sozialwissenschaftlichen Diskurses, siehe (als Auswahl): de Marinis 2000, Riethmüller 2005, Holert/Terkessidis 1996a, Arbeitsgruppe menschen formen 2005

18 Vgl. dazu die gleichnamigen Arbeiten:Hardt/Negri 2002, 2004

19 Siehe zum Konzept des kognitiven Kapitalismus: Corsani 2004

ungebrochen ist – der Aufbau der Arbeit ist doppelt strukturiert, weil sie gleichzeitig eine lineare Argumentation in sich birgt, die dem Leser das Verständnis erleichtern soll. Die lineare Abfolge von Wissen-Subjekt-Macht soll sowohl die Relevanz als auch den Laborcharakter der Wissensordnungen für die Ordnungen des Subjekts und der Macht aufzeigen.

So wie das Material das Werkzeug seiner Behandlung evoziert, setzt diese Arbeit voraus, dass – wenngleich der »theoretische Werkzeugkasten« (Michel Foucault) zur Untersuchung der Legitimationsgrundlagen des Politischen in wissensbasierten Gesellschaften vorhanden ist – das Instrumentarium mit einem historisch-strukturrellen Blick auf Wissen, Subjekt und Macht gesichtet, geordnet und wenn nötig neu justiert und präpariert werden muss.[20] Diese theoretische Vorarbeit soll in den *Prolegomena* geleistet werden; diese sollen im besten Sinne des Begriffs weniger handlungsverpflichtende Theorieanleitung sein, die es in der weiteren Argumentation systematisch anzuwenden und ‚abzuarbeiten' gilt, als vielmehr Klärung der vorauszusetzenden und nachzuvollziehenden theoretischen Bewegungen, denen diese Arbeit folgt, ohne ihnen vollends zu folgen. Die Kapitel I bis III sollen die *Ordnungen der Legitimation* in historischer wie systematischer Hinsicht rekonstruieren. Darauf aufbauend werden in den Kapiteln IV bis VI wissensgesellschaftliche Legitimationslagen wissensbasierter Ordnung: der *Ordnung der Kontrolle* untersucht und Widersprüche, Spannungen und Brüche der Konstitution von Wissen, Subjekt und Macht der Kontrollordnung aufgezeigt. In den Kapiteln VII bis IX sollen daraus die *Legitimationen der Ordnung* im Sinne von wahrscheinlichen Kontingenzen für staatliche und nicht-staatliche Legitimation abgeleitet werden. Irritiert werden die Kapitel von *Paralipomena* als zusätzliche Erläuterungen und regional begrenzte und fokussierte Schlussfolgerungen des Gezeigten. Den Schluss bildet der Ausblick auf eine politische Ethik, die auf die Legitimation des Wissens folgt; die Frage nach den Fluchtlinien der Kritik diesseits und jenseits der Kontrolle.

20 Das ist insbesondere im Hinblick auf die Preisgabe disziplinärer Reinheit zu betonen. Will man die in dieser Arbeit angelegte transdisziplinäre Arbeitsweise disziplinär redifferenzieren, so handelt es sich hier um vor allem um politologische, soziologische, kommunikations- und medientheoretische Ansätze. Die Generalthese, nach der die Extension des Wissens und die Diffusion der Wissensautoritäten eine neue Legitimationsordnung konstituieren, speist sich aus der Kombination wissenssoziologischer, systemtheoretischer und diskurstheoretischer Ansätze. Freilich soll mit der Behauptung von Transdisziplinarität nicht behauptet werden, hier würde die alte Einheit der wissenschaftlichen Rationalität wiederhergestellt (vgl. Mittelstraß 1989, S. 77). Die andere Richtung scheint wahrscheinlicher, wie zu zeigen sein wird.

Die »Meister ihres Fachs« und die »Tüftler«. Auf zwei Arten des Denkens macht Friedrich August von Hayek aufmerksam. Die herrschende Struktur des wissenschaftlichen Denkens artikuliert sich offensichtlich im personifizierten Ideal des »Meister seines Fachs«, also in jemandem, „der die gesamte Theorie und alle wesentlichen Tatsachen seiner Disziplin parat hat und darauf vorbereitet ist, alle wichtigen Fachfragen augenblicklich zu beantworten.“[21] So wirksam das Ideal und die mit ihm verbundene kontrafaktische Geltung ist – unter Bedingungen extendierten, mithin kontingenten Wissens wird der »Meister seines Fachs« zur personifizierten Utopie des wissenschaftlichen Denkens – und erinnert an die Tragik der untergegangenen »Universalgelehrten«. Man könnte zeigen, dass diese Ideale spezifischen Konfigurationen des Wissens und seiner Organisation angehören; Konfigurationen, die auf spezifische Regelmäßigkeiten in der Konstitution von Wissen, Subjekts und Macht verweisen. Die »Universalgelehrten« – die Utopie souveränen Wissens; die »Meister ihres Fachs« – die Utopie disziplinarischen Wissens. Jenseits dieser Einordnung tauchen als Antipoden die Tüftler (»puzzlers«) auf, beständig im Verdacht der »muddleheadness«, einer Wirrköpfigkeit als Voraussetzung unabhängigen Denkens (Alfred North Withehead).[22] Sie besitzen beiweiten nicht die Fähigkeit der »Meister ihres Fachs«, einen größtmöglichen fachlichen Überblick zu gewährleisten, aber sie beanspruchen, „gewisse Zusammenhänge deutlich zu sehen“ ohne dabei schon zu wissen „wie sie in Worten zu beschreiben wären.“ Dieser prekäre Anspruch entfaltet die Bewegung eines beständigen Oszillierens zwischen »muddleheadness« und »puzzling«, eine Bewegung, die auch die vorliegende Arbeit nicht leugnen kann. Ordnet man die von Hayeksche Einteilung des Denkens in historischer Hinsicht, so fällt auf, dass der Typus des Tüftlers älter ist als seine Antipoden und in der Figur des Alchimisten vielleicht seine prominenteste Verkörperung und sein größtes Missverständnis zugleich fand. Den folgenden Ausführungen vorgreifend könnte man plausibilisieren, dass die »Meister ihres Fachs« in gewisser Hinsicht zu ihrem Ende kommen und die Tüftler zum bestimmenden Typus der Wissen(schaft)sproduktion werden. Dass der Tüftler zur Utopie des wissentlichen Wissens geräte, wäre keine Tautologie, ginge man, gleichsam einem Telos des Wissens folgend, davon aus, dass das Wissen in den Gesellschaften wissensbasierter Ordnung zu sich selbst gekommen wäre. Diese verkappte Eschatologie anzunehmen, wäre wohl nur mit einer ironischen Haltung als kontingente Folge kontingenten Wissens möglich. Gleichwohl fühlen sich diese Arbeit und die ihr vorangestellten Prolegomena im Besonderen der Haltung des Tüftlers verpflichtet, der gleichwohl

21 von Hayek 1996, S. 317
22 Vgl. von Hayek 1996, S. 322f

im Zuge des »muddling through« (Charles E. Lindblom) sich der Referenzen an die »Meister ihres Fachs« nicht verweigern kann.

A Erkenntnis und Theorie

Diese Arbeit ordnet. Dabei ist klar, dass jede auf Abstraktionsgewinne hoffende Konstruktion von Ordnung nur eine mögliche Ordnung vieler möglicher Ordnungen beschreibt. [23] Schlimmer noch: jedem Ordnungsversuch gehen andere Ordnungen voraus, denen weitere Ordnungen voraus gehen. Die Ordnung der Ordnungen ist hoffnungslos infinitesimal. Dies explizit machen zu wollen, ist Begrenzungen unterworfen, deren Linien sich dort ziehen lassen, wo eine ausreichende Konsistenz der gebildeten Ordnung behauptet werden kann. Gelingt dies, lassen sich Erkenntnisgewinne erhoffen, die auch darin bestehen können, Theorie und Erkenntnis zu bestreiten, denn schließlich ist wissenschaftlich gebildete Ordnung „nicht autoritativ, sondern sozusagen demokratisch, denn jeder Leser kann selbst entscheiden, ob er die angebotene Ordnung akzeptiert oder auch nicht."[24]

Erkenntnis ohne Privileg

Die hier vorgelegten Untersuchungen kombinieren unterschiedliche Theoriezusammenhänge, die sich in der Einrechnung diverser, mitunter konfligierender gesellschaftlicher Rationalitätsformen gegen Theorien abgrenzen, die auf »Metadiskursen« (Jean-Francois Lyotard) wie der Dialektik des Geistes, der Hermeneutik des Sinns oder der Emanzipation der Menschheit oder des Subjekts basieren.[25] Dabei ist der explizite Verzicht auf universale normative Referenzen und auf die (Selbst)zuschreibung eines privilegierten Erkenntniszugangs leitend, denn, mit den Worten Niklas Luhmanns, „zu wissen, wo es lang geht, zu wissen, was der Fall ist,

23 Zum Verhältnis von Ordnung und Erkenntnis siehe Anter 2004, S. 9–21

24 Anter 2004, S. 18. Diese sympathische Sentenz führt freilich schon unweigerlich in die Verstrickungen von Wissen, Subjekt und Macht, denn selbstverständlich kann nicht jeder Leser eine (immer mit Begründungszwang ausgestattete) wissenschaftliche Ordnung durchschauen, um sie *begründet* abzulehnen oder zu akzeptieren. *Unbegründet* kann er dies allemal, setzt man Kommunikation voraus – Einfluss auf die (demokratische) Deutung, Anwendung und Folgebewertung wissenschaftlicher Ordnung erwirbt sich freilich nur, wer sich in der jeweiligen wissenschaftlichen Ordnung bewegt wie der sprichwörtliche Fisch im Wasser; jeder andere sitzt auf dem Trockenen und hat in Bezug auf diese Auseinandersetzungen Autorität und damit eigene Ohnmacht zu akzeptieren. Schon steckt das *Subjekt* als Leser in der Auseinandersetzung mit büchervermitteltem *Wissen* inmitten von *Macht*beziehungen, denen es sich stellen muss. Und auch diese Wertung kann man freilich wieder – ganz demokratisch – wissenschaftlich variieren und aus unterschiedlicher epistemologischer Perspektive angreifen. Siehe Kapitel IV (1)

25 Vgl. Lyotard 1982, S. 13

und damit die Ansicht verbinden, man habe einen Zugang zur Realität und andere müssten dann folgen oder zuhören oder Autorität akzeptieren, das ist eine veraltete Mentalität, die in unserer Gesellschaft einfach nicht mehr adäquat ist. Wir haben verschiedene Weisen, die Gesellschaft oder die Weltverhältnisse im Allgemeinen zu beobachten, die nicht auf einen Nenner reduzierbar sind.“ [26] Damit grenzt sich diese Arbeit auch von der Behauptung privilegierten Wissens, von einer unhintergehbaren, für absolut gehaltenen Kohärenz und Kontinuität der Erkenntnisweisen ab, von denen vielmehr zu zeigen ist, dass „sie stets die Wirkung einer Konstruktion sind, deren Regeln man erkennen und deren Rechtfertigungen man kontrollieren muss; definieren, unter welchen Bedingungen und mit Blick auf welche Analysen bestimmte legitim sind, diejenigen bezeichnen, die auf jeden Fall nicht mehr zugelassen werden können.“ [27]

Diese Untersuchungen bewegen sich damit im Geist einer »politologischen Aufklärung« (Renate Martinsen), die versucht, das epistemologische Desinteresse der Politologie zu überwinden.[28] Damit verbunden ist der Anspruch, dass Theorien mit größtmöglicher normativer und erkenntnistheoretischer Offenheit genügend analytische Reichweite besitzen müssen, um Veränderungen und Wechselwirkungen innerhalb sozialer Ordnung zu integrieren und nicht das eigene Theoriegebäude gegen sie zu immunisieren. Dabei hilft die Klarstellung, dass Ordnungsbildung weder als ausschließlicher Selbstläufer, noch als Effekt machtvollkommener Subjekte gedacht werden sollte. Ob man nun die Theoriekonjunkturen der Selbstregulation und Autopoiesis als „den gegenwärtigen Zeitgeist in seiner Passivität, Lethargie und Fauligkeit“ [29] denunzieren will oder nicht: dass Ordnungsbildung gänzlich auf Aktivitäten intentionaler Subjekte reduzierbar sei, erscheint angesichts der schon alltäglich erfahrbaren Komplexität moderner Gesellschaft kaum haltbar; dass aber freilich Subjekte hinreichend Potential besitzen, um komplexe Strukturen zu irritieren, konzediert selbst die dem autopoietischen Zeitgeist verfallene Systemtheorie. Vielversprechender als einem Alternativenzwang zwischen Allo- und Autopoiesis zu folgen, ist es, die zweifellosen Irritationspotentiale des Subjekts in den Zusammenhängen mit den historisch und strukturell nachvollziehbaren Bewegungen dessen, was sich als Ordnungsbildung entfaltet, zu verorten.[30]

Dementsprechend ist die (de-)konstruktivistische Prämisse untersuchungsleitend, nicht zu fragen *was* Subjekt, Wissen oder Macht sind, sondern *wie* sie verstanden, produziert und miteinander ins Verhältnis gesetzt werden – und aus ihrer je spezifischen Konfiguration Legitimation konstruiert werden kann. [31] Demnach werden

26 Luhmann 1987, S. 29
27 Foucault 1973, S. 40
28 Vgl. Martinsen 2004, S. 50ff
29 Tönnies 2004, S. 162
30 Zur neueren Diskussion der Problematik auf Ebene der Organisation siehe Türk et. al. 2006, S. 38ff
31 Diese Analyse geht also nicht von der Annahme und Begründung statischer Wissens-, Macht- oder Subjektbegriffe aus, sondern ist an deren spezifischen Deutung interessiert. So ist beispielsweise nicht relevant, *dass* das Wissen (schon immer) eine spezifische Rolle bei Konsti-

Ordnung und Regierung nicht als Summe verschiedener Objekte oder Subjekte begriffen, sondern als volatile Resultate von Operationen, Diskursen oder Kommunikationen, durch die die Objekte und Subjekte erst konstituiert werden. Diese erkenntnistheoretische Umstellung von Identität auf Differenz bricht mit den essentialistischen und ontologischen Prämissen der alteuropäischen Philosophie. Gegen diese Tradition geht diese Arbeit von einem erkenntnistheoretischen Relationalismus als Kern verschiedener Theoriezugänge aus. Anstelle des als statisch angenommenen Seins verbindet der relational konstruierte, temporalisierte und intrinsisch unruhige Sinn als konstitutives Element diskurs- wie kommunikationstheoretische, gouvernementalitäts- wie systemtheoretische Zugänge. Entscheidend wird diese relationalistische und anti-essentialistische Perspektive für die Untersuchung sozialer Phänomene, allen voran: *der* Gesellschaft. Systemtheorie wie Diskurstheorie dementieren die Vorstellung einer *an-sich* erreichbaren Gesellschaft im Sinne einer einheitlichen und intelligiblen Entität zu Gunsten der Annahme historisch bedingter Gesellschaftsformationen, deren komplexes, heterogenes Ganzes immer wieder diskursiv und kommunikativ konstitutiert werden muss.[32] Brisant sind die skizzierten Annahmen auch für das Selbst; schließlich wäre unter der Annahme der skizzierten theoretischen Prämissen jenes „geheimnisvolle Innenleben, das letztinstanzliche Selbstverständnis, bereits der Form nach, nicht allein in seinem Gehalt, etwas historisch Gewordenes, oder präziser: Geschaffenes, ein patentes Instrument zur Selbstführung des Menschen, das fremde Steuerung ergänzt und perfektioniert.“[33] Eine Erkenntnis ohne Privileg verunsichert so zuallererst das Subjekt und damit nicht zuletzt: den theoretischen Beobachter.

Bricolage und Supplementarität

Die Ordnung kommt zweifellos von unten, insofern kann es nicht darum gehen, sie aus einer Zentralperspektive zu zeichnen, sondern darum, auch und vor allem über

tution gesellschaftlicher Ordnung besitzt, sondern *wie* es unter welchen Bedingungen funktioniert; welche Beziehung es zu den spezifischen Ausprägungen der Macht oder des Subjektes hat, ist entscheidend für die Bewertung der Rolle des Wissens. So ist das Auftauchen einer Vorstellung von Macht als Beziehung und nicht als besitzbare Entität mit einem damit zusammenhängenden Verständnis von Subjekt und Wissen verbunden. Zwar eignet sich dieser Machtbegriff etwa für die retrospektive Analyse von Macht-beziehungen z.B. im 18. Jahrhundert, suspendiert aber nicht die dominierende Machtvorstellung im 18. Jahrhundert. Insofern ist es angezeigt, Machtbegriffe nicht gegenseitig als falsch oder richtig zu kennzeichnen, sondern sie vielmehr in je spezifischen Kontexten anzuwenden.

32 Vgl. Laclau/Mouffe 2000, S. 130, Luhmann 1997, S. 89f. Das besagt freilich nicht, dass damit wissenschaftliche Beobachtungen von ‚Gesellschaft‘ obsolet sind; sie sind dann eben nur Beobachtungen des Wissenschaftssystems bzw. wissenschaftlicher Diskurse (genauer:der Gesellschaftstheorie), die nicht den Anspruch auf eine darüber hinaus gehend verbindliche Deutung erheben können, ohne ideologisch zu werden. Siehe zu diesem Problem auch Luhmann 1997, S. 16ff

33 Fach 2003b, S. 192

die Subjektivierungsweisen die disparaten Konstellationen nachzuzeichnen, aus denen Ordnungen sich zusammensetzen.[34] Die sympathische Verve der nominalistischen Methode gegen die tendenzielle »expressive Totalität« holistischer Denksysteme hat freilich dort ihre Grenzen, wo sie auf der lokalen Ebene des Subjekts verbleibt und sich gegenüber Aussagen über die Gesellschaft, deren Tendenzen sie ja analysieren will, verweigert. Sie droht dann als postmoderne Spielart des methodologischen Individualismus unfreiwillig selbst dem Trend zu erliegen, allen Wandel nur noch dem Subjekt zuzurechnen und zuzumuten und keine gesellschaftlichen Wirkmächte außer den selbst (re-)konstruierten Ideologien zu kennen. Werden nominalistische Befunde dann in Kritik gewendet, laufen sie Gefahr, ihren normativen Ausgangspunkt zu verschleiern anstatt ihn zu explizieren und damit der Notwendigkeit eines gesamtgesellschaftlichen Bezugs auszusetzen.

In Absetzung davon sollen hier Arbeiten auf der Mikro- und Mesoebene weder ignoriert noch zur alleinigen Grundlage der Analyse gemacht werden, sondern in makrotheoretische Überlegungen integriert werden. Den historisch gewordenen Subjekten, Wissen und Mächten nähert sich diese Arbeit nicht, indem sie etwa die Quellen ihrer Konstruktion innerhalb eines empirischen Zugangs von Diskurs- oder Semantikanalysen (wiederum) aufsucht; vielmehr soll versucht werden, die theoretisch heterogenen Analysen ihrer Konstruktion so übereinanderzublenden, dass das komplexe Bedingungsgefüge von Subjekt, Wissen und Macht in ihrer Geschichte und ihrem Werden sichtbar wird. Die unterschiedlichen Zugänge und Problemebenen verschiedener Theorien erscheinen dabei geeignet, im Sinne einer »wissenschaftlichen Perspektivenoptik« (Renate Martinsen) blinde Flecken der jeweils anderen Theorie zu erhellen und so in der Kombination die Bedingung der Supplementarität zu erfüllen.[35] Dieser Ansatz folgt so in gewisser Weise – natürlich ohne einen annähernd vergleichbaren Erklärungsanspruch zu erheben – dem Verfahren von Niklas Luhmanns Systemtheorie, Konzepte und Theorien unterschiedlicher Disziplinen zu beobachten und bedarfsweise einzubauen. Dabei steht weder Re- noch Dekonstruktion, sondern „die Figur des Bastlers (bricoleur) im Vordergrund (Lévi-Strauss), der heterogene theoretische Ressourcen benutzt, um das eigene Theorieprojekt komplexer und universaler zu gestalten."[36] Demnach ist klar, dass es bei diesem Verfahren weder um eine universale Synthese verschiedener Theorien noch darum gehen kann, herangezogene Theorie intakt zu lassen oder in einem theoretischen Ganzen aufzuheben. Vielmehr verfolgt diese Arbeit das Ziel, heterogene Erklärungsansätze zu reflektieren, konsistent einzuordnen und in der hier verfolgten Argumentation ‚zum Sprechen zu bringen'. Explizierte und kontrollierte Theoriediversität könnte ein möglicher Weg sein, jenseits von Eklektikgefahren, eindimensionaler Theorieorthodoxie und bisweilen ja durchaus anzutreffender postmoderner Theoriebeliebigkeit theoretisch angeleitete Erkenntnisgewinne unter Bedingungen extendierten und prinzipiell zweifelhaften Wissens zu erzielen – sie ist aber wie

34 Vgl. Bröckling 2007, S. 25ff

35 Vgl. Anter 2004, S. 33f. Zum Begriff der Perspektivenoptik vgl. Martinsen 2004, S. 68ff

36 Stäheli 2000, S. 13

jedes diversity management nicht ohne die hinreichende und immer wieder zu reflektierende Zielperspektive zu haben, mit der die Einheit in der Vielfalt hergestellt werden kann.

Dies gilt insbesondere für den Zusammenhang zwischen Diskurs und System. Die theoretische Fruchtbarkeit, die entstehen kann, wenn ihre gegenseitigen Bezüge herausgearbeitet werden, ergibt sich aus den eingangs skizzierten Defiziten system- und diskurstheoretischer Ansätze: die Systemtheorie vernachlässigt notorisch das Subjekt und die Machteffekte systemischer Rationalitäten; die Diskurstheorie dementiert tendenziell die gesellschaftlichen Rahmungen, innerhalb derer die Diskurse das Subjekt formen. Dem abzuhelfen, liegt durchaus im theoretischen Eigeninteresse, denn würde „die Systemtheorie ihr eigenes differenzierungstheoretisches Potential ernster nehmen, dann müsste sie sich für jene diskursiven Kämpfe interessieren, in denen um die nicht zuletzt kulturelle Bestimmung einer Funktion und um die Grenzziehung von Funktionssystemen gerungen wird.“ [37] Jenseits einer ohnehin vergeblichen Theorienkonvergenz könnte die Herstellung von belastbaren theoretischen Schnittstellen zum einen den analytischen Blick der jeweiligen Theorien selbst schärfen, und zum anderen eine genuine Forschungsperspektive eröffnen, die sich auf die Austauschbeziehungen und Wechselwirkungen zwischen Diskurs und System sowie die Diskursivität von Funktionsrationalitäten von Subjekten und Organisationen und darüber hinaus bezieht.

Neben dieser Perspektivenoptik in struktureller Hinsicht soll in dieser Arbeit auch das Ziel einer historischen Supplementarität verfolgt werden. Die Absicht folgt nicht nur der ganz allgemeinen Erkenntnis, dass theoretische Aussagen immer auch historisch bedingt sind, sondern nimmt konkret auf das Grundproblem dieser Arbeit Rücksicht, implizit eine Art Epochenbruch aufzeigen zu wollen. [38] Damit werden Konsequenzen aus einer Beobachtung gezogen, nach der sich die verschiedenen postmodernen oder wissensgesellschaftlichen Ansätze in ihren impliziten oder expliziten Abstoßbewegungen von der industriellen Moderne (auch dies nur ein – wenn auch prominenter –Referenzvorschlag von vielen) in der Regel eher diffus mit den historischen Bedingungen der vermeintlichen Vorläufergesellschaften auseinan-

37 Stäheli 2007a, S. 185. Stäheli weist darauf hin, dass den Semantikanalysen Luhmanns von vornherein die Strukturen funktionaler Differenzierung zu Grunde liegen, sie also lediglich als Indikatoren dessen vorliegen, was ohnehin als existent vorausgesetzt wird. Stäheli schlägt demgegenüber vor, die umgekehrte Perspektive einzunehmen und Diskurse als konstituierend für Gesellschaftsstrukturen zu analysieren. Dieser Vorschlag wird hier aufgenommen und, anders als von Stäheli, auf die Hypothese einer Dedifferenzierung funktionaler Primärdifferenzierung angewandt. Vgl. Stäheli 2007a, S. 185f.

38 Diese historisch-strukturelle Aufklärung soll weniger anhand von Texten der politischen Theorie und Praxis in historisch-diskursanalytischer Absicht als vielmehr anhand von Texten der Macht-, Wissens- und Subjektivitätsforschung in empirisch-systematischer Absicht und anhand einer Kombination von Ansätzen der Systemtheorie und der Gouvernementalitätstheorie in analytisch-konstruktiver Absicht erfolgen.

dersetzen und ihre eigene Historizität nur unzureichend thematisieren. [39] Mit der Fortschreibung dieser analytischen Leerstelle droht dabei nicht nur eine zunehmende Selbstgefährdung dieser Analysen gegenüber konkurrierenden Ansätzen, sondern vor allem ein Fehllaufen der wissenschaftlichen Analyse, indem sie ihren Gegenstandsbereich mit inadäquaten, weil historisch wie strukturell nicht aufgeklärten Prämissen untersucht. Dem abzuhelfen, ist ohne eine adäquate Kategorienbildung nicht zu leisten.

In den folgenden Abschnitten werden die Begriffe des Politischen und der Politik aufgeklärt und mit der Frage nach der Legitimation konfrontiert. In der gegenseitigen Bezugnahme von Diskurs und System sollen die theoretischen Grundlagen der Systematizität von Diskursen und der Diskursivität von Systemen füreinander fruchtbar gemacht werden. In der Problematisierung von Differenz und Evolution werden diverse historische Zugänge systemtheoretisch geordnet. Ziel dieser theoretischen Vorarbeiten ist es, die Wandlung in der Regierung von Subjekten präzise in den Blick nehmen und die sich wandelnden Ordnungen der Regierungen einordnen zu können. Die theoretisch komplexen Zusammenhänge von Politik und Legitimation, Diskurs und System sowie Differenz und Evolution konvergieren in der Unterscheidung zwischen Ordnung und Regierung. Diese Kategorienbildung muss mit dem Defizit leben, ihren analytischen Anspruch mit dieser Arbeit nicht vollständig einlösen zu können. So geht es dieser Arbeit nicht um eine konkrete Analyse von Diskursen, sondern um die Einordnung festgestellter Diskurse in die Bildung sozialer Systeme; geht es nicht um die Beschreibung von Regierungen, sondern um das Markieren von Schnittstellen und das Feststellen ihrer Existenz innerhalb der konstruierten Ordnung.

39 In der Regel, d.h. insbesondere im gesellschaftlichen Diskurs wird die Wissensgesellschaft in der Tat gegen die ihrerseits nicht unumstrittene »Industriegesellschaft« (Raymond Aron), abgegrenzt (vgl. Kübler 2005, Steinbicker 2001, 2004). Stehr periodisiert ökonomisch nach Eigentums-, Arbeits- und Wissensgesellschaft und grenzt die Wissensgesellschaft letztlich von der Industriegesellschaft ab (vgl. Stehr 1994, S. 31, 35). Diese in erster Linie ökonomisch basierten Abgrenzungen machen es schwierig, den Einfluss des Wissens auf gesamtgesellschaftliche Prozesse und insbesondere die Politik einzugrenzen. Von Wissens*gesellschaften* wird gesprochen, obwohl es eigentlich um Wissens*ökonomien* mit diffuser gesellschaftlicher Ausstrahlung geht. Willke konstruiert eine avanciertere Historisierung, die verwandte Züge mit der hier aufzuzeigenden Schematisierung aufweist:Die Herausbildung des Nationalstaats vom 15. bis 19. Jahrhunderts wird durch den Vorrang eines *Machtregimes* beschrieben, dessen dominantes Problem die Behauptung der politischen Souveränität gegenüber konkurrierenden Herrschaftsansprüchen (von innen wie außen) ist. Die Herausbildung des Sozialstaates ist demgegenüber durch ein *Versicherungsregime* gekennzeichnet, dessen Hauptproblem die Gewährleistung sozialer Sicherheit vor dem Hintergrund unwägbarer ökonomischer Dynamiken ist. Das gegenwärtige Problem sind nach Willke die technologischen Dynamiken, die nun das *Risikoregime* aufkommen lassen. Als viertes Regime plausibilisiert Willke dann das *Supervisionsregime* als Selbststeuerungsform in der Wissensgesellschaft (vgl. Willke 1997, S. 11). Zur mangelnden Historizität der postmodernen Theorien siehe Luhmann 1997, S. 1134f

Dass sich Politik zu legitimieren habe; über diesen Gemeinplatz sind sich politische Denker und Akteure der Moderne weithin im Klaren. Legitimität und Legitimation sind akutes Problem politischer Praxis und immerwährendes Thema politischer Theorie zugleich. Während die Behauptung von *Legitimität*, also die Begründung von Herrschaft die Grundlage und das Ziel politischer Praxis ist, ist die politische Theorie an der *Legitimation*, der Logik und dem Prozess der Entwicklung legitimer oder besser: sich legitimierender Regierungsweisen und Ordnungen interessiert. Zwischen beiden Sphären gibt es Austauschprozesse, formulieren theoretische Überlegungen die Rechtfertigungssätze ausgeübter Herrschaft, bieten politische Institutionen und Prozesse Anlässe zur theoretischen Reflexion.

Das Politische und die Politik

Diffuser wird die Lage, wenn es um die Legitimität des Politischen schlechthin geht. Die Debatten von der »Ökonomisierung des Sozialen« bis zur »Postpolitik« zeigen, dass der Sinn gewohnter Begrifflichkeiten gefährdet ist. Welchen Stellenwert hat das Politische, wenn es in Politik aufzugehen droht? Der Sinn dieser Frage erschließt sich nicht unmittelbar, werden doch das Politische und die Politik gemeinhin als synonym verstanden – eine Annahme, die an dieser Stelle dementiert wird. Im Anschluss an Urs Stähelis Erschließung von Laclaus Verständnis des Politischen für die Systemtheorie wird hier vorgeschlagen, „das Politische als eine der Politik des politischen Systems logisch *vorangehende* Instanz zu denken; andererseits das Politische nicht normativ aufzuladen, sondern als Begriff einer differenztheoretischen Soziologie anzulegen.“[40] Diese theoretische Position geht von einem Primat des *Politischen* aus, ohne damit einen Vorrang des politischen Systems innerhalb der gesellschaftlichen Ordnung begründen zu wollen. Diese Position reagiert damit auch auf den blinden Fleck in der Machtkonzeption der Luhmannschen Systemtheorie.[41] Das Politische wird im Anschluss an Stäheli und Laclau als „diskursive Re-Artikulation sedimentierter sozialer Praktiken auf einem Terrain“ verstanden, wo die Unentscheidbarkeit zwischen Alternativen und ihren Lösungen innerhalb von Machtbeziehungen vollständig sichtbar wird.[42] Phänomene der Unentscheidbarkeit

40 Stäheli 2000, S. 229

41 Bekanntlich beschränkt Niklas Luhmann das Medium Macht auf das politische System. Zwar ist es innerhalb der Theoriearchitektur möglich, das Medium Macht außerhalb des politischen Systems als politische Interventionen in Organisationen einzusetzen; die den Kommunikationen der Funktionssysteme inhärente Macht bleibt jedoch systematisch außen vor. Zur Luhmannschen Abgrenzung des Machtbegriffs im Kontext des politischen Systems der Gesellschaft vgl. Luhmann 2000, S. 18

42 Stäheli 2000, S. 230. Zur Herleitung, insbesondere mit einem ausführlichen Bezug auf Derrida vgl. Stäheli 2000, S. 230f

sind in jedem sozialen System zu finden; sie evozieren machtgebundene Entscheidungen, „da sich Bestimmbarkeit auf ein Feld der Gewalt verlassen muss und nicht ohne regulierende Institutionen auskommen" kann.[43] Das Politische ist damit höchst voraussetzungsvoll; es greift dort Raum, wo es um kontingente, diskursiv vorstrukturierte Machtsituationen geht, die zugleich entscheidend für die Konstitution von Diskursen und Systemen sind. Damit wird es möglich, „die kontingente Instituierung von jedem Funktionssystem als Sphäre des schlechthin Politischen zu verstehen".[44] Dort, wo das reibungslose Funktionieren von Diskursen oder systemischen Kommunikationen unterbrochen wird, wo die prinzipielle Kontingenz ihrer Existenz artikuliert wird, entfaltet sich das Politische: „Das System kann nicht definitiv klären, ob eine Kommunikation stattgefunden hat oder nicht, ob man es überhaupt mit einer mitwirkungsrelevanten Person zu tun hat oder nicht – und gerät darüber ins Stocken."[45] Diese theoretische Verortung pointiert damit ein Verständnis des Politischen, dem es vor allem darum geht, die vielfältigen gesellschaftlichen Codes und an sie anschließenden Objektivationen von kollektiven Identitäten oder Institutionen, fixen Unterscheidungen oder unhinterfragten Rationalitäten zu dekonstruieren und so wieder in diese Sphäre der machtvollen Auseinandersetzung zu bringen. Damit wird die (Wieder-)Einbringung der verdeckten Ein- und Ausschließungen von diskursiven Möglichkeiten und der mit ihnen korrespondierenden sozialen Konstruktionen von Subjekten und Kollektiven in die Sphäre des Politischen ermöglicht. Aktionen des Politischen können so dazu führen, „dass die Grenzziehungen des Systems verändert werden" und Redefinitionen dessen vorgenommen werden, was als wissenschaftlich, ökonomisch oder rechtlich gilt.[46] Das skizzierte Verständnis des Politischen ermöglicht es so, insbesondere die Konstitution von Ordnungen und Regierungen als Phänomene der Unentscheidbarkeit und der machtgebundenen Entscheidung und damit als genuin politisch zu begreifen, ohne deshalb die Problematisierung der Politik im Sinne eines politischen Systems verabschieden zu müssen.

Die *Politik* wird in Abgrenzung dazu als politisches System und damit als Ort institutionalisierter Politik gedacht. Im Sinne einer »doppelten Einschreibung des Politischen« (Urs Stäheli) ist das Politische innerhalb der Politik gerade durch den Versuch seiner Invisibilisierung als politisches System nicht absent. Die Institutiona-

43 Stäheli 2000, S. 235. Stäheli verweist darauf, dass Derrida in diesem Zusammenhang den Begriff der Polizei (Police) einführt, um die regulierenden Institutionen des Politischen zu beschreiben. Dieser Begriff korrespondiert nicht von ungefähr mit dem staatswissenschaftlichen Begriff der Polizey und lässt einen Anschluss an den Begriff der *Regierung* zu.

44 Stäheli 2000, S. 266

45 Krasmann/Opitz 2007, S. 148

46 Krasmann/Opitz 2007, S. 149. So wäre ein beispielhafter Fall gegeben, „wenn die Zahlungsunfähigkeit ein solches Maß erreicht, dass die Wirtschaft nur durch die Redefinition dessen, was als Zahlung zählt, fortbestehen kann. Ein weiteres Beispiel bestünde darin, dass das politische System dem Lärm der Migration mit einer Änderung des Staatsangehörigkeitsrechts begegnet, um eine größere Legitimität von Regierung und Opposition zu erzeugen." Krasmann/Opitz 2007, S. 149

lisierungen kollektiv bindenden Entscheidens, „die normalen Routinen des politischen Systems (und jedes anderen Systems) sind Versuche, die Momente des Scheiterns und den Mangel der Fundierung auszublenden, ohne diese möglicherweise subversiven Effekte vollständig unterdrücken zu können. Das politische System kann in dieser normalisierten Weise nur funktionieren, solange seine routinisierten Kommunikationen funktionieren und solange keine Entscheidungen in unentscheidbaren Situationen erfordert werden."[47] Das Politische ist mit der Konstitution jedes Funktionssystems verbunden; die Politik versucht diesen Umstand zu verdecken, indem es die Logiken des Politischen institutionalisiert. „Am ehesten gleicht das politische System einer domestizierten Version des Politischen, da es versucht, mit Unentscheidbarkeiten innerhalb eines etablierten Möglichkeitsraumes umzugehen, und dazu gerade auch das ausschließen muss (wie zum Beispiel neue soziale Bewegungen), was diesen Horizont in Frage stellen (und nicht nur verneinen!) könnte."[48]

Welcher theoretische Gewinn ergibt sich aus der Unterscheidung zwischen dem *Politischen* und der *Politik*? Mit ihr wird es möglich, Machtsituationen als politisch zu kennzeichnen, die außerhalb der institutionalisierten Sphäre der Politik liegen, ohne das Politische in eine antagonistische Position zu ihr zu setzen. Diese Theorieentscheidung wird mit Blick auf die systemtheoretische Fundierung der Politik brisant. Die institutionalisierten Prozesse der Politik als Funktionssystem der Gesellschaft können so akzeptiert werden; gleichzeitig können aber die zweifellos machtvollen Konstitutions- und Operationsprozesse jenseits dieses Teilsystems als umkämpft und damit der Sphäre des Politischen angehörig markiert werden. In historischer Perspektive kann damit gezeigt werden, dass mit der Entstehung funktional differenzierter Gesellschaften das Politische diffundiert: Macht entfaltet sich nun dort, wo die Inklusion in Funktionssysteme kontingent wird; in die Differenzierung unterschiedlicher gesellschaftlicher Rationalitäts- und Funktionssysteme und ihre Codes sind umfangreiche diskursive Kämpfe untrennbar eingeschrieben.[49] Die Konstitution und Operation jedes Systems ist damit eminent politisch, ohne zugleich Politik zu sein. Während die Politik das Politische jenseits seiner Institutionalisierung latent invisibilisiert, bricht das Politische gerade in der Unterbrechung hervor.

47 Stäheli 2000, S. 262. Die Beziehung zwischen dem Politischen und der Politik sind freilich komplex; beide gehen nicht einander auf, überlappen sich aber bisweilen. So sind z.B. Entscheidungen innerhalb bürokratischer Routinen des politischen Systems in der Regel nicht politisch, weil sie nicht in Situationen der Unentscheidbarkeit, sondern anhand fixierter Regelsysteme fallen. Andererseits können Entscheidungen der Politik dann als politisch aufgefasst werden, wenn sie die Funktionsweise des Systems selbst betreffen. Zu den Problemen dieser Unterscheidung vgl. Stäheli 1998, 2000

48 Stäheli 2000, S. 316f

49 Diese Überlegung beruht auf der Feststellung, dass jedes System auf einer Paradoxie von Offenheit und Geschlossenheit beruht, nach der seine Stabilität (und die seines Codes und seiner Rationalität) nicht vollständig durch sich selbst garantiert werden kann. Deshalb muss das System in einer radikal kontingenten Ausgangssituation diskursiv konstituiert werden – in dieser machtbesetzten Konstitution liegt das eminent Politische jeder Systemgründung. Vgl. Stäheli 2000, S. 249ff

Die systemkonstituierenden Diskurse sind selbst immer wieder stör- und irritierbar; indem sie gestört, verweigert, umgedeutet werden, indem die Rationalitätsansprüche des Rechtssystems, der Demokratie, der Religion oder der Wirtschaft nicht anerkannt werden, gefährdet das Politische nicht nur die Logik des Systems, sondern zugleich der gesamten Gesellschaftsstruktur. Der Widerspruch dieser Störungen, Unterbrechungen und Verweigerungen artikuliert das Politische: „Er zerstört für einen Augenblick die Gesamtpräsentation des Systems: geordnete, reduzierte Komplexität zu sein. Für einen Augenblick ist dann unbestimmte Komplexität wiederhergestellt, ist alles möglich."[50]

Dieser Arbeit geht es nicht darum, das Politische als »Politik der Entparadoxierung« (Urs Stäheli) zur Lokalisierung von Sinnzusammenbrüchen und damit impliziten Stabilisierung von Funktionssystemen zu beobachten;[51] Ziel ist es vielmehr, einerseits die evolutionären Veränderungen zu untersuchen, die überhaupt erst dazu führen, Systeme durch das Politische zu fundieren und andererseits die Institutionalisierungen zu untersuchen, die notwendig sind, um das Politische hervortreten zu lassen und zu regulieren. Dafür sind weitere Kategorisierungen notwendig, die insbesondere mit den Begriffen der Ordnung und der Regierung verbunden sind. Voraussetzung dafür ist es, die Begriffe der Legitimation und der Legitimität in Bezug zur Unterscheidung des Politischen von der Politik zu setzen.

Legitimität und Legitimation

Das Legitimationsproblem verweist auf die ursprüngliche Einheit des Politischen in der Politik. Die klassische Diskussion um Legitimität entspringt der Auflösung des Paradoxons, Gewalt einzusetzen, „um Gewalt anderer Provinienz zu unterbinden"[52], in der Konstruktion einer Staats*gewalt*, die in der Unterscheidung legitimer und nichtlegitimer Gewalt für sich Legitimität postuliert.[53] Die Unterscheidung von Legitimität und Nichtlegitimität schränkt so nicht nur Gewalt ein, sondern und wichtiger: die mit dieser Trennung einhergehende Konditionierung von Gewalt wird zur Steuerungsressource gesellschaftlicher Ordnung. Wie und wo legitime Gewalt angewendet, das heißt in der Regel: (hintergründig und gestaffelt) angedroht wird, informiert darüber, wo sich Ordnungsprobleme befinden, wo Freiheit und Sicherheit reguliert und vermittelt werden müssen, wie und wo sich Machtbeziehungen entfalten. Wenn schließlich die symbolische Präsenz der Gewalt ihrer Ausübung vorgezogen wird, dann wird das „Legitimieren der Gewalt zu einem Dauergeschäft der Politik, das sich allerdings in wesentlichen Hinsichten auf Selbstverständlichkeiten (Werte) stützen kann."[54]

50 Luhmann 1984, S. 508. Vgl. Stäheli 2000, S. 274
51 Vgl. Stäheli 2000
52 Luhmann 2000, S. 192
53 Vgl. Luhmann 2000, S. 192
54 Luhmann 2000, S. 193

Die gesellschaftlichen Bedingungen dieser Selbstverständlichkeiten sind alles andere als selbstverständlich, sondern vielmehr: komplex, historisch und strukturell bedingt. Dass hierarchische Ordnung, funktional differenzierte Ordnung, geteilte, beteiligende oder autoritäre Macht akzeptiert wird, kann nicht als voraussetzungslos angenommen werden – die Bildung von Macht läuft keineswegs immer gleich, etwa einem verborgenen Telos der Macht folgend, ab. Die konkrete Ausübung sich legitimierender Macht bedarf Institutionalisierungen und Prozesse, die selbst der Rechtfertigung bedürfen und dazu führen, dass auch „die Legitimierung von Legitimität heute eine Dauerbeschäftigung von Politik ist",[55] mithin Verfassungen auf dem Prüfstand stehen, über Reichweite und Modernität politischer Systeme debattiert wird und Alternativen erwogen werden, gegen die Bestehendes verteidigt werden muss. Diese Legitimitäten erster und zweiter Ordnung sehen sich dabei keineswegs in einem geschlossenen Kosmos der Politik (oder gar des Staates), sondern im Kontext gesellschaftlicher Rahmenprozesse als Bedingungen der Möglichkeit von Legitimation. Setzt man dies voraus, wird deutlich, dass Macht, Legitimation und Ordnung diesseits *und jenseits* staatlicher Ordnung existieren – mit ihnen konstituiert sich das Politische innerhalb gesellschaftlicher Beziehungen. Der Blick auf die konkrete Ausprägung legitimer staatlicher Organisation informiert dann nicht nur über das, was als Staatlichkeit für unentbehrlich gehalten wird, sondern gibt darüber hinaus auch Auskunft über Machtbeziehungen, die vom Staatlichen ausgehen, zu ihm hin- oder von ihm wegführen. Analysen dessen, was für legitim oder nicht legitim gehalten wird, untersuchen so immer auch die diversen Statui der Ordnung, genauer: die verschiedenen diskursiv vermittelten Kraftfelder und Beziehungen der Macht, in denen das Politische hervortritt. Wo Ordnung ist, ist immer auch Macht; und wo die Macht sich entfaltet, bedarf sie der Legitimation – einer Legitimation, die auf eine tiefer liegende Ordnung zurückverweist. Dass sich der Begriff der Ordnung dabei längst nicht nur auf staatliche Strukturen bezieht, sondern ebenso Ordnungsweisen zunehmend Ordnungsansprüche erheben und zu legitimieren suchen, die über ihr ureigenes Terrain hinausweisen, ist bekannt, aber in seinen Konsequenzen für die theoretische Reflexion keineswegs unumstritten.

Die vormoderne Diskussion um das, was legitim sei, basiert auf der Annahme realer, das heißt außerhalb der politischen Kämpfe stehender, sakraler Grundlagen der Rechtfertigungsgründe politisch sanktionierbarer sozialer Ordnung. Dies war vor der Neuzeit möglich innerhalb einer Gesellschaft im Geiste »prästabilierter Harmonie« (Gottfried Wilhelm Leibniz), in der Machtzuschreibungen und gesellschaftliche Statui weitgehend kongruierten. Im Zuge der Säkularisierung wurde mit der Idee der Staatsbildung als Gesellschaftsbildung im Sinne der Sozialvertragslehren versucht, dieses Konzept auf die Einheit von Staat und Gesellschaft zu übertragen und mit als absolut gesetzten wertrationalen Prämissen (Ideologien) zu untersetzen. Die daraus konstruierte Legitimität politischer Ordnung wurde mit dem Versuch der Invisibilisierung der dahinter stehenden Kämpfe verbunden. Gelang diese Invisibilisierung

55 Luhmann 2000, S. 193

nicht, so wurde das Spannungsverhältnis zwischen normativer Begründung und realer Zustimmung zu dem sich legitimierenden politischen Gefüge offenbar. Das Problem: ebenso, wie nicht jede populäre Herrschaft rational begründet und mit Werten ausgestattet werden kann, trifft nicht jede konsistent normativ begründete Herrschaft auf die Zustimmung der Beherrschten. Max Webers funktionaler Legitimitätsbegriff führt schließlich aus dem Dilemma von Begründungsrationalität und Zustimmungsvorbehalt heraus und konzentriert das Interesse an der Legitimation politischer Herrschaft auf die Legitimität als die faktische Geltung der Herrschaft: der *Legitimitätsglaube* als »explanans der Stabilität von Herrschaft« (Max Weber).[56] Damit macht Weber die Konstruktivität von Legitimität explizit und „bestimmt, was Legitimität *nicht* ist: weder zeigt Legitimität eine substantielle Rechtfertigung der politischen Ordnung an, noch meint Legitimation einen herrschaftsfreien Diskurs.“[57] Ebenso wenig geht es um einen vordergründigen, hermetischen juridischen Diskurs. Von der Legitimation einer Ordnung „im empirischen Sinne kann man sprechen, wenn dieser Ordnung und ihren Grundstrukturen eine (zumindest implizit) begründete Akzeptanz entgegengebracht wird.“[58] Daran lassen sich innerhalb der politikwissenschaftlichen Diskussion verschiedene Forschungsperspektiven koppeln, die die Frage der Legitimation normativ, prozedural oder empirisch stellen, jedoch fraglos die Trennung zwischen einer Ebene politischer Herrschaft und beherrschter Gesellschaft voraussetzen, ohne deren Konstitutionsbedingungen zu thematisieren.

Während also insbesondere die „liberale Selbstbeschreibung danach fragt, wie die Politik ihre Legitimität als Ausdruck gesellschaftlicher Interessen und Werte erreichen kann“, wird an dieser Stelle in Bezug auf Legitimität und Legitimation die Frage gestellt, welche „Codes definieren, was diese Interessen und Werte sind, mithin die Frage, wie sich Identität, das Selbstverstehen eines Kollektivs und seiner politischen Ziele bilden, vor deren Hintergrund das Legitimitätsproblem erst entstehen kann.“[59] Dementsprechend interessieren hier Legitimation und Legitimität als

56 Vgl. Weber 2005, S. 157f

57 Mirbach 1990, S. 9. Freilich bestimmt Weber die legale Herrschaft (sprich:den Glauben an die Legalität gesatzter Ordnungen) als die der modernen Gesellschaft adäquate Form des Legitimitätsglaubens. Vgl. Weber 2005, S. 160, Heidorn 1982, S. 18f

58 Schneider et. al. 2006, S. 202. Schneider et. al. setzen fort:„Im Unterschied zu habitueller Folgsamkeit oder Gehorsamkeit aufgrund von Zwang und Furcht vor negativen Sanktionen setzt die Anerkennung einer Ordnung als legitim voraus, dass ein Mindestmaß an Freiwilligkeit, Bewusstheit und normativer Prägung gegeben ist. Empirische Legitimation beruht auf Legitimitätsglauben.“ Schneider et. al. 2006, S. 202. Daran anschließend muss allerdings kritisch gefragt werden, ob die in Anschluss an Weber gemachte kriteriale Bestimmung genügend analytische Offenheit lässt; diese Arbeit nimmt demgegenüber vielmehr an, dass die konkreten Ausprägungen habitueller Folgsamkeit, die verschiedenen Kalküle des Zwangs ebenso wie die *strukturellen Grundlegungen* von Freiwilligkeit, Bewusstheit und normativen Prägungen in das komplexe Feld der Ordnung eingeschrieben sind, indem sich Legitimitätsglauben entfaltet.

59 Reckwitz 2004, S. 35. Während Reckwitz die politischer Legimitation vorgelagerten Legitimationsstrukturen aus kulturalistischer Perspektive als vorpolitische Sinnhorizonte getrennt von Gouvernementalität und symbolischen Antagonismen analysiert, wird hier die Trennung

dasjenige, was sich zwischen das Politische und die Politik einschreibt. Die Legitimation zeigt an, in welchen gesellschaftlichen Kräfteverhältnissen das Politische hervortritt und mit gesellschaftlicher Ordnung zugleich die Legitimität der Politik begründet. Wer die Legitimation zwischen dem Politischen und Politik untersuchen will, fragt, in welchen Strukturen und auf Grundlage welcher gesellschaftlicher Logiken Legitimitätsglaube, Akzeptanz und Konsens und damit Machtverhältnisse generiert und stabilisiert werden. So kann herausgearbeitet werden, welche strategische Rolle der Staat bei der Herausbildung von Herrschaftsstrukturen als Effekt von Machtverhältnissen spielt.[60] Dabei sind drei methodische Prämissen einer Analytik der Macht vorauszusetzen: Macht ist nicht Substanz, sondern Beziehung oder: „Die Macht hat kein Wesen, sie ist operativ."[61] Sie unterliegt – das setzt ihren operativen und relationalen Charakter voraus – spezifischen historisch und strukturell variierenden Rationalisierungen; Individualisierung und Totalisierung sind sich gegenseitig bedingende Grundlagen und Effekte rationalisierter Machtausübung.[62] Daraus ergeben sich spezifische Untersuchungsgegenstände: die Macht kann nicht ohne das Wissen und das Subjekt untersucht werden; zu untersuchen sind „die Prozeduren, die das Individuum als Effekt und Objekt von Macht, als Effekt und Objekt von Wissen konstituieren",[63] ohne Macht oder Wissen in ihren Strukturen und Logiken als Konstanten vorauszusetzen. Die Legitimationen der Macht stützen sich auf das Wissen und das Subjekt; keine Macht kann vollzogen werden ohne das Medium des Wissens, ohne dass die ausgeübte Macht immer wieder durch das Subjekt nachvollzogen wird. Diese Konzeption der Macht verweist damit auf zwei Zugänge zu ihrer Problematisierung, die in der Regel getrennt werden und dennoch komplexe Zusammenhänge aufweisen: Diskurs und System.

zwischen Ordnung und Regierung eingeführt, die theoriestrategisch mit dem Legitimationsbegriff anders umgeht. Die ‚klassischen' Legitimationsfiguren werden hier als Teil von Gouvernementalitäten (Legitimation der *Regierung*) verstanden, die ihrerseits wiederum auf einem machtdiskursiv strukturierten gesellschaftlichen Diagramm (*Ordnung* der Legitimation) agieren. Die Analyse von Kulturen und Politiken wird also nicht getrennt, sondern als Ordnung und Regierung diskursiv konstituierend zusammengedacht.

60 Vgl. Lemke 2002, S. 477, Lemke 1997, S. 110ff

61 Deleuze 1992a, S. 42f

62 Damit verbunden ist eine Loslösung von einem ausschließlich juristischen Machtverständnis, das zwar die Repräsentation der Macht, nicht jedoch deren reale Funktionsweise innerhalb der gesellschaftlichen Ordnung untersucht. Eine mögliche Erklärung der Engführung der Machtanalytik auf juristische Formen bietet Foucault an. Demnach ist die Genese des modernen Staates als Absetzbewegung der Monarchie von den Feudalmächten und des Bürgertums von der Monarchie wesentlich durch den Einsatz von Recht zu verstehen. Die Repräsentation der Macht stand in der Kontinuität der Artikulation über das Recht. Vgl. Foucault 2005b, S. 223

63 Foucault 1973, S. 247

C Diskurs und System

Die derzeit wohl prominentesten kategorialen Begriffe sozialwissenschaftlicher Beschreibung sind mit hoher Wahrscheinlichkeit Diskurs und System.[64] Dennoch oder vielleicht gerade deshalb befindet sich die Aufarbeitung ihrer theoretischen Beziehungen erst am Anfang, was wohl auch daran liegen mag, dass mit der Popularität auch ein gewisses Schillern der Begriffe einhergeht. Das theoretische Defizit in der gegenseitigen Bezugnahme diskurs- und systemtheoretischer Ansätze kann an dieser Stelle kaum behoben werden.[65] Jenseits der unbezweifelbaren gemeinsamen erkenntnistheoretischen Grundlagen und ungeachtet unterschiedlicher Diskursverständnisse[66] erscheint von erheblichem theoretischen Interesse, wie sich nicht nur

64 Dieser Begriffsdiffusion vorgreifend orientiert sich hier der Begriff des Diskurses an der Frage, wie durch eine Verknappung der Aussagemöglichkeiten welche Möglichkeiten des Redens, Denkens, Handelns zu welchem Zeitpunkt verunmöglicht oder zugelassen wurden und welche Positivität sich innerhalb dieses Diskurses als Wirklichkeit herausbildet. Das hier vorgeschlagene weite Begriffsverständnis geht über das ursprünglich (von der Saussureschen Unterscheidung zwischen Signifikant und Signifikat ausgehende) rein textorientierte Verständnis hinaus von Diskursen als Verbindung von Texten und Praktiken, aber Architekturen und Techniken aus, und orientiert sich damit insbesondere an den Ansätzen von Ernesto Laclau und Chantal Mouffe (Laclau/Mouffe 2000, S. 141ff). Diskurse sind demnach „explizit *nicht* auf die Sphäre der Sprache begrenzt: Auch Objekte, Subjekte, Zustände oder Praktiken ergeben erst im sozialen Relationsgefüge einen je spezifischen Sinn und sind insofern diskursiv strukturiert.“ (Nonhoff 2007) Damit setzt sich dieses Verständnis zum einen von Foucault (Foucault 1973) ab, erfolgt aber vor allem eine Abgrenzung des hier verwendeten Diskursbegriffs zu einem allgemeinen Diskursverständnis als öffentliche Diskussion oder eines engeren diskursethischen Verständnisses wie bei Habermas bzw. des Diskursbegriffes der Policy- und Governanceforschung. Siehe überblicksartig zum Diskursbegriff in der Politikwissenschaft: Kerchner 2006a

Der Begriff des Systems wird hier im Sinne Luhmanns als soziales (und damit ausschließlich durch Kommunikationen operierendes) System verstanden. Eine Ausdifferenzierung von Systemen kommt nur durch Selbstreferenz zustande, „dass heißt dadurch, dass die Systeme in der Konstitution ihrer Elemente und ihrer elementaren Operationen auf sich selbst (sei es auf Elemente desselben Systems, sei es auf Operationen desselben Systems, sei es auf die Einheit desselben Systems) Bezug nehmen. Systeme müssen, um dies zu ermöglichen, eine Beschreibung ihres Selbst erzeugen und benutzen; sie müssen mindestens die Differenz von System und Umwelt systemintern als Orientierung und als Prinzip der Erzeugung von Information verwenden können.“ Luhmann 1984, S. 37

65 Die Feststellung eines Defizits zielt an dieser Stelle eher auf die geringe Rezeption des Problems, denn auf die Behauptung einer kompletten Leerstelle. Zusammenhänge von System- und Diskurstheorie wurden insbesondere an der semantikanalytischen Schnittstelle vor allem in der Literaturwissenschaft vorgenommen. In politiktheoretischer Hinsicht sind die Arbeiten von Urs Stäheli hervorzuheben, wenn es um die gegenseitigen Bezüge von Diskurstheorie (hier vor allem der von Laclau/Mouffe) und der Luhmannschen Systemtheorie geht. Vgl. Stäheli 2000, 2004. Im deutschsprachigen Raum ist der Zusammenhang von Diskurs und System durch die kulturtheoretische Zeitschrift kultuRRevolution diskutiert worden (vgl. Link 2004a, 2004b).

66 In Bezug auf die Systemtheorie interessiert vor allem der Unterschied zwischen dem Foucaultschen Verständnis von Diskurs als Streuung diskursiver Ereignisse, dessen Regelmäßig-

die »Systematizität des Diskurses« (Urs Stäheli), sondern auch die Diskursivität von Systemen begreifen lässt.

Sinnkämpfe

„Genau wie Systeme sind auch Diskurse Modi der Sinnproduktion, die versuchen, eine unartikulierte Diskursivität (Komplexität) durch partielle Sinnfixierungen zu regulieren.“[67] Diskurse wie Systeme stellen gesellschaftliche Strukturen über sinnvermittelte Kämpfe um Exklusion und Inklusion her; das, was entweder als bisweilen gewaltvoller, physisch unmittelbarer ‚Kampf von Mann zu Mann‘ erscheint, ist ebenso Effekt von Sinnregulationen und -fixierungen wie die Selbstverständlichkeit ökonomischen Markthandelns oder politischer Tagesordnungen. Brisant wird diese Feststellung, wenn es um die Dechiffrierung voluntaristischer Volten machtvoller Subjekte ebenso geht wie um die unhinterfragte Selbstverständlichkeit rationalen Handelns. Im Hinblick auf diese Arbeit ist von Interesse, wie gesellschaftliche Systeme und ihre Selbstbeschreibungen diskursiv konstituiert werden. Dieses Feld ist retrospektiv durch die Arbeiten zu Gesellschaftsstruktur und Semantik bearbeitet worden,[68] ohne Antworten auf die in den Gegenwartsgesellschaften zu beobachtenden Dedifferenzierungsprozesse zu geben. Die diskursive Selbstbeschreibung von Systemen über spezifische Semantiken, die in Bezug zur Gesellschaftsstruktur gesetzt werden, entfaltet selbst eine eigene Realität;[69] die entsprechenden Selbstbeschreibungen der verschiedenen Funktionssysteme selbst können jedoch als zunehmend prekär beobachtet werden. Diese Annahme kann und soll hier nicht durch eigene Semantikanalysen verfolgt werden; vielmehr geht es darum, oberhalb der konkreten semantischen Artikulation Veränderungen in der Konstitution von Wissen, Subjekt und Macht zu beobachten, die möglicherweise Anlass für eine Untersuchung der gesellschaftsstrukturierenden Diskurse und Semantiken geben könnten. Jenseits des skizzierten Problemhorizonts konzentrieren sich die hier vorgestellten Überlegungen auf die Zusammenhänge von Diskurs und System, die zentral für die noch folgende Unterscheidung zwischen Ordnung und Regierung sind. Damit rücken vor allem die Bezüge zum Subjekt in den Blick, die es erlauben, die gemeinsamen Schnittstellen von Systemtheorie und Gouvernementalität zu markieren.

Der systemtheoretische Zugang teilt mit Diskurstheorien eine dezidiert antihumanistische Fluchtlinie. Der lenkende, weltgestaltende ‚Mensch‘ sieht sich aus der Gesellschaft systemtheoretischer Provinienz vertrieben: „Wir sind, in unserer Identität als Bewusstsein, der Selbsterhaltung sozialer Systeme in einem viel umfassende-

keiten zu untersuchen sind und dem (Stäheli zufolge) der Systemtheorie näher stehenden Verständnis von Laclau/Mouffe, das Diskurse (ebenso wie Systeme) als sich über Grenzziehungen und Ausschlüsse konstituierend begreift. Vgl. Stäheli 2000, S. 53f

67 Vgl. Stäheli 2000, S. 54

68 Vgl. Luhmann 1993a

69 Vgl. Stäheli 2000, S. 218ff

ren Maße ausgeliefert, als es das Paradigma vom seine eigenen Geschicke lenkenden Individuum wahrhaben will."[70] So sehr dieser Befund humanistisch Gesonnene irritieren mag: für die Situation des Einzelnen verspricht diese Konstellation Freiheitsgewinne; für die Analytik des Subjekts verspricht sie Erkenntnisgewinne. Denn die Verabschiedung der alteuropäischen Ontologie des einheitlichen Mensch-Subjekts lässt einen differenzierten Blick auf die Konstitution der modernen Subjektivität zu. Der moderne Mensch funktional differenzierter Gesellschaften ist das Ensemble seiner diversen Personifizierungen, denn Bewusstseinssysteme werden durch Interpenetration mit sozialen Systemen sozialisiert.[71] Der potentiell entropische Überschuss an möglichen Bewusstseinsoperationen, die in Kommunikationen eingebracht werden können, zeitigt eine unhintergehbare Kontingenz und zwingt zur Selektion. [72] An der Differenz von Kommunikation/Nichtkommunikation der eigenen Wahrnehmung setzt die soziale Konstitution des Subjekts an – die Begrenzungen, denen die Kontingenzbewältigungen unterworfen sind, realisieren sich in den Anrufungen der Akteure.[73] Denn das je eigene Handeln muss sich immer auch und vor allem an Bestehendem orientieren, will es sich jenseits idiosynkratischer Selbstbezüglichkeit absichtsvoll realisieren. Es muss sich an vorhandene Sinnangebote, sprich: an Konventionen und Handlungsmuster, an Gepflogenheiten und Traditionen orientieren – also an etwas was Hegel Sittlichkeit nannte – um Kommunikationen beeinflussen und so handeln zu können und damit Person sein zu können.[74] An dieser Stelle: der personifizierenden und damit subjektkonstituierenden strukturellen Kopplung von Kommunikation und Bewusstsein, setzen Diskurse an. Mittels Diskursen richten sich die sozialen Systeme die für sie notwendigen Subjekte her – unabhängig von der Form gesellschaftlicher Primärdifferenzierung. Subjektivierungsprozesse im Sinne Foucaults instituieren dann einen bestimmten Modus „der Selbstbeobachtung und Selbststeuerung, welcher auf Grundlage und unter Nutzung der bestehenden Systemstrukturen zustande kommt."[75] Damit ist potentiell jede Kommunikation sozialer Systeme auch diskursiv verfasst und sind die Akte ihrer Instituierung und Infragestellung genuin politisch.[76]

Kommunikation und Diskurs konstituieren Gesellschaft durch ihren Vollzug immer wieder neu und sind damit nicht objektiv oder substanziell gegeben.[77] Kommunikationen und Diskurse sind somit nicht kongruent – Diskurse gehen systemischen Kommunikationen voraus, sie werden von ihnen unterworfen und sie stehen gleichzeitig außerhalb von ihnen.[78] Im Zuge von beständigen Alterierungen und Iteratio-

70 Hutter/Teubner 1994, S. 142
71 Vgl. Luhmann 1995b, S. 51f
72 Vgl. Luhmann 1995b, S. 55ff
73 Vgl. Bröckling 2007, S. 27ff
74 Vgl. Luhmann 1995b, S. 142ff, Luhmann 1993a (Band I), S. 30f
75 Stäheli 2004, S. 18
76 Vgl. Stäheli 2004, S. 14f
77 Vgl. Stäheli 2000, S. 310, Nonhoff 2007, S. 9
78 Diskurse werden von Systemen beobachtet und können dementsprechend auch in mehreren Systemen vorkommen, wie Reinhard-Becker zu Recht bemerkt (vgl. Reinhardt-Becker 2004).

nen von Sinn, der „Bedeutungsroutinisierung von Diskursen“,[79] werden Sinn und Sozialität diskursiv sedimentiert und so zu operativ geschlossenen Kommunikationen sozialer Systeme – so bilden sich nicht nur zufällige und instabile Differenzierungsformen, sondern stabile Primärdifferenzierungen.[80] Die sedimentierten und bedeutungsroutinisierten Diskurse, mit denen die Systeme ihre Rollen-Subjektivierungen betreiben und auf denen die Regierungen aufsitzen, lassen sich im Kontext jeder Primärdifferenzierungsform beobachten. Dennoch erweist sich die Historizität der Form des Diskurses an sich darin, dass sie in ihrer konkreten Ausprägung auf ein spezifisches historisches Apriori angewiesen ist.[81]

Inklusionsfiguren

Kommunikationen und Diskurse laufen prinzipiell autonom ab, ihre Verbindungen lassen sich in Bezug auf das Dual von Inklusion/Exklusion und die damit verbundenen Subjektkonstitutionen ablesen. Denn den gesellschaftlichen Differenzierungsformen sind spezifisch diskursiv konstituierte Inklusionsfiguren komplementär. Die subjektivierenden Anrufungen der Diskurse und die funktionalen Rationalitäten der Teilsysteme schießen in den *Realfiktionen* der gesellschaftlichen Akteure zusammen. Der sedimentierte systemkonstituierende Diskurs prozessiert dabei lediglich den enggeführten System-Sinn und lässt alles andere unbestimmt. So thematisieren die System-Diskurse nur dasjenige in der Umwelt beobachtbare, was sich funktionsspezifisch diskursivieren lässt. In den einzelnen funktional differenzierten Subsystemen lassen sich die Akteursfiktionen des *homo juridicus* oder des *homo oeconomicus* als „strukturelle Kopplung von kommunikativen Operationen in Wirtschaft und Recht mit den dazu simultan ablaufenden psychischen Operationen“[82] begreifen. Der Begriff der Realfiktion lässt sich über den Bezug auf individuelle Akteure hinaus auch auf Organisationen als Kollektivakteure anwenden: „Mit Hilfe der Fiktion der Kollektivakteure parasitieren Wirtschaft und Recht an der internen Dynamik von Organisationen. Und mit Hilfe der Fiktion des *organization man* parasitiert die Entscheidungssequenz der formalen Organisation an der internen Dynamik von

Damit ist freilich nicht gesagt, dass Kommunikationen Diskurse ‚benutzen‘, um selbst ihre Stabilität und die ihrer Inklusionsfiguren herzustellen.

79 Dieser Begriff ist einer Lektüre der Diskurstheorie von Laclau durch Andreas Reckwitz entnommen: „Einerseits findet immer eine gewisse ‚Sedimentierung‘ des Sozialen und des Sinns statt, eine Bedeutungsroutinisierung von Diskursen, andererseits an bestimmten Punkten ein Aufbrechen dieser Sinnordnungen, ein Aufbrechen, dem selbst nicht der Charakter der dramatischen Aberration, sondern der Normalität von Bedeutungsüberschüssen zukommt.“ Reckwitz 2006b, S. 342

80 Vgl. Stäheli 2000, S. 161ff, Stäheli 2000, S. 231

81 Siehe Prolegomena D

82 Hutter/Teubner 1994, S. 116. Siehe Kapitel II (2)

psychischen Systemen."[83] Subjekt, Organisation und System sind die diskursiv durchgesetzte Realität funktionsspezifischer Rationalität.

Das Verhältnis von Diskurs und System rückt jenseits von Personalitätskonstitutionen beim Problem der Identität in den Blick und wird für die Regierung von Subjekten relevant. Auch Identität ist – so idiosynkratisch sie erscheinen mag – das Ergebnis der Teilnahme an diversen sozialsystemischen Kommunikationen und damit immer schon diskursiv konstituiert. Psychische Systeme sind dabei an den Kommunikationen aller Teilsysteme nur momenthaft beteiligt, ohne dass sie aus den jeweiligen teilsystemischen Diskursen über das Personen-Ensemble hinaus Identität gewinnen könnten. Umso wichtiger wird angesichts dieser heterogenen Systemreferenzen die Konstitution der Identität. Dabei setzen sich Identitätskonstruktionen und -diskurse eher durch, die erkennen lassen, was sich mit identitär begründeter Entscheidung in Zukunft erwarten lässt. Identitäten müssen dabei die Anschlussfähigkeit für mehrere Personalitäten bieten, die allgemein genug sind, um Personalität ausreichend innerhalb von Systemen zu spezifizieren, aber konkret genug sind, um Entscheidungen zwischen ihnen zu ermöglichen.[84] Auf diese diskursiv konstituierten Identitätskonstruktionen ist das Subjekt angewiesen, um die mitunter konfligierenden Personenrollen zu koordinieren. Das psychische System muss seine Identität immer wieder darauf prüfen, ob und inwiefern es ausreichend Personalität gewährleistet. Andererseits gilt aber auch: Identität ist immer wieder auch Anlass für Irritationen in der Ausübung von Personalität, aber nicht Fixpunkt der Handlungsbegründung. Vielmehr laufen die Personalitäten allein durch das Involviertsein in die Systeme an. Soziales Handeln an sich, so rückübersetzt, ist nicht von vornherein auf intentionales Handeln, auf Identität zurückzuführen.

Auch die Akzeptabilitätsbedingungen von Identität werden diskursiv verhandelt. Es geht es „nicht um die Anerkennung von besonderen Fertigkeiten oder Leistungen von Spezialisten, sondern um Inklusion von Personen schlechthin in die gesellschaftliche Kommunikation",[85] um die Anerkennung oder Achtung/Nicht-Achtung von Individualität und Identität an der Grenze zwischen Diskurs und System.[86] Freilich wird – und auch das ist rein funktional – ein universaler Bezugspunkt vergeblich zu suchen sein, dementsprechend sind „die Konditionen für Achtung und Miss-

83 Hutter/Teubner 1994, S. 132

84 Die klassische Annahme, dass Identität sich narrativ im Sinne einer Lebensgeschichte bildet, ist dahingehend zu differenzieren, dass auch Lebensgeschichten immer Konstruktionen sind, die unter je spezifischen Bedingungen erzählt, bewertet und modifiziert werden. Es scheint dabei plausibel, dass sich psychische Systeme Identitäten als *homme copie* vor allem medial vermittelt aneignen. Die medial angeeigneten Schemata brauchen selbstverständlich die Rückversicherung in interpersonalen Beziehungen, aber vieles spricht dafür, dass Identität nicht mehr ausschließlich interpersonal erworben wird, weil der Erfahrungshorizont medial vermittelter Schemata wesentlich größer ist und so die Anschlussfähigkeit für Personalität wesentlich besser abgesichert werden kann.

85 Niklas Luhmann konzeptionalisiert diese Unterscheidung als moralische Kommunikation. Vgl. Luhmann 1997, S. 397

86 Vgl. Luhmann 1997, S. 396ff

achtung […] eher instabil und jedenfalls nicht mehr durchgehend konsensfähig."[87] Die identitätskonstitutierende Kommunikation von Achtung/Nichtachtung kommt damit dem oben gezeigten Verständnis des Politischen nahe;[88] sie indiziert die Notwendigkeit, die mit der Kommunikation der Inklusionsbedingungen von Identität verklammerte Kommunikation noch nicht bearbeiteter Restgrößen gesellschaftlicher Systemintegration theoretisch näher in den Blick zu nehmen und für eine konkretere Bestimmung gesellschaftlicher Subjektivierungsweisen zu nutzen. Dabei ist diejenige diskursive Konstitution des Subjekts von Interesse, die weniger auf die gesamte vom psychischen System zu erfahrende Subjektivität zielt (das wäre auch unmöglich) oder unmittelbar auf die von den Funktionssystemen adressierte Personalität, als vielmehr auf einen spezifischen Teilbereich der Subjektivität, die *Identität* des Subjekts. Wie zu zeigen ist, eignet sich diese Arbeit den Begriff der ‚Regierung' im Sinne Michel Foucaults für dieses Problem an.

Die Problematisierung der Zusammenhänge von Diskurs und System plausibilisiert die Diskursivität von Systemen, ohne sie für die eigene Analyse unmittelbar nutzbar zu machen. Diese paradoxe Analysestrategie ist zweifellos der Komplexität des Gegenstandes geschuldet. Anstatt die Diskurse, mit denen die Systeme funktionaler Differenzierung und ihrer partiellen Auflösung einhergehen, en detail zu analysieren, geht es lediglich darum, die Apriori von Diskursivität und Systematizität aufzuzeigen, die ihr Funktionieren konditionieren. Davon ausgehend will diese Arbeit die Grundzüge dieses Verhältnisses näher in den Blick bekommen, von dem aus die Diskursivierungen von sozialen Systemen analysiert, bestätigt oder widerlegt werden können. Dieses Vorhaben muss sich diverser Zugänge bedienen, muss miteinander korrelierende Phänomene unter Preisgabe methodologischer Reinheit in Beziehung miteinander setzen, um Plausibilität beanspruchen zu können und gleicht in all dem eher einem Indizienprozess denn einem Verfahren mit erdrückender Beweislast.

D Differenz und Evolution

Ungeachtet divergierender theoretischer Zugänge schienen wenige Gewissheiten der sozialwissenschaftlichen Betrachtung so unveränderbar eingeschrieben wie die Existenz klarer gesellschaftlicher Funktionsteilungen, die sich in Rollen, Organisationen und Systemen wiederfinden ließen. »Alles kann auch anders sein« (Niklas Luhmann) – das modernenotorische Moment der Kontingenz findet mit dem Primat und Prinzip funktionaler Differenzierung seine Einheit in der einheitlichen Vielfalt. [89]

87 Luhmann 1997, S. 401

88 Vgl. Stäheli 2000, S. 303

89 Die modernen sozialwissenschaftlichen Theorien sozialer Differenzierung nehmen bekanntlich mit Spencer und Durkheim ihren Anfang. Bernhard Peters weist auf den evolutionstheoretischen Kontext bei Spencer und Durkheim hin, in dem die Differenzierungstheorien zunächst entwickelt worden sind. Die gesellschaftliche Strukturierung ändert sich demnach von

Aus systemtheoretischer Warte liegt die Emergenz dominanter gesellschaftlicher Differenzierungsformen auf der Hand, ohne dass ihre ‚Realität' nachgewiesen werden muss.[90] „Die Stabilität der Funktionssysteme und der in ihnen sich arbeitsteilig ausdifferenzierenden Organisationen, Professionen und Rollen ist mit Variationen und Selektionen der verschiedensten Art kompatibel. Sie beruht darauf, dass eine Funktion, wenn sie einmal ausdifferenziert ist, auf einem avancierten Niveau nur noch in der dafür vorgesehenen Einrichtung erfüllt werden kann."[91] Gegenüber diesen Gewissheiten äußern sich längst Zweifel, ohne das klar wäre, wie diese sich theoretisch konsequenzialisieren lassen, geschweige denn, wie sich eine Vorstellung ‚anderer' gesellschaftlicher Differenzierung konzeptionalisieren lässt.

Emergente Evolution

Der katastrophale Wechsel von Primärdifferenzierungen innerhalb evolutionären gesellschaftlichen Wandels und die funktionale Logik der Gesellschaft sind weder voraussetzungslos noch zwangsläufig, sondern evolutionär bedingt.[92] Schließlich gilt: „Gesellschaft ist das Resultat von Evolution. Man spricht auch von »Emergenz«."[93] Diese bezieht ihre Sprengkraft aus der leicht verifizierbaren Feststellung, dass die Menge der kommunikativen Ereignisse im Laufe der gesellschaftlichen Evolution zugenommen hat und diese Mengensteigerung notwendig mit Differenzierungen verbunden ist, mit der die Kommunikation sowohl geordnet als auch entfaltet

unzusammenhängender Gleichförmigkeit von Horden, Sippen oder Stämmen in zusammenhängende Ungleichförmigkeiten von Funktionsbereichen. Peters weist zurecht die damit insinuierte Behauptung eher undifferenzierter segmentärer Gesellschaften und differenzierter Gesellschaften, die identisch mit funktionaler Differenzierung sind, zurück. Vgl. Peters 1993, S. 150ff

90 „Ohne behaupten und begründen zu können, dass es in jedem Gesellschaftssystem eine dominante Differenzierungsform geben müsse, sehen wir darin doch die wichtigste Gesellschaftsstruktur, die, wenn sie sich durchsetzt, die Evolutionsmöglichkeiten des Systems bestimmt und auf die Bildung von Normen, weiteren Differenzierungen, Selbstbeschreibungen des Systems usw. Einfluss nimmt." Luhmann 1997, S. 611. Diese Dominanz und Universalität ist freilich hinreichend angegriffen worden, nicht zuletzt aus historischer, der Behauptung von *big structures, large processes, huge comparisons* traditionell skeptisch gegenüberstehender Perspektive, vgl. exemplarisch Tilly 1984, S. 48. Ob allerdings die Kritik an der allgemeinen Theorie funktionaler Differenzierung die weitaus komplexere Theorie funktionaler Differenzierung Niklas Luhmanns trifft, kann bezweifelt sein. Dasselbe trifft auf Versuche neofunktionalistischer Erneuerung insbesondere im angelsächsischen Raum zu (vgl. Alexander/Colomy 1990).

91 Luhmann 1997, S. 491

92 Luhmann argumentiert bei der Abfolge gesellschaftlicher Primärdifferenzierungen bekanntlich evolutionstheoretisch. Grundlegend zu dieser sozio-historischen Perspektive und dem Zusammenhang von Evolution und Geschichte, S. Luhmann 1986, S. 150ff

93 Luhmann 1997, S. 413

werden kann.[94] Die sozialwissenschaftlichen Vorbehalte gegen evolutionäre Konzepte sozialen Wandels sind (vermutlich zusammenhängend mit vermeintlich sozialdarwinistischen Politikkonzepten der Vergangenheit) anhaltend.[95] Diese Erkenntnisblockade aufzulösen, kann dazu beitragen mit einem systemtheoretisch aufgeklärten Konzept sozialer Evolution wesentliche Momente des Wandels der Gegenwartsgesellschaften aufzuhellen. Dabei sorgt allein schon die systemtheoretische Fundierung dafür, dass es in diesem Verständnis sozialer Evolution nicht etwa um einen auf Rassen bezogenen Kampf zwischen Herren- und Untermenschen oder um ähnliche voluntaristische Konzepte geht, die bekanntlich ein der Systemtheorie fremdes Prärogativ von geschichtlich wirkmächtigen Kollektivsubjekten innerhalb einer naturrechtlichen Konstellation (im Sinne des Rechts des Stärkeren) voraussetzen.[96] Die Evolutionstheorie systemtheoretischer Prägung ermöglicht es vielmehr, mit der Untersuchung des ‚Zufalls' von Variation, Selektion und Restabilisierung,[97] kontingente und komplexe Verläufe historischen gesellschaftlichen Wandels zu erklären und dabei gleichzeitig eschatologische Geschichtsauffassungen zurückzuweisen. „Das Paradigma besagt, dass Wandel nicht unter Rückgriff auf »großformatige« Annahmen wie Fortschritt oder zunehmende Rationalität, sondern als Ergebnis von Zufall und dem Chaos vieler kleiner, unkoordinierter Mikro-Ereignisse zu erklären ist."[98] Das heißt auch: bedeutende Effekte müssen keine bedeutenden Ursachen haben – oder anders: die Kumulation vieler kleiner Ereignisse und Prozesse kann durch Rückkopplungen und gegenseitige Verstärkungen zu großen gesellschaftlichen Veränderungen führen. So wird es in der Analyse möglich, einzelne, voneinander unabhängige gesellschaftliche Prozesse und Ereignisse wie das Auftreten neuer Kommunikationstechnologien, neuer Wissensphänomene oder gewandelter Subjektkulturen unter der Perspektive des evolutionären Wandels von Differenzierungsformen zusammen zudenken anstatt den gesellschaftlichen Wandel auf jeweils ein Phänomen zurückzuführen. Damit gibt es eine analytische Nähe zu Untersuchungsperspektiven, die ebenfalls die Gerichtetheit von gesellschaftlicher Entwicklung zu Gunsten der Analyse einzelner Ereignisse – gleich ob als machtvoller Kampf oder

94 Vgl. Luhmann 1997, S. 416. Zwischen der Zunahme kommunikativer Ereignisse und der in dieser Arbeit behaupteten Wissensextension lässt sich ein enger Zusammenhang herstellen, begreift man Wissen mit Stehr als „Fähigkeit zum sozialen Handeln" (vgl. Stehr 2001, S. 57). Rechnet man ein, dass ein enormer und ständig wachsender Bestand an objektiviertem Wissen besteht, produziert und reproduziert wird, ergibt sich mit dieser Extension zugleich eine Zunahme potentieller Handlungsmöglichkeiten oder systemtheoretisch übersetzt: eine Zunahme an Möglichkeiten kommunikativer Ereignisse.

95 So behauptet Giddens, sozialwissenschaftliche Evolutionstheorien seien wie der geschichtsphilosophische Evolutionismus aus dem sozialwissenschaftlichen Arsenal zu streichen, ihre Defizite seien nicht sanierbar (vgl. Giddens 1986)

96 Vgl. Luhmann 2000, S. 409

97 Näher zum Grundvokabular der sozialwissenschaftlichen Evolutionstheorie im Sinne der neodarwinistischen Evolutionstheorie Luhmanns vgl. Luhmann 1997, S. 451ff

98 Kuchler 2003, S. 27, vgl. Luhmann 1986, S. 195

technische Innovation gedeutet – und ihrer Verdichtung zu gesellschaftlichen Konstellationen abweisen.

Luhmann konzipiert ausgehend davon die Evolution sozialer Ordnung innerhalb von Differenzierungsordnungen und setzt wiederum eine Abfolge von segmentärer, stratifikatorischer und funktionaler *Primärdifferenzierung* voraus.[99] Mit der Evolution von Primärdifferenzierungen geht es dabei nicht darum, einfach eine zunehmende gesellschaftliche Differenzierung zu behaupten, sondern um die „These eines Wandels von Differenzierungsformen, der bei der geeigneten Gelegenheiten zu komplexen (insbesondere Ungleichheiten einbauenden) Formen führt, die mit stärkerer Differenzierung kompatibel sind, aber dafür auch strukturelle Entdifferenzierungen einsetzen, also keineswegs mehr Differenzierung in allen Hinsichten erreichen."[100] Fraglich ist nun, welche Gelegenheiten zur Evolution von Differenz führen.
Bei der Suche nach Anhaltspunkten für gesellschaftliche Evolutionsmomente, die die gesellschaftliche Differenzierungsform berühren, stößt man auf den sowohl in der Ausarbeitung wie Rezeption Luhmanns unterbelichteteten Zusammenhang zwischen gesellschaftlicher Primärdifferenzierung und den Verbreitungsmedien der Kommunikation. Die Gesellschaft hat die Einführung von Schrift, Buchdruck und Computer nur überlebt, „weil es ihr gelungen ist, so genannte Kulturformen des selektiven Umgangs mit dem durch die neuen Medien produzierten Überschusssinn zu finden."[101] Die auf die kommunikative und mithin diskursive Konstitution von Gesellschaft angewiesenen Differenzierungsformen sitzen demnach auf einem medientechnologischen Apriori auf, mit dem die Reichweite und die Formen von Kommunikationen und Diskursen und damit die Form der Primärdifferenzierung selbst bestimmt wird.[102] In funktional differenzierten Gesellschaften schießen zwei wesentliche Voraussetzungen für die Ausbildung von Diskursen als fundamentale Machttransmissionen zusammen: zum einen die Popularisierung der Schrift durch den Buchdruck; zum anderen und damit verbunden die Entlassung des Subjekts aus einem allgemein verbindlichen Normenkorsett, mit dem nun die Entscheidungskontingenz individualisiert wird. Die Änderung von Subjektformen in ihren fundamentalen Konstitutionen ist demnach weniger Ergebnis der Zufälligkeiten von Machtspielen, die in den diversen Regierungen zum Ausdruck kommen, sondern in den Wandel gesellschaftlicher Differenzierungsformen sowie Kommunikationstechnologien eingebettet. So kann der Wandel moderner Subjektkonzeptionen im Hinblick auf medientechnologische Transformationen periodisiert werden: die kognitivmoralische Konstitution des für das 19. Jahrhundert paradigmatischen innengeleiteten bürgerlichen Subjekts lässt sich über die medialen Techniken der Schriftlichkeit

99 Luhmann 1997, S. 613f. Vgl. einordnend zum Problem von Differenzierung und Evolution auch Peters 1993, S. 150ff. Zur Evolutionsgeschichte funktionaler Differenzierung vgl. Stichweh 2005c

100 Luhmann 1997, S. 615f

101 Baecker 2007a, S. 10, vgl. Luhmann 1997, S. 405ff

102 Zu den unterschiedlichen Positionen zur Auswirkungen medientechnologischer Veränderungen auf gesamtgesellschaftliche Strukturen vgl. McLuhan 1994, Innis 1997, Habermas 1961, Maresch 1995, Steinmaurer 2003, Hieckethier 2003

erklären, während die Subjektkonzeption des außengeleiteten organisation-man mit der Extension audio-visueller Medien während des 20. Jahrhunderts korreliert.[103]

Werden diese Annahmen weitergedacht, dann spielt die Frage der Kommunikationsmedien nicht nur eine Rolle für Kulturformen, sondern über sie vermittelt auch für gesellschaftliche Ordnung und mithin das Politische. Die spezifischen, mit der gesellschaftlichen Primärdifferenzierung korrelierenden Formen, in denen Diskurse und Kommunikationen sich niederschlagen, lassen sich in den Kulturformen identifizieren, in denen sich die zentralen Figuren des Denkens kristallisieren; sie gewinnen „ihre Plausibilität nur daraus, dass sie sich eben nicht nur in der Welt der Werte und Diskurse abspielen, sondern inkorporiert werden in die Struktur der empirischen Wirklichkeit."[104] Dabei sind die skizzierten Veränderungen der Primärdifferenzierungen keineswegs als technologisch determiniert zu betrachten. Vielmehr ist von der Prämisse einer *technologischen Kontingenz* auszugehen, nach der technologische Innovationen ihre gesellschaftlichen und individuellen Verwendungsweisen nicht vorprägen.[105] In einer praxeologischen Perspektive ist davon auszugehen, dass die subjektkonstituierenden Praktiken „auf die Trägerschaft durch zweierlei Materialität angewiesen sind: jene der Körper ihrer menschlichen Träger, aber auch jene von ›Dingen‹, ›Objekten‹, mit denen in einer Praktik hantiert wird oder die dessen konstitutive Voraussetzung darstellen."[106] Technologische Systeme, und insbesondere die für Primärdifferenzierungen relevanten Kommunikations- und Medientechniken, sind dementsprechend als integraler Bestandteil von individueller und gesellschaftlicher Praxis zu betrachten.

Suizidales Kippen

Welche Schlussfolgerungen lassen sich nun daraus für die Veränderungen gesellschaftlicher Differenzierung ziehen? Wir erinnern uns: gesellschaftliche Differenzierungsformen sind evolutionär bedingt, sie existieren evolutionsnotwendig gleichzeitig nebeneinander und gehen auseinander hervor. Dementsprechend liegt es nahe, das Aufkommen der neuen netzmedialen Kommunikationstechnologien nicht als Bruch zu begreifen.[107] Die Beschreibung dieser Verwerfungen muss auch einrechnen, dass nicht schon das Auftauchen bestimmter Technologien unmittelbar gesellschaftlich wirksam für die Veränderung von Kulturformen und damit sozialer Ordnung ist, sondern die kritische Masse hinreichender Popularisierung zählt. Das Pri-

103 Vgl. Reckwitz 2006a, 2006c
104 Baecker 2007a, S. 11
105 Vgl. Bell 1990, S. 29
106 Reckwitz 2006c, S. 61
107 Siehe Kapitel IV (1)

mat einer Differenzierungsform kann dann festgestellt werden, „wenn man feststellen kann, dass eine Form die Einsatzmöglichkeiten anderer reguliert."[108]

Mit Blick auf die Gegenwartsgesellschaften ist nun für diese Arbeit von Interesse, wie sich der Übergang von einer Primärdifferenzierungsform zu einer anderen beschreiben lässt. Niklas Luhmann beschreibt die verschiedenen Primärdifferenzierungen der Gesellschaft und die Änderungen innerhalb dieser Formationen und arbeitet den Übergang von einer Primärdifferenzierungsform zu einer anderen differenzierungstheoretisch aus.[109] Demnach birgt jede gesellschaftliche Differenzierungsform den Keim zu ihrer Überwindung im Sinne ihres dialektischen Suizids als Primärdifferenzierung in sich.[110] Die auf Gleichheit angelegten segmentär differenzierten Gesellschaften müssen bei einer Veränderung der Kontextbedingungen (vor allem exogener Art, etwa Nahrungsknappheit durch anhaltende Dürre) auf Ungleichheiten und damit Rangdifferenzierungen umstellen, mit denen die stratifizierte Differenzierung angelegt ist. Stratifizierte Gesellschaften wiederum legen durch die Ausbildung der Oberschicht und der darin freiwerdenden Ressourcen die Grundlage für funktionsspezifische Kommunikationen und der damit einhergehenden Differenzierungsform. Das evolutive Moment liegt beim Übergang der Primärdifferenzierungen darin, dass sich durch verschiedene Mikro-Ereignisse und Prozesse je spezifische Kontextbedingungen bilden müssen, damit Primärdifferenzierungen ‚kippen'. In Bezug auf die Gegenwartsgesellschaften kommt es nun darauf an, genau diese spezifische Konstellation durch die Analyse von voneinander unabhängigen Ereignissen auf dieses Kippen zu untersuchen und eine hinreichend konsistente neue Primärdifferenzierung zu plausibilisieren. Die Erfahrungen beim Übergang zur funktionalen Primärdifferenzierung zeigen, dass viele voneinander unabhängige, ungleichzeitig auftretende und verstreute gesellschaftliche Innovationen zur Ausbildung der neuen Differenzierungsform beigetragen haben. Dementsprechend lassen sich die Konturen einer neuen Differenzierungsform nicht gleichmäßig in allen gesellschaftlichen Problembereichen oder gar allen Weltgegenden beobachten, sondern vielmehr an einzelnen Punkten. Dabei ist zentral, dass aus differenzierungstheoretischer Perspek-

108 Luhmann 1997, S. 612. So werden weder die mit segmentärer Differenzierung einhergehende Familie, noch der Adel stratifizierter Differenzierung mit dem Aufkommen funktionaler Differenzierung eliminiert, wie man feststellen kann – ihre konkrete Ausprägung und Platzierung muss sich aber den Logiken funktionaler Differenzierung unterordnen: so bilden sich Familien nur noch dort, wo ihre Mitglieder Ausbildung, Arbeit oder ihr Recht finden und auch Adlige müssen sich nun um ihr Auskommen kümmern.

109 Zur Kritik der Luhmannschen Evolutionstheorie vgl. Kuchler 2003

110 Die Figur des dialektischen Suizids oder »dialectical suicide« findet sich in verschiedenen sozialwissenschaftlichen Theorien, nach denen etwa Revolution eher durch die Steigerung als durch die Senkung des Lebensstandards ausgelöst werden oder die Askese durch die Erhöhung des Wohlstandsniveaus sich selbst gefährdet. Als prominentestes Beispiel findet sich wohl die Marxsche These der Selbstzerstörung des Kapitalismus durch den tendenziellen Fall der Profitrate. Vgl. Kuchler 2003, S. 43

tive die neue Primärdifferenzierung aus den Folgeproblemen der bisher primären funktionalen Differenzierung hervorgehen muss.[111]

In der Konkretisierung dieser evolutionstheoretischen Überlegungen geht diese Arbeit von der Frage aus, inwiefern veränderte Formen der Primärdifferenzierung bei der Reorganisation der Wissensproduktion und darüber hinaus bei der politischen Konstitution von Gesellschaften beobachtet werden können. Sie geht von der Annahme der nachhaltigen Erosion funktionaler Differenzierung als *Primär*differenzierung aus, denn so der Befund: „das hochspezialisierte und hochdifferenzierte System der Moderne, das auf einer mehr oder weniger strikt voneinander getrennten Anzahl unterschiedlicher Subsysteme beruhte, von denen jedes mit einer spezifischen Rationalität, einem eigenen Ethos und einem Satz von Normen ausgestattet war [...] löst sich derzeit auf."[112] Nimmt man diese Beobachtung ernst, ist eine Konzeptionierung von Ordnung notwendig, die den Veränderungen der Kommunikationsformen, der Wissensstatui und dem evolutionären Wandel der Primärdifferenzierungen gleichermaßen angemessen ist.[113] Die bisherigen Überlegungen haben versucht zu zeigen, dass es keine gesellschaftlichen Beziehungen ohne Macht und keine Macht ohne Ordnungsbildung gibt. Damit ist noch nichts über je spezifische Ordnungsbildungen und das damit variierende Verhältnis von Ordnung und Unordnung gesagt – das plötzliche oder allmähliche Auftauchen, Vermehren oder Überhandnehmen von Unordnung ist weniger Indiz für ein Verschwinden von Ordnung, als Symptom dafür, dass sich die Ordnung verschiebt.[114] Folglich geht es dieser Arbeit darum, die Verschiebungen der verschiedenen Schichten und Strukturen, die Ordnungen der empirischen oder faktischen Legitimation und Legitimität, also die Modi von Ordnungsbildung zu untersuchen, über die Legitimation entsteht. Die Ordnung wandert. Konfliktlinien zeichnet nach, wer den Wanderungsbewegungen der Ordnung folgt.

111 Folgeprobleme funktionaler Differenzierung evozieren freilich nicht automatisch ein Kippen der Primärdifferenzierung. Sie können erst mal mittels Adaptionsleistungen durch die Funktionssysteme selbst bearbeitet werden. Eine weitere Möglichkeit ist die Ausbildung ‚sekundärer Funktionssysteme' wie sozialer Hilfe, die darauf spezialisiert sind, Folgeprobleme zu bearbeiten, unter Beachtung eines spezifischen Codes, innerhalb einer klar abgegrenzten Funktion und damit innerhalb funktionaler Differenzierung. Vgl. Fuchs/Schneider 1995.

112 Nowotny et. al., S. 2004, S. 47

113 Stehr fordert angesichts des Statuswandels des Wissens denn auch, „Wissen auf jeden Fall nicht nur als Zwangsmittel, als entstellendes Mittel oder als Instrument der Repression zu begreifen, wie dies in vielen Konzepten der Macht zumindest stillschweigend unterstellt wird, sondern auch als eine Möglichkeit, Gegenwehr, Opposition, Ausweichen usw. zu organisieren. Mit anderen Worten, ein neues oder zumindest erweitertes Machtkonzept ist notwendig, das die neuen produktiven (enabling) Fähigkeiten oder befähigenden Möglichkeiten wissenschaftlichen oder technologischen Wissens explizit betont." Stehr 2001, S. 75f. Diese Forderung verweist, auch wenn dies Stehr nicht explizit macht, auf die Foucaultsche Konzeption der Macht.

114 Das Ende der Ordnung und die Übermacht der Unordnung einer Heterotopia feiert Willke. Vgl. Willke 2003b, vgl. dazu den Kommentar von Anter 2004, S. 49f

Die gezeigten theoretischen Überlegungen zu Politik und Legitimation, Diskurs und System sowie Differenz und Evolution erfordern eine Analytik der Macht, in der strukturelle und historische Untersuchungsmuster konvergieren. Der dieser Forderung folgende und hier unterbreitete Vorschlag ist es, die Artikulationen des Politischen auf zwei Ebenen zu betrachten: auf der Ebene der *Ordnung* der Legitimation und auf der Ebene der Legitimation der *Regierung*. Diese Unterscheidung geht davon aus, dass sich die „Hauptlinien von »Regieren« als reflexiver Ordnungsbildung von Politik verschieben", dass es bei Ordnungsbildung aber immer darum geht, „unter Bedingungen hoher Kontingenz eine Ordnung von Heterogenität zu stabilisieren, die auf Einschränkung und Selbstbindung gründet [...] und die deshalb *unwahrscheinlich* ist. Die Unwahrscheinlichkeit gelingender Ordnung und funktionierender Regierung"[115] ist damit konstitutiv für das Politische und die Notwendigkeit von Legitimation und Legitimität, um die Unwahrscheinlichkeit (der Ordnung und der Regierung) dennoch wahrscheinlich zu machen.

Regierungskünste

Diese Perspektive ist nicht voraussetzungslos und verlangt nach Begründung und Begriff. Die Geburt der Regierungskunst markiert zugleich den Beginn der modernen Ordnung. Sich von den religiösen Ursprüngen und Prägungen des Pastorals loslösend hat es seit dem 15. und 16. Jahrhundert eine „wirkliche Explosion der Menschenregierungskunst" gegeben; sie hat sich „laisiert und in der zivilen Gesellschaft ausgebreitet. Sodann hat sich diese Regierungskunst in den verschiedensten Bereichen vervielfältigt: wie regiert man die Kinder, wie regiert man die Armen und die Bettler, wie regiert man eine Familie, ein Haus, wie regiert man Heere, wie regiert man die verschiedenen Gruppen, die Städte, die Staaten, wie regiert man seinen eigenen Körper, wie regiert man seinen eigenen Geist? Wie regiert man?"[116] Mit der Gouvernementalitätstheorie im Anschluss an Michel Foucault[117] wird die von der Systemtheorie vernachlässigte Einsicht produktiv, dass gesellschaftliche Ordnung

115 Willke 2002, S. 92

116 Foucault 1992, S. 10f

117 Im Anschluss an Michel Foucaults Geschichte der Gouvernementalität wird zwischen den Studies of Governmentality und den Governmentality Studies unterschieden. Während erstere eher einen nominalistischen Ansatz vertreten, orientieren sich zweitere eher an einer politischen Soziologie, die generalisierende Analysen der Gegenwart erlaubt (vgl. Osborne 2001, S. 12 – 16, Bröckling 2007, S. 9). Die hier vorliegende Arbeit entscheidet sich dagegen, eine der beiden Ansätze als ‚richtig' oder ‚falsch' zu kennzeichnen, sondern plädiert für ein fruchtbares Nebeneinander. Sie tendiert sie dazu, die Perspektive der Governmentality Studies einzunehmen und darin einzelne Arbeiten der Studies of Governmentality einzuordnen. In diesem Sinne wird die methodologisch fundierte Unterscheidung hier nicht weitergeführt, sondern werden die Analysen der Gouvernementalität als ein Komplex aufgefasst.

und die sie durchziehenden Machtbeziehungen nicht ohne das Subjekt gedacht werden können.[118] Das Konzept verspricht dabei eine analytische Qualität, die weit über die Rekonstruktion ideologischer Diskurse hinaus geht und die politischen Rationalitäten (*gouverner*) wie individuellen Technologien (*mentalité*) des *Regierens* in den Blick nimmt.[119] Die Quintessenz des Ansatzes: was uns als (individuelle) Befreiung oder zwangsläufige (gesellschaftliche) Entwicklung vorgestellt wird, hängt miteinander zusammen und beruht auf tieferen Kalkülen – die mithin dekonstruierbar und angreifbar werden. Auf das kritische Potential politischer Analytik könnte dann eine Kritik der politischen Ethik folgen; eine Politisierung des Subjekts. Auch hier lässt sich (doppelbödig) paradoxieren: keine Befreiung ohne Herrschaft – so oder so, es braucht die Regierung, um »nicht dermaßen regiert zu werden« (Michel Foucault).

Quer zu den konkreten Ausprägungen der jeweiligen Ordnungen wird die *Regierung* in dieser Arbeit „als eine Praxis, das heißt eine auf Ziele hin orientierte und sich durch kontinuierliche Reflexion regulierende »Weise des Tuns«“[120] verstanden, die mit den gegebenen Bedingungen einer Legitimationsordnung strategisch umgeht. Damit wird der Foucaultsche Begriff der Regierung als „ein diskursives Feld, innerhalb dessen die Ausübung der Macht rationalisiert wird“ im Rahmen der hier vorgestellten Konzeption reformuliert. In diesem Sinne wird die Regierung nicht allein (aber auch) als ideologisches Programm oder polit-ökonomische Realität, sondern in einem weiten Sinn als politisches Projekt verstanden, deren Regierungsweisen sich „durch die Erarbeitung von Begriffen und Konzepten, die Spezifizierung von Gegenständen und Grenzen, durch die Bereitstellung von Argumenten und Begründungen etc.“ bilden[121]. Dabei wird im Anschluss an Foucault ein weiter Begriff von Regierung verwendet, der die Eingrenzung auf politische Regierung vermeidet und stattdessen „Regierung als Führung, die ein Kontinuum umfasst, das von der ‚Regierung des Selbst‘ bis zur Regierung der anderen“ reicht, versteht[122] und in der inkludierenden/exkludierenden Diskursivierung der Akzeptabilitätsbedingungen von Identität und nicht teilsystemisch zurechenbare Diskursen zum Tragen kommen.

118 Subjekt heißt dann unter Umständen auch: was zum Subjekt gemacht wird, sei es als Individuum, als Organisation, als Kollektiv.

119 Die Behauptung einer semantischen Verbindung (vgl. Bröckling et. al. 2000, S. 8) ist angegriffen worden und wohl von Foucault auch nicht so intendiert. Das schmälert freilich nicht die analytische Fruchtbarkeit.

120 Foucault analysiert paradigmatisch den Liberalismus als rationalisierte Regierungsausübung, die „der internen Regel maximaler Ökonomie gehorcht. Während jede Rationalisierung der Regierungsausübung darauf gerichtet ist, ihre Wirkungen zu maximieren, indem sie die Kosten (sowohl im politischen wie im ökonomischen Sinne) soweit als möglich minimiert, geht die liberale Rationalisierung vom Postulat aus, dass die Regierung […] nicht Selbstzweck sein darf.“ Foucault 2005a, S. 181. Im Mittelpunkt der zeitgenössischen Analysen stehen neoliberale Regierungsweisen. Krasmann stellt jedoch zu Recht fest: „Dabei kann man weder von *dem* Neoliberalismus sprechen, noch lassen sich die Gesellschaften der Gegenwart auf ein neoliberales Projekt reduzieren.“ Krasmann 2003, S. 175. Vgl. auch Prinz/Wuggenig 2007

121 Lemke 1997, S. 147. Vgl. Lemke et. al. 2000, S. 9

122 Lemke 1997, S. 149

Im Zusammenhang von System und Diskurs reformuliert heißt das: nicht um die Konstitution der Subjektivität oder Personalität schlechthin, sondern um die *Koordination* der verschiedenen Personen-Rollen über die identitätsbezogene Anrufung des Subjekts geht es den Regierungen. Im Moment heterogener funktionaler Personalisierungen greifen Diskurse, die nicht mehr teilsystemisch zugerechnet werden können, sondern als ‚Regierung' versuchen, Identität und Gesellschaft zusammenzubringen. Die Diskurse der Regierung setzen nun auf den sedimentierten System-Diskursen auf und stellen auf den Versuch ab, die divergierenden teilsystemischen Kommunikationen zusammenzubinden. Sie reflektieren deshalb auf die Identität und ihre Funktion der Handlungskoordination der Rollen- und Statuspluralität des Subjekts.[123] Die gouvernementalen Anrufungen erfinden zwar nicht die jeweiligen Rationalitäten, die sie zum Bestandteil ihrer Regierungskunst machen; sie greifen sie aber auf, variieren sie und verstärken sie je nach identifizierter Problemlage. So transformieren und arrangieren sie teilsystemspezifische Rationalitäten zu einem Ensemble, das gegenüber den prinzipiell gleichberechtigten Personifizierungen zur privilegierten Instanz individuellen Handelns wird und als Identität auch so erfahren wird. Dabei geht es der Regierung der Identitäten selbstverständlich nie um die ‚ganze' Identität, sondern um die Identität als Fixpunkt und volatiles Resultat von Anrufungen einer um spezifische Inklusions- und Exklusionslinien bemühten Gouvernementalität.

Bezogen auf staatliche Legitimationsweisen kann Regierung als „Aktivität, die darin besteht, das Verhalten der Menschen innerhalb eines staatlichen Rahmens und mit staatlichen Instrumenten zu regieren", begriffen werden.[124] Die Legitimation der Regierung bezeichnet dann die Wahl der für das Legitimitätsziel eingesetzten Mittel, die Erwartungserwartung der Legitimation anderer und die Verfahren der Legitimation. „So wie der Sozial- oder Wohlfahrtsstaat weniger als ein konkretes System von Institutionen zu betrachten ist, vielmehr als eine Konzeption von Regierungsweisen, die als richtig im Sinne bestimmter Regierungsziele erachtet werden, und von einem bestimmten Verhältnis von Staat, Ökonomie und Bürger"[125] ausgehen, so sind etwa auch die neoliberalen Regierungsweisen als eine Form der Problematisierung, als politisches Projekt und Programm zu begreifen, das sich legitimiert, in dem es die

123 An dieser Stelle wird in Erinnerung geholt, das Gesellschaften zwar durch die funktionale Primärdifferenzierung geprägt werden, jedoch nicht ausschließlich funktional, sondern ebenso segmentär und stratifikatorisch differenzierte Teilsysteme existieren, die sich wiederum je spezifisch diskursiv konstituieren. Diskurse existieren zwar schon in stratifizierten Gesellschaften, um dort die Einheit der Schichten (vor allem der Oberschicht), angereichert mit Moral schichtenübergreifend zu plausibilisieren, kommen aber erst in der Person-Vielfalt der funktional-differenzierten Gesellschaft zum Tragen. Dabei referieren die Regierungen nicht nur auf Rationalitäten funktional differenzierter Teilsysteme, sondern ebenso auf lokale oder regionale Identitäten segmentärer Differenzierung oder Hierarchien oder Logiken gesellschaftlicher Schichtung stratifikatorischer Differenzierung.

124 Foucault 2005a, S. 181

125 Krasmann 2003, S. 175

herzustellende Realität als bereits existierend voraussetzt.[126] Der gouvernementale Ansatz, die verschiedenen Regierungen zu analysieren, „will nicht aufklären, indem er eine Wahrheit oder ‚wirkliche Zusammenhänge‘ auf der einen Seite in Opposition zu einer Ideologie oder einem ‚falschen Wissen‘ auf der anderen Seite stellt. Die Realitätsmächtigkeit zu beschreiben bedeutet vielmehr eine Art reflexiver Projektion vorzunehmen.“[127]

Regierungskrisen

In den bisherigen Arbeiten, die mit der Perspektive der Gouvernementalität arbeiten, herrscht eine mehr oder minder starke Absenz der Staatlichkeit. In der Regel werden gesellschaftliche Machtströmungen wie der Neoliberalismus auf ihre lokalen Konsequenzen hin analysiert und entsprechende Regierungsweisen, das heißt: Rationalitäten, Technologien und Subjektivierungsformen herauspräpariert.[128] So fruchtbar zweifellos der Ansatz der Gouvernementalität ist, um sich in der Machtanalyse von der gerade politikwissenschaftlich vorherrschenden Fixierung auf den Staat oder Institutionen zu lösen, so problematisch ist jedoch – zumindest in politikwissenschaftlicher Perspektive – die Tendenz, den Staat in der Analyse damit faktisch zu invisibilisieren.[129] Damit laufen die Analysen unter der Hand Gefahr, juridisch-enggeführten Staatsverständnissen oder einem Bedeutungsverlust des Staates das Wort zu reden, anstatt seinen Formenwandel näher in den Blick zu bekommen. Stattdessen muss es insbesondere einer politologischen Aufklärung darum gehen, sich mit der Analyse der Gouvernementalität vom Staat zu distanzieren, nicht um sich abzuwenden, sondern um ihn genauer in den Blick zu bekommen. Folglich geht es nicht darum Staatlichkeit zu dementieren, sondern ihre Gestalt zwischen der ‚Verstaatlichung der Gesellschaft‘ und der ‚Gouvernementalisierung des Staates‘ zu de- und rekonstruieren. Die Regierung geht mit der Politik, den institutionalisisierten Formen des politischen Systems strategisch um, ohne in ihm aufzugehen. Die dis-

126 Dabei gelingt es denn Gouvernementalitätsanalysen nicht immer die Suggestion zu vermeiden, allein der Neoliberalismus erzeuge oder erfinden als politische Rationalität eine neue Form des Sozialen und eine neue autonome Subjektivität (vgl. (im Anschluss an Foucault: Lemke 1997). Demgegenüber soll vielmehr gezeigt werden, dass der Neoliberalismus eine Reformulierung der Legitimationsstrategie des Liberalismus im Übergang von der Disziplinar- zur Kontrollordnung darstellt, also unter Berücksichtigung dieser Ordnung zu analysieren ist. Dem entspricht eine Auffassung von politischen Ideen als historisch bedingt. Ideen können demnach erst dann wirkmächtig werden, wenn ihre Aussagen einem jeweils gegebenen Set an vorhanden Strukturen, Ängsten, Werten, Problemen entsprechen, indem sie sich realisieren können. Vgl. Lahrem/Weißbach 2000, S. 234

127 Krasmann 2002, S. 175

128 Vgl. exemplarisch Bröckling et.al. 2000, Bröckling 2007

129 Das Problem, mit einer Analyse politischer Macht jenseits des Staates die Phänomene staatlicher Macht und Herrschaft zu vernachlässigen, wurde in der angelsächsischen Diskussion recht früh und wird in der neuesten deutschsprachigen Rezeption zunehmend gesehen. Vgl. dazu zusammenfassend Krasmann/Volkmer 2007, S. 10ff

kursive Konstitution der Regierungen und der Widerstand gegen sie sind von Momenten des Politischen durchzogen; das Politische artikuliert sich in den Dislokationen sowohl der ihr zugrunde liegenden Ordnungsstrukturen als der auch Regierungen selbst. Wird diese Perspektive ernst genommen, kommt es nicht nur darauf an, die Wirkmächtigkeit sondern auch die Krisenhaftigkeit von Regierungen zu beschreiben.

Die Notwendigkeit einer Re-lokalisierung der Staatlichkeit innerhalb der Gouvernementalitätsanalysen zeigt sich wahrscheinlich nirgendwo so deutlich wie in den Crashs und Krisen der globalen Finanzmärkte, mit denen sowohl eine Suspendierung orthodoxer neoliberaler Lehren der ‚wilden Märkte' als auch eine Renaissance staatlicher Interventionen zu beobachten ist. Dabei erodiert in diesen Krisen weit mehr als ein riskantes Portfolio an Finanzmarktinstrumenten von Subprime-Krediten und Hedgefonds; vielmehr ist zu hinterfragen, ob damit ein Kollaps neoliberaler Regierungsrationalitäten und der damit verbundenen wirkmächtigen Diskurse verbunden ist. Will man in Reaktion auf diese Phänomene und in Abgrenzung zur eindimensionalen Analyseperspektive auf neoliberale Gouvernementalitäten unterschiedliche ‚Regierungen' analysieren, ist erklärungsbedürftig, wie diese offensichtlich dominierenden Programme und politischen Rationalitäten sich herausbilden, stabilisieren und schließlich verfallen. Für diese Leerstelle werden hier die Begriffe *parasitärer* und *hegemonialer* Regierung vorgeschlagen. Das vor allem von Antonio Gramsci kulturmarxistisch entwickelte Konzept der Hegemonie ist von Ernesto Laclau und Chantal Mouffe poststrukturalistisch reformuliert worden.[130] Während Laclau/Mouffe den Begriff der Hegemonie insbesondere auf die politisch umkämpfte diskursive Konstruktion von kollektiven Identitäten und Leitbegriffen beziehen, lassen sich mit Gouvernementalitäten hegemoniale politische Rationalitäten, Technologien und Subjektivierungsformen analysieren. Dabei wird nicht bestritten, dass die *Stabilisierung* hegemonialer Diskurse sich über einen Antagonismus zu einem verworfenen Außen herstellt, das es zu überwinden gilt. Übersetzt für den hier skizzierten Zusammenhang von Diskurs und System: indem die hegemonialen Regierungen dominante Angebote zur Verfügung stellen, um die Personenrollen miteinander zu vereinbaren, stellen sie zugleich gesellschaftliche Ordnung her – eine Ordnung, die zugleich auf minoritäre Identitäten als deren Gegenfolie angewiesen ist. Über Laclau/Mouffe hinausgehend wird hier jedoch die *Herausbildung* von Hegemonialität nicht nur als Antagonismus von umkämpften Identitäten und Differenzen

130 Vgl. Laclau/Mouffe 2000, S. 37ff. Ernesto Laclau und Chantal Mouffe entwickeln an der Schnittstelle eines von Antonio Gramsci beeinflussten Post-Marxismus und eines vor allem von Jacques Derrida und Michel Foucault beeinflussten Poststrukturalismus eine Kulturtheorie deren Ziel die Analyse und Erklärung von Konstellationen kultureller Dominanz in der diskursiven Logik von Schließung und Öffnung sichtbar ist. Hegemoniale Diskurse zeichnen sich demnach dadurch aus, dass es ihnen gelingt, sich (trotz der prinzipiell nicht still zustellenden Unruhe der diskursiven Kämpfe und deshalb immer nur vorübergehend) als alternativenlos und universal zu instituieren. Damit verbunden sind spezifische diskursive herausgebildete Identitäten, Anrufungen oder Subjektivierungsmuster, die den Sinnhintergrund für Akteursinteressen bilden. Vgl. vertiefend zur Einordnung Reckwitz 2006b

verstanden, der das Feld des Politischen konstituiert,[131] sondern als schleichender Prozess des Parasitären. Was an der Oberfläche des Politischen für historische Momente antagonistisch ist, beruht auf einem schleichenden Prozess des Verfalls und der Entwicklung von Regierungsweisen. Der Prozess der Hegemonialisierung von Diskursen ist demzufolge zwar von Antagonismen gekennzeichnet, mit denen Identitäten und Differenzen dekonstruiert und konstruiert werden; er unterliegt jedoch zugleich einer Krisenlogik, die den antagonistischen Kampf überschreitet. Während hegemoniale Regierungen sich mit den ‚leeren Signifkanten' ihrer programmatischen Leitbegriffe gegen ein unbestimmtes Anderes, einen »unmarked space« (George Spencer-Brown) der Gesellschaft definieren, beziehen sich parasitäre Regierungen und ihre Programmatiken und Rationalitäten explizit sowohl auf die hegemonialen Gouvernementalitäten als auch auf deren Ausschlüsse. Sie beziehen als Drittes, als Parasit im Sinne von Michel Serres ihre Energie aus den Fliehkräften und verlorenen Energien der Hegemonialität und ihrer Ausschlüsse und sind in dem Sinne *parasitär*.[132]

Das Potential parasitärer Regierungsrationalitäten liegt darin, sich gegen hegemoniale Regierungen und die von ihnen überwundenen Regierungen und die Defizite ihrer Regulierungsrationalitäten zu wenden und letzlich selbst hegemonial zu werden. Exemplarisches Beispiel für dieses Hegemonialwerden parasitärer Regierungsweisen ist die wohl prominenteste von Foucault untersuchte Regierungsrationalität: der Liberalismus. „Als Einspruch gegen das Zuvielregieren stellt der Liberalismus die jeweils bestehenden Regierungsmechanismen auf den Prüfstand und erweist sich damit gleichermaßen als Indikator wie als Lösungsversuch für die Krisen der Gouvernementalität – nicht zuletzt der liberalen Gouvernmentalität selbst." [133] In der Untersuchung von Regierungs-Krisen und dem Umschlagen von parasitären in hegemoniale Regierungsweisen liegt ein weites, hier nicht fortzuführendes Forschungsfeld, dessen analytisches Interesse vermutlich darin liegen wird, die innere Widersprüchlichkeit der konfligierenden Diskurse innerhalb hegemonialer Regierungsweisen auf ihre Krisenwahrscheinlichkeit hin zu untersuchen. Das Wechselspiel zwischen hegemonialen und parasitären Gouvernementalitäten wird als die signifikant volatilere jedoch analytisch nicht erschöpfende Dimension der diskursiven Konstruktion des Sozialen verstanden.

131 Das Prinzip des Antagonismus verläuft über diskursiv vermittelte Ausschlüsse etwa von bestimmten Gruppen (Juden oder Kommunisten), mit denen dann wiederum andere Konfliktlinien (Arbeitnehmer-Arbeitgeber) überdeckt werden können. Vgl. zur Einordnung: Reckwitz 2006b, S. 344

132 Michel Serres hat den Begriff des Parasitären ausgearbeitet. Der Parasit kann systemtheoretisch formuliert als Dritter und inkludierter Exkludierter begriffen werden, der einerseits das Funktionieren des Ganzen stört, andererseits nie völlig ausgeschlossen werden kann. Vgl. Serres 1981

133 Bröckling 2007, S. 80. Die neoliberalen Theorien machen diese Absetzbewegungen in der expliziten Reaktion auf Modelle sowjetischer und nationalsozialistischer Prägung, des Keynesianismus und staatlicher Nachfrageförderung. Vgl. Bröckling 2007, S. 80

Ordnungsbildungen

In dieser Arbeit wird die Auffassung vertreten, dass die Theorien der Gouvernementalität[134] eine notwendige, über die Staatsfixierung hinausgehende Governance- oder: Gouvernementalitätsanalyse ermöglichen. Sie handeln sich jedoch mit der Ausweitung ihres Analyserahmens das Problem ein, auf Ordnungsbildungen Bezug nehmen zu müssen, die nicht auf sie reduzierbar sind und die nicht aus der Aktivität von Regierungen heraus zu erklären sind. Dem entspricht die Beobachtung mangelnder theoretischer Präzisierung und historischer Konkretisierung des Regierungsbegriffs, nach der etwa „die analytische Abgrenzung von Regierungstechnologien zu Souveränitäts- und Disziplinarmechanismen"[135] unklar bleibt. Wenn von der Analytik der Regierung[136] einzelne Bereiche der Gouvermentalität: die Regierungen der Intimität, der Freiheit oder des Wissens in den Blick genommen werden, wird insbesondere dann ein Referenzrahmen notwendig, wenn einzelne Regierungsweisen unterschiedlicher Topoi miteinander in Beziehung gesetzt werden sollen. Die Dekonstruktion der Legitimation verschiedener Regierungen macht dann – so die hier vertretene Schlussfolgerung – die Rekonstruktion einer Ordnung der Legitimation notwendig. Die Souveränität, die Disziplin einerseits und die Regierung andererseits

134 Die Gouvernementalitätsliteratur wächst exponentiell. Vgl. exemplarisch für die jüngste Literatur im deutschsprachigen Raum: Junge 2008, Purtschert 2008. Grundlegend vgl. Bröckling et. al. 2000. Für einen stellvertretenden Überblick zum Thema vgl. Pieper/Rodríguez 2003.

135 Lemke et. al. 2000, S. 18. Das liegt wohl vor allem an Foucault selbst, der die Theorie der Gouvernementalität bei weiten nicht so intensiv ausgearbeitet hat wie andere Bereiche. Schwerpunkt seiner Analysen bildeten neben pastoralen Regierungstechniken die Regierungsweisen der Staatsräson, Polizey und des Liberalismus – entsprechend bezieht sich – soweit dies zu überschauen ist – die Gouvernementalitätsanalyse primär auf den Neoliberalismus. Sinnvoll wäre es auch weitere Regierungsweisen und deren Kalküle zu untersuchen, die zweifelsfrei jenseits des Liberalismus liegen. Die Diskussion um die Abgrenzung und Einordnung der verschiedenen von Foucault analysierten bzw. herausgearbeiteten Machtbegriffe wie Disziplin, Souveränität, Bio-Macht, Regierung usw. ist indes in vollem Gange. Krasmann/Volkmer stellen zu Recht fest, dass in der Geschichte der Gouvernementalität „die Differenz der einzelnen Machttypen ausdrücklich nicht in einer Logik der linearen, distinkten und diskontinuierlichen Abfolge" interpretiert werden, sondern „die Historie der Macht nunmehr als Wandel der Regierungsformen aus variablen Arrangements zwischen den Machtformen des Souveränität, der Disziplin und der Bio-Macht" verstanden werden (vgl. Krasmann/Volkmer 2007, S. 13). Allerdings gestehen Krasmann/Volkmer zu, dass das Verhältnis zwischen den Machtformen ungeklärt bleibt. Auf diese theoretische Lücke zielt der hier skizzierte Vorschlag, zwischen Ordnung und Regierung zu unterscheiden und damit Lesarten Foucaults zu dementieren, nach denen die Regierung die Souveränität und die Disziplin als bestimmenden Machttypus der Gegenwart ablöst, d.h. einfasst und reartikuliert. Diese Lesart fußt auf Foucault Aufsatz zur Gouvernementalität, Foucault 2000; vgl. exemplarisch Krasmann/Opitz 2007, S. 136

136 Vgl. Lemke 2007, S. 48. In der vorliegenden Arbeit soll nicht die Analytik der Regierung betrieben, sondern mit der Legitimation der Ordnung ihr Rahmen bestimmt werden.

sind keine Widersprüche oder sich ablösende Ordnungsweisen, sondern auf unterschiedlichen Ebenen komplementär.

Mit dem hier eingeführten Begriff der *Legitimationsordnung* soll es darum gehen, die Ordnung der Legitimation als bestimmte, evolutionär gewordene, diskursiv konstituierte und hegemoniale Konfiguration von Wissen, Macht und Subjektivität zu betrachten; als das, was sich in der »Ordnung der Dinge« (Michel Foucault) wie in der Ordnung der Legitimation „als ihr inneres Gesetz, als ihr geheimes Netz ausgibt, nach dem sie sich in gewisser Weise alle betrachten, und das, was nur durch das Raster eines Blicks, einer Aufmerksamkeit, einer Sprache existiert." Will man verschiedene Ordnungen der Legitimation identifizieren, muss man die Codes der Legitimation herausarbeiten, die den gesellschaftlichen Beziehungen ebenso zu Grunde liegen wie die „fundamentalen Codes einer Kultur, die ihre Sprache, ihre Wahrnehmungsschemata, ihren Austausch, ihre Techniken, ihre Werte, die Hierarchie ihrer Praktiken" konstituieren; Codes, die „gleich zu Anfang für jeden Menschen die empirischen Ordnungen, mit denen er es zu tun haben und in denen er sich wieder finden wird"[137] beherrschen und fixieren.

Es kann an dieser Stelle nicht um mehr als um eine Skizze dessen gehen, was sich als Ordnung einer Legitimation formiert, die der Legitimation der Regierung zu Grunde liegt. Anstatt einer Analyse, die entweder die Institutionen oder Formen der Macht, die Vorstellung vom Wissen oder die Konstitution des Subjekts als Randbedingung behandelt oder gänzlich invisibilisiert, soll hier gezeigt werden, wie stabilisierte, Regelmäßigkeiten ausbildende Konfigurationen des Wissens, des Subjekts und der Macht basierend auf einer Art *Diagramm* als „gleichsam das von der historischen Formation vorausgesetzte Apriori"[138] infolge komplexer gesellschaftlicher Veränderungen miteinander konvergieren, sich gegenseitig hervorbringen und stützen – und so spezifische Legitimationsordnungen ausbilden.[139] In Anlehnung an

137 Foucault 1971, S. 22

138 Deleuze 1992a, S. 117. Der Begriff des Diagramms geht auf Foucault zurück; er versteht ein Diagramm als ein „Funktionieren, das von jedem Hemmnis, von jedem Widerstand und jeder Reibung abstrahiert…es (ist) eine Gestalt politischer Technologie, die man von ihrer spezifischen Verwendung ablösen kann und muss." Foucault 1973, S. 264. Deleuze situiert das Diagramm daraufhin jenseits der Unterscheidung von diskursiven und nicht-diskursiven Formationen (das Sagbare und das Sichtbare) und als ihre Synthese; er definiert es als Kartographie, koextensiv zur Gesamtheit des sozialen Feldes, die sich über informelle Funktionen und Materien definiert. Das Diagramm ist die Darstellung der Kräfteverhältnisse, die die Macht konstitutieren. Vgl. Deleuze 1992a, S. 52f

139 Auf entsprechende Verschiebungen im Sinne von Epochenbrüchen (von der Disziplinar- zur Kontrollgesellschaft) machen Deleuze und im Anschluss an Deleuze vor allem Negri und Hardt aufmerksam (vgl. Deleuze 1992a, Hardt/Negri 2002, S. 37f). Sowohl Deleuze als auch Hardt/Negri können jedoch nicht angeben, worin die Bedingungen des Epochenbruchs bestehen. Diese Überlegungen prinzipieller Epochenbrüche werden hier aufgegriffen und dahingehend spezifiziert, dass sich die signifikante Extension des Wissens und die darauf folgende Kontingenzsteigerung sozialen Handelns als Bedingungen des Epochenbruchs von der Disziplinar- zur Kontrollgesellschaft bzw. von der Disziplinar- zur Kontrollordnung darstellen lassen.

Gilles Deleuzes fragmentarische Skizze von Diagrammen gesellschaftlicher Regulation – des Pastorals, der Souveränität, der Disziplin, der Kontrolle – sollen hier die Ordnungen der Legitimation im Rahmen von Diagrammen, auf die sie sich beziehen, bestimmt werden; auf ihrem Raster lassen sich die konkreten, historisch verifizierbaren politischen Institutionen und Prozesse lokalisieren, denn „jede geschichtete historische Formation bezieht sich auf ein Kräftediagramm als sein Außen. Unsere Disziplinar-Gesellschaften laufen über Kategorien der Macht (Handlungen, die auf Handlungen einwirken), die man wie folgt definieren kann: eine Aufgabe auferlegen oder einen Nutzeffekt bewirken, eine Bevölkerung kontrollieren oder das Leben verwalten. Aber die alten Gesellschaften der Souveränität definierten sich über andere, nicht weniger diagrammatische Kategorien: abschöpfen (die Handlung des Abschöpfens von Handlungen oder Produkten; die Kraft, andere Kräfte abzuschöpfen) und über den Tod entscheiden (»töten oder leben lassen«; was sehr verschieden ist vom Verwalten des Lebens). In einem wie im anderen Falle liegt ein Diagramm vor.“[140] Jedes dieser Diagramme bildet jeweils eine Ordnung der Legitimation aus, in deren Rahmen sich die Legitimationen der verschiedenen Regierungen und ihre historischen Verkörperungen entfalten. „Man könnte gewissermaßen sagen, dass die Diagramme unterhalb, oberhalb oder zwischen den jeweiligen Schichten miteinander kommunizieren […] genau in diesem Sinne unterscheidet sich das Diagramm von den Schichten: allein die geschichtliche Formation verleiht ihm eine Stabilität, die es von sich aus nicht besitzt“[141]

Ausgehend von den so lokalisierbaren historischen Apriori der verschiedenen Diagramme können zwei Ordnungen plausibilisiert werden, die mit der Ablösung der Pastoralordnung das Gesicht der modernen Legitimation bezeichnen – Souveränitätsordnung und die Disziplinarordnung – die nun, wie zu zeigen ist, von der Kontrollordnung als die sich in den gegenwärtigen Gesellschaften herausbildende, hegemoniale, wissensbasierte Ordnung dominiert werden. Dabei muss die Kontrollordnung wie jede neue Ordnung als „parasitäre Ordnung, die nahezu unbemerkt vom Zustand der Ausnahme oder Abweichung in die Position der Primärordnung übergleitet – nur um dann ihrerseits wieder parasitierbar zu sein“,[142] begriffen werden.

140 Deleuze 1992a, S. 118. Foucault verwies auf ein weiteres Diagramm, das »Pastoral« - Diagramm, dessen Kategorien er spezifizierte: eine Herde weiden…, als Kräfteverhältnis oder Einwirkung einer Handlung auf eine Handlung. Man kann, wie wir sehen werden, von einem griechischen Diagramm sprechen, von einem römischen Diagramm, von einem feudalen Diagramm…Die Liste ist endlos, genauso wie die der Kategorien der Macht (und das Disziplinar-Diagramm ist sicherlich nicht das letzte Wort).“ Deleuze 1992a, S. 118

141 Deleuze 1992a, S. 119. „Tatsächlich weist ein Kräftediagramm neben (oder besser: gegenüber) den Singularitäten der Macht, die seinen Beziehungen entsprechen, Singularitäten des Widerstands auf, gewisse »Punkte, Knoten, Brennpunkte«, die ihrerseits auf die Schichten einwirken, in der Weise jedoch, dass sie einen Wandel ermöglichen.“ Deleuze 1992a, S. 127

142 Luhmann 1997, S. 661. Der Übergang von Differenzierungsordnungen lässt sich mit Luhmann im Anschluss an Serres als parasitärer Prozess infolge von Ausschlüssen begreifen. Insbesondere gut strukturierte Ordnungen (wie die stratifizierte oder hier: funktional differenzierte) zeitigen Ausschließungen, in denen Ordnungsvorteile für neue Ordnungsmuster genutzt werden können. Vgl. Luhmann 1997, S. 661

Die Kontrollordnung wird dominant und sie bildet die Strukturen und Modi, die auf die Krise der Disziplin reagieren – aber sie schließt die anderen Ordnungen und deren Strukturen und Modi nicht aus. Die Legitimitätsordnungen müssen als sich gegenseitig überlagernd und dominierend verstanden werden, sie nehmen ein Verhältnis von *Garantie* und *Dominanz* ein. So büßte die Ordnung des Pastorals seine Integrationskraft im Zuge der Säkularisierung zwar ein, doch wesentliche pastorale Techniken wurden in den späteren Ordnungen aufgegriffen, angewandt, verwandelt. Ebenso ist in Gesellschaften, in denen sich die Kontrollordnung zur dominierenden Legitimationsordnung entwickelt, die Souveränitätsordnung immer noch als eine Schicht der Legitimation präsent, wo sie funktional notwendig ist und kann sie an Bedeutung gewinnen, wenn ihre Problem- und Strategielagen (Lösung gewaltsamer gesellschaftlicher Konflikte durch Gewalt) hervortreten. [143] So nimmt die »Führung der Führungen« (Michel Foucault) als grundlegender Ordnungsmodus der Pastoralordnung durch alle Ordnungen hindurch die Position der Garantie aller weiteren, differenzierten Regierungsweisen ein. Dasselbe gilt für die Garantie der symbolischen Präsenz der Gewalt der Souveränität, ohne die die Disziplinarinstitutionen nicht existieren könnten. Die Dominanz nehmen freilich die avancierten Ordnungen an, die mit ihren Ordnungsstrukturen und -modi auf die Unzulänglichkeit der bisherigen Ordnungen reagieren.[144]

Legitimationsordnungen sind Diagramme der Regulation, sie bilden Grundkonstellationen aus, dem sich die Regierungsweisen stellen müssen, von deren Strukturlogiken aus sie Kalküle entwickeln und einsetzen können, um letztlich wieder Spielräume schaffen zu können, die herrschende Ordnung der Legitimation zu überwinden. Sie sind gewissermaßen Tableaus, auf denen sich die allgemeinen Codes und Kalküle der Sichtbarkeit, der Regierung und Selbstregierung verfeinern, auf denen sich die Spiele zwischen »Engagement und Enttäuschung« (Albert O. Hirschman)

143 Eindrucksvoll zu beobachten ist diese Garantiefunktion in den öffentlichen Debatten um die Sicherheit vor Terror nach dem 11. September 2001. Diese Renaissance der Souveränität berührt auch die staatstheoretischen Debatten. Die Reichweite der Neuerfindung des starken Staates, des *Reinventing Leviathan* (Peter Bußjäger) dürfte freilich begrenzt sein auf *terrorism acts* und *state building*. Dass diese Debatte auf die klassischen Komplexitätsprobleme des Wohlfahrtsstaates übergreift ist nicht zu sehen. Der etwa von Bußjäger behauptete „Paradigmenwechsel in der Staatstheorie" ist bei näherem Hinsehen lediglich die verstärkte Artikulation einer staatlichen Souveränität, die nie in Frage stand (vgl. Bußjäger 2007). Umgekehrt lassen sich Gesellschaftsordnungen weit vor der Souveränitätsordnung finden, in denen Wissen als zentrales Regulativ der Gesellschaft bezeichnet werden kann. (vgl. Stehr 2000, S. 58) Freilich wäre zu erforschen, welche Verhältnisse von Garantie und Dominanz auf diese Gesellschaften angewandt werden können.

144 Deleuze selbst deutet das Denken der Diagramme in Abfolgen, Überlagerungen und Wiederverkettungen an. An der Stelle der Unabschließbarkeit der Diagramme verortet er auch Momente des Widerstands und der Weiterentwicklung, denn es gibt „kein Diagramm, das nicht auf seiten der Punkte, die es verknüpft, relativ freie oder entkoppelte Punkte umfasste, Punkte der Kreativität, des Wandels, des Widerstands; und vielleicht muss man von ihnen ausgehen, um das Ganze zu begreifen." Deleuze 1992a, S. 65

verschiedener Regierungsweisen entfalten und ablösen.[145] Ordnung und Regierung sind in einem gegenseitigen Bedingungsverhältnis zu denken. Die Ordnung ist umkämpft und Ergebnis von Regierungsweisen, die auf ihre Stabilität Bezug nehmen, ihr widerstreiten und sie damit re-stabilisieren oder sie unterminieren und die Ordnung gefährden.

Das Aufeinanderbeziehen von Ordnung und Regierung bietet die Chance für Erkenntnisspielräume, in denen Makro- und Mikroperspektive aufeinander bezogen und aneinander getestet werden. Während sich die Analytik der Regierung mit der „Genealogie der Subjektivierungsregime auf die Diskontinuitäten, auf die Brüche, auf das, was verschwindet oder neu auftaucht – und zwar unterhalb der großen Schwellen zwischen segmentären, stratifizierten und funktional-differenzierten Vergesellschaftungsformen“[146] konzentrieren, orientiert die Analytik der Ordnung auf eben diesen Rahmen. Das Politische lässt sich nun näher lokalisieren: es entfaltet sich durch die diskursiven Kämpfe der Regierungen untereinander und der partikularen Kämpfe gegen die Hegemonie der Regierungen; Kämpfe, die sich auch gegen die sedimentierten Diskurse der Ordnung richten können: etwa gegen die wirtschaftliche Logik des Profits, die Logik der Macht des politischen Systems oder selbstreferentiellen Orthodoxien des Erziehungssystems. Auch wenn das Politische die Ordnung nicht ohne weiteres beseitigen kann, so kann sie sie doch partiell außer Kraft setzen; etwa wenn sich Politiker an Moral orientieren, wenn Politik in Wirtschaft interveniert oder das Erziehungssystem (meist vergeblich) reformiert. Indem die Objektivierungen von Ordnung und Regierung diskursiv konstitutiert und aufgebrochen werden, werden sie politisch. Die Krisen und Aufstiege von Ordnungen und Regierungen liegen also weder ausschließlich in autopoietischen Selbstläufen noch in individuellen oder kollektiven Willensakten begründet, sondern lassen sich an deren Schnittstellen identifizieren, dort wo sich die genuinen Akte des Politischen entzünden und etwas anderes und neues entstehen lassen. Die spezifische Konstitution der Ordnung ist dabei selbst entscheidend für die Art und Weise, in der sich die Diskurse artikulieren. Mit der Unterscheidung von Ordnung und Regierung geraten so die »Schleier des Nichtwissens« (John Rawls) und »Mauern der Trennung« (Michael Walzer), die das sonst so undurchschaubare Wechselspiel von Subjekt und System konstituieren, näher in den Blick. Schließlich gilt, dass „weder »Mauer« noch »Schleier« ein für alle mal stehen oder wehen, sondern ihre Lage durchaus ändern können.“[147]

145 Auf die Historizität der Regierungen macht Reckwitz aufmerksam: „In der frühen Neuzeit bliebt die Gouvernementalität, verstanden als ein Dispositiv der ‚Führung der (Selbst-) Führung', noch weitgehend im Hintergrund. Es dominieren einfacher codierte, auf Fremd- statt auf Selbstkontrolle ausgerichtete Techniken des Regierens: jene die auf dem Diskurs der ‚Staatsräson' aufbauen und auf eine Durchsetzung von Rechtsnormen abzielen, sowie jene, die den Diskurs der ‚Policey' verarbeiten und eine unmittelbare Disziplinierung anvisieren.“ Reckwitz 2004, S. 46

146 Bröckling 2007, S. 25

147 Fach 2003b, S. 203

Wissen entfaltet Unsicherheit benötigt Kontrolle. Diese Verbindung ist für die Moderne nicht selbstverständlich; das Baconsche Diktum *sciencia est potentia* geht paradigmatisch für den modernen Wissensbegriff davon aus, dass Wissen, wissenschaftlich angeleitet generiert und realisiert, zu größerer gesellschaftlicher Sicherheit führt. Noch die technokratischen Utopien der 1960er und 70er Jahre sind, wenn auch kybernetisch gewendet, davon überzeugt, dass die zweifellosen Komplexitätssteigerungen, die sich in der kapitalistischen wie sozialistischen Moderne ergeben, qua Wissen sozialtechnologisch zu bewältigen seien.[148] Die Theorie der Gesellschaft hat mittlerweile (zumindest aufs gesellschaftliche Ganze gewendet) den Glauben an die Sozialtechnologie überwunden.[149] Allenfalls in der ökonomisch getriebenen Technikverliebtheit der Gegenwart finden sich noch Spurenelemente eines Glaubens daran, dass angewandtes Wissen die Welt zumindest im Kleinen sicherer machen könnte. Gleichwohl ist die für moderne Ohren paradox klingende These, Wissen schaffe Unsicherheit und benötige Kontrolle, sei mithin ein Ordnungsproblem erster Ordnung, erklärungsbedürftig. Sie verweist auf die Untiefen, die mit der Definition eines Wissensbegriffs verbunden sind, der selbst tief in die gesellschaftlichen Zusammenhänge verstrickt ist.

Wissen über Wissen

Wissen ist, gegenwärtig mehr denn je, ein vielfach diskursiv besetzter Begriff. Insbesondere durch seine Verwendung als ökonomische Kampfvokabel, die in Begriffen wie »Wissensmanagement«, »Wissensökonomie« oder schließlich der entsprechend konnotierten »Wissensgesellschaft« aufscheint, droht »Wissen« begrifflich zu verschwimmen und ungreifbar zu werden.[150] Wissen ist längst ein klassischer Fall des »leeren Signifikanten« (Ernesto Laclau/Chantal Mouffe) in vielfältigen diskursiven Zusammenhängen; in dieser Resignation liegt zugleich die Gefahr, die enorme Sprengkraft, die in der gegenwärtigen Entwicklung des Wissens jenseits seiner Ökonomisierbarkeit liegt, zu unterschätzen. Der Brisanz und Dynamik dieses Begriffs kommt freilich nicht bei, wer seine Definition merkmalsbezogen katalogisiert, [151] sondern ab- und eingrenzt und für die Untersuchung seiner Wandlungsprozesse offen hält.

Im Zuge ihrer zunehmenden Diskursivierung sind die Unterscheidungen zwischen Wissen und Information unscharf geworden. Ohne die Begrifflichkeit dadurch

148 Paradigmatisch steht dafür und in Bezug auf wissensbasierte Gesellschaften: Bell 1996

149 Zur Habermas-Luhmann-Kontroverse, in der sich keiner auf die Seite der Sozialtechnologie stellen wollte siehe Habermas/Luhmann 1990

150 Vgl. Kocyba 2004b, S. 300

151 Zum Versuch einer Definition des Wissens als ‚Komplexbegriff' anhand von bestimmten Merkmalen vgl. Gottschalk-Mazouz 2007

unzulässig einzuschränken und normativ vorzubelasten, kann Wissen an dieser Stelle von Information als prinzipiell systemstrukturiertes, im weiteren Kommunikationsprozess zu bearbeitendes Ereignis unterschieden werden.[152] Information zum entscheidenden Merkmal gesellschaftlicher Struktur zu machen, ist allein schon deshalb fragwürdig: „Information ist ein Zerfallsprodukt. Sie verschwindet, wenn sie aktualisiert wird."[153] Information reproduziert immer wieder neu Wissen und Nichtwissen; erst die daraus folgenden, kognitiv erzeugten Redundanzen werden dann als Wissen markiert.[154] Diese Erzeugung von Wissen als Informationsredundanz ist schließlich ein eminent sozialer Prozess – Wissen ist grundsätzlich gesellschaftlich konstituiert. In mündlicher und schriftlicher Kommunikation und in der Moderne schließlich in den Mitteilungen der (Massen-)Medien kristallisiert sich das, „was in der gesellschaftlichen Kommunikation als »Wissen« behandelt werden kann."[155] Damit bleibt sowohl offen, welche diskursiven Autorisierungen akzeptierten Wissens für die Kommunikation zur Verfügung gestellt werden, als auch was in der Kommunikation mit dem Wissen angestellt wird. Die Privilegierung wissenschaftlichen Wissens wird damit ebenso in Frage gestellt, wie die Auffassung, dass jedem Wissen seine praktische Verwendung als Quasi-Objekt inhärent ist. Ebenso offen ist, unter welchen konkreten medialen Voraussetzungen und gesellschaftlichen Kommunikationsbedingungen Wissen prozessiert wird – all das sind Effekte gesellschaftlicher Evolution, von Machtverhältnissen und diskursiven Einhegungen, die mit der Ordnung der Legitimation und der Legitimation der Regierung zum Ausdruck kommen. Die systemtheoretische Prämisse lautet: Kommunikation ist das laufende Prozessieren der Differenz von Wissen und Nichtwissen.[156] In dieser Differenz entfalten sich subjektive und kollektive Handlungs-/Kommunikationsspielräume, schließlich ist Freiheit ein Korrelat von Wissen: „Freiheit wird, kann man auch sagen, durch Wissen generiert; was auch heißt: durch Wissen manipulierbar."[157] Dieser Befund ist unmittelbar damit verbunden, dass Entscheidungen auf

152 Information ist also nicht nur immer nur die Informationen innerhalb eines Systems, durch dessen Brille sie ‚gelesen' wird (in anderen Kontexten ist dieselbe Information u.U. sinnlos); sie muss – darin kommt der Ereignischarakter zum Ausdruck – immer wieder neu sein; eine sinngleich wiederholte Information ist keine. Das alles heißt auch und vor allem: Information setzt Struktur voraus, ohne selbst eine eigene Struktur zu besitzen. Innerhalb von Kommunikationsprozessen muss *Information* also immer wieder seligiert und von *Mitteilung* und diese dann von *Verstehen* unterschieden werden. Voraussetzung für das Gelingen der Kommunikation ist eine erfolgreiche, von den an Kommunikation Beteiligten (Alter und Ego) geteilte Codierung von Information – alles andere ist Rauschen. Vgl. Luhmann 1984, S. 102ff, 193ff

153 Luhmann 1998, S. 1090. Vgl. zur darauf aufbauenden Kritik am Begriff der Informationsgesellschaft: Luhmann 1998, S. 1090f

154 Vgl. Luhmann 1997, S. 124, 1092. Siehe dazu aktuell und ausführlicher: Breidbach 2008

155 Luhmann 1997, S. 1106

156 „Kommunikation ist ein laufendes Prozessieren der Differenz von Wissen und Nichtwissen, ohne dass es dazu nötig wäre, die Wissens-/Nichtwissensbestände in den beteiligten Individuen oder Maschinen zu ermitteln." Luhmann 1997, S. 303

157 So Niklas Luhmann in seiner Diskussion und Überwindung des alteuropäischen Freiheitsbegriffs (Luhmann 1995b, S. 15). Freiheit lässt sich demnach nicht mehr als Abwesenheit von

Erwartungen beruhen. Das in Gangsetzen sozialen Handelns, die Operationalisierung von Kommunikation und damit auch Systembildungen verlaufen mittels normativer oder kognitiver Erwartungs- und Entscheidungsstile, durch Konformität/Abweichung oder Wissen/Nichtwissen.[158]

Für die Gegenwartsgesellschaften kann vermutet werden, dass normenorientierte Entscheidungen immer mehr von einem kognitiven Entscheidungsstil verdrängt werden, mithin volatiles Wissen anstelle fixer Normen immer wichtiger für soziales Handeln, Kommunikation und Systembildung wird. „Wissen ist demnach Bedingung und Regulativ für Lernvorgänge, genauer: für den Einbau von Lernmöglichkeiten in die derzeit aktuelle Erwartungsstruktur."[159] Dieser offenen Situierung des Wissens ist die Auffassung angemessen, dass sich Wissen als »Fähigkeit zum sozialen Handeln« (Nico Stehr)[160] nur in dem Maße realisiert, in dem es in sozialen Kontexten angewandt, reflektiert, berücksichtigt wird. Unter diesen Prämissen einer prinzipiellen gesellschaftlichen Kontextualisierung soll Wissen in dieser Arbeit verstanden und untersucht werden.

Extension des Wissens

Die Omnipräsenz des Wissens ist für moderne Gesellschaften selbstverständlich geworden: „Wissen gibt es überall – und mehr, als man wissen kann. Jede einzelne Aktivität setzt Wissen voraus. Für alles Handeln und erst recht für alle Kommunikation ist Wissen unentbehrlich."[161] Diese prinzipielle Aussage, die sich auf die individuelle Beobachtung des Wissens bezieht, besagt noch nichts über die Quantität, Dynamik und die gesellschaftlichen Konsequenzen des Wissens. Spätestens die Institutionalisierung der Wissensproduktion in Hochschulen, Forschung und Entwicklung gibt den Blick darauf frei, dass die Menge des Wissens zunimmt. Die Quantität schlägt, so die gängige wissensgesellschaftliche Argumentation, in Qualität, sprich: in die Emergenz wissensbasierter Gesellschaften um; der rein quantitative Anteil des Wissens an sozialen Handlungen ist über einen kritischen Punkt hinaus „so immens geworden, dass die Mehrzahl sozialer Handlungen nicht Produktion, sondern Reproduktion ist, insbesondere Reproduktion von Wissen selbst."[162] Die

Zwang begreifen (hier schimmern die Logiken der Souveränitätsordnung durch), sondern als durch wissensbasierte Wahlmöglichkeiten, also kognitiv erzeugt: „Wissen ist ein soziales Konstrukt, und Wissen ist die Form, in der Beschränkungen eingeführt werden, um Entscheidungen zu ermöglichen." Luhmann 1995b, S. 16

158 Vgl. Luhmann 1984, S. 399, 439

159 Luhmann 1984, S. 448

160 Vgl. im Anschluss an Bacon Stehr 2000, S. 81f

161 Luhmann 1990, S. 147

162 Stehr 2001, S. 57. Der Systemtheoretiker Helmut Willke formuliert ähnlich und wenig systemtheoretisch. „Von einer Wissensgesellschaft oder einer wissensbasierten Gesellschaft lässt sich sprechen, wenn die Strukturen und Prozesse der materiellen und symbolischen Reproduktion einer Gesellschaft so von wissensabhängigen Operationen durchdrungen sind, dass

intuitiv beobachtbare Folge dieser sich selbst verstärkenden und antreibenden Wissensextension ist die individuell als immer begrenzter erfahrene Aufnahmefähigkeit von Wissen – dieses Problem wurde mit all seinen kulturellen Konsequenzen, insbesondere in Bezug auf die Gefahr des Sinnverlustes früh gesehen.[163]

Das Wachstum des Wissens ist offenbar grenzenlos – aber was lässt sich darüber wissen? Die beständige quantitative Ausweitung des Wissens ist ein allgemein akzeptiertes, in seinen Konsequenzen aber nur wenig reflektiertes Phänomen. Sie droht mit der Fokussierung auf die Zunahme objektivierbaren technisch-naturwissenschaftlichen Wissens zudem zu verdecken, dass Dynamiken des Wissens auch in anderen Dimensionen zu beobachten sind. Parallel zu seiner quantitativen Ausweitung pluralisieren sich die Anerkennungsbedingungen dessen, was als Wissen gilt; die Wissenschaft verliert zunehmend ihr Definitionsmonopol darüber, was als anerkanntes, sicheres Wissen anzuerkennen ist – die Breite dessen, was als Wissen konstruiert, dekonstruiert und rekonstruiert werden kann nimmt zu.[164] Beide Prozesse hängen eng mit dem zusammen, was aus verschiedenen theoretischen Perspektiven als Verwissenschaftlichung oder Wissensbasierung sozialer Prozesse beschrieben wird; das Wissen dehnt sich aus den klassischen Institutionalisierungen des Wissens in den sozialen Raum aus.[165] Diese drei Dimensionen der quantitativen Zunahme, der zunehmenden Varianz und der wachsenden gesellschaftlichen Streuung des Wissens werden in dieser Arbeit als *Extension des Wissens* begriffen.

Die Extension des Wissens kann als entscheidende Triebkraft der Veränderungen der Legitimationsordnungen beobachtet werden, sie ist dabei keineswegs einem verborgenen Telos des Wissens eingeschrieben, dem es zu folgen gälte, sondern sie ist Menschenwerk, das – ungeachtet der vielen regionalen Verschiebungen und unterschiedlichen Artikulationen – einmal angestoßen, eine eigene Dynamik entfaltet. Sie lässt sich als Kampf um seine diskursiven Einhegungen verstehen, als Ergebnis der Kämpfe das Unkontrollierbare zu kontrollieren. Die Wissensextension entfaltet keine Determinismen, aber sie lässt bestimmte Kontingenzräume entstehen und schließt andere aus; sie verläuft nicht im Sinne einer linearen, geradlinigen Entwicklung, sondern evolutionär: mit Rückschlägen, Verwerfungen, Rückkopplungen, Sackgassen. Und doch kann man beobachten, dass die Wissensextension signi-

Informationsverarbeitung, symbolische Analyse und Expertensysteme gegenüber anderen Faktoren der Reproduktion vorrangig werden." Willke 1997, S. 13. Die kritische Qualität – und hier liegt ein Kernproblem der Theorien der Wissensgesellschaft – wird dann an Phänomenen wie der intelligenten Organisation, der Wissensarbeit und intelligenten Produkten festgemacht; stark interpretationsfähige Faktoren, deren gesellschaftliche Bedeutung bestritten werden kann. Was fehlt, ist eine Einordnung des behaupteten Epochenbruchs, die evolutionstheoretisch begründet ist und die gesellschaftliche Primardifferenzierung tangiert.

163 Eine immer größere Anzahl an Kulturinhalten (Wissen) tritt demnach der begrenzten Aufnahmefähigkeit des Menschen gegenüber, der mit diesen in keine sinnvolle Beziehung mehr treten kann. So von Simmel (1919, S. 119 in Stehr 2001, S. 60). Zur Einordnung vgl. Stehr 2001, S. 60

164 Vgl. Nowotny 2006, Kocyba 2004b, S. 302f

165 Siehe Kapitel IV.

fikante Ordnungen entfaltet, die sich auf unterschiedliche Kontingenzlagen zurückführen lassen. Der Spielraum bewusst erlebter Kontingenz wächst mit der Extension des Wissens; sie schlägt damit direkt auf das Politische durch: „Konnte in einer religiös verfassten Gesellschaft noch auf eine letzte Autorität zurückgegriffen werden, übernehmen in der Moderne die Pragmatik der Situation sowie die Taktiken und Strategien der politischen Auseinandersetzungen den leeren Ort einer unmöglichen Autorität."[166]

Die Wissensextension korrespondiert auch mit den Verbreitungsmedien der Kommunikation. Veränderte kommunikationstechnologische Apriori schaffen nicht nur, wie die Überlegungen zu Differenz und Evolution gezeigt haben, neue Möglichkeitsräume für die Veränderungen gesellschaftlicher Differenzierung; sie setzen immer wieder zusätzliches Wissen frei (Kontingenzöffnungen), das es zu kontrollieren gilt (Kontingenzschließungen). Jedes neue kommunikationstechnologische Verbreitungsmedium produziert Überschusssinn, mit dem die Gesellschaft über veränderte Kulturformen umgehen muss.[167] Dieser Überschusssinn artikuliert sich in der Extension des Wissens als Kontingenzsteigerung sozialer Handlungsfähigkeit.[168] Die Zunahme möglicher relationierbarer Elemente, die sich mit der Extension des Wissens ergibt, schlägt auf eine signifikante Erhöhung der Systemkomplexität und damit auf die Differenzierungsform der Gesellschaft selbst durch.[169] Diese Veränderungen ziehen in Bezug auf die Gegenwartsgesellschaften längst Prophezeiungen nach sich: „Die nächste Gesellschaft wird eine Gesellschaft sein, die die feudale Ordnung der Tradition ebenso hinter sich gelassen hat wie die funktionale Differenzierung der Moderne."[170] Diese Fährte wird hier aufgenommen.

Mit der Zunahme der Systemkomplexität, die sich, angetrieben von den skizzierten kommunikationstechnologischen Veränderungen, aus der zunehmenden Verbrei-

166 Stäheli 1998, S. 55

167 Vgl. Luhmann 1997, S. 405ff, Baecker 2007a, S. 34f

168 So Stehr: „Mit der rapiden Zunahme [neuen Wissens] multiplizieren sich unsere Handlungsmöglichkeiten und -optionen, da Wissen Handlungskapazitäten oder Modelle für die Wirklichkeit repräsentiert." Vgl. Stehr 2003, S. 108

169 Diese These geht davon aus, dass sich der Wechsel von Primärdifferenzierungen über die Dekomposition von Systemen erklären lässt. Grundlage dafür ist die Unterscheidung von *System und Umwelt* einerseits und *Element und Relation* andererseits: „Die eine zielt auf die Bildung von Teilsystemen (oder genauer: internen System/Umwelt-Beziehungen) im System (hier: System Gesellschaft). Die andere dekomponiert in Elemente und Relationen. Im einen Falle geht es um die Zimmer eines Hauses, im anderen Falle um die Steine, Balken, Nägel usw. Die erste Art wird in der Theorie der *Systemdifferenzierung* fortgeführt. Die andere mündet in eine Theorie der *Systemkomplexität.* Erst diese Unterscheidung macht es sinnvoll und nichttautologisch zu sagen, dass mit der Zunahme der Differenzierung oder mit einer Änderung der Formen der Differenzierung die Systemkomplexität zunehme." Luhmann 1984, S. 41. Mit dieser Annahme wird das Diktum Luhmanns, dass Elemente ihre Einheit ‚von oben' erhalten, d.h. durch die Verwendung in den Systemen erhalten, nur scheinbar unterlaufen. Vielmehr ‚sprengt' die Komplexität der Elemente die Kapazitäten der bisherigen Systeme, unterbricht Komplexität und baut sie mit der Emergenz neuer Systeme wieder auf. Vgl. Luhmann 1984, S. 43f

170 Baecker 2007a, S. 21

tung von Wissen ergibt, ändern sich die Formen der Primärdifferenzierung. Nicht dass Wissen nicht auch in den Ordnungen der Souveränität und Disziplin ein Problem der Ordnung gewesen wäre; ihre Regulation erfolgte jedoch vermittelt über die Regulation der Individuen und der Bevölkerung. Dementsprechend lassen sich die prärogativen Regulationen der Individuen in der Souveränitätsordnung und der Bevölkerung in der Disziplinarordnung plausibilisieren, die nun von der dominierenden Regulation des Wissens als einer Regulierung abgelöst werden, die weder über die Modi der Souveränität noch der Disziplin agiert, sondern über die Modi der *Kontrolle.*

Modi der Kontrolle

Die Kontrolle ist der basale Regulierungsmodus wissensbasierter Ordnungsbildung; die der Extension des Wissens angemessene Legitimationsordnung ist die *Kontrollordnung.* Diese These geht von den wenigen Skizzen Gilles Deleuzes aus, mit denen er den Begriff der Kontrolle unter Bezugnahme auf Foucault, Burroughs und Virilio entwickelt: „»Kontrolle« ist der Name, den Burroughs vorschlägt, um das neue Monster zu bezeichnen, in dem Foucault unsere nahe Zukunft erkennt. Auch Paul Virilio analysiert permanent die ultra-schnellen Kontrollformen mit freiheitlichem Aussehen, die die alten – noch innerhalb der Dauer eines geschlossenen Systems operierenden – Disziplinierungen ersetzen. Es ist nicht nötig, die außergewöhnlichen Pharmaerzeugnisse anzuführen, die Nuklearformationen, Genmanipulationen, auch wenn sie dazu bestimmt sind in einen neuen Prozess einzugreifen. Es ist nicht nötig, zu fragen, welches das härtere Regime ist oder das erträglichere, denn in jedem von ihnen stehen Befreiungen und Unterwerfungen einander gegenüber.“[171]

Die neuen Machtpraktiken, die Deleuze so eindringlich ankündigt, beruhen auf diversen Umstellungen im Vergleich zum disziplinarischen Regime. Während die disziplinarischen Einschließungsmilieus unabhängige Variablen einer analogischen Sprache sind, sind die „verschiedenen Kontrollmechanismen untrennbare Variationen, die das System einer variablen Geometrie mit numerischer (das heißt nicht notwendigerweise binärer) Sprache bilden. Die Einschließungen sind unterschiedliche Formen, Gussformen, die Kontrollen sind jedoch eine Modulation sich einer sich selbst verformenden Gussform, die sich von einem Moment zum anderen verändert, oder einem Sieb, dessen Maschen von einem zum anderen Punkt variieren.“[172] Während die disziplinarischen Institutionen und gesellschaftlichen Sphären in sich stabil und gegeneinander abgeschlossen waren, sind sie in der Kontrollgesellschaft „metastabile und koexistierende Zustände ein und derselben Modulation“. Dabei beruht die Emergenz der Kontrolle als neuem Ordnungsmodus auf einem modifizierten Verhältnis von Wissen und Subjekt: „Die numerische Sprache der

171 Deleuze 1993b, S. 255
172 Deleuze 1993b, S. 256

Kontrolle besteht aus Chiffren, die den Zugang zur Information kennzeichnen bzw. die Abweisung. Die Individuen sind »*dividuell*« geworden, und die Massen Stichproben, Daten, Märkte oder »*Banken*«."[173] Jenseits einer Lesart, die diese Passagen auf die Beschreibung einer informationstechnologisch induzierten Kontrolle von Subjekten verengt, sollen diese hier für ein Verständnis geöffnet werden, nach der die Individuen über die Modulation ihrer Subjektivität qua Wissen regiert werden und das Wissen zum entscheidenden Ordnungsproblem der Kontrollordnung wird. Die Vermutung lautet: in der gegenwärtig sich herausbildenden Kontrollordnung wird vermittelt über die konkreten Formen von Netzwerk und Identität das komplementäre Verhältnis von Wissen und Kontrolle zentral; in allen gesellschaftlichen Bereichen geht es um Netzwerke „in denen Leute, Ideen, Geschichten und Institutionen um ihre Identität kämpfen, indem sie mal sanft, mal rücksichtslos alle jene zu kontrollieren versuchen, von denen sie abhängig sind." Demzufolge gibt es nur eine Form der wirksamen Kontrolle, „nämlich die Bereitschaft, sich von denen kontrollieren zu lassen, die man kontrollieren will."[174] Kontrolle ist innerhalb dieses Verständnisses prinzipiell nicht asymmetrisch im Sinne einer kontrollierenden, souveränen Herrschaftsinstanz, sondern wechselseitig zu denken: „Jeder gelungene Kontrollversuch produziert Situationen und Verhältnisse, die es für beide Seiten attraktiv machen, weiterhin ähnliche Kontrollversuche zu unternehmen, und für Dritte attraktiv machen können, sich anzuschließen."[175] Diese prinzipielle Kontrollsymmetrie schließt eine Engführung auf Fremdsteuerung aus: „Kontrolle ist im Wesentlichen Selbstkontrolle in der Korrektur von Abweichungen im Vergleich von Zielwerten", wie Dirk Baecker im Anschluss an Ashby gutkybernetisch festhält. Dabei sind weder Abweichungen noch Ziele fix oder gar gesamtgesellschaftlich vorgegeben, sondern lediglich „Unterscheidungen, die einen Raum der Unsicherheit erschließen, in dem unklar ist, ob die Ziele erreicht werden können, den Aufwand wert sind, nicht möglicherweise andere, interessantere Ziele verdrängen und überdies seitens Dritter einen Widerstand wecken, mit dem man nicht fertig werden muss, wenn man Ziele gar nicht erst verfolgt."[176] Ziele zu setzen und Abweichungen zu riskieren oder gar

173 Deleuze 1993b, S. 252

174 Baecker 2007a, S. 23. Identität wie Kontrolle werden innerhalb dieses Kontextes differenztheoretisch verstanden. Identität ist folglich und entgegen des alteuropäischen Verständnisses keine stabile Entität mit ontologischem Status, sondern eine volatile Unterscheidung. Baecker verweist in Bezug auf diesen Zusammenhang auf ein Verständnis von Kontrolle als Unsicherheitsabsorption und damit abweichend vom herkömmlich repressiven Verständnis. Kontrolle ist „attraktiv, weil sie auf Identitätsprobleme im Rahmen der Errungenschaft von Identität antwortet. Auch das hat sich die alteuropäische Sozialmetaphorik so nicht vorgestellt, die bis heute dazu tendiert, eine »Kontrollgesellschaft« als Inbegriff des Kritisierenswerten zu verstehen." Baecker 2007b, S. 227. Zu „bei genauerem Lesen – vorsichtigen Korrektur dieser Vorstellung" kommt Baecker bei Gilles Deleuze. Vgl. Baecker 2007b, S. 227

175 Baecker 2007b, S. 230

176 Baecker 2007b, S. 231

anzustreben, ist freilich unvermeidlich, will man kommunizieren, handeln, etwas in Gang setzen.[177]

Diesen Überlegungen folgend muss Kontrolle wie die Souveränität und die Disziplin als ein weiter Begriff gedacht werden, der über den semantischen Gehalt von überprüfen, nachprüfen und überwachen hinausgeht und die Dimension des Regelns und Steuerns im Sinne von *control* oder *contrôle* annimmt. Die Kontrolle umfasst Modi der Wissensregulation, der Steuerung von Institutionen, Personen und Prozessen *über* Wissen anhand von Plan-, Ziel- und Vergleichsgrößen.[178] Dieses über den klassischen, auf Repression abhebenden semantischen Gehalt hinausgehende Verständnis trifft sich mit der zunehmenden Verbreitung von Steuerungsweisen, die in den kybernetischen Modellen der Mitte des 20. Jahrhunderts ihren Anfang nahmen.[179] Das kybernetische Vokabular von komplexen, nicht-linearen Prozessen, von Selbstorganisation, Feedback und Optimierung hat weit über seine rhetorische Ausstrahlungskraft hinaus das Denken der Zusammenhänge von Wissen und Kontrolle beeinflusst. Der Fokus auf Wissen und Information als immaterielle Ressourcen einer nicht mehr energetisch-materiellen, sondern symbolischen Kontrolle schlägt mit der wirkmächtigen Vorstellung einer Selbststeuerung von Organisationen und Individuen innerhalb einer regulierten Autonomie auf den gesellschaftlichen Diskurs durch. An dieser Stelle soll es freilich nicht darum gehen, die komplexen Zusammenhänge von Kybernetik und Gegenwartsgesellschaften nachzuzeichnen, sondern – die kybernetischen Referenzen im Hinterkopf – die konkreten Machtmodi der Kontrolle aufzuzeigen.[180]

177 Dieses Problem eines permanenten Kontrollzwangs (jenseits des üblichen Verständnisses) wurde freilich in der Souveränitätsordnung (Stand) und auch noch in der Disziplinarordnung (Rolle) im Wesentlichen durch Normen aufgefangen, die bekanntlich Abweichungen negativ sanktionierten. Schon in der Disziplinarordnung (Identität), aber erst recht in der Kontrollordnung ist dies, darauf deutet alles hin, anders; Abweichungen lohnen sich, sie „sind kommunikativ für die Markierung von Kontrollversuchen attraktiver als bestimmte Zustände, weil sie es offen halten, ob man unter Umständen nicht eher die Abweichung verstärkt (positive Rückkopplung) oder korrigiert (negative Rückkopplung)." Baecker 2007b, S. 231. Mit anderen Worten: weder Stand noch Rolle (oder Funktion) geben in der Kontrollordnung Ziele vor, die den Kontrollzwang entlasten; das Subjekt, aber auch jede Organisation und alles, was Identität auf sich zuschreiben kann, ist nun voll der Kontrolle von Abweichung und Ziel ausgesetzt, die, so die These der Arbeit, nur kognitiv, also mit Wissen bewältigt werden kann.

178 Wissensregulation meint damit weit mehr als die Regulation von Daten und Informationen auch die expressiven und ästhetischen Dimensionen des Wissens; und mit Plan-, Ziel- und Vergleichsgrößen ist weit mehr gemeint als die Reduktion von Größen auf die numerische Dimension. Siehe dazu Kapitel IV.

179 Zum kybernetischen Denken siehe Wiener 1958, als Beispiel einer frühen Verwendung der Kybernetik innerhalb des wissensgesellschaftlichen Diskurses siehe Bell 1996.

180 Das französische Autorenkollektiv Tiqqun weist auf die Zusammenhänge zwischen moderner Gouvernementalität und Kybernetik hin. Ihnen zufolge verfolgt die *kybernetische Hypothese* eine vollständige Programmier- und Steuerbarkeit biologischer, physischer und sozialer Verhaltensweisen. Die Kybernetik ist damit ein Projekt grenzenloser Rationalisierung mittels rationeller Koordination von Informations- und Entscheidungsströmen, dessen Denken sich sowohl auf technologische Innovationen (allen voran Computer und Internet) als auch auf so-

Mit dem Blick auf Legitimation und Legitimität in wissensbasierten Gesellschaften ist zu untersuchen, welche spezifischen Konfigurationen von Wissen, Subjekt und Macht in der Kontrollordnung als Diagramm wissensbasierter Ordnung zu Grunde liegen und welche wahrscheinlichen Kontingenzräume sich daraus für Regierungen einer Kontrollordnung ergeben. Ausgehend von diesen theoretischen Referenzklärungen geht es folglich nicht darum, zu analysieren, wie Kontrolle zentral von ordnenden Subjekten oder Institutionen ausgeübt wird;[181] denn anders als die zeitlich abschließbare Disziplinierung in den Einschließungsinstitutionen erfolgt die Kontrolle permanent in einem offenem Raum, bezieht sie „sich nicht auf einen statischen und kohärenten Ordnungsrahmen, sondern auf verschiedene Situationen und Kontexte, in denen Ordnung jeweils anders (re)produziert wird [...] In Kontrollgesellschaften ist Kontrolle eine Form des Managements, eine Praxis, welche die jeweiligen Überwachungsräume überschreitet und darin zugleich variierend ist."[182] Ziel dieser Arbeit ist es, die unterschiedlichen Ausprägungen der Kontrolle als Ordnungsmodus innerhalb der Konturen wissensbasierter Legitimation aufzuzeigen. Dabei geht es darum, zu skizzieren, dass sich eine neue Ordnungsschicht der Moderne herausbildet, die, ohne die anderen Legitimationsordnungen gänzlich zu marginalisieren, doch zunehmend dominiert. Die Disziplinarordnung scheint, ohne dass sie deshalb verschwindet, am Ende ihrer Dominanz. Mit dem Aufstieg der Kontrollordnung verschieben sich die Linien der Ordnungsbildung fundamental: „der Mensch ist nicht das älteste und auch nicht das konstanteste Problem, das sich dem menschlichen Wissen gestellt hat" und es deutet vieles darauf hin, dass der Mensch – verstanden hinsichtlich seiner Phänomenalität als Ordnungsproblem – weder das konstante, noch das letzte Problem ist, dass sich der menschlichen Ordnung gestellt hat. Der Mensch, um dessen Begrenzung und Einhegung die Souveränität und Disziplin bemüht waren, „war die Wirkung einer Veränderung in den fundamentalen Dispositionen des Wissens"; mit den Veränderungen dieser Dispositionen verschieben sich auch die Dispositionen der Ordnung. Wenn sich also die Regulierung des Wissens als das virulente Problem der Ordnung artikuliert, kann man sehr wohl wetten, dass unter dem Flutpegel des Wissens nicht nur der Mensch, sondern die Ordnung des Menschen, die ihm sein Antlitz gab, „verschwindet wie am Meeresufer ein Gesicht im Sand."[183]

zialtechnologische Steuerungsverfahren und Organisationsmodelle erstreckt. Trotz der erhellenden Zusammenhänge weist der in weiten Teilen polemisch-engagierte Zugang auch eine starke Überzeichnung des Kybernetik-Diskurses auf. Offen bleibt nicht nur eine Bewertung der zweifellos kurzen kybernetischen Konjunktur der 1960er Jahre, der damit verbundenen gescheiterten sozialtechnologischen Steuerungseuphorien oder längst problematisch gewordene Theoriebestandteile wie die kybernetische Übertragungstheorie der Kommunikation. Auch eine gewichtete Einordnung der Kybernetik in die allgemeine Entwicklung der technologischen und sozialwissenschaftlichen Diskurse jenseits der von Tiqqun eingenommenen Perspektive auf eine totalisierende Zentraltheorie fehlt. Vgl. Tiqqun 2007.

181 In diese Richtung argumentiert etwa Whitaker 2002, S. 57ff

182 Krasmann 2003, S. 333

183 Foucault 1971, S. 462

Die Ordnungen der Legitimation

> „Die Adelsgesellschaften des Mittelalters oder der frühen Neuzeit konnten sich auch nicht vorstellen, wie es Ordnung geben könnte ohne Hierarchie. Hierarchie war gleichbedeutend mit Ordnung. Und wir können uns nicht vorstellen, wie die Bevölkerungsmengen, das Lebensniveau, also die Errungenschaften der Moderne gehalten werden können, wenn wir funktionale Differenzierung aufgäben. Da hat man kein anderes Modell in Sicht.“[184]

Die gesellschaftlichen Darstellungen und individuellen Vorstellungen von Wissen, Subjekt und Macht entfalten sich im Geist ihrer Selbstverständlichkeit. Dass das Vernünftige wirklich und die Wirklichkeit vernünftig sei (Georg Wilhelm Friedrich Hegel), zeigt sich in den Ordnungen der Legitimation. Wo ab einem gewissen Punkt nicht hinterfragt wird, wie Herrschaft ausgeübt, Individualität gelebt und Erkenntnisse angewandt werden, entfalten sich die verschiedenen Ordnungen ihrer Legitimation. Nicht eine verborgene Kausalität, nach der jeweils das Wissen die Macht oder die Macht das Wissen und die Subjekte präfiguriert; keine historische Totalität *des* Wissens, *des* Subjekts und *der* Macht soll an dieser Stelle dargestellt werden, sondern das Nebeneinander und die gegenseitigen Bezüge dominanter Wissens-, Subjekt- und Machtkonstellationen der Ordnungen seit dem Zerfalls des Pastorals.[185]

Rekonstruiert man die zu Grunde liegenden Konfigurationen in struktureller wie historischer Hinsicht, können Brüche und Kontinuitäten, Hauptlinien und Nebenerscheinungen gefunden werden – eine keineswegs widerspruchsfreie, hochgradig pfadabhängige und paradoxiewahrscheinliche, kurz: komplexe Genealogie der Ordnung.[186] Die Legitimationsordnungen lösen sich keineswegs vollständig ab oder ersetzen sich, sondern ergänzen sich vielmehr, werden gegeneinander in Stellung gebracht, bringen sich gegenseitig hervor. Sie behaupten keine historischen Universalien, aber sie schlagen gangbare Schneisen ins Dickicht des Gefundenen, an deren Ausgängen die Wirrnisse der Gegenwart gelichtet werden können.

184 Luhmann/Hellmann 1996d, S. 197

185 Vgl. Foucault 1992, 2000

186 Bei den in diesem Kapitel versammelten Darstellungen wird die methodische Konsequenz der Genealogie eingerechnet, sich von Vollständigkeit beanspruchenden historischen Darstellungen grundsätzlich unterscheiden. Denn wer „ein Problem behandeln will, das zu einem gegeben Zeitpunkt aufgetaucht ist, muß anderen Regeln folgen: Auswahl des Materials im Bezug auf die Erfordernisse des Problems; Konzentration der Analyse auf jene Elemente, die zu seiner Lösung geeignet erscheinen; Einrichtungen von Verbindungen, die diese Lösung erlauben. Also Gleichgültigkeit gegenüber der Forderung, alles zu sagen, sei es auch nur, um die Jury der versammelten Spezialisten zufriedenzustellen.“ Foucault 1982, S. 47f

Dass die Wahrheit eine gesellschaftliche Erfindung ist, erscheint dem aufgeklärten Betrachter alles andere als neu.[187] Die Impulse, die von der Wissensentwicklung auf Subjekt, Macht und die Konstruktion von Legitimation ausgehen, können hier keinesfalls vollständig nachgezeichnet werden, die Unerschöpflichkeit dieses Themas zeigt sich an allen Enden. Dass etwa „ein erheblicher Nachholbedarf bei der Erforschung des Wissens und seiner Verzahnung mit dem Staat auszumachen“[188] ist, kann als Befund nicht aufgehoben, wohl aber als Ausgangspunkt der Untersuchung genommen werden. So kann es nur darum gehen, Grundlinien gesellschaftlicher Wissensstrukturen aufzuzeigen, ohne deren Kenntnis ein Verständnis wissensbasierter Ordnungsbildung zwangsläufig defizitär wäre. Werden Wissen und Macht in ihren Verbindungen und Wechselwirkungen betrachtet, so lassen sich Brüche und Stabilisierungen beobachten, die weit verbreitete Vorstellungen von einer überzeitlichen Kontinuität der Erkenntnis- und Rationalitätsformen und einer kontinuierlichen Verbesserung eines immer rationaleren, sichereren Wissens suspendieren. Gleichwohl kann kaum bestritten werden, dass die Extension des Wissens, aufgehalten und reguliert von mannigfaltigen Schleusen, Kanalisierungen und Dämmen, exponentiell verläuft, und dass dieses Phänomen nicht ohne Auswirkungen auf die Statui des Wissens selbst bleiben kann.

1 Gehegte Erkenntnis

Die souveräne Ordnung des Wissens konstituiert sich in einem Bruch mit den Denkformen der Ähnlichkeit. Wissen und Macht waren vor der Erhebung ihrer Monopolisierungsansprüche divers verteilt.[189] Das Wissen der *prosaischen Welt* (Michel Foucault) des Pastorals, dessen Denken der Ähnlichkeiten durch die ausschließende Strenge des logisch-mathematischen Weltbilds eines Descartes abgelöst wurde, entsprach der politischen Ordnung einer prästabilierten Harmonie (Gottfried Wilhelm Leibniz): „Die Welt dreht sich in sich selbst: die Erde war die Wiederholung des Himmels, die Gesichter spiegelten sich in den Sternen, und das Gras hüllte in seinen Halmen die Geheimnisse ein, die dem Menschen dienten.“[190] Der experimentelle Wissensbegriff der Alchemie, Geheimwissen und Mystik bestimmten das vormoderne Denken und bereiteten gleichzeitig die methodisch strengen Wissenschaften vor.[191] Auf der Ebene des Wissens hat bis zum Aufstieg der Souveränitätsordnung die *Ähnlichkeit* im Denken eine tragende Rolle gespielt, war die Wissenspro-

187 Einen Abriss und eine Einordnung über die verschiedenen Ansätze bietet stellvertretend Burke 2000, S. 14f

188 Landwehr 2004, S. 69

189 Vgl. Luhmann 2000, S. 77

190 Foucault 1971:46

191 Vgl. Bachmann/Hofmeier 1999

duktion weitgehend lokal und verstreut und bildete so eine Analogie zur diffusen Verteilung der Macht.[192]

Texturen der Universalität

Die prosaische Welt des Pastorals entfaltet sich in den Grenzen der Mündlichkeit; an ihrem Ende war die Schrift. Die pastorale Ordnung ist in ihrer segmentären Differenzierung noch äußerst stabil, weil die Möglichkeit der Variation gesellschaftlicher Ordnungsweisen durch räumliche Begrenzung und mündliche Form der Kommunikation und die dadurch geringen Selektionsmöglichkeiten und Restabilisierungsnotwendigkeiten sehr gering gehalten werden. Doch mit der Verbreitung der Schriftlichkeit über die Inseln der klösterlichen, gelehrten und administrativen Rationalität hinaus und den damit einhergehenden stratifizierten Gesellschaften wachsen die Variationsmöglichkeiten signifikant an. Die Schrift erweitert die Kommunikationsmöglichkeiten über die mündliche Verständigung unter Anwesenden hinaus und sorgt so mit der Fixierung von Wissen (als Konstruktion von Erkenntnisgegenständen als solche) und damit Kommunikation für Abwesende für eine erste Extension des Wissens.[193] So wird es möglich, das Wissen nicht nur (wie Magie) hinzunehmen, sondern jedes denkbare Sinnangebot einer intensiven Prüfung auf Ziele, verfolgte Zwecke und eingesetzte Mittel zu unterziehen und damit Wissen auch abzulehnen: „Der Schrift verdanken wir die Erfindung der Kulturform Teleologie.“[194] Die Folge der Schrift ist die Austreibung der Magie aus dem Denken zumindest desjenigen, der es mit der Schrift zu tun bekommt. Die Selektionsmöglichkeiten sind nun nicht mehr unmittelbar räumlich begrenzt; gleichwohl werden sie aber durch die gemeinsame Kopplung von restabilisierter Religion und gesellschaftlicher Schichtung eingeschränkt. Mit der schriftbasierten Kulturform der Teleologie bilden sich, beruhend auf einem universalistischen Wissensverständnis, gesellschaftsweit anerkannte und zentrale Wissensautoritäten.

192 Vgl. Foucault 1971, S. 46, Rammert 2002, S. 4. Es gab „unterschiedliche Wahrheitsbereiche, etwa für Religion, Philosophie, Rhetorik; es gab unterschiedliche Währungssysteme für Lokalhandel und Fernhandel; und es gab unterschiedliche politische Regimes, etwa auf der Ebene des Reichs und auf der Ebene der Territorien, der Städte oder auch der Kirche. Entsprechend kompliziert waren die Beziehungen zwischen diesen Ebenen oder Inseln partieller Funktionsrationalität.“ Luhmann 2000, S. 77

193 Das Verhältnis von Schrift und Denkformen ist freilich mit einem Verzögerungseffekt zu denken. Auch wenn in der Souveränitätsordnung zweifellos schon Druckerzeugnissen aufkommen und zu regulären Form vor allem wissenschaftlicher Kommunikation werden, so sind die Denkformen dennoch weiterhin von der schriftbasierten Teleologie geprägt und ähnelt der Umgang mit gedruckten Medien dem Umgang mit Schrift. Die Verbreitung des Buchdrucks und die Einübung des Umgangs mit ihm sind noch nicht soweit gesellschaftlich verbreitet, dass sie die Rationalitätsformen berühren würde. Das ist erst dem Aufkommen funktionaler Differenzierung innerhalb der Disziplinarordnung vorbehalten. Vgl. Eisenstein 1997, S. 84ff, Luhmann 1997, S. 291ff

194 Baecker 2007a, S. 14

Die *Texturen der Universalität* prägen den Status des Wissens und die gesellschaftliche Ordnung. Während die theologische Legitimation des Pastorals durch einen pluralen Wissensbegriff, „eine Welt der Wunder, der Wunderwerke und der Chiffren“[195] geprägt war, wird mit dem mathematisch inspirierten Wissensbegriff der cartesianischen Rationalität der „Mathesis universalis, als Quelle beliebig rekapitulierbaren Universalwissens und somit als Metatext der Gesellschaft“[196] die Einbettung der politischen, weltlichen Gewalt in eine gottgegebene Gesellschaftsstruktur zunehmend obsolet. Die scheinbar regellose Macht und das ‚wilde Wissen‘ der vormodernen Zeit gehen mit dem Aufstieg der Souveränitätsordnung eine enge Verbindung ein, deren Kohäsion sich aus den Gründen gemeinsamer Legitimation ergibt. Gegenüber dem vorherrschenden Prinzip der *Probe*, das sich in der Wissenschaft in der Beglaubigung und im Beweis des Wissens durch die Form der *disputatio* fortsetzte,[197] setzt sich allmählich die antike Form der *enquete*, der Untersuchung durch, die sich im rechtlichen Bereich zuerst in der Inquisition und im Wissenschaftsbereich im enzyklopädischen Wissen zeigt.[198] Dabei ermöglicht erst die all-

195 Foucault 2004a, S. 343

196 Wefer 2004, S. 52. Das Cartesianische Wissen geht ebenso wie die Souveränität von ihrer inneren Einheit und Geschlossenheit aus, die in sich keine Konkurrenz, sondern nur die Entsprechung der Elemente kennt. So ist „die mathesis eine Wissenschaft der Gleichheiten, also der Zuweisungen und der Urteile; sie ist die Wissenschaft der Wahrheit.“ Foucault 1971, S. 110. Dieser Wissensbegriff birgt die Vorstellung von einer weitgehenden Einheit der Wissenschaften, geprägt von einem symptomatischen Bestreben „in allen konkreten Gebieten der Natur oder der Gesellschaft die gleichen Distributionen und die gleiche Ordnung wiederzufinden“ (Foucault 1971, S. 113). Foucault identifiziert in der episteme des klassischen Wissens neben der Mathesis darüber hinaus die *taxinomia,* die ihrerseits die „Identitäten und Unterschiede [behandelt], sie ist die Wissenschaft der Gliederung und der Klassen.“ (Foucault 1971, S. 110) und als Drittes die *Genese.* Foucault erkennt wie andere (etwa Lyotard) eine bis heute andauernde Dominanz der *mathesis* in den formalen Wissenschaften. Das erklärt, warum eine Analyse der Risiken naturwissenschaftlicher Erkenntnis vorwiegend von Wissenschaften außerhalb der formalen Wissenschaften herangetragen wurde.

197 Das heißt: In den Sphären des Wissens und der Macht herrschten die Formen des offenen Kampfes und des Versuchs. Derjenige bekam Recht, der eine Mehrzahl ihn begünstigender Zeugen auf seine Seite ziehen konnte; dasjenige galt als Wissen, was im Disput durch Rhetorik und die größere Anzahl der berufenen Autoritäten, des überlieferten Wissens bestach. Vgl. Foucault 2002, S. 52ff, 75

198 Vgl. Foucault 2002, S. 76. Die Untersuchung setzt sich als eine Wissensform durch, die sowohl in den ökonomisch-politischen Prozessen, als auch in den Wissenskonflikten zum Tragen kommt. „Die Untersuchung“ so Foucault „ist eine Form von Verwaltung, eine Form der Machtausübung, die in der abendländischen Kultur über das Gerichtswesen zu einer Form geworden ist, mit der man Wahrheit ermittelt, prüft und weitergibt.“ Foucault 2002, S. 77. Mit der Untersuchung wird es nun üblich, nicht mehr „die Dinge auseinanderzurücken, auf die Suche all dessen zu gehen, was in ihnen gewissermaßen eine Verwandtschaft, eine Anziehungskraft oder eine insgeheim geteilte Natur enthüllen kann, sondern vielmehr darin, zu unterscheiden: das heißt, die Identitäten festzustellen, dann die Notwendigkeit des Übergangs zu allen Graden, die sich davon entfernen. In diesem Sinne erlegt die Unterscheidung dem Vergleich die erste und fundamentale Suche nach dem Unterschied auf: sich durch die Anschauung eine unterschiedene Repräsentation der Dinge zu geben und klar den notwendigen Über-

mähliche Durchsetzung der schriftlichen Kommunikation die Untersuchung als eine Wissensform, die sowohl in den ökonomisch-politischen Prozessen als auch in den Wissenskonflikten zum Tragen kommt und die Voraussetzung einer fundamentalen Veränderung in den Formen des Wissens bildet[199] – die Verschiebung hin zur Strukturierung der Anschauung ist fundamental für die Legitimationen des Wissens und der Macht. Fortan trennt sich in einer ersten Einhegung des Wissens in der Souveränitätsordnung die *Wissenschaft*, also: „die gesicherten Urteile, die wir durch die Anschauungen und ihre Verkettung haben"[200] vom bloßen Meinen und Behaupten.[201]

Die Kopplung des Wissens an die Form der Schriftlichkeit schließt zum einen (der Schrift nicht mächtige) aus und entfaltet zum anderen in der Einschließung gesteigerte Komplexität (als Reflexion des fixierten Wissens durch Schriftmächtige).[202] Die extensive Verbreitung der Schriftlichkeit als Wissensmedium, die es überhaupt erst möglich macht, eine kritische Menge an Wissen anzusammeln und die damit verbundene Dekontextualisierung des Wissens etabliert so eine Legitimation des Wissens gegenüber den vorwissenschaftlichen kontextgebundenen Wissensformen des Alltags, die nun ausgeschlossen werden.[203] Wer dazu gehört und wer nicht, wird nun diskursiv über Vernunft bestimmt: „Mit der Inklusion ändert sich auch das, was in der Gesellschaft für rational gehalten wird, das heißt: dem Einzelnen als vernünftiges Verhalten zugemutet werden kann. So wie Inklusion mit Rationalität, so hängt Exklusion mit Irrationalität zusammen."[204] Ausgeschlossen wird in den Diskursen der universalen Vernunft – und hier tritt das eminent Politische hervor – das andere: das Ungeordnete, naturhafte, wilde und weibliche. Die souveräne Rationalität ist männlich; die Ordnung des Wissens präfiguriert zugleich die Ord-

gang von einem Element der Serie zu demjenigen, das ihm unmittelbar folgt, zu erfassen." Foucault 1971, S. 88

199 Vgl. Foucault 1971, S. 88

200 Foucault 1971, S. 89

201 Damit zusammenhängend erfolgt die Geburt der öffentlichen Meinung: sie wird erst durch die Legitimation der Wissenschaft ermöglicht, beruht auf „der neuen Unterscheidung von strengem Wissen (epistéme) und Meinungswissen (dóxa)." Luhmann 2000, S. 274f

202 Die gesellschaftlich wirksame Autoritätsfunktion konnte vor allem deshalb ausgeübt werden, weil nur eine kleine gesellschaftliche Schicht von der ‚Popularisierung' des schriftlichen Wissens durch den Buchdruck erfasst war. Von einer umfassenden Popularisierung durch Alphabetisierung kann erst mit Beginn des 19. Jahrhunderts, also mit dem Übergang von Souveränitäts- zu Disziplinarordnung gesprochen werden. Dass in der Souveränitätsordnung noch an einem ganzheitlichen Wissensbegriff der Repräsentation festgehalten wurde, ist vor allem darauf zurückzuführen, das ein Großteil des bekannten Wissens von Wissenschaftlern als Universalgelehrten noch erfasst werden konnten. (Aber schon Leibniz zweifelt daran.) Vgl. Hartmann 2002, S. 12

203 Vgl. Hartmann 2002, S. 9

204 Luhmann 1997, S. 739. „Mit Rationalitäts/Irrationalitäts-Semantiken werden Inklusions/Exklusionsregeln nachempfunden. Es ist dieser Zusammenhang, der im Übergang von stratifikatorischer (an *anderen eigenen* Rollen orientierter) Differenzierung zu funktionaler (auf die Komplementärrollen *anderer* abstellender) Differenzierung zu einer tiefgreifenden Individualisierung der Rationalitätserwartungen führt." Luhmann 1997, S. 739

nung der Geschlechter.[205] Nicht mehr akzeptabel ist: ein Pluriversum von unterschiedlichen Einflüssen, Kämpfen und Gewalt auf der Ebene der Macht, ein Pluriversum von Meinungen, Disputationen und Lektüren auf der Ebene des Wissens. In der Souveränitätsordnung erfolgt nun die Wissensproduktion zentralisiert und universell, in einer stratifikatorischen Differenzierung mit konzentrierten vertikalen Teilungen.[206]

Gewalt und Wissen

Der Aufstieg der Souveränitätsordnung wird begleitet von der Unterscheidung des Wilden und des Regulären und der daraus abgeleiteten Monopolisierung von rationalen Wissens- und Machtansprüchen qua Wissenschaft und Souveränität: „Die Deklaration einer »epistemischen Souveränität« in der Erkenntnis der Natur ist nicht zu trennen von dem Projekt der Konstitution der modernen politischen Souveränität."[207] Außerhalb des universalen Wissens gibt es kein Gegenwissen, außerhalb der Souveränität keine Gegengewalt, sondern nur wilde Gewalt und wildes Wissen – jenseits jeglicher Legitimität. Nicht ohne Grund bauen die zur Sicherstellung dieser politischen Strukturen notwendigen Wissensformen ebenfalls auf den Prinzipien der Eindeutigkeit, Konkurrenzlosigkeit und Hierarchisierung auf – Statistik und Kameralistik schließen sich unmittelbar an das Wissensverständnis der *mathesis* an. Dem Geometriker Hobbes erscheint so das Wissen in einer Doppelgestalt aus natürlicher, unabhängig durch die Anwendung von Vernunft als „eine Art von Rechnen"[208] gewonnener und in sich ruhender Wahrheit und irrigem Wissen, das (so es politisch relevant wird) qua souveräner Zensur ausgemerzt gehört. Der Staat als oberster Rechenmeister, besorgt, dass kein irriges, falsch gerechnetes Wissen die Statik der Gewalt auseinanderdividiert – auf dass der Wahrheit in einem Meer von Unvernunft Bahn geschlagen wird. Dabei taucht freilich das Problem der (Widerstands-)Macht umkämpften, uneindeutigen Wissens durch Ehre, angemaßte Weisheit, Ruhmsucht oder Dünkel vor allem im Zusammenhang mit der Interpretation der religiösen Texte auf.[209] Gegenüber dieser latenten Gewalt des Wissens ist die Allmacht der einsa-

205 Vgl. Keller 1998. Das heißt freilich nicht, dass mit der Geburt der modernen Rationalität die spezifischen Geschlechterzuschreibungen und -unterdrückungen beginnen. Die moderne *männliche* Rationalität sitzt vielmehr auf den Unterscheidungen auf; das Miteinander der Wissensformen wird im Laufe des 16. Jahrhunderts zu Gunsten des männlichen Rationalitätsideals im Zuge der Säuberung vom weiblichen Wissen aufgehoben. Vgl. Keller 1998, S. 43ff

206 Vgl. Rammert 2002, S. 4, 6. So kommt es insbesondere infolge des Buchdrucks, der Einrichtung von Bibliotheken, aber auch der komplementären Verbesserung der Verkehrs- und Kommunikationswege zu einer Zentralisierung/Peripherisierung des Wissens, die sich in wenigen großen Zentren des Wissens in Universitätsstädten manifestiert und Analogien zur Zentralisierung der Macht aufweist. Vgl. Burke 2000, S. 69

207 Türk et. al. 2006, S. 55

208 Hobbes 1998, S. 40

209 Vgl. Hobbes 1998

men Souveränität des Leviathan folgerichtig: er allein entscheidet über Krieg oder Frieden, Eigentum und Richteramt und darüber hinaus ist es dem Leviathan gegeben, im Fall der Fälle als höchste Gewalt über die Verwendung des Wissens zu entscheiden.[210]

Die Einhegung des Wissens entspringt der doppelten Sorge um die latente Gewalt. Beide Legitimationsebenen werden durch das Prinzip der *Repräsentation* verklammert und so wird „das Wissen selbst als im voraus bestehende und ungeteilte Seinsweise zwischen dem erkennenden Subjekt und dem Gegenstand der Erkenntnis"[211] strukturiert. Der Vorstellung von einer zu repräsentierenden Welt, die beobachtungsunabhängig gegeben ist und zu der kausale Zuordnungen möglich sind, entspricht ein ontologisches Verständnis von den Dingen, nach der es „nur eine richtige Erkenntnis der Wirklichkeit – wenngleich viele mögliche Täuschungen und Irrtümer"[212] gibt. Die Repräsentativität des Wissens konvergiert mit der Repräsentativität der Macht. Die Souveränitätsordnung birgt einen Wissensbegriff, der mit der Wissenschaft den ontologischen und rationalistischen Zugang zur Erkenntnis monopolisiert, zur „absoluten Herrschaft ihrer Methode"[213] mit *Autorität* ausstattet und vorwissenschaftliche Erkenntnisformen verdrängt. Aus diesem Verständnis heraus entwickelt sich der Ethos einer Wissenschaft, der von dem Versprechen geprägt ist, durch die Erzeugung sicheren Wissens zu gesellschaftlichem Konsens und größerer Sicherheit zu gelangen.[214]

Die in der souveränen Wissensform vereinigte Trias von Repräsentation (qua schriftlicher Abbildung), Individualisierung (qua schriftlicher Dekontextualisierung und Depersonalisierung) und Souveränität (qua Vereinheitlichung des Schriftsystems) ist die Klammer zwischen Wissen und Macht in der Souveränitätsordnung.[215]

210 Vgl. Hobbes 1998, S. 161. So ist es dem Leviathan gegeben, als höchste Gewalt zu entscheiden, „zu welcher Zeit, unter welchen Bedingungen und wem es erlaubt sei, das Volk aufzuklären; welche Bücher verboten werden müssen und wer darüber die Aufsicht führen soll." [Schließlich gilt:] „Handlungen haben ihren Grund in Meinungen; folglich müssen diese unter Aufsicht genommen werden, wenn man Frieden und Einigkeit in einem Staat erhalten will. Wahrheit ist der Zweck alles Lehrens, und sobald eine Lehre diesem Zwecke entspricht, kann sie auch dem Frieden nie gefährlich sein. [...] Der höchsten Gewalt also gebührt die Beurteilung aller Meinungen und Lehren, weil diese nicht selten Grund und Ursprung von Uneinigkeit und Bürgerkrieg sind." Hobbes 1998, S. 161

211 Foucault 1971, S. 309. Die Repräsentation fixiert die Dinge im ontologischen Sinne und macht sie so handhabbar. Sie bildet so eine Zwischenstufe der Wissensformen zwischen dem diffusen Wissen der Ähnlichkeit und der strengen Wissen der Struktur – eine Makrophysik des Wissens, die das zu erkennende Objekt und die Gesamtheit des zu Erkennenden ebenso als einheitlichen Corpus mit universaler Perspektive betrachtet.

212 Luhmann 1990, S. 627. Dem entspricht auch ein Kommunikationsmodell im Sinne Sender-Kanal-Empfänger, das auf einem ontologischen Verständnis von Wissen als objektiv zu transportierenden Gegenständen beruht.

213 Nietzsche 1980, S. 617

214 Vgl. Nowotny 1999, S. 48

215 Der Zusammenhang von Einheit und Differenz innerhalb des souveränen Wissensbegriffs ist durchaus paradox. Zwar werden durchaus unzählige Klassifikationen erzeugt, mit denen der Wissenszuwachs gebändigt werden soll - diese verdichten sich jedoch aufgrund der individu-

Dieses Modell des monopolisierten Wissens entspricht der Monopolisierung der Macht in der Souveränitätsordnung durch den Staat.[216] Die *Staatsräson* entfaltet eine doppelte Einhegung des Wissens: sowohl im Sinne der Vermeidung und Zensur,[217] als auch im Sinne der Nutzung des statistischen, kameralistischen, merkantilistischen Wissens – „der Staat als Inhaber der Wahrheit."[218] Die Macht hat die Vermeidung von Gewalt durch die Stärkung des Staates zum Ziel und verbündet sich dabei mit einem Wissensbegriff, der die Gefahr konkurrierenden Wissens ausschließen muss und gleichzeitig die wissensbasierte Rationalisierung der Souveränitätsausübung ermöglicht. Diese Monopolisierungen werden, in der Überwindung vielfältiger Faltungen[219] am Rand der Souveränitätsordnung zum Anlass von Gegenbewegungen,[220] aus denen die Teilung der Erkenntnisse in der Disziplinarordnung resultieren wird.

2 Geteiltes Wissen

Der Übergang von der Souveränitäts- zur Disziplinarordnung wird von einer weiteren signifikanten Extension des Wissens begleitet. Trug zur Herausbildung und Stabilisierung der souveränen Wissensautoritäten und damit einer hierarchischen gesellschaftlichen Ordnung vor allem die ihr eigene geringe (und darin kontrollierbare) Verbreitung der Schrift bei, verändert nun der Buchdruck allmählich die Geschäftsbedingungen der Ordnung des Wissens – er ist die zwar nicht hinreichende, aber notwendige Voraussetzung für die Durchsetzung funktionaler Differenzierung.[221]

ellen Klassifizierungsstrategien der sich noch als Universalgelehrte verstehenden Akademiker noch nicht zu allgemein anerkannten Disziplinen (vgl. Stichweh 1984, S. 11). Die klassifikatorische Vielfalt der Universalgelehrten ist zugleich Ursprung und Folge der Idee des souveränen Wissens, das sich in jedem Universalgelehrten so fokussiert wie die Idee der Staatsräson in jedem absolutistischen Fürsten.

216 Vgl. Luhmann 1990, S. 628

217 Das betrifft auch Fragen der öffentlichen Meinung, vgl. Foucault 2004a, S. 398, 400f

218 Foucault 2004a, S. 511

219 Gilles Deleuze macht auf den Barock und die Figur der *Falte* als Übergang zwischen dem souveränen und disziplinarischen Denken aufmerksam; eine Phase, in der die Unzulänglichkeit und die Widersprüche des klassischen, universalen Denkens aufbrechen, aber noch nicht mit der Disziplinarisierung, sondern gewissermaßen mit der Faltung aufzulösen versucht werden. Vgl. Deleuze 1995

220 Vgl. Foucault 2004a, S. 511f

221 Luhmann 1997, S. 291 ff. Vgl. Eisenstein 1997, Giesecke 1991

Der Druck ermöglicht nicht nur eine ernorm ausgeweitete Verbreitung der Schrift, sondern über die quantitative Dimension hinaus auch eine qualitative Veränderung des Umgangs mit Schrift, mit der die gesellschaftliche Kommunikation revolutioniert wird. Damit verändern sich auch die Kommunikationsgewohnheiten derjenigen, die es mit Wissen zu tun bekommen: die intensive Wiederholungslektüre, die das Studium religiöser Literatur prägte und auf die Rezeption des universalen Wissens der Souveränitätsordnung ausstrahlte, wird durch eine Kultur extensiven Lesens abgelöst. Die mit der Wiederholung verbundene Autorität, aus der die Stabilität der souveränen Wissensordnung und der damit verbundenen gesellschaftlichen Hierarchie resultierte, erodiert zu Gunsten der mit dem vergleichenden Lesen einhergehenden Kritik, die neue Texte einfordert statt alte Schriften zu pflegen. Während die Wiederholungslektüre der Schrift mit der Statik der stratifizierten Gesellschaft korrespondierte, treibt die Orientierung auf neue Texte und neues Wissen unhintergehbar einen gesellschaftlichen Wandel an, dessen Stabilität sich paradoxerweise daraus bezieht, die Ordnung die er schafft, beständig zu hinterfragen. Mit dem Buchdruck reibt sich die bisher prägende gesellschaftliche Ordnungsfigur der *Teleologie* zugunsten des (unruhigen) *Gleichgewicht*s der Kritik auf.[222] Nun wird es möglich, nicht nur unter Abwesenden zu kommunizieren und Wissen zu prüfen, sondern systematisch vervielfältigtes Wissen untereinander zu vergleichen und daraus Konsequenzen zu ziehen. „Zur zentralen Tugend der Gesellschaft wird die Kritik, der beim Vergleich der Schriften untereinander und mit der Wirklichkeit die Fehler auffallen, die dann korrigiert werden müssen, was zu neuen Störungen des Gleichgewichts führt."[223] Die Variationsmöglichkeiten der Kommunikation wachsen im Verhältnis zur Verbreitung des Buchdrucks signifikant an, während nun die Selektionsmöglichkeiten nicht mehr länger an die Religion oder die Universalität des Wissens gekoppelt werden können, sondern sich auffächern. Durch die Veränderung des gesellschaftlich dominanten Kommunikationsmediums wird die gesellschaftliche Evolution an einen Punkt getrieben, an dem die Ordnung der Gesellschaft selbst berührt ist.

Die auf schriftbasierter Kommunikation basierenden gesellschaftlichen Machtzentren werden nun durch die von ihnen unabhängigen Kommunikationsformen der Kritik, vor allem durch Flugblätter, herausgefordert. Die Verbindung von marktbasierter Verbreitung gedruckter Texte und der Einübung individueller kritischer Lesegewohnheiten treibt eine Wissensextension an, deren stetig wachsende Wissensbestände nicht nur gesichtet und verglichen werden können, sondern auch differenziert werden müssen. Die Disziplinarisierung des Wissens reagiert als Versuch darauf, der Wissensextension etwa durch Enzyklopädien Herr zu werden und gleich-

222 vgl. Baecker 2007, S. 15
223 Baecker 2007a, S. 17

zeitig die Extension durch individuell ermöglichte Reflexion zu ermöglichen.[224] Mit dem enzyklopädischen Überblickswissen entsteht die Reflexionsstufe des Meta-Wissens, wird geordnet, kategorisiert und methodisiert und werden wissenschaftliche *Disziplinen* geschaffen.[225] Eine entscheidende Aufwertung erhält das zweckgebundene Wissen,[226] und so findet an den Grenzen zur Disziplinarordnung mit den Regierungen der Polizey und Staatsräson eine für das Verhältnis von Macht und Wissen fundamentale Verschiebung in der Infrastruktur des Wissens statt: Archive werden eingerichtet, Akten, Kataloge und Register angelegt.[227] Diese buchdruckbasierten Innovationen der Wissensinfrastruktur führen dort, wo die bisher lediglich schriftbasierte Verwaltung und Organisation „auf den Umgang mit Spielräumen der gesellschaftlichen Verständlichkeit von Schrift beschränkt ist, Entscheidungskalküle ein, die aus dem Vergleich von Daten resultieren, die Aktenführung und Buchführung zur Verfügung stellen. Selbstverständlich sind Aktenführung und Buchführung älteren Datums als der Buchdruck, doch fällt auf, dass sich der Umgang mit ihnen ändert, sobald der Buchdruck eine andere, nämlich »kritische« Form des Umgangs mit Daten in Reichweite rückt.“[228]

Durch die buchdruckbasierte Extension des Wissens wird es zwingend, das Wissen zu vergleichen, zu kritisieren und einzuordnen. Im Verhältnis zum gehegten, universalen Wissen der Souveränitätsordnung wird das Wissen der Disziplinarordnung den Charakter des *geteilten Wissens* annehmen und es „ist klar, dass sehr bald darauf eine Ausdifferenzierung spezifischer Bemühungen um Wissensgewinn“ [229] einsetzt, die einen die Gesamtheit der Erkenntnis repräsentierenden Autoritätsstil der Wissenschaft nicht mehr akzeptieren. Die Ablösung monokontexturaler Wissensbezüge durch Polykontexturalität hat einen erkenntnistheoretischen Paradigmenwechsel zur Voraussetzung.[230] Die ontologische Unbedingtheit der Repräsentation zieht sich nun auf die ‚Quasi-Transzendenz‘ der Erkenntnisformen zurück, so wie sich die gewaltsame Souveränität auf einen Staat zurückzieht, der es vorzieht, als letzte Reserve die in die verschiedenen Disziplinarinstitutionen diffundierte Macht zu garantieren und zugleich die Voraussetzung für deren Entfaltung zu schaffen. „Die Arbeit, das Leben und die Sprache erscheinen jeweils als »Transzendentalien«, die die objektive Erfahrung der Lebewesen, der Produktionsgesetze und der Formen der Sprache ermöglichen.“[231] Während die Wissensformen der Repräsentation noch in der

224 Ein – wie man sieht bis heute gebräuchliches – Instrument der Extension des Wissens durch Ermöglichung individueller Reflexion des Wissens ist, S. die Fußnote. Vgl. Burke 2000, S. 243f

225 Vgl. grundlegend zur Entstehung des modernen Systems der wissenschaftlichen Disziplinen: Stichweh 1984

226 Vgl. Burke 2000, S. 103ff

227 Vgl. Vismann 2000

228 Baecker 2007a, S. 43

229 Luhmann 1990, S. 628

230 Der bekanntlich maßgeblich auf Kant bezogen wird. Vgl. Luhmann 1990, S. 627, 629f, Kant 1998

231 Foucault 1971, S. 301

ontologischen Ganzheit der Dinge selbst gedacht wurden, wird jetzt mit ihrer allmählichen Erosion eine Strukturierung hinter den Dingen möglich, die den Aufstieg der modernen, empirischen Wissensformen erst ermöglicht. Mit dem Konzept des universalen Wissens wird jedoch nicht das Konzept des objektiven Wissens aufgegeben; die Objektivität wandert nun in die Disziplin und bewahrt so eine Autorität der Wissenschaftlichkeit, die von den Postmodernen später als wissenschaftliche Legitimationserzählung angegriffen wird. Die Objektivität des wissenschaftlichen Wissens basiert nun auf den sich konstituierenden Erkenntnisformen; dieses Gebiet „nimmt gleichzeitig Autonomie und Souveränität im Verhältnis zu jedem empirischen Wissen an, lässt den Plan der Formalisierung des Konkreten und der Konstituierung reiner Wissenschaften entgegen allem entstehen und immer wieder entstehen" und führt so zur »Geburt des Menschen« (Michel Foucault) als sozialer Bezugsgröße.

In dem nach Erkenntnisgebieten disziplinarisierten positiven Wissen „verbinden sich die empirischen Gebiete mit Reflexionen über Subjektivität, das menschliche Wesen und die Endlichkeit"[232] als grundlegende Voraussetzungen, den ‚Menschen' als Wille und Vorstellung der Humanwissenschaften in den Disziplinarinstitutionen entstehen zu lassen.[233] Die Humanwissenschaften fokussieren sich auf die zu konditionierenden Bewegungen, die Gesundheit und die sorgfältig angeordnete Räumlichkeit und ermöglichen eine Analyse der menschlichen Funktion, die sich auf das gesamte Umfeld der Arbeit in Beziehung zur Produktivität ausdehnen wird: auf die Schule, die Krankenhäuser, das Gefängnis, die Psychiatrie.[234] Die menschliche Aktivität wird in der Disziplinarordnung nicht in ihrer repräsentativen, unhinterfragten Ganzheit betrachtet, sondern nun zergliedert, isoliert und neu zusammengefügt. Ein Ergebnis dieser Analysen ist die Geburt der ökonomischen Arbeit als Ordnungsprinzip,[235] die – so die Konsequenz der zergliedernden, kritischen Analyse – immer wieder neu arrangiert werden kann und so eine Voraussetzung für die Implementierung der Disziplinarinstitutionen bildet. Die gesellschaftliche Wirkmacht der damit verbundenen Disziplinartechnologien ergibt sich erst aus der Synthese der Humanwissenschaften mit den in den Klöstern und Kasernen angelegten Disziplinarinstrumenten und der koextensiv zur Gesellschaft ausgebreiteten Polizeigewalt der Souveränitätsordnung. [236] Erst in ihrer Synthese werden die verteilten Disziplinartechnologien zu einer prinzipiell gesellschaftsweiten Disziplinar-Macht hypostasiert.

Die Omnipräsenz der Disziplin als ordnungsstiftende Machttechnologie konstituiert die Disziplinarordnung. Das Wissen der Disziplinarordnung entfaltet eine »Mik-

232 Foucault 1971, S. 306

233 Die Humanwissenschaften entstehen in ihrer spezifischen Ausprägung, weil die „Eingliederung bestimmter Wissensbeziehungen in die Machtverhältnisse erforderlich" war. Foucault 1973, S. 393

234 So Foucault: „Die Geburt der Wissenschaften vom Menschen hat sich wohl in jenen ruhmlosen Archiven zugetragen, in denen das moderne System der Zwänge gegen den Körper, die Gesten, die Verhaltensweisen erarbeitet worden ist." Foucault 1973, S. 246

235 Foucault 1971, S. 275

236 Vgl. Foucault 1973, S. 287, Brieler 1998, S. 326ff

rophysik der Macht« (Michel Foucault) in Korrespondenz mit einer spezifischen Mikrophysik des Wissens, „außerhalb der Repräsentation, jenseits ihrer unmittelbaren Erscheinung“[237] der Dinge, die Dinge quer zur ihrer Sichtbarkeit zerschneidend und zu einer neuen Struktur arrangierend, die sich auf die relevanten Bereiche der menschlichen Existenz ausbreitet und bis an die Grenze der Körperlichkeit ausdehnt. Die Kritik und die Disziplin, die Legitimation der Wissenschaft und der Gesellschaft bedingen sich dabei gegenseitig – die außerwissenschaftlichen Wirkungen der Wissenschaft konstitutieren gesellschaftliche Machtzusammenhänge und die Definitionsgewalt des Wissenschaftssystems zugleich.[238] Das Wissen und die Macht in der Disziplinarordnung gehen ein komplementäres Verhältnis ein, das seine Effekte sowohl in den Diskursivierungen funktionaler Systemrationalitäten als auch in den biopolitischen Regierungen der Bevölkerung zeigt.

Disziplin und Funktion

Der mit den Veränderungen der Kommunikation verbundene gesellschaftliche Ordnungswandel folgt nicht unmittelbar, sondern zeitlich verzögert auf die Erfindung des Buchdrucks. Erst mit dem 18. Jahrhundert und dem Aufkommen der öffentlichen Meinung setzt sich die buchdruckbasierte Kommunikation aufgrund einer kritischen Masse an Lesern gesellschaftlich durch und wird die Schrift zur Universalbasis der Kommunikation – dem entspricht der Übergang zu funktionaler Differenzierung.[239] Auf dieser Grundlage einer gesellschaftlich hinreichenden Verbreitung des Buchdrucks kommt es zu einer Explosion kommunikativer Variationsmöglichkeiten, die wiederum geordnet werden müssen. „Es entstehen politische, wirtschaftliche, wissenschaftliche, religiöse und künstlerische Kalküle, die in nichts anderem verankert sind als in der selbstreferentiellen Frage danach, inwieweit nach jeder politischen Entscheidung, jeder Investition, jeder Hypothese, jedem Gebet, jedem Kunstwerk auch weiterhin Politik, Wirtschaft, Wissenschaft, Religion und Kunst möglich sein werden.“[240] Mit der Stabilisierung dieser Kalküle im Sinne eines unruhigen Gleichgewichts bilden sich die Funktion und die damit verbundene Sachordnung. „Der Buchdruck führt dazu, dass die Welt sich neu ordnet. Sie erscheint als Sachordnung, so als sei die Bibliothek, in der die Bücher nach Sachgebieten aufgestellt und bereitgehalten werden, das Maß aller Dinge.“[241] Die Rationalität dieser Sachordnung bedarf sozialer Formen, die Berechenbarkeit und Entwicklungsfähigkeit kombinieren.[242] Die verschiedenen Funktionssysteme bieten – und hierin liegt ihre evolutionäre Emergenz–jeweils Anreize zur Produktion von Variationen; Selek-

237 Foucault 1971, S. 295
238 Vgl. Krohn/Küppers 1989
239 Luhmann 1997, S. 312
240 Baecker 2007a, S. 16
241 Baecker 2007a, S. 17
242 Vgl. Türk/Lemke 2006, S. 21f

tion und Restabilisierung werden getrennt, die Selektion erfolgt im Hinblick auf mögliche Kommunikationen mittels verschiedener Medien (wie Macht, Geld, Liebe). Die Restabilisierung erfolgt nicht mit ihnen gemeinsam im Hinblick auf eine gesamtgesellschaftliche Ordnung, sondern funktionssystemspezifisch. Variation und Restabilisierung werden also kurzgeschlossen.[243] Die gesellschaftsweite Hierarchie stratifizierter Gesellschaften weicht nun einer Heterarchie der Funktionssysteme, die ihrerseits Hierarchien qua funktional differenzierter Autoritäten aufbauen.[244]

Disziplin und Funktion treffen sich in einem spezifischen Rationalitätsstil: die wissenschaftliche Analyse gründet sich nun nicht mehr auf die oberflächliche Erscheinung der Dinge, sondern auf die Existenz „wesentlicher Funktionen und auf Beziehungen der Wichtigkeit, die nicht mehr allein von der Beschreibung abhängen."[245] Als institutionelle Verkörperung des disziplinarischen Wissens taucht nun die *Organisation* als geregeltes, strukturiertes Funktionieren der Dinge auf: „Zweck und Mittel bewähren sich ab jetzt nur noch in Organisationen; es beginnt eine nicht enden wollende Kette von Versuchen, deren Ordnungsvorteil angesichts der gesellschaftlichen Unruhe zu verallgemeinern und auch die Gesellschaft, wie man dachte: wieder zu organisieren."[246] In der Disziplinarordnung geht nun die *Macht der Funktion* mit der *Organisation durch Wissen* einher. Die Disziplinarisierung des Wissens transformiert das Konzept des objektiven Wissens und die damit einhergehende Strenge. Die »Macht-Wissen-Komplexe« (Michel Foucault), deren mikrophysikalischer Zugriff sich auf der Unbedingtheit der disziplinarischen Wissensformen stützt, korrespondiert mit der geteilten Objektivität der funktional differenzierten Systeme: „Alle Funktionssysteme erheben Universalitätsansprüche – aber nur für ihren Bereich."[247] Die entstehenden und sich verfestigenden Disziplinen verteilen die Autorität der ganzheitlich-repräsentativen Wissenschaft der Souveränitätsordnung; (Fach-)Wissenschaft wird (wie generell Organisationen qua Funktion) mit einer spezifischen Autorität ausgestattet, die in den Disziplinarinstitutionen eine nachhaltige Wirkung über die diskursive Konstitution von funktionsspezifischen Subjektivitäten entfaltet.[248] Die mit der Idee des souveränen Wissens verbundene Figur der Profession wird nun konstitutiv für die Funktionssysteme, in dem sie „in ihrem beruflichen Handeln die Anwendungsprobleme der für ein Funktionssystem konstitutiven Wissensbestände verwaltet und wenn sie dies entweder in monopolistischer oder domi-

243 Luhmann 1997, S. 498ff
244 Luhmann 1997, S. 312
245 Foucault 1971, S. 282. Vgl. Burke 2000, S. 112–127
246 Baecker 2007a, S. 15
247 Luhmann 1997, S. 983
248 Luhmann weist darauf hin, dass diese polykontexturale Autoritätsausbildung wohl vor allem damit zusammenhängt, dass die alltägliche Wahrnehmung immer noch monokontextural geblieben ist (vgl. Luhmann 1990, S. 630ff). Darauf bauen dann die diversen Diskurse funktionsspezifischer Subjektivierungen auf, in dem sie, begründet durch ein funktionsspezifisches Wissen, abgeschirmte soziale Wahrnehmungsbereiche (Fabriken, Krankenhäuser, Schulen etc.) schaffen können, in denen sie bestimmte Wissensautoritäten durch Professionellen-Rollen personalisieren. Siehe Kapitel II (2)

nanter – d.h. den Einsatz der anderen in diesem Funktionsbereich tätigen Berufe steuernder oder dirigierender – Weise tut."[249] Der die Souveränitätsordnung beherrschende Diskurs des Königs wird nun in der Disziplinarordnung ersetzt „durch den Diskurs dessen, der die Norm vorgibt, dessen, der überwacht, der die Scheidung in das Normale und das Anormale vornimmt, das heißt durch den Diskurs des Lehrers, des Richters, des Arztes, des Psychiaters",[250] also: durch die Diskurse der personalen, funktional spezifizierten Wissensautoritäten mit denen die disziplinären Humanwissenschaften einhergehen.

Die Tragweite dieser Veränderungen erschließt sich über die Beziehung zwischen funktional spezifizierter Kommunikation und rationalem Wissen. Mit dem Primat funktionaler Differenzierung, in einer Gesellschaft ohne Zentrum, entfaltet sich eine disziplinär spezialisierte Wissensproduktion über separierte, horizontale Teilungen, in wissenschaftlichen Disziplinen und koordiniert durch symbolisch generalisierte Kommunikationsmedien. Die Teilung der Erkenntnis differenziert die Wissensprozesse nach innen (in wissenschaftliche Disziplinen) und außen (ökonomische Verwertung des Wissens und politische Steuerung der Rahmenbedingungen der Wissenschaft).[251] Wissen ist in buchdruckbasierten und mithin funktional differenzierten Gesellschaften der Disziplinarordnung ein mit spezifischer Autorität innerhalb einer disziplinarischen Sachordnung ausgestattetes Wissen, dass andere Wissensformen als Nichtwissen disqualifiziert, die dieser Sachordnung und ihren Institutionen und Rollen nicht entsprechen. Die Ordnung des Wissens schafft so zugleich eine Ordnung der Gesellschaft. Das Wissen ist in der Disziplinarordnung so in einem Gleichgewicht zwischen Wissen und Sozialität nicht nur Effekt, sondern gleichzeitig Vorbedingung und Medium der Macht.

3 Passagen des Wissens: Gefährdete Gewissheit

Nachdem der ganzheitlich angelegte, ontologische Wissensbegriff der Souveränitätsordnung überwunden ist und das geteilte Wissen sich als Effekt und Instrument der Macht entfaltet hat, scheint die Gewissheit des disziplinären Wissens gefährdet, scheint es zumindest am Endpunkt seiner Möglichkeiten zu sein. Die Infrastruktur des Wissens unterliegt einer grundlegenden Transformation, die unmittelbar mit einem neuerlichen Wechsel der dominanten Kommunikationsmedien und -formen zusammenhängt.[252]

249 Stichweh 1994, S. 369

250 Foucault 2001b, S. 54

251 Vgl. Rammert 2002, S. 1. Damit einher geht nicht nur eine Diversifizierung wissenschaftlicher Erkenntnis *innerhalb* der Universitäten, sondern ebenso eine institutionelle Diversifizierung *außerhalb* der Universitäten durch Forschungseinrichtungen, Akademien etc. Vgl. Burke 2000, S. 60ff

252 Vgl. Hartmann 2002, S. 15, Flusser 1996

Entsprach den souveränen und disziplinären Wissensbegriffen eine Infrastruktur des Wissens, die den Logiken der Linearität und kausalen Zuordnung folgte, so bildet sich nun offensichtlich eine netzförmige Infrastruktur des Wissens aus.[253] An den Grenzen der Disziplinarordnung verliert die Kommunikation ihre epistemologische Strenge bei der Vermittlung und Speicherung des Wissens. Folgt das souveräne Wissen der Logik der *Repräsentation* und das disziplinäre Wissen der Logik der *Organisation*, so scheint nun ein Wissensbegriff zu entstehen, der, fundamentalen Veränderungen raum-zeitlicher Wahrnehmungen folgend, der Logik der *Simulation* entspricht.[254] Ein szientistisches oder wissenschaftszentristisches Wissensverständnis beginnt längst zu diffundieren; mit den zunehmenden Zweifeln an der Hinlänglichkeit der eigenen Wissenschaftlichkeit sind Wissen*schafts*gesellschaften ferner denn je.[255] Die disziplinär-industrielle Organisation des Wissens der Wissenschaftsinstitutionen verliert an Autorität, wissenschaftliche Erkenntnis gerät zunehmend in das Kreuzfeuer gesellschaftlicher Kritik; gleichzeitig setzen aber auch Machterhalt und Herrschaftskritik methodisches, reflektiertes Wissen voraus. Das Verhältnis von Wissen und Macht unterliegt so einem neuerlichen Bruch, dessen Konturen zu bestimmen sind.

II Das Subjekt der Ordnungen

„Der Niedergang der Weltanschauung, die der Zauberei zugrunde lag, war die Kehrseite des Aufstiegs des neuen Gefühls für Freiheit und Selbstbeherrschung."[256] Die Entfaltung des modernen Selbst ist nicht denkbar ohne die Loslösung der menschlichen Individualität aus einem harmonischen Kosmos, der die menschliche Seele gleichsam selbstverständlich ausfüllt, bestimmt und formt und indem sich das Selbst nur thematisiert, indem es sich mit seiner mehr oder minder gelungenen Einfügung in die göttliche Ordnung auseinandersetzt.[257] Die pastorale Ordnung: „eine Welt ohne Zweifel darüber, *was was* ist – schön-häßlich, preiswürdig-tadelnswert, gut-böse. Weder Sachverhalte noch Maßstäbe sind umstritten, Gott hat ein für alle Mal Klarheit geschaffen. Und wer sich nicht daran hält, wird dafür büßen (falls ER nicht Gnade vor Recht walten lässt)."[258] Diese Welt des Glaubens zerbricht, wie bekannt ist; das Problem, einer Ordnung ihre Einheit zu bewahren und Zweifel entsprechend zu sanktionieren, bleibt.[259] Widersprüche zwischen Einzelnem und Gesellschaft, aus

253 Vgl. Serres 1991. Siehe Kapitel VII, *Exkurs*: Rhizomatische Ordnung

254 Vgl. Großklaus 1995, S. 138

255 Vgl. Stehr, 2001, S. 122, Kreibich 1986

256 Taylor 1994, S. 342

257 Das Identitätsverständnis selbst ist fortan in der Moderne semantischen Wandlungen unterworfen. Vgl. Reckwitz 2001

258 Fach 2003a, S. 16

259 Folglich können über den allgemein konstatierten Bruch zwischen Moderne und Vormoderne Verbindungen freigelegt werden. So werden mit der in der Pastoralordnung forcierten, bisweilen selbstquälerischen Prüfung der Innerlichkeit auf die Entsprechung oder Brechung mit

denen sich Ansprüche für Selbstverwirklichung wie für die Gesellschaftsgestaltung ergeben können, sind vorerst jedoch obsolet und brechen erst mit dem Zerfall der kosmischen Ordnung hervor – mit dem *unbekannten* Nächsten wird die Bedrohung entdeckt und entsteht zugleich der Wunsch nach Sicherheit. Die Geburt des modernen Selbst zeitigt eine Konstitution des modernen Menschen durch das Wissen, deren Geschichte bisher kaum konsistent erzählt worden ist – das Subjekt der Ordnungen.[260]

1 Befreite Untertanen

„Früher hatte sich jeder Hinweis darauf, dass die Menschen einer Gemeinschaft angehören, erübrigt. Diese Sachlage hatte keiner Rechtfertigung durch eine Bezugnahme auf eine ursprüngliche Situation bedurft. Aber jetzt geht die Theorie von einem einsamen Individuum aus. Die Zugehörigkeit zu einer Gemeinschaft mit einsamer Entscheidungsgewalt ist nunmehr etwas, was durch die vorgängige Zustimmung des Einzelnen erklärt werden muss."[261] Das Bedrohungsszenario, das sich aus der ortlosen Einsamkeit der Individuen in der postpastoralen Konstellation ergibt, wird in der Souveränitätsordnung zum Programm.

Gott bereits die im Zeichen des autonomen Individuums stehenden Subjektivierungstechniken eingeübt, der Konstitution des Selbst als Objekt der Herrschaft anderer und als Subjekt der damit in Verbindung stehenden Herrschaft über sich selbst. Vgl. Foucault 1977, S. 78, Fink-Eitel 1992, S. 79ff

260 Mit dem Begriff der *politischen Subjektivität* sind diejenigen Momente der Subjektvorstellung berührt, deren Annahmen zur bisweilen expliziten, in der Regel jedoch unhinterfragten Grundlage politischen Handelns werden. An dieser Stelle können die Konturen politischer Subjektivität in einer Lektüre der Literatur zur Entwicklung des modernen Subjekts, der die Arbeiten von Niklas Luhmann und Michel Foucault den Rahmen vorgeben, lediglich skizziert werden. Einen an Foucault geschulten und von Luhmann sowie poststrukturalistischen Theorien beeinflussten Überblick zu den Subjektkulturen der Moderne bietet Andreas Reckwitz (vgl.: Reckwitz 2006a), der das Bürgertum, die Angestelltenkultur sowie die postmoderne ‚creative class' als dominante Subjektkulturen der Moderne ausmacht. In Bezug auf das Problem politischer Subjektivität weist diese Schematisierung einer *Eliten*-Subjektkultur freilich eine Leerstelle auf: die für die Politik des 20. Jahrhunderts wie die disziplinarischen Machtbeziehungen so wichtige arbeiterliche oder proletarische Subjektkultur (die sich lange als eigenständige Subjektkultur gegen den ‚universalen Horizont' (Laclau) des Bürgertums und später der Angestellten behaupten konnte) fehlt. Eine Leerstelle, die sich womöglich in der Behauptung der ‚creative class' als dominierende gegenwärtige Subjektkultur fortsetzen könnte. Demgegenüber wird hier versucht, die Subjektschemata etwas abstrakter und vor allem: orientiert auf die Konturen politischer Subjektivität zu zeichnen.

261 Taylor 1994, S. 344

Der Zerfall der gottgewollten kosmischen Ordnung führt zur politischen Gesellschaft, in der sich souveränisierte, sprich: a priori mit freiem Willen ausgestattete Akteure der Alternative von *Chaos* (des Bürgerkriegs) oder *Ordnung* (des Souveräns) stellen müssen – das Hobbes'sche Problem der Ordnung.[262] Egal ob Faustrecht oder Bürgerkrieg – aus der Sicht des ruhebedürftigen Bürgers ist Gewalt in jedem Fall latent vorhanden. Wird die Angst vor dieser latenten Gewalt nicht befriedet, droht ein »Krieg aller gegen alle« (Thomas Hobbes) mit prekären Aussichten: „In einer solchen Lage ist für Fleiß kein Raum, da man sich seiner Früchte nicht sicher sein kann", alle zivilisatorischen Errungenschaften, bis zur Entfaltung des Wissens werden folglich unmöglich, kurz: „das Leben ist einsam, armselig, ekelhaft, tierisch und kurz."[263] Die Hobbes'sche Ordnungsproblematik anthropologisiert im Sinne des durchaus vernunftbegabten Bürgers als latenten (vornehmlich männlichen) Gewalttäter, dessen *leidenschafts*bewegter Verstandesgebrauch nur zwangsweise zum *interessen*geleiteten Vernunfteinsatz kommt. Nicht nur, dass die schwer zu zügelnde *Natur* des Menschen die Freiheit, seine Vernunft zu gebrauchen, einschränkt; auch der *Glauben* legt durch seine bis in die innersten Winkel vordringenden Weisungen Beschränkungen auf, teils, um die Leidenschaften einzuhegen, teils aus darüber hinaus weisendem (klerikalen) Interesse – mit solcherart pastoral regierten Subjekten ist kein Staat zu machen.

Die Unterwerfung des Untertanen unter die leviathanische Gewalt löst diese Beschränkungen auf, indem sie individuelle Leidenschaft in den Rahmen allgemeiner Vernunft lenkt und die vorher divergierenden Herrschaftsverhältnisse in der Beziehung von Herrscher und Untertan monopolisiert.[264] Die grundsätzliche Gleichberechtigung der Individuen als souveräne Nutzer des Verstandes ermöglicht die Perspektive, individuelle Interessen auf eigene Faust durchzusetzen oder sich zu Gruppen zusammenzuschließen. Die Beziehung des Einzelnen zur Souveränitätsmacht steht so in einer Dialektik von Freiheit und Unterwerfung, die es mit der Figur der latenten Gewalt zu regulieren gilt. Das paradoxe Versprechen der Sicherheit durch Unterwerfung ist die doppelte Befreiung des Vernunftmenschen aus den Fesseln der *Natur* (der eigenen Leidenschaften wie der zu beherrschenden Umwelt) und dem *Glauben* (an die eigene Nichtigkeit und die Gewissheit der pastoralen Ordnung) – im Geiste einer kontrollierten Individualisierung, in der die vielfältigen, zerstreuten und zufälligen Gefühlsregungen von Habsucht, Wollust oder Eifer einer Vernunft entgegengestellt werden, in der nichts zufällig, aber alles regelmäßig, in sich stringent und gesetzmäßig ist.

Die Zügelung der Leidenschaften beginnt mit der vernunftgeleiteten Erkenntnis der Körperlichkeit: „Die Cartesische Seele befreit sich nicht, indem sie sich abwen-

262 Vgl. Anter 2004, S. 57f
263 Hobbes 1998, S. 96
264 Vgl. Luhmann 2000, S. 202

det, sondern in dem sie ihre leibbedingte Erfahrung objektiviert."[265] Aus dieser Konfiguration von Körper und Seele eines »desengagierten Subjekts« (Charles Taylor) ergibt sich nun ein spezifisches Verhältnis zum Souverän und zum Wissen. Die Verbindung wird über die rationalisierende und universale Wirkung des wissenschaftlichen Wissens hergestellt. Souveränes Wissen und souveräne Selbstführung „werden unter dem Ideal der rationalen Selbstverantwortung miteinander verknüpft."[266] Die Befreiung von der Leidenschaft durch die Unterwerfung der Körperlichkeit und die Befreiung von der Kirche durch die Rationalisierung der Seele hängen unmittelbar zusammen. Dass die Unterwerfung und (Selbst-)Kontrolle als Befreiung vorgestellt wird, ist nur möglich, indem die Figur der latenten Gewalt durch die Rationalitätsideale eines universalen Wissenstypus angewandt wird. So wird die Beherrschung der Natur und mithin der Freiheit grenzenlos; denn der sich vernünftig kontrollierende Mensch muss sich „nach allgemeingültigen Kriterien richten; er denkt wie alle und jeder."[267] Das vernünftige und zugleich freie Subjekt ist jenes, das der Gewalt abschwört und die Einflüsse potentieller Gewalt meidet. Der allgemeine Code der Legitimation äußert sich in der Souveränitätsordnung in der *Unterwerfung/Nicht-Unterwerfung* unter die souveräne Macht sowie unter eine allgemeine Vernunft und ein universales, rationales und deshalb unangreifbares Wissen.

Der Zerfall der gottgewollten kosmischen Ordnung führt zur politischen Gesellschaft, in der sich selbst-souveräne Individuen der Gewalt des Souveräns stellen müssen. Erst die grundsätzliche Gleichberechtigung der Individuen als souveräne Nutzer des Verstandes ermöglicht die Fiktion des Gesellschaftsvertrags als Voraussetzung absoluter Macht.[268] Die Befreiung zum Untertan hat so eine vorerst beschränkte Individualität zur Folge, auf der die Legitimationen der Regierungen aufsitzen. In der Souveränitätsordnung wird nun immer stärker zwischen personaler und sozialer Identität unterschieden, auch wenn sie vorerst zusammengedacht werden. Das Subjekt ist selbstständig; seine Identität ist jedoch verlässlich. Der Untertan wird einer Doppelbindung aus individueller Vernunft, die sich in der gesellschaftlichen Wirklichkeit (und ihres mächtigen Moralsystems) versichert und gesellschaftlichem Gesetz, das auf der individuell vernünftigen Einsicht basiert, unterworfen. Die souveräne »Makrophysik der Macht« (Michel Foucault) hat dabei die Gesamtheit der potentiell gewalttätigen Kräfte der Bevölkerung ihres Territoriums im Blick und die *Unterwerfung* des Individuums als Untertan im Sinn.[269]

265 Taylor 1994, S. 268

266 Taylor 1994, S. 314

267 Taylor 1994, S. 325. Die Souveränitätsordnung „bringt etwas wie eine politische Macht mit dem Körper in Verbindung, wendet sie auf ihn an, doch lässt sie niemals die Individualität zutage treten. Es ist keine Macht, die eine individualisierende Funktion hat." Foucault 2005b, S. 76

268 Vgl. Taylor 1994, S. 344

269 Vgl. Foucault 2004a, S. 495

Die Befreiung durch Unterwerfung sicherzustellen, wird zu einer Sorge des Staates, die kaum früh genug einsetzen kann, beispielsweise in der Schule.[270] Mit dem *Untertan* wird paradoxerweise Hierarchie und individueller Aufstieg kombiniert. Das souveränistische Subjekt ist ein allgemeines Individuum, das auf sich selbst verwiesen ist, aber seine Individualität in einem engen gesellschaftlichen Normenkorsett realisiert. Im Gegensatz zur mittelalterlichen Verortung des Glücksversprechens im Jenseits wird nun das diesseitige weltliche Wohlergehen betont, freilich „unter Einrechnung von Moral und von Aussichten auf religiöses Heil. […] Von der Dienstmagd bis zur Großfürstin – jeder hat die individuelle Chance individuellen Glücks, aber nur nach Maßgabe seines Standes“[271] – und seines Geschlechtes, ist man geneigt hinzuzufügen: die souveräne Macht ist männlich. Die Geschlechterverhältnisse der Souveränitätsordnung sind augenscheinlich patriarchial, aber im Sinne einer allgemeinen Unterwerfung der Frau unter den Mann, die noch weitgehend ungetrübt ist von der strikten funktionalen Separierung in häusliche und außerhäusliche Arbeitssphären, die später die Disziplinarordnung prägt.

Die Spannung von individuellem Glücksstreben, gesellschaftlicher Hierarchie und unbedingtem Souveränitätsanspruch des Staates[272] wird in der Hegemonie absolutistischer Regierungsweisen in Form gebracht. Der (standes-)kontrollierte individuelle Glücksanspruch wird zum Einfallstor der Subjektivierung. Voraussetzung dieser vernunftgeleiten Führung zum Glück ist die Erreichbarkeit des Subjekts durch die Schrift. Die kognitivmoralische Konstitution des bürgerlichen Subjekts erfolgt über die medialen Techniken der Schriftlichkeit.[273] Die nun zum Tragen kommenden Diskurse und Technologien des Selbst sind auf eine Kommunikationsstruktur angewiesen, die mit dem Buch die zunehmend populärer werdende Literatur und

270 Vgl. Schmidt 2000. Daniel Schmidt weist denn auch seine Studie resümierend, auf den ambivalenten Charakter der Befreiungs-/Unterwerfungsinstitution Schule hin. Vgl. Schmidt 2000, S. 95f

271 Luhmann 2000, S. 206. Mit anderen Worten: Moral wird schon auf das Individuum bezogen und selbstreferentiell konzipiert, aber immer noch innerhalb des Inklusionskontextes stratifizierter Gesellschaften belassen. Vgl. Luhmann 1993b, S. 186f

272 Die Stellung der Souveränität zu stratifikatorischen und funktionalen Differenzierungsmustern ist freilich komplex und bisweilen paradox. Der souveräne Staat markiert schon die beginnende Ausbildung eines politischen Systems als Teilsystem funktionaler Differenzierung, agiert aber noch in der Logik einer hierarchisch gedachten Gesellschaft (die ja schon in der Pastoralordnung dominant war), in der die Oberschicht (der Adel) privilegierten Zugang zur Ausübung der Herrschaft hat. Eine vollständige Ablösung der Stratifikation als bestimmenden Differenzierungsmodus kann erst im Übergang vom 18. zum 19. Jahrhundert beobachtet werden. Insofern wird hier, wenn auch etwas schematisch, der Souveränitätsordnung die stratifikatorische, der Disziplinarordnung die funktionale Differenzierung als für die Legitimation der Ordnung bestimmende Differenzierungsform zugeordnet. Die (historische und strukturelle) Realität ist freilich komplexer. Vgl. Luhmann 1997, S. 707ff

273 Vgl. Reckwitz 2006c

damit den »Homme-copie« (Stendhal) ermöglicht.[274] Darauf aufbauend wird mit den Regierungstechniken der Polizey schließlich versucht, die diversen individuellen und universellen, schichtbezogenen und -unabhängigen Glückansprüche zur Staatsaufgabe zu machen, „und der Staat ist in dieser Hinsicht (nicht natürlich in seinen Mitteln) absolut, weil sich für die Glücksmehrung keine sinnvollen Grenzen angeben lassen."[275] Die Geburt der *Wohlfahrt* erfolgt aus dem Geiste eines individuellen Glücksstrebens,[276] dessen Entfaltung zur Sorge von Regierungen wird, die – vielfach gewandelt – bis in unsere heutigen Tage existieren. Die Polizey als deren souveränistische Figur orientiert sich fortan daran, den „Menschen als wirklichen Untertanen zu sehen, und als jemanden, der sich etwas unterordnet, in dem er ganz aufgeht, insofern er eine gerade eine bestimmte Tätigkeit ausübt"[277] und an der Ausübung dieser Tätigkeit die Vollkommenheit des Staates misst. So kann der Staat „in bisher rechtsfreie Räume vorstoßen, neuartige Regulierungsabsichten durchsetzen und Ausgangspunkte für das schaffen",[278] was schließlich als öffentliches Recht die Disziplinarordnung prägen wird.

Während die widersprüchlichen Verhältnisse durch die Polizey mühsam ausbalanciert wurden, kam es infolge sich längst vollziehender Verschiebungen im Zeichen der bürgerlichen Revolutionen zu zwei wesentlichen Veränderungen. Die hierarchische Schichtung wurde endgültig zu Gunsten formaler Gleichheit aufgehoben und der individuelle Glücksanspruch aus den ständischen Schranken in eine prinzipielle soziale Grenzenlosigkeit entlassen. Das Glück wird nun zugleich individualisiert, rationalisiert und funktionalisiert, je nach den sich ausdifferenzierenden Rollenerwartungen: Die Einheit sozialer und personaler Identität in segmentär und stratifikatorisch differenzierten Gesellschaften wird durch die Aufklärung endgültig aufgekündigt. Die humanistische Vorstellung, im *Ich* könnte das Allgemeine in sich selbst realisiert werden, differenziert zwischen sozialer und personaler Identität und bewirkt damit einen Individualisierungsschub. Dieser Humanismus geht aber unter Bedingungen funktionaler Differenzierung fehl: das Allgemeine kann nicht mehr erfasst, geschweige den in sich selbst realisiert werden. Diese Veränderungen markieren die Verschiebung der dominierenden Legitimationsordnung von der Souveränität zur Disziplin.

274 Luhmann 1993a (Band 1), S. 221. Vgl. Luhmann 1993a (Band 1), S. 223

275 Luhmann 2000, S. 206

276 Dieser Zusammenhang macht deutlich, dass der Wohlfahrtsstaat keine genuine Erfindung des 20. Jahrhunderts ist und die mit dem modernen Wohlfahrtsstaat verbundene Selbstüberforderung des Staates durch die Politik (Luhmann) weitaus tiefer wurzelt als in der Adressierung von Wünschen funktional differenzierter Teilsysteme an den Staat. Die Polizey lässt sich unschwer als Blaupause des modernen Wohlfahrtsstaates erkennen (vgl. Fach 2000, S. 113). Siehe auch Kapitel VII (2).

277 Vgl. Foucault 2004a, S. 463

278 Luhmann 2000, S. 202

Die Souveränität geht von der politisch konstituierten Gesellschaft aus: Gesellschaft und Staat werden als kongruent beschrieben, das Subjekt einer allgemeinen Vernunft und Moral unterworfen. Gleichzeitig „nimmt jedoch sowohl eine religiöse als auch weltlich-ironische Distanz zu, mit der das Individuum einen Freiraum gegenüber solchen Normalmaßerwartungen einnimmt. Anstand lässt sich nur mit Hilfe von Heuchelei durchhalten.“[279] Im Übergang von der Souveränitäts- zur Disziplinarordnung verschwinden die Normalitätszwänge jedoch nicht, sondern verteilen sich, verschieben sich ihre Kalküle und Einsatzgebiete.

Diszipliniertes Glück

Mit der Disziplin tritt eine vollständige Umgestaltung des Selbst im Zeichen der normalisierten, nützlichen Vernunft auf den Plan. Nun überwiegt die Neigung zu einer funktionalistischen Ethik, nach der gut ist, was funktioniert und was funktioniert, gut ist.[280] Das Glück wird zugleich individualisiert, rationalisiert und funktionalisiert, je nach den sich ausdifferenzierenden Rollenerwartungen.[281]

Diese Umstellungen sind nicht voraussetzungslos. An die Stelle latenter Gewalt tritt im Umgang mit den Subjekten des Verbrechens die Sorge um die unstete Kraft, die in der Ablehnung des unruhigen und gefährlichen Lebens zum Ausdruck kommt. Die Unterwerfung und Züchtigung der unsteten Kräfte, der Elemente, Rohstoffe, Landschaften und Gewalten der äußeren Natur geht mit der Unterwerfung und Züchtigung der inneren Natur einher, aus der der (selbst-)disziplinierte Verzichtsethiker entspringt, der sich, genauer: seinen Körper und dessen Leidenschaft zu beherrschen weiß. Die latente Gewalt ist nunmehr nur Ausdruck einer tiefer liegenden unsteten Kraft, die es zu kanalisieren gilt – durch *Disziplin*: „Eine infinitesimale Gewalt über den Körper.“[282] Ihr geht es darum, die Haltungen, die Bewegungen und ihre Schnelligkeit effizient und ökonomisch zu organisieren – eine Mikrophysik der Macht, die

279 Luhmann 2000, S. 204

280 Vgl. Fach 2003a, S. 26

281 „Die Umstände verlangen eine Umpolung der Unterscheidung des Menschen von einer Unten-Oben-Differenz gemäß einer kosmisch-hierarchischen Wesensordnung in eine innen/außen-Differenz, mit der jedes Individuum sich, ohne sich aufzugeben, sozial akkommodieren kann.“ Luhmann 2000, S. 204

282 Foucault 1973, S. 175 „Die Disziplin steigert die Kräfte des Körpers (um die ökonomische Nützlichkeit zu erhöhen) und schwächt diese selben Kräfte (um sie politisch fügsam zu machen). Mit einem Wort: sie spaltet die Macht des Körpers; sie macht daraus ein Fähigkeit, eine Tauglichkeit, die sie zu steigern versucht; und andererseits polt sie die Energie, die Mächtigkeit, die daraus resultieren könnte, zu einem Verhältnis strikter Unterwerfung um. Wenn die ökonomische Ausbeutung die Arbeitskraft vom Produkt trennt, so können wir sagen, dass der Disziplinarzwang eine gesteigerte Tauglichkeit und eine vertiefte Unterwerfung im Körper miteinander verkettet.“ Foucault 1973, S. 177

umfangreiche Institutionalisierungen erfordert und deren Strukturen mit den Rationalitätsformen des disziplinarischen Wissens korrespondieren. Die Disziplin zergliedert in Elemente, setzt Kräfte zusammen, parzelliert, weist Funktionsstellen und Ränge zu und ordnet die Tätigkeiten innerhalb einer minutiösen Zeitplanung. Sie behandelt die Individuen als Objekte, um sie zugleich als Instrumente einsetzen zu können; ihre Verfahren bedienen sich einfacher Instrumente, „des hierarchischen Blicks, der normierenden Sanktion und ihrer Kombination im Verfahren der Prüfung."[283] Die Disziplin konstituiert nun die gesellschaftlichen Machtverhältnisse innerhalb einer neuen Ordnung der Legitimation, „weil sie ein Typus von Macht ist, eine Technologie, die alle Arten von Apparaten und Institutionen durchzieht, um sie zu verbinden, zu verlängern, um sie konvergieren und in einer neuen Weise wirken zu lassen." Der gesamtgesellschaftliche Regulationsanspruch der Polizey, auf dem die Disziplin nun aufsetzt, sorgt dafür, „dass die Disziplin bis ins geringste Detail eines sozialen Feldes eindringt" ,[284] unabhängig vom juristischen und politischen Apparat. Exemplarisch für die verschiedenen gesellschaftlichen Teilsysteme, in denen die Disziplin Platz greift, „verfügt das Gefängnis", dort wo es seiner Funktion nachkommt, „auch über eine notwendige Autonomie und zeugt seinerseits von einem »Disziplinar-Supplement«, das den Staatsapparat überschreitet, selbst da, wo es ihm dient."[285]

Der Wandel der Subjektivierungsweisen hin zur Disziplin ist freilich keine abrupte Verdrängung der Souveränität, vielmehr entfalten sich die Disziplinarmächte mit neuen komplexeren gesellschaftlichen Problemlagen, auf die die relativ schlicht gebaute Makrophysik der Macht kaum reagieren kann. Nicht mehr der gewalttätige Widerstand gegen die Staatsgewalt, nicht mehr das Problem der Gewaltmonopolisierung dominiert die Machtbeziehungen. Neue Ansprüche, neue Probleme werden deutlich: „der Anspruch auf den eigenen Körper gegenüber der Macht, die Gesundheit gegenüber der Ökonomie und die Lust gegenüber den sittlichen Normen der Sexualität, der Ehe und der Schamhaftigkeit [...] Und infolgedessen wird das, wodurch die Macht stark war, zu dem wodurch sie angegriffen wird...Die Macht hat sich in den Körper vorgeschoben"[286] und kanalisiert dessen unstete Kraft. Die positiven Machtsstrategien verfolgen nun zunehmend Kontextsteuerungen, die Kontroll- und Anreizmechanismen miteinander verbinden, „schließlich musste eine Kontrolltechnologie installiert werden, um den Körper und die Sexualität, die man dem Proletariat endlich zuerkannte, unter Aufsicht zu halten." So wird jenseits der Klassenkämpfe eine disziplinäre Machtstruktur installiert, die sukzessive schichtenspezifische Gegensätze nivelliert: „Schule, Wohnungspolitik, öffentliche Hygiene, Fürsorge- und Versicherungsanstalten, die allgemeine Medizinisierung der Bevölkerung – ein ganzer administrativer und technischer Apparat machte es möglich"[287]

283 Foucault 1973, S. 220, vgl. Foucault 1973, S. ff
284 Deleuze 1992a, S. 40
285 Deleuze 1992a, S. 41
286 Foucault 2005c, S. 75
287 Foucault 1977, S. 152

über das Subjekt (beispielsweise mit dem Dispositiv der Sexualität) und über im Souveränitätsregime völlig außerhalb jeglicher Machtbeziehungen stehende Felder funktionale Macht auszuüben.

Die Realfiktion der Rollen

Der allgemeine Fortschritt der nun zunehmend aus Sicht verschiedener Programme artikulierten Menschheit, Gesellschaft, Nation geht mit einer ökonomischen, nutzenorientierten Ethik des individuellen Verzichts und der humanwissenschaftlich angeleiteten körperlichen Dressur einher: „Die Entdeckung der Bevölkerung ist zugleich die Entdeckung des Einzelnen und des dressierbaren Körpers", der als biologisches Wesen berücksichtigt werden muss, wenn die ökonomische Regulierung der Bevölkerung und ihrer einzelnen Parameter gelingen soll.[288] In dieser Verschiebung diffundiert die Makrophysik der Macht, die auf der symbolischen Präsenz der Vernichtung des Körpers beruhte, zur Mikrophysik der Macht, die sich fortan in den diversen Institutionalisierungen der *funktional differenzierten* Teilsysteme entfaltet und anstatt auf eine abstrakte Balance der Kräfte auf eine konkrete Konditionierung und Produktivierung der Körper abzielt.[289] Denn zentrales Problem der Disziplinargesellschaft ist die Eingliederung des Individuums in die Funktion.[290]

Dieses Ziel der Funktionseingliederung macht es notwendig, die unterschiedlichen Rationalitäten wie die Institutionen, in denen sie sich realisieren, untereinander abzugrenzen und zu schließen, um sie damit gleichzeitig zu stabilisieren. Im Subjekt vollzieht sich die funktionale Differenzierung der Gesellschaft in der vertikalen Gliederung seines Lebenslaufs. Seine Lebensphasen werden durch die Stationen seiner Disziplinierung und Organisation in den Einschließungsmilieus markiert und gegeneinander abgeschlossen: „Das Individuum wechselt immer wieder von einem geschlossenen Milieu zum nächsten über, jedes mit eigenen Gesetzen: zuerst die Familie, dann die Schule (»du bist hier nicht zu Hause«), dann die Kaserne (»du bist hier nicht in der Schule«), dann die Fabrik, von Zeit zu Zeit die Klinik, möglicherweise das Gefängnis, das Einschließungsmilieu schlechthin."[291] Verschränkt mit den horizontalen Eingliederungen in die Funktionssysteme des Rechts und der Politik, der Religion und der Kultur – jede mit ihren eigene machtbesetzen Rollenzuweisungen und Hierarchien – bildet diese Vertikalorganisation des Subjekts in funktionale Lebensphasen eine disziplinarische Matrix funktionaler Differenzierung; eine Subjektivierungsmatrix, die ihre Effektivität eben daraus bezieht, dass ihre Elemente

288 Foucault 2005d, S. 231. Vgl. Foucault 1973, S. 177

289 Vgl. Foucault 1973, S. 177, 284; Foucault 1977, S. 152; Foucault 2005c, S. 75

290 In Bezug auf das tayloristische Produktionssystem formuliert dessen Namensgeber pointiert: „Bisher stand die Persönlichkeit an erster Stelle, in Zukunft wird die Organisation und das System an erste Stelle treten." (Taylor 1995, S. 4) So Henry Taylor über die Eingliederung der Arbeiter in das Fließbandsystem.

291 Deleuze 1993b, S. 254

gegeneinander abgeschlossen und in der daraus folgenden Berechenbarkeit die Subjekte umso wirksamer an die Funktion gekettet werden können.

Die disziplinarische Moderne erlaubt nun eine institutionell enggeführte Kontingenz von Selbstbeschreibungen und damit relativ lineare, stabile Identitäten. Wurden in der Souveränitätsordnung Personalität und Identität noch auf der Ebene des Standes zusammengedacht, löst sich diese Bindung nun auf. Die in einer allgemeinen gesellschaftlichen Hierarchisierung gedachte Personalität wird nun gespalten und diskursiv über die Realfiktionen des *homo oeconomicus*, des *homo juridicus* oder *homo paedagogicus* konstitutiert. Die Rollendifferenzierung innerhalb von Funktionssystemen ist nun entscheidende Vorbedingung für gesellschaftliche Integration. Inklusion erfolgt nun weder qua Zugehörigkeit zu Familien oder Stämmen noch zu einem Stand, sondern über den Handlungsvollzug in den jeweiligen Systemen und damit in der Regel als Klient: Wähler, Konsument, gläubiger Laie, Patient oder als Professioneller: Politiker, Unternehmer, Pfarrer, Arzt. [292] Die funktionsspezifisch zurechenbaren Akteure: Konsumenten/Unternehmer; Klienten/Anwälte „sind »real« in einem doppelten Sinne. Zum einen bilden sie für wirtschaftliche und rechtliche Operationen eine soziale, also kommunikative Realität. Akteure sind kommunikative Strukturen, die von den Operationen selbst erzeugt sind und diese zugleich leiten. Zum anderen koppeln sich die sozialen Akteursfiktionen als »virtual realities« eng an die psychischen Eigendynamiken der beteiligten Menschen an, ohne aber dabei mit ihnen zu verschmelzen.“[293] Die Realfiktionen des *homo juridicus* und *homo oeconomicus* sind Voraussetzung und Effekt juridischer und ökonomischer Diskurse; sie sind diskursiv durchgesetztes Resultat von Subjektivierungen, die an je funktionsspezifische Wissenssysteme gekoppelt sind.[294]

Der gezielte, produktivitätsorientierte Einsatz der Kräfte verlangt nun nach einem spezifischen Umgang mit dem Wissen als Ausbildung von Fertigkeiten und praxisorientierten Kenntnissen – im Mittelpunkt steht die Ausbildung von *Fach*kräften mittels standardisierter Lehrpläne und Prüfungen.[295] Doch auch über die unmittelba-

292 Vgl. Stichweh 1988

293 Hutter/Teubner 1994, S. 110. Das heißt: Realfiktionen bilden nicht Bewusstseinszustände psychischer Systeme ab (die aus systemtheoretischer Warte ohnehin nicht kommunikativ erfahrbar wären), sondern *soziale Erwartungen*, die kommunikativ vermittelt werden, oder: *Anrufungen*, mit denen Subjekte mittels Diskursen subjektiviert werden. Beide stellen nicht auf die Feststellung realen Verhaltens, sondern auf die Beschreibung normativer (aber als wirkmächtig unterstellter) Programme ab, die die Wirklichkeit produzieren, indem sie sie voraussetzen.

294 Diese Realfiktionen sind freilich nicht starr, sondern in ihrer diskursiven Konstitution selbst höchst variable Figuren, mit denen unterschiedliche Programme, Strategien und Technologien verbunden werden können. Zur prekären Konstitution des homo oeconomicus am Beispiel des Spekulanten vgl. Stäheli 2007b

295 So kommt es paradigmatisch zu einer Funktionsverschiebung des Bildungs- und Erziehungswesens von *Kultivierung* zur *spezialisierter Fachschulung*. Weber konstatiert als Ziel der Erziehung von der Antike an bis zum Aufstieg der bürokratischen Moderne den ‚kultivierten Menschen', d.h. eine bestimmte Form der Lebensführung, die jedoch keine fachliche Schulung beinhaltete (Vgl. Weber 2005, S. 737). Damit einher geht dann auch die Ausbildung

re Sphäre der Arbeit hinaus wird das Wissen für die Funktionszuweisung in den Disziplinarinstitutionen instrumentalisiert und ist so selbst Funktion der Macht.[296] Die allgemeinverbindliche Hierarchisierung der Souveränitätsordnung wird in funktionsspezifische Hierarchien der Teilsysteme transformiert. Indem die Professionen als systemspezifische Funktionsträger die für die Funktionssysteme konstitutiven Wissensbestände monopolistisch oder zumindest dominant verwalten, steuern sie die funktionsspezifischen Handlungsvollzüge[297] – etwa in der Wissenschaft durch „die Ausdifferenzierung spezialisierter Rollen für wissenschaftliche Forschung und wahrheitsbezogene Kommunikation.“ [298] Jedes Subjekt kommt nun in je verschiedenen Kontexten als Klient von Professionellen in Frage: „die eindeutige – durch funktionale Expertise determinierte – Asymmetrie im Professionellen/Klienten-Verhältnis“[299] konfiguriert mit dem Wissensgefälle zugleich die Machtbeziehungen innerhalb der Funktionssysteme. In den Professionen fokussieren und personifizieren sich die Macht-Wissen-Komplexe, mit denen die systemspezifischen Handlungswelten (der Klienten) diskursiv konstituiert werden.

Die funktionsspezifische Universalität der einzelnen Systeme geht mit universalistisch angelegten Inklusionsrollen einher[300] – ihre Klammer ist eine funktionsspezifisch enggeführte Rationalität: der *homo oeconomicus* meint nicht den ganzen Menschen, sondern nur den ökonomischen Part seiner Subjektvität. Die mit dieser ‚professionalisierten Personalität‘ einhergehende Scheidung zwischen *persönlich* und *unpersönlich* ermöglicht dabei keineswegs die Schaffung eines Residuums des Privaten, auf das die öffentliche Moralisierung nicht zugreifen kann; es schafft vielmehr die Voraussetzungen für die Mikrophysik der Macht, für die Anpassung auch intimster Bereiche an die Funktionslogiken der Systeme und darüber hinaus für spezifische Verstärkungen bestimmter Inklusionsmodi innerhalb diverser Regierungsrationalitäten.

Die Funktion der Normalität

Entsprach dem öffentlichen Interesse des Souveränitätssubjekts die Einhaltung von Ordnung und Ruhe, die keines weiteren öffentlichen Räsonierens bedurfte, so artikuliert das Disziplinarsubjekt vielfältige Wünsche: ein sauberes und ruhiges Wohnumfeld also: die Eliminierung derer, die es stören könnten; die Erziehung in den Schulen zu Fleiß und Anstand: die Bestrafung derer, die als faul und frech gelten. Die eigentlich privaten Wünsche werden über das jeweilige Gegenbild, das es auszu-

spezifischer Wissensformen und Techniken sowie zielgruppenspezifischer Nachschlagewerke. Vgl. Burke 2000, S. 207ff

296 Foucault 2005c, S. 78

297 Stichweh 1994, S. 369

298 Stichweh 1994, S. 370

299 Stichweh 1994, S. 371. Vgl. auch Luhmann 1993a (Band 1), S. 166

300 Vgl. Stäheli 2007a, S. 186.

schließen gilt, als politisches Problem artikuliert.[301] Gleichzeitig wurde den Exkludierten mit der Rationalitätsabsenz auch ‚moralische Unfähigkeit' attestiert. Diese Exklusionsstrategien werden quer durch die verschiedenen Systeme angewendet – auch quer zu den politischen Systemen. Sie sind zugleich konstitutiv für die diskursive Hegemonialität der Regierungsweisen; an das flexibel handhabbare Prinzip der Exklusion lassen sich nun verschiedene Programme anschließen, lassen sich bestimmte Ziele akzentuieren oder desavouieren, hervorheben oder vernachlässigen. Zwischen Erfolg und Misserfolg, in einer Krisenhaftigkeit, die sich zwangsläufig aus der Differenz zwischen idealem Anspruch und realisierter Wirklichkeit hegemonialer Regierungen ergibt, entfalten sich die parasitären Regierungsweisen. Beiden wird es wichtig, über die Intimität, genauer: das Umfeld der Intimität zu sprechen, sie als Argumentationsfolie und indirektes Ziel zu benutzen. Die souveräne Dualität aus potentiellem Gewalttäter und beständig Ruhebedürftigem weicht nun allmählich einem anderen Bild: der potentiell schmutzige, unordentliche, arbeitsscheue und lüsterne Herumtreiber, der seine Kraft ziellos verschwendet vs. dem sauberen, ordnungsliebenden, fleißigen und enthaltsamen Arbeits-Bürger, der seine Kraft gezielt einsetzt: „Menschen muss Zwang angetan werden, sollen sie Harmonie, Reinlichkeit und Ordnung zu respektieren und zu schätzen lernen – ihre Freiheit, aus eigenem Impuls zu handeln, muss beschnitten werden."[302]

Regulativ der konkreten Verortung in Klassen, Rassen und Geschlechter ist die allgemeine Normalisierung; sie ereilt Frauen und Männer und bildet offensichtlich einen Legitimationscode aus, der mit dem normalisierten Mann zugleich die Männlichkeit in der Sphäre der außerhäuslichen Arbeit konstituiert und der Weiblichkeit die häusliche Arbeit zuweist. Wo die weibliche Disziplin über die Häuslichkeit hinausgeht, bleibt sie auf diese Sphäre bezogen. Die disziplinarischen Strategien: Normalisierung, Funktionalisierung und Separierung sind zugleich konstituierend für die Codierung der Geschlechterverhältnisse – Frauen gehorchen Männern, ihre Sphären sind jeweils separiert, aber Frauen übernehmen auch Männern gegenüber spezifische Funktionen, die sie wechselseitig abhängig machen – und alles das ist ganz normal.[303] Der Legitimationscode von Unterwerfung/Nicht-Unterwerfung wird in der Disziplinarordnung durch den Code *Normalisierung/Nicht-Normalisierung* abgelöst und in den verschiedenen Regierungen der Disziplin variiert.[304] Der Nor-

301 Vgl. Bauman 1995, S. 181

302 Bauman 1999, S. 8

303 Vgl. zum Zusammenhang von Geschlecht und Normalisierung MacWorther 1999

304 Foucault hat den Begriff der Normalisierung als Synthesebegriff von Disziplinierung und Biomacht eingeführt und zum Begriff der Normalisierungsgesellschaft hypostasiert (vgl. Brieler 1998, S. 417). Dieser Schritt wird hier nicht im Sinne etwa einer ‚Normalisierungsordnung' nachvollzogen, sondern findet in den Code Normalisierung/Nichtnormalisierung Eingang. Für diese Theorieentscheidung spricht vor allem, dass es sich bei der Normalisierung nicht um eine genuine Machtpraktik (aus der die hier vorgestellten Ordnungen konstruiert werden), sondern um ein Ergebnis handelt, an dem sich (analog zu Unterwerfung und Optimierung) erkennen lässt, ob eine Inklusion innerhalb der Ordnung mittels der Machtpraxis erfolgt ist oder nicht.

malisierungscode ist unmittelbar mit dem Ordnungsproblem des Lebens verbunden. Die individuelle Disziplinierung ist nicht ohne den Richtwert der Norm denkbar, auf den die Disziplinierungspraktiken bezogen werden; auf den so erzeugten Normalitäten baut schließlich die Regulation der Bevölkerung auf: „die unterschiedlichen Formen der Normalität müssen in Bezug aufeinander eingerenkt werden; die meisten abweichenden auf den Kurvendurchschnitt zurückgedrängt werden."[305] Mit den disziplinären Subjektivierungsregimes werden die dem folgenden Nivellierungsleistungen in die einzelnen Funktionssysteme und die Rollengebote der Inklusionsfiguren übersetzt. Der Disziplin wohnt ein Telos inne, der sich als Movens der Normalisierten artikuliert.

Die sich in den einzelnen Funktionssystemen realisierenden Inklusionsmechanismen und Akteursfiktionen der disziplinarischen Moderne setzen sich sukzessive weltweit durch. Die funktionalisierte Moral zeitigt – dort, wo sich funktionale Differenzierung global durchsetzt – ein vernunftethisches, rationalisiertes Menschenbild: an die Stelle der Leidenschaft tritt nun, von gelegentlichem revolutionären Pathos abgesehen, das (in der Regel ökonomische) Interesse. Auf der politischen Ebene heißt das: aus dem *Untertan* gezügelter Leidenschaft wird der (Staats-)*Bürger*, der nun seine Interessen artikulieren darf – und als Teil der Zivilgesellschaft an den (National-)Staat richtet,[306] nach Recht und Gesetz lebt und allfällige Sicherheit einfordert.[307] Die Erfindung des Konzepts der Staatsbürgerschaft im Zuge der Staatenbildung und die mit ihr verbundene eindeutige Lokalisierung und Registrierung ermöglichen nun die Regierung des Subjekts durch prinzipiell globale Gouvernementalitäten. Damit verbunden sind starke nationale Identitäten und eine zentrale Rolle des Staates bei der Realisierung der Inklusionsfunktion durch öffentliche (Disziplinar-)Institutionen. Die Funktion der Normalität artikuliert sich in der Gestalt des disziplinierten Bürgers.

3 Passagen des Subjekts: Fragile Rollen

Souveränität wie Disziplin waren mit dem Versprechen angetreten, Sicherheit und Wohlfahrt für den Preis einer immer subtileren Unterwerfung zu erreichen. Mit steigendem Wohlstand baut sich in der disziplinarischen Moderne nun ein Sinndefizit auf, das über nationale Staatsbürgerschaft und kollektive Identitäten mit vielfälti-

305 Foucault 1982, S. 9

306 Nassehi und Schroer betonen die Entstehung der Staatsbürgerschaft als Folge der Konstitution des Nationalstaats. Gleichwohl stellen sie zu Recht fest, dass das Konzept der Staatsbürgerschaft über die Diversität nationalstaatlicher Fassungen hinaus, in engem Zusammenhang mit der funktionalen Ausdifferenzierung moderner Gesellschaften entsteht und nun weltgesellschaftliche Universalität beansprucht. Vgl. Nassehi/Schroer 2000, S. 31ff

307 In dieser Logik steht die Einführung eines ausdifferenzierten Rechtssystems, um die Aus- und Einübung der Vernunft in wirtschaftlichen, wissenschaftlichen oder religiösen Bereichen abzusichern, so wird Recht schließlich zur Steuerungsressource individuell vernünftigen Handelns und gibt gleichzeitig konkrete Vernunftkriterien vor. Vgl. Luhmann 1993b, S. 261f

gen sozialen Beziehungen, im Geflecht von Kantine, Mietskaserne, Sport, Gewerkschafts- und Parteibeziehungen und ihren steigenden materiellen Entschädigungen ausgeglichen werden konnte. Die Disziplinarordnung entfaltet ein enormes Produktivitätspotential und birgt zugleich den Keim des eigenen Untergangs in sich. An der produktiven Repression der Gefängnisse entzünden sich Gefängnisrevolten, Studentenrebellionen brechen aus der erstarrten Ritualität der Universitäten hervor, Arbeiterstreiks resultieren aus der monotonen Routine der Fabrik. Schließlich sind es wieder die hegemonialen Regierungen der Wohlfahrt,[308] die auf die nun unzureichenden Erfolge der Disziplinarmacht reagieren, Sicherheit und Wohlstand zu gewährleisten – mit vielfältigen Ansprüchen, die tendenziell auf die staatliche Ebene verweisen. Die Krise des disziplinarischen Subjekts scheint indes irreversibel.[309] Die stabile proletarische Klassenidentität am Anfang des 20. Jahrhunderts unterscheidet sich erheblich von den weitaus fragileren, dennoch kollektiven Identitätsmustern der Gegenwart: der Webersche Berufsethiker hat nur wenig gemein mit den jungen Kreativen unserer Zeit. Die theoretische Debatte um Identität hat diese Veränderungen nachvollzogen und es lässt sich plausibilisieren, dass die darin artikulierten Vorstellungen von Identität selbst in einer Wechselbeziehung mit historischen gesellschaftlichen Brüchen stehen.[310]

Die durchaus wirkmächtigen personalen Rollen, die darauf aufbauenden Organisationsmuster und mit ihnen die funktionale Primärdifferenzierung sind durch neuartige Exklusionsmuster gefährdet. Die bewährten Inklusionsrollen sind nicht nur in der wirkmächtigen Konsistenz ihrer Rationalität diskursiv umkämpft, sondern in ihrer Universalität selbst bedroht.[311] Wesentlich auf der Konzeption des Bürgers aufbauende Regierungsweisen sehen sich nun bedroht – weit über die Krise nationalstaatlicher Staatsbürgerschaft in einer »postnationalen Konstellation« (Jürgen Habermas) hinaus.[312] Der von den Regierungen der Wohlfahrt unternommene Versuch, die auf Disziplin basierende gesellschaftliche Ordnung über materielle Entschädigungen aufrechtzuerhalten, wird schleichend unterlaufen.[313] Die mangelnde Produktivität des tayloristischen Systems ist mit der Suche nach neuen Produktivitätsquellen jenseits der Disziplin verbunden. Gleichzeitig entstehen vor allem bei den bildungsnahen Schichten und Berufen neue, postdisziplinäre Sinnbezüge; mit

308 Vgl. Foucault 2004, Boltanksi/Chiapello 2003, S. 233f

309 Foucault 2005e, S. 145. Vgl. Hardt/Negri 2002, S. 339f

310 Vgl. Reckwitz 2001

311 Der Blick auf gewandelten Identitätssemantiken und einige gegenwartsdiagnostische Befunde gesellschaftlicher Entwicklung lassen vermuten, dass realfiktive Akteursrationalitäten, funktionsspezifische Systemrationalität und ihre Korrelation gefährdet sind. Diese Behauptung grenzt sich von Stäheli ab, der zwar die diskursiven Kämpfe um die Universalkonstruktionen der Inklusionsfiguren analysieren will, jedoch über die prinzipielle Prekarität der Funktionskonstruktion (die man ja auch als dynamische Stabilität deuten kann) hinaus nicht die grundsätzliche gesellschaftliche Dekonstruktion dieser Universalien und ihre Konsequenzen für die Primärdifferenzierung in den Blick nimmt. Vgl. Stäheli 2007a, S. 188.

312 Vgl. Nassehi/Schroer 2000, S. 41ff

313 Vgl. Boltanski/Chiapello 2003, S. 355f

ihnen kommen neue Forderungen nach Kreativität, Selbstverwirklichung und Kommunikation in der Arbeitswelt auf. Der Emanzipationsdiskurs kreist nun weniger um den Wert materieller Gleichheit, denn um kulturelle, postmaterialistische Werte der Enthierarchisierung, Flexibilisierung, Mobilität und Kommunikation – die Rollen der industriellen Moderne werden fragil.

II Die Macht der Ordnungen

„Das ewige Gesetz Gottes gebietet Ordnung. Es fordert die Menschen auf, diese Ordnung zu sehen und zu achten.“ Bis zum Anbruch der säkularisierten Moderne ist nach gängiger Auffassung „die Anschauung der kosmischen Ordnung nichts anderes als die Anschauung der Vernunft, und nach beiden umfasst das für die Menschen Gute die Schau und die Liebe dieser Ordnung.“[314] Die in der Moderne so selbstverständlich mit dem Antlitz des Staates identifizierte Erscheinung der Macht war in der Pastoralordnung wie die Erscheinung des Wissens weithin diffus.[315] Die mit dem Zerfall pastoraler Macht entstehende Unmöglichkeit, Herrschaft in einer göttlichen Ordnung zu legitimieren, stellt die Frage nach Legitimation der Ordnung jenseits einer transzendentalen Begründung.[316]

1 Monopolistische Macht

Der »doppelte Körper des Königs« (Ernst H. Kantorowicz) [317] markiert den Übergang von der Pastoral- zur Souveränitätsordnung. Die Macht des Königs war seit jeher tief von seiner symbolischen Präsenz abhängig, doch in der Ordnung des Pastorals, in der die weltliche Herrschaft noch Prärogativ der geistlichen Macht war, in der die noch nicht souveränen, sondern rivalisierenden Fürstentümer und Grafschaften verteilt und deren Herrschaftssprengel überschaubar waren, war noch eine Relevanz der unmittelbaren Existenz (des Körpers und des Geistes) des Königs für die symbolische Präsenz zu ahnen, die in der Souveränitätsordnung vollends diffundierte.

314 Taylor 1994, S. 237
315 Vgl. Luhmann 2000, S. 77
316 Claude Lefort zeigt die »Fortdauer des Theologisch-Politischen« in wesentlichen Strukturelementen auch nach dem säkularen Bruch. Siehe Lefort 1999
317 Vgl. Kantorowicz 1990

Für die Ordnung der Souveränität wird der symbolische Körper des Königs ebenso zentral wie die symbolische Präsenz der Gewalt. Die souveränistische Staatlichkeit isolierte die reale physische und kognitive Macht des Herrschers vollkommen von der Symbolisierung des Staates. Für den Staat ist es fortan unerheblich, ob an seiner Spitze ein schwacher oder starker Herrscher steht – entscheidend ist die Omnipotenz hierarchischer Ordnung. Die Souveränitätsordnung überwindet die im Pastoral noch weithin bestimmenden segmentären gesellschaftlichen Differenzierungen und ist nun unzweifelhaft stratifikatorisch differenziert. Für die Macht des Souveräns stehen die Gewalt der Armee und vor allem der Glanz des Hofes; die Opulenz der Repräsentation übertreibt und verankert zugleich die symbolische Repräsentation der Macht.[318] Die Politik und das Politische werden in der Souveränität zusammengedacht; der souveräne Anspruch ist absolut und jeder Angriff auf die stratifizierte Ordnung, jeder Zweifel an den standesgemäßen Konventionen zielt auf die gesamte Ordnung.

Die souveräne Ordnung artikuliert sich anfangs als Negativmacht, indem sich ihre „Macht wesentlich als Abschöpfungsinstanz, als Ausbeutungsmechanismus, als Recht auf Aneignung von Reichtümern, als eine den Untertanen aufgezwungene Erziehung von Produkten, Gütern, Diensten, Arbeit und Blut vollzog." Das Leben wird lediglich als Black-Box reguliert, als eine leere, zu kalkulierende Größe im Spiel um die Ressourcen der zu maximierenden Macht. Die Macht war so „vor allem Zugriffsrecht auf die Dinge, die Zeiten, die Körper und schließlich das Leben; sie gipfelte in dem Vorrecht, sich des Lebens zu bemächtigen, um es auszulöschen."[319] Die Souveränitätsordnung erlaubt es zugleich, mit der Monopolisierung der Macht die verschiedenen Kriege um die Wahrheit, die gewaltsame Austragung religiöser oder wissenschaftlicher Kontroversen, letztlich auch wirtschaftliche Konkurrenz *politisch* zu unterbinden. Sie ebnet so unter einer beibehaltenen und ausgenutzten und dennoch allmählich erodierenden schichtenspezifischen Differenzierung den Weg für die Schriftlichkeit der Verwaltung, für Urbanisierung und Arbeitsteilung einer aufkommenden funktionalen Differenzierung.[320] Die damit verbundene Durchstaatlichung wird im Rahmen der Staatsräson vorbereitet – mit der Polizey nach innen, mit Diplomatie und Militär nach außen.

Die Staatsräson begründet sich in einer Abstoßung von außerstaatlichen Begründungsmustern, nichts in den Begründungen „bezieht sich auf etwas anderes als auf den Staat selbst. Sie haben keinerlei Bezugnahme auf eine natürliche Ordnung, auf eine Weltordnung, auf grundlegende Naturgesetze oder gar auf eine göttliche Ord-

318 Damit korrespondiert nicht zufällig die begriffliche Herkunft des Staates von *status*, die auf die Konnotation mit beständig, fest, sicher vor dem Hintergrund von Unbeständigkeit, Schwankung, Unsicherheit verweist und damit sowohl die Differenz zu Unberechenbarkeit des Herrschers wie zur Instabilität der Gesellschaft markiert. Vgl. Luhmann 1993b, S. 80

319 Foucault 1977, S. 132

320 Vgl. Luhmann 2000, S. 78, Wimmer 1995, S. 39

nung.“[321] Dieses Verständnis eines aus sich selbst heraus legitimen, selbstgenügsamen Staates ist Voraussetzung für das Entstehen der Staatenkonkurrenz; in ihm vollzieht sich zugleich die Geburt der Regierungskunst oder Gouvernementalität. Die gouvernementale Vernunft weist dem Staat gleichzeitig Rollen nach innen (Staatserhalt) und nach außen (Staatenkonkurrenz) zu, die jeweils zueinander komplementär sind und sich gegenseitig stabilisieren. Mit dem westfälischen System wird die dynastische Rivalität durch die Staatenkonkurrenz auf einem offenen ökonomischen und politischen Feld abgelöst. Es geht nicht mehr um eine bloße Vergrößerung des Territoriums von Fürsten, sondern um die Stärkung der Kräfte des Staates nach innen. Innerhalb gouvernementaler Logiken ist der Makrophysik der politischen Bühne eine Mikrophysik des lokal engagierten Subjekts komplementär, die zwar noch über einen allgemeine Wertekanon zu agieren versucht, darin aber die ungleich subtileren disziplinarischen Subjektivierungsformen vorbereitet. Staatlichkeit ist fortan einem Wandel der Regierungskunst und einem Wechsel der gouvernementalen Techniken unterworfen – diese verwirklichen sich, innerhalb der territorial begrenzten Staatlichkeit durchgesetzt, im Prinzip weltweit, sprich: überall dort, wo die Staaten den Wettbewerb untereinander annehmen. Der Wandel in den Grammatiken gesellschaftlicher Ordnungsweisen, die sich auf den Staat beziehen und zugleich über ihn hinausgehen, lässt sich in den Etappen der Staatenkonkurrenz ablesen.[322]Aus dem Vergleichsmaßstab dieser Konkurrenz bezieht sich die Legitimation der sich in der späteren Disziplinarordnung entfaltenden biopolitischen Strategien, die Bevölkerung, das Land und deren Ressourcen konkurrenzfähig zu ordnen und prinzipiell alles Lebendige staatlich angeleitet zu normalisieren.[323] Staatsaufgabe wird nun prinzipiell alles – die Selbstgenügsamkeit des Staates wird maßlos.

Ausgehend von der Idee, dass jedes Mittel recht ist, um die staatliche Herrschaft zu erhalten oder auszubauen, setzt sich eine Positiv-Macht des Staates mit statistischem, kameralistischem und merkantilistischem Wissen in Gang,[324] die mit der die Polizey einen vorläufigen Höhepunkt innerhalb der Souveränitätsordnung findet. Die Polizey wird schließlich den Endpunkt dessen bilden, was innerhalb der Souveränitätsordnung an direkter gesellschaftlicher Regulierung durch den Staat möglich ist. Sie ist noch der Selbstzwecklogik des Staates verpflichtet und schon (aber dem Prärogativ des Staatlichen untergeordnet) dem Glück der Individuen[325] und bildet so ein Scharnier zwischen den Ordnungen der Souveränität und der Disziplin. Am Ende der Souveränitätsordnung steht eine Teilung der Macht im Geiste der natürlichen Ordnung. Die Reinheit und Harmonie der Ordnung einer Legitimation des

321 Foucault 2004a, S. 372

322 Vgl. Foucault 2004a, S. 420ff

323 Vgl. Foucault 2004a, S. 421, 426ff

324 „Die Statistik ist etymologisch die Kenntnis des Staates, die Kenntnis der Kräfte und der Ressourcen, die einen Staat in einem gegebenen Moment charakterisieren. […] Das ist es, was man damals die arcana imperii, die Geheimnisse der Macht nannte und was eindeutig Bestandteil der Staatsräson war“. Foucault 2004a, S. 398, 454f. Vgl. ausführlich dazu Schmidt 2005

325 Vgl. Foucault 2005b, S. 212ff

Seins, die vom Souverän – insbesondere im Bereich der ökonomischen Regulierung – nicht mehr garantiert werden kann, wird geteilt zu einer Pluralität der Ordnungen, deren größte Perfektion die *ordre naturel* des Marktes darstellt, die wie durch unsichtbare Hand (Adam Smith) Eigeninteresse und Allgemeinwohl verbindet. Folgte man in der Souveränitätsordnung den *Rängen* hierarchischer Ordnung, so lautet nun das Gebot, den *Regeln* dynamischer Ordnung zu folgen: „Es ist die Aufgabe des Menschen, die göttlichen Gesetze, welche die Wirtschaft regieren, mit Einsicht, Dankbarkeit und Ehrfurcht zu erfassen, die Hindernisse zu beseitigen, die einfältiger Traditionalismus oder unaufgeklärter Eigennutz ihnen in den Weg gelegt haben und sie daran hindern, ihre segensreichen Wirkungen zu entfalten“[326] wird ein liberaler Kritiker des Liberalismus später rekonstruieren.

Perfide Perfektion

Die Souveränität steigt hervor aus dem Zusammenbruch der Pastoralordnung, mit dem sich die Konkurrenz der Religionen zum zentralen Ordnungsproblem der frühen Moderne entwickelte. Ihre Idee ist bei Jean Bodin wie bei Thomas Hobbes unmittelbar mit der Erfahrung der Religionskriege und der Einsicht in die Notwendigkeit verbunden, sie durch Dritte zu befrieden. Die monopolistische Macht: eine »komplexe Erfindung« (Bertrand Bodie), die sich in der Virulenz immer wieder aufflammender religiös motivierter Gewalt begründet.[327] Die Logik der latenten Gewalt ist universal und lässt sich letztlich nur auf eine Lösung bringen: „jeder muss alle seine Macht oder Kraft einem oder mehreren Menschen übertragen, wodurch der Willen aller gleichsam auf einen Punkt vereinigt wird.“[328] Weil es nicht um die permanente Ausübung der Gewalt geht, „sondern um ihre symbolische Präsenz“ [329] muss die Entscheidung über den Einsatz physischer Gewalt konzentriert werden. Souveränität und Ordnung und Staatlichkeit sind so in der Souveränitätsordnung unabdingbar verknüpft; die ewige, zentrale und höchste Souveränität ist nicht nur glanzvolles Etikett, sondern wird „zur Substanz des Staates, der nur existieren kann, wenn er souverän und seine Macht absolut und unteilbar ist.“[330] Die gegenseitige Garantie untertänigen Glücks und staatlicher Gewalt begründet eine perfide Perfektion des souveränen Staates, nach der die private Idylle mit der unverhohlenen Konzessionierung absoluter Gewalt erkauft werden muss. Sie bezeichnet „den zu erreichenden Perfektionszustand als Aufgabe der Herrschaft. Der Perfektionszustand aber ist: Ruhe und Frieden als Voraussetzung dafür, dass Private ungestört ihren

326 Rüstow 2004, S. 22
327 Siehe zur ‚Geschichte der Fiktion' souveräner Macht vor allem im Hinblick auf das *Außen* der Souveränität: Badie 2002, S. 17–107
328 Hobbes 1998, S. 155
329 Luhmann 2000, S. 79
330 Badie 2002, S. 21

Geschäften nachgehen können, als Voraussetzung also für die Differenzierung von Politik und Wirtschaft."[331]

Die anfangs zurückhaltenden souveränen Regierungen erkennen allmählich die Unzulänglichkeit einer reinen Negativmacht, die sich darin erschöpft, nur einzuhegen und zu verbieten. Die Gesellschaft, um deren Ruhe und Ordnung es dem souveränen Staat geht, ist ihrer potentiellen Unruhe und Störanfälligkeit ein Problem, dem mit gewalt*vermeidender Vor*sorge weit besser beizukommen ist als mit gewalt*bestrafender Nach*sorge – sie stellt so eine permanente Aufgabe, deren Erledigung einen entsprechenden Apparat erforderlich macht und rechtfertigt. An diesem Punkt setzen die Regierungskünste der Souveränitätsordnung an: „Der Staat wird wie ein Selbstzweck behandelt, Frieden wird zur Ruhe und Friedlichkeit des Untertanen, und diese muss, da die Natur zur Beweglichkeit tendiert, durch die Kunstfertigkeit der Staatsräson sichergestellt werden, in der dann die virtù des Fürsten die Schlüsselfunktion ausübt." [332] In dieser Kunstfertigkeit der Staatsräson entfalten sich dann die Regierungskünste, die sich an der Oberfläche im Geschick des Souveräns fokussieren, jedoch mit den in Gang gesetzten gouvernementalen Diskursen zugleich die Untertanen mit diversen Strategien einbinden – denn gesellschaftlicher Frieden und Friedlichkeit des Untertanen lassen sich unterschiedlich ausbuchstabieren.[333]

Dem entspricht das *Eigentum* (an Boden) als basale ökonomische Kategorie, auf dessen Schutz sich die staatliche Souveränität bezieht. Soll dieses Eigentum geschützt werden, so bedarf es einer Regulierung, die Recht und Macht territorial definiert. „Eigentumsgrenzen zu ziehen, ein Kataster anzulegen, das sind Akte am Anfang eines Rechts, das sich in erster Linie als Bodenrecht und dann erst als Personenrecht versteht. […] Die Freiheit, die es den Personen als Akteuren im gesellschaftlichen Miteinander lässt, wird dem Raum genommen, in dem es gilt. Nicht die geringste Unschärfe kann akzeptiert werden."[334] Diese Logik des Eigentums entfaltet die Logik der Unterwerfung: wer am Eigentum anderer ansetzt, bekommt es mit dessen Schutzmacht, dem Souverän zu tun; wer den Souverän angreift, greift zugleich die territoriale Integrität des Ganzen an. Die perfide Perfektion der Souveränität macht das Private zum Staatsakt.

2 Stählerne Gehäuse

In der Spätphase der Souveränitätsordnung geht der staatliche Regelungsanspruch davon aus, alle Machtfälle mit Gesetzen und Erlassen abbilden und diese mit physischer Gewalt sanktionieren und durchsetzen zu können. Unmittelbare Voraussetzung dieser Vorstellung ist die Annahme, dass jenseits der Gewalt keine Macht existiert, die es zu kontrollieren gälte, „dass mit der Kontrolle über den Einsatz phy-

331 Luhmann 2000, S. 201
332 Luhmann 1993b, S. 85
333 Vgl. Foucault 2004a, S. 400
334 Guéhenno 1994, S. 22

sischer Gewalt tatsächlich die wesentlichen Machtquellen erfasst" sind. Parallel zur Souveränität und unter ihrem Schutz „entwickelten sich jedoch Machtquellen ganz anderer Art, nämlich solche, die auf der Organisation von Arbeit beruhen sowie darauf, dass Arbeit (und nicht Eigentum) die verbreitetste Form der Teilnahme an der Wirtschaft ist." Dass „Fabrikherren" und nicht der Souverän oder das Recht die Möglichkeit haben, „über angenehme oder unangenehmere Arbeitsplätze und Arbeitsbedingungen zu entscheiden und vor allem: über Karrieren", zeigt an, dass exemplarisch, aber nicht nur „an dieser Stelle die Grenze der Juridifizierung (und damit auch: der indirekten Politisierung) erreicht" ist.[335]

Diversifizierung des Politischen

Die Geburt des disziplinarischen Staates erfolgt im Geist einer sich emanzipierenden Gesellschaft. Die Disziplinierung der Kraft und die Rationalisierung des Individuums sind Voraussetzung eine Gesellschaft zu denken, die nun nicht mehr mit dem Staat identisch, sondern ihm als Bevölkerung gegenübergestellt ist.[336] Aufgrund einer „neuen räumlichen und sozialen Verteilung des industriellen und wirtschaftlichen Reichtums wurden Ende des 18. Jahrhunderts die neuen Formen sozialer Kontrolle notwendig."[337] Nun greifen Machtstrategien Raum, die sowohl Bedingungen und Instrumente der Teilhabe über *Arbeit* als basaler ökonomischer Kategorie mit der Entfaltung von Produktivität kombinieren, als auch Plünderung, Raub und Diebstahl nicht nur negativ sanktionieren, sondern ihnen die materielle Grundlage entziehen, also sie in das Produktionsregime integrieren.[338]

Der Staat erscheint nun als Zweckverband zu Diensten einer dynamischen, pluralen Gesellschaft, nicht mehr als demiurgischer Herrscher.[339] Nicht mehr die Beziehung *Souveränität-Unterwerfung*, sondern die Beziehung *Disziplin-Normalisierung* ist bestimmend für die Disziplinarmacht. „Es gibt keinen Körper der Republik" im Sinne der monarchischen Souveränität, sondern nur noch einen „Körper der Gesellschaft" als „Vorstellung eines aus der Universalität der Willen gebildeten sozialen Körpers. Nicht der Konsens bringt den sozialen Körper zum Erscheinen, sondern die Materialität der Macht über den Körper der Individuen."[340] Die souveränen Strategien der Abschöpfung verlieren ihre Dominanz, sind „nur noch ein Element unter anderen Elementen, die an der Anreizung, Verstärkung, Kontrolle, Überwachung, Steigerung und Organisation der unterworfnen Kräfte arbeiten: diese Macht ist dazu bestimmt, Kräfte hervorzubringen, wachsen zu lassen und zu ordnen, anstatt sie zu

335 Luhmann 2000, S. 79f
336 Vgl. Luhmann 2000, S. 207f
337 Foucault 2002, S. 100
338 Vgl. Foucault 2005d, S. 224ff
339 Vgl. Türk et. al. 2006, S. 100ff
340 Foucault 2005c, S. 74

hemmen, zu beugen oder zu vernichten."[341] Die Fremdbeherrschung des Untertanen durch die souveräne Macht wird nun durch die Regulierung des Lebens der Individuen und der Bevölkerung überlagert und durch Machttechnologien, die unstete in gezielte Kraft umwandeln, dominiert. Das zentrale Element dieser Regulierungsbemühungen sind Einschließungsinstitutionen, die mit den jeweils variierten Disziplinarmächten korrespondieren: die Schule, die Kaserne, die Fabrik, das Gefängnis, die Klinik. Ihre Grundstruktur folgt unter anderem den Logiken einer Disziplinierung durch Überwachung, die den Strukturen ihrer Materialität eingeschrieben ist und im Bentham'schen Panopticon von Foucault als paradigmatisches Modell rekonstruiert wurde.[342] Diese Institutionen setzen die Strategien und Logiken der spezifischen humanwissenschaftlichen Rationalitätsformen um: „konzentrieren; im Raum verteilen; in der Zeit anordnen; im Zeit-Raum eine Produktivkraft zusammensetzen, der Wirkung größer sein muss als die Summe der Einzelkräfte."[343] Die juridische Negativmacht, Leben zu lassen, gliedert sich nun in das Tableau einer Positivmacht, die einschließen muss, um Leben zu machen: „Nun verschiebt sich oder stützt sich jedenfalls das Recht über den Tod auf die Erfordernisse einer Macht, die das Leben verwaltet und bewirtschaftet, und ordnet sich diesen Erfordernissen unter." Der die souveränen Machtstrategien legitimierende Tod wird nun „zur banalen Kehrseite des Rechts".[344]

Mit der sich entfaltenden Disziplinarmacht wird die Macht differenziert und verteilt, weg vom Machtmonopol des Souveräns hin zu einer funktionsspezifischen Machtentfaltung der Disziplinen. Die Disziplinierung des Einzelnen setzt die *stählernen Gehäuse* der verschiedenen gesellschaftlichen Funktionssysteme in Gang, die wiederum notwendig für die Regulierung der Bevölkerung sind. Die verschiedenen Einschließungsinstitutionen, in denen die diversen Rationalitätsformen mit den Subjekten verbunden werden, sind dabei an sich stabile, berechenbare Formen, die sich gegeneinander abschließen. Jegliche Organisationen jenseits des Souveräns bilden im Zuge dieser *Diversifizierung des Politischen* »nichtpolitisierbare Macht« (Niklas Luhmann) zu spezifischen Zwecken. Auf individueller Ebene heißt das vor allem: Disziplinierung als individuelle Anpassung an überindividuelle Systemrationalitäten. Auf der Ebene des Staates heißt das: Ausbildung einer systeminternen funktionalen Rationalität, die in der Verfassung ihre Garantie findet. Staatliche Legitimität qua Verfassung ist fortan nur *eine* Legitimation *einer* Machtausübung. Dennoch täuscht sich, wer damit ein Verschwinden der Souveränität diagnostiziert. „Der Staat versteht sich jetzt als politischer Agent der Individuen" ,[345] ist weiterhin für alles

341 Foucault 1997, S. 132
342 Vgl. Foucault 1973, S. 256f
343 Deleuze 1993b, S. 254
344 Foucault 1977, S. 132
345 Weber 2005, S. 164. Die Regierungen der Disziplinarordnung müssen deshalb vor allem öffentliche Meinung zulassen - was partielle Einschränkungen oder Manipulationen nicht ausschließt, und müssen öffentlichen Meinungen politische Entscheidungen folgen lassen – was autoritäre, undemokratische Strukturen nicht ausschließt. Zensur und Presseverbot sind nur an den Randbereichen der öffentlichen Meinung funktional, also gegenüber Themen, die

zuständig, aber nicht auf der Ebene der konkreten Umsetzung, sondern auf der Ebene der Gewährleistung der Möglichkeit individueller Glücksrealisierung durch jedermann.[346]

Mit der Diversifizierung des Politischen verschwindet die Souveränität nicht, sondern sie zieht sich zurück und garantiert die Disziplin. Sie erhält ihre Legitimität als »Kompetenzkompetenz« (Georg Jellinek), die die Ordnungsentfaltung der teilsystemischen Logiken juridisch absichert und mit Gewalt sanktioniert. Indem er sich auf diese Gewährleistungsfunktion beschränkt, verzichtet der Staat zugleich auf seinen Absolutheitsanspruch. Inwieweit Individuen von staatlichem Handeln abhängig sind, ist prinzipiell unabhängig von der Disziplinierung in der Fabrik oder den Schulen. Es gibt in der Disziplinarordnung „keine Machtsummenkonstanz, wonach Machtgewinn (der Organe des Staates) mit Machtverlust an anderer Stelle ausbalanciert werden müsste. Wieviel Macht der Staat bilden und ausüben kann, ist nun eine Konsequenz seiner Politik."[347] Die Legitimation der Machtausübung ist so nicht mehr an einen einzigen Punkt der Gesellschaft gebunden, sondern an Funktionen und je spezifische Reglements unterschiedlicher Machttypen.

Reglements des Lebens

Grundlage des disziplinarischen Pluriversums an Machtausübungen und ihrer Legitimationen ist der Konsens über ihre Form: die Disziplinierung durch Fabrikordnungen, Hygienevorschriften, Verfassungen, das Prinzip standardisierender, abgrenzender, klassifizierender Wissenstypen: die *Reglementierung*. Mit dem disziplinarischen Wissen schiebt sich eine Legitimation zwischen das Politische und die Politik, die das Politische mit dem Aufkommen funktional spezifizierter Rationalitäten zu invisibilisieren sucht und damit die Grundlage für die Eingrenzung der Politik als funktionales Teilsystem bildet. In der Disziplinarordnung ergibt sich die Legitimität staatlichen Handelns nun aus dem Prinzip »legaler Herrschaft« (Max Weber), das heißt vor allem bürokratischer Herrschaft, die ihre Wirksamkeit quer zu den verschiedenen Regierungsweisen entfaltet[348] Die Individuen der Bevölkerung treten als anonyme Masse, organisiert in *Massen*organisationen einer Politik gegenüber, die auf der *Massen*bildung in der Bevölkerung beruht.[349] Die bürokratische Struktur als

ohnehin marginalisiert oder stigmatisiert sind. Der Nationalsozialismus hat gezeigt, wie Bezug auf öffentliche Meinung und gleichzeitige massive Einschränkung der Pressefreiheit kombiniert werden können. Um die Kernforderung öffentlicher Meinung kommen politische Systeme in der Disziplinarordnung ebenso wenig herum, wie um die Unterstützung der Disziplinarinstitutionen. Öffentliche Meinung bildet ab, was Disziplinarinstitutionen erfüllen: Kinder müssen in Schulen zu Fleiß und Ordnung erzogen, Kriminelle müssen in Gefängnissen reuig und arbeitsam werden.

346 Vgl. Luhmann 2000, S. 212

347 Luhmann 2000, S. 214

348 Vgl. Weber 2005, S. 164

349 Vgl. Lahrem/Weißbach 2000, S. 237ff

Ergebnis eines spezifischen Wissenstyps prägt die Struktur der gesamten gesellschaftlichen Organisation *durch* Organisation: „Die Entwicklung »moderner« Verbandsformen auf allen Gebieten (Staat, Kirche, Heer, Partei, Wirtschaftsbetrieb, Interessenverband, Verein, Stiftung und was immer es sei) ist schlechthin identisch mit Entwicklung und stetiger Zunahme der bureaukratischen Verwaltung.“ [350]

Die diversifizierten Formen der Rationalisierung erlauben eine zugleich allgemeinere und tiefere Form der staatlichen Machtausübung. Brauchte der Staat der Souveränitätsordnung für seine detailverliebte Allzuständigkeit eine Flexibilität durch Willkür, die verfeinerte Machtstrategien tendenziell verunmöglichten, so kehrt sich das Verhältnis von Allgemeinheit und Detailliertheit um. Nun bestimmen sich die Staatsaufgaben aus den wahrgenommenen Verfassungsrechten gemäß eines (ob durch demokratisch oder anders verfasste Instanzen) interpretierten Volkswillens, der sich zwar nicht mehr auf gesamtgesellschaftliche Umwälzungen orientiert, aber gezielte politische Interventionen über ein berechenbares Set verschiedener gesellschaftlicher Wissens- und Machtrationalitäten zulässt. Zwar wird der auf die Gesamtgesellschaft bezogene Regulierungsanspruch der Polizey beibehalten, gleichzeitig setzt aber beruhend auf dem gesellschaftsweit ausgedehnten Verwaltungsnetz eine Auffächerung der spezifischen Regulierungsrationalitäten und der an sie angeschlossenen Institutionen ein.[351] Die biopolitischen Rationalitäten und Institutionen werden in eine prinzipielle Autonomie ihrer je spezifischen Regulationsfunktionen entlassen, die erst ihre Effektivität garantiert. Die biopolitischen Strategien vollziehen sich über die gesellschaftlichen Teilsysteme des Gesundheits- und Erziehungswesens, des Rechts und der Ökonomie, deren Rationalitäten diskursiv spezifiziert und durchgesetzt und von diversen gesellschaftlichen Regierungsweisen dirigiert und koordiniert werden. Die funktional differenzierte Gesellschaft spiegelt sich in ebenso differenzierten Fachpolitiken, die als Staatsaufgaben verfassungsrechtlich sanktioniert sind.[352]

Während der individuelle Körper dem *Disziplinar*-Reglement der Fabrik, der Schule, des Krankenhauses folgt, wird der Staatskörper dem *Verfassungs*-Reglement konstitutioneller Staatlichkeit unterworfen. Beide Reglements zielen darauf ab, die nun prinzipiell grenzenlose Autonomie des Individuums und das daraus folgende bevölkerungspolitisch relevante „Ausmaß an Diversität, das sich daraus ergibt, dass die Population aus Individuen zusammengesetzt“ ist, zu steuern.[353] Der Disziplinarordnung sind demzufolge biopolitische Strategien zur Regulierung der Bevölkerung inhärent; sie entstehen aus der Produktivität der Disziplin und der wachsenden gesellschaftlichen Komplexität, die sich nicht zuletzt in demographischen Veränderungen äußert.[354] Anders gesagt: die Biomacht wird erst möglich, weil veränderte

350 Weber 2005, S. 164

351 Vgl. Foucault 2004a, S. 507f

352 Dementsprechend ergibt sich eine ganze staatswissenschaftliche Diskussion um die Staatsaufgaben (vgl. Kaufmann 1996). Siehe überblicksartig Grimm 1996

353 Vgl. Foucault 2004a, S. 508, vgl. Luhmann 2000, S. 213

354 Vgl. Foucault 1977, S. 166f

Wissens-, und damit Macht- und Subjektstrukturen einerseits eine Komplexitätsdimension im Sinne der »Bevölkerung« konstituieren und problematisch machen und andererseits die Instrumente zur Verfügung stellen, um die mit ihr auftretenden Probleme der Fortpflanzung und Sterblichkeit, der Gesundheit und der Lebensdauer auf geeignete Weise zu regulieren.[355] „Damit setzen die biopolitischen Techniken die Körper in die »biologischen Prozesse des Zusammenlebens« ein."[356] Das disziplinarische Ordnungsproblem dreht sich ganz um die biologische Materialität des Lebens und äußert sich in der Disziplinierung der Individuen und der Regulierung der Bevölkerung.

Auch wenn das Wissen unabdingbar ist, um diese Ordnungsproblematik sowohl zu erfassen, zu artikulieren und zu bewältigen, ist es ihr doch untergeordnet. Die Disziplin, die Materialität des Lebens und die Funktion gehen eine Verbindung ein, deren je spezifische Form sich innerhalb wechselseitiger Anpassungen bestimmt, „sie formt oder organisiert Materien, sie formt oder finalisiert Funktionen, sie gibt ihnen Ziele vor. Nicht nur das Gefängnis, sondern auch das Hospital, die Schule, die Kaserne, die Werkstatt sind geformte Materien. Strafen ist eine formalisierte Funktion, und ebenso das Pflegen, Erziehen, Drillen und Arbeitenlassen."[357] Das disziplinarische Wissen ist Mittel zum Zweck der individuellen Disziplinierung und der Bevölkerungsregulation; seine prinzipielle Kontingenz entfaltet sich nicht, sondern wird in den Dienst einer Ordnung genommen, die darauf beruht, das Leben durch seine Teilung in verschiedene Funktionssysteme zu rationalisieren – das Wissen ist in der Disziplinarordnung noch kein Ordnungsproblem.

Verfasste Politik

Historische Fixpunkte in der Verschiebung der dominierenden Legitimationsordnungen sind die bürgerlichen Revolutionen des 18. und 19. Jahrhunderts, die sowohl die hierarchische Schichtung zu Gunsten formaler Gleichheit als auch die überzeitliche Werteordnung zu Gunsten von volatilen Diskursen über individuelle Wertsetzungen suspendieren. All dies ist nicht denkbar ohne die gezeigte radikale Ausweitung der Kommunikationsmöglichkeiten und der damit verbundenen diskursiven Erreichbarkeit des Subjekts. Durch ihre mediale Repräsentation ist die Gesellschaft

355 Foucault lokalisiert bekanntlich die Geburt der Biopolitik Mitte des 18. Jahrhunderts, etwa 50 Jahre nach dem Entstehen der Disziplinarmächte Ende des 17. Jahrhunderts. Die Bevölkerung war bis dahin lediglich ein Problem, dass der Souveränität untergeordnet war und dementsprechend eine Ressource der Macht (dem entsprach die realpolitische Möglichkeit der Entvölkerung ebenso wie der planmäßigen Besiedlung, der *Peuplierung*). Mit Humanwissenschaften wie Sozialmedizin oder öffentlichen Hygiene tritt die Bevölkerung nun als eigenständiges Phänomen auf (vgl. Foucault 2004a, S. 504f). Die Biopolitik ist dem Wohlfahrtsstaat komplementär; in ihr finden sich die Dimensionen der Familien- und Gesundheitspolitik, später auch der Arbeitsmarkt-, Renten- und schließlich der Sicherheitspolitik.

356 Lazzarato 2007, S. 260

357 Deleuze 1992a, S. 51

nun als sozialer Körper denkbar; mit ihr setzt sich „ein von der alten Tugend/Laster-Rhetorik unabhängiges, nicht mehr hierarchisch zugeordnetes, gezielt politisches Verständnis von öffentlicher Meinung durch."[358] Öffentliche Meinung ermöglicht es jetzt der Gesellschaft, sich selbst und unabhängig vom staatlichen Blick zu beobachten und Interessen und Normen jenseits des Staates zu artikulieren. Nun wird es möglich, auf *lokale* Probleme mit den Strategien und Technologien einer prinzipiell *global* angelegten Regierungskunst zu reagieren, die sich über einen territorial begrenzten und national gefassten Staat organisiert.[359]

Der in der Souveränitätsordnung angelegte Nationalstaat steigert nun als segmentär ausdifferenzierte Einheit eines a priori weltpolitischen Systems seine Produktivität innerhalb eines grundsätzlichen Spannungsverhältnis zwischen ‚innen' und ‚außen'. Seine kollektiv bindenden Entscheidungen weisen einen Doppelbezug der Legitimation nach innen einerseits und der Einbindung in weltgesellschaftliche Bezüge andererseits auf. Diese doppelte Dimension der Staatlichkeit ermöglicht es nun, durch immer wieder ausgetestete und krisenhafte Formen, Programmatiken und Techniken sich ablösender hegemonialer und parasitärer Regierungsrationialitäten Staatlichkeit herzustellen und gleichzeitig über sie hinausgehend global Gesellschaft zu regulieren. Die weltgesellschaftlichen Regierungen vollziehen sich fortan über Vergleichsmaßstäbe, mit denen Defizite und Vorsprünge ihrer Realisierung gemessen werden. Eventuelle Abweichungen bestätigen die Dominanz eines hegemonialen Regierungsmodells und/oder bergen die Option neuer, anfangs parasitärer globaler Gouvernementalitäten.[360]

Dass die Globalität der Regierungen innerhalb der Disziplinarordnung ermöglicht wird, beruht auf der weltweit angelegten Durchsetzung von Wissens- und Rationalitätssystemen, die eine Vergleichbarkeit und Anschlussfähigkeit der einzelnen Elemente der diversen Regierungsrationalitäten überhaupt erst erlauben. Erst die Integration der Gesellschaft über *Verfahren als spezielle Interaktionssysteme* lässt sowohl die Beobachtung differenzierter Problemlagen als auch unterschiedliche Rationalitätsmaßstäbe als Grundlage von Entscheidungen zu.[361]Die dadurch konstituierten

358 Luhmann 2000, S. 278

359 Die begrenzte Integrationsfähigkeit des Politischen und das Erfordernis, die Einheiten der Differenzierung innerhalb des weltpolitischen Systems zu identifizieren, sind entscheidende Gründe dafür – diese Adressierbarkeitsforderung läuft zwangsläufig auf die Form des territorial gefassten Nationalstaats hinaus: mit identifizierbaren Namen, Institutionen, Staatsoberhäuptern etc. Die interne Differenzierungsform des politischen System ist deshalb segmentär, ihre Einheiten sind: territorial. Der Staat im politischen System der Weltgesellschaft ist Selbstbeschreibung nach innen und Fremdbeschreibung nach außen zugleich. Vgl. Luhmann 1998

360 Die Grammatiken dieser Global Governance lassen sich mit dem Konzept einer globalen Governementalität, deren Ansätze in den angelsächsischen Global Governmentality Studies längst sichtbar sind, analysieren. Siehe stellvertretend Larner 2004, Lipschutz/Rowe 2005

361 Die Durchsetzung dieser Interaktionsssysteme ist nach Luhmann als politische Leistung der bürgerlichen Revolution zu bezeichnen (vgl. Luhmann 1975, S. 2, Weber 2005, S. 164f). Dabei ist letztlich egal, welche Regierung sich durchsetzt, man „hat nur die Wahl zwischen »Bureaukratisierung« und »Dilettantisierung« der Verwaltung" und dieser Wahl muss sich letzt-

Funktionssysteme bilden so die keineswegs nur analytisch so gemeinten Bedingungen der Möglichkeit, individuell wie organisatorisch Kontingenz zu er-leben: die Möglichkeiten unternehmerischer Betätigung sind schier unbegrenzt, so lange sie dem Primat des Profits folgen; der wissenschaftlichen Neugier bietet sich ein weites Feld nach diesem oder jenem zu forschen, so lange sich das Kriterium der Wahrheit anlegen lässt; politische Forderungen können bis zur Selbstüberforderung aufgestellt und gewählt werden, so lange sie sich in Macht umrechnen lassen.

Das für die staatliche Organisation nun charakteristische Verfassungsprinzip sagt dabei noch nichts über seine konkrete institutionelle und inhaltliche Realisierung aus.[362] Das politische Wissen der Disziplinarordnung bringt keineswegs nur jene empirische Strenge hervor, die den verschiedenen Wissenschaftsdisziplinen fortan eigen ist. Neben ihnen entsteht die spezifische Wissensform der *Ideologie* als der Versuch, die Wissenskonzeption der Souveränitätsordnung mit den modernen, empirischen Wissenschaften der Disziplinarordnung zu verbinden. Die Ideologie führt die gesamte Erklärung auf einen Punkt: Kampf der Rassen, Akkumulation des Kapitals; sie konvergiert mit der Legitimation totalitärer Legitimitätsstrukturen durch die Ideologie. „In diesem Sinne ist die Ideologie die letzte der klassischen Philosophien", ebenso wie die Totalitarismen die letzten Regime der Souveränitätsordnung sind.[363]

In den totalitären Regierungsweisen zeigt sich die ganze Komplexität des Bedingungsgefüges moderner Legitimation: Souveränitätsordnung und Disziplinarordnung lösen sich keinesfalls bruchlos, keinesfalls vollständig und die jeweils vorherigen Legitimationsordnungen ersetzend ab. Die Souveränität droht jederzeit wieder hervorzubrechen, wenn die Gewalt zum virulenten Problem wird, wenn die Disziplin zwar diszipliniert, aber nicht zum bestimmenden Element wird, sich umkehrt oder instrumentalisiert wird. Quer zur konkreten institutionellen Ausgestaltung als Demokratie oder als totalitäre Herrschaft vollzieht sich die Legitimation in der Disziplinarordnung „in der Fügsamkeit gegenüber formal korrekt und in der üblichen Form zustandegekommenen Satzungen." Gehorcht wird „der gesatzten Regel, die bestimmt, wem inwieweit zu gehorchen ist. Auch der Befehlende selbst gehorcht

lich auch eine sozialistische Regierungsweise stellen. Sozialismus ist nach Weber letztlich nur technische Leistung plus „ungeheure Steigerung der Bedeutung der Fachbureaukratie": der Sozialismus in seiner real-existierenden Version gab ihm recht. Zur historischen und epistemologischen Herausbildung der *Organisation* siehe Türk et. al. 2006, S. 93ff

362 Die Legitimität qua Verfassung bildet höchst unterschiedliche Regierungsweisen aus, die nur den Prinzipien der inneren Reglementierung (in der Regel heißt das: Bürokratisierung, vgl. grundlegend: Weber 2005, S. 162–166) und äußeren Reglementierung (in der Regel heißt das: Codifizierung von Grundrechten und Gesetzgebung) folgen mussten. Nach innen folgt für die Organisation des Staates vor allem die Notwendigkeit, Regelungen für die Verwaltung, insbesondere für die Informationsgewinnung und den Aufstieg in Führungspositionen zu finden; nach außen hin folgt die Notwendigkeit, dass Grundrechte und Gesetze den vorliegenden (und zu definierenden) Regelungsbedarf abdecken.

363 „Gegenüber der Ideologie markiert die kantische Kritik die Schwelle unserer Modernität" und kennzeichnet zugleich die Objektivierung der Erkenntnisformen als Voraussetzung für die Entfaltung der modernen Humanwissenschaften. Foucault 1971, S. 299

einer Regel, dem Gesetz, orientiert sein Handeln an einer abstrakten Norm."[364] Das Verfassungsreglement nimmt damit ebenso wenig eine inhaltliche Bestimmung der Staatsaufgaben vor, wie die Reglements der Disziplinarinstitutionen das Produzierte, Gelernte oder Geheilte inhaltlich vorwegnehmen. Auf sublime individuelle Wertsetzungen nehmen die „stahlharten Gehäuse" der Disziplinarordnung auch unter Hinnahme der Gefahr einer „mechanisierten Versteinerung" einer Gesellschaft seelenloser Funktionswesen wenig Rücksicht.[365] So wie das Disziplinar-Reglement der Fabrik eine generelle ökonomische Produktivität hervorbringt, die es gestattet auf Marktlagen zu reagieren, bringt das Verfassungsreglement eine politische Produktivität hervor, die es gestattet auf Interessenlagen zu reagieren, für die das prinzipiell autonome Interesse des Staatsbürgers die Voraussetzung wird. Die Verrechtlichung und potentielle (aber nicht garantierte) Demokratisierung der sozialen Beziehungen, die sich auf die Konstitution als rechtliches und politisches, aber auch ökonomisches, religiöses oder kulturelles (Rollen-)Subjekt der verschiedenen Funktionssysteme verallgemeinern lässt, ist nicht ohne die gesellschaftliche Disziplinierung zu denken. Die aus den modernen Humanwissenschaften entspringenden Disziplinartechnologien und der Ethos der neuzeitlichen Philosophie, der den Dressuren ihren mannigfaltig artikulierten Sinn verleiht, sind einer in sich ambivalenten Aufklärung inhärent, die der Disziplinarordnung das Gesicht ihrer Legitimation verleiht.[366] Die Disziplin ist die Kehrseite der Demokratie.[367]

364 Heidorn 1982, S. 19. Vgl. Weber 2005, S. 27. Dem widerspricht nur scheinbar die charismatische Herrschaft in einigen totalitären System, deren Herrschaft bis auf die Kommunikation innerhalb der unmittelbaren Führungsebene nicht an individuelle Weisungen, sondern an den Glauben auf die Rechtmäßigkeit regelgerechten Handelns beruhte. Charismatische Herrschaft beschränkte sich in erster Linie auf Zielsetzungen. Die besondere Legitimationsqualität legaler Herrschaft liegt nach Heidorn gerade darin, ihre Herrschaft qua Rationalität als interessenneutral und objektiv darzustellen. Vgl. Heidorn 1982, S. 29, 59

365 Weber 1975, S. 188f

366 Vgl. Foucault 1973, S. 285, Brieler 1998, S. 329

367 Lemke 1997, S. 76

Paralipomena. Das Lager als nómos der Moderne.

Die Moderne, deren Legitimität sich in den Ordnungen der Souveränität und der Disziplin formierte, ist seit Anbeginn einer Ambivalenz ihrer Strukturlogiken verhaftet, die sich in der Shoa grausam manifestierte. Für die Betroffenen bleibt jenseits dessen die unmittelbare Erfahrung der Barbarei. „Das Lager ist schlicht der Ort, an dem sich der höchste Grad der *conditio inhumana* verwirklicht hat, die es je auf Erden gegeben hat: Das ist es letztlich, was für die Opfer und für die Nachfahren zählt.“ Diese Unmittelbarkeit lässt die Einordnung in die strukturellen Logiken und Widersprüche moderner Ordnung schwer fallen, aber sie macht sie nicht hinfällig. Wie lässt sich das Lager aus den Ordnungen der Legitimation erklären? Diese Frage führt dazu, „das Lager nicht als eine historische Tatsache und als Anomalie anzusehen, die (wenngleich unter Umständen immer noch anzutreffen) der Vergangenheit angehört, sondern in gewisser Weise als verborgene Matrix, als *nómos* des politischen Raumes, in dem wir auch heute noch leben.“[368] Das Lager als nómos der Moderne ist nicht ohne die Souveränität und nicht ohne die Disziplin zu denken; es ist das Ergebnis ihrer hybriden Vereinigung: der Herrschaft der Unterwerfung und der Normalisierung. Die Lager sind Effekte von Regierungsweisen, deren Kalkül man sich innerhalb einer Matrix der Legitimationsordnungen vorstellen muss. Die Regierungen kombinieren deren Strukturlogiken, Mechanismen und Strategien; so geht die Macht der Normalisierung von Anbeginn über die Macht der Unterwerfung, die sich im Staatlichen begrenzt, hinaus und zielt auf das Ganze der Bevölkerung; nicht die Unterscheidung zwischen (rechtstreuem) Untertan und (rechtsbrechendem) Nicht-Untertan interessiert die Disziplin, sondern die Unterscheidung zwischen normal und nicht-normal. Ausschluss und Nichtausschluss bestimmen sich nicht durch die individuell freie Unterordnung unter das Recht, sondern durch das Ausgeliefertsein an die willkürliche rechtsförmliche Definition einer unhintergehbaren Anormalität. Anstatt sie zu trennen, oszilliert in den Lagern die Herrschaft zwischen dem souveränen „Recht, sterben zu machen oder leben zu lassen“ und der disziplinarischen „Macht, leben zu machen oder in den Tod zu stoßen.“[369] Die disziplinarische Codierung von normal/nicht-normal verbündet sich mit dem souveränen Prinzip der Unterwerfung zu einer doppelten Herrschaft über das bloße, das *nackte Leben*. Das Lager als nómos der Moderne ist so Effekt der Integritätsbemühungen einer doppelten Legitimität der Exklusion: der Legitimität, zu unterwerfen, um die Integrität der territorialen Ordnung des Staates zu wahren; und der Legitimität zu normalisieren, um die Integrität der disziplinarischen Ordnung der Bevölkerung zu wahren.[370] Die

368 Agamben 2002, S. 175

369 Foucault 1977, S. 165

370 Giorgio Agamben stellt in »Homo sacer« eine Verbindung zwischen der juridischen und der biopolitischen Macht her. „Die fundamentale Leistung der souveränen Macht ist die Produk-

Legitimation ist seiner Umsetzung inhärent; sie zeichnet sich dadurch aus, dass sie weit mehr ist, als das an der Oberfläche des Schriftsprachlichen Sichtbare; die Ordnungen der Legitimation sind den Aktivitäten der Subjekte, den Darstellungen des Wissens und den Bewegungen der Macht inhärent. Die Verbindung beider Ordnungen der Legitimation entfaltet die unheimliche Macht der Lager, die von den Konzentrationslagern und Gulags bis zu den Abschiebezonen der Flughäfen reicht.

3 Passagen der Macht: Überforderndes Wohl

Die Disziplinarordnung ermöglichte einen Bias von massenhaftem Mord und massenhafter Wohlfahrt. Der Verzicht auf das absolute Recht des Tötens, der mit dem Recht, Leben zu machen einherging, war der Ordnung einer Legitimation inhärent, die im Namen der Wohlfahrt einer als Rasse, Klasse oder Nation gefassten Bevölkerung die kollektive biologische Materialität des Lebens in ungekannten Maße auslöschte.[371] Ihre Realisierung war an spezifische materielle Technologien gesellschaftlicher Regulation gebunden, die es erlaubten, die souveränen Formen der Machtausübung zu überwinden und zu potenzieren und andererseits die biopolitische Regulierung der Massenwohlfahrt zu ermöglichen. In dem Maße, in dem weniger die Bevölkerung als das Wissen zum virulenten Ordnungsproblem wird, lässt die Integrationsmacht der disziplinarischen Identifikationsformen nach. Sie werden durch immaterielle Strategien der Wissensregulation dekonstruiert und entwertet, die es zugleich erlauben, die souveränen und disziplinarischen Regulationsformen aufzuheben. Die Drift dieser beiden Ordnungen äußert sich in einem *überfordernden Wohl*, dem sich die Politik der Gegenwart ausgesetzt sieht.

War der Aufstieg der Disziplinarordnung noch mit der Absage an das Machtmonopol des Staates verbunden und ermöglichte gerade so die Ausbildung demokratischer Strukturen, so sehen sich die wachsenden gesellschaftlichen Problemsichten und Anspruchshaltungen die aus dem demokratischen Interesse resultieren umso stärker an den Staat verwiesen. Dass Konfliktlagen über die Teilsysteme hinausgehen und dabei gesamtgesellschaftlich identifizierbar werden, verweist diese Konflikte auf die politische Ebene. Innerhalb dieser Bedingungen gibt es hohe Interdependenzen und zunehmenden Steuerungsbedarf, der auch den Interventionsspielraum des Staates verändert.[372] Staatlichkeit sieht sich mit dem Wohlfahrtsstaat der Disziplinarordnung vor das Problem der Einforderung »materialer Gerechtigkeit statt formaler Legalität« (Max Weber) gestellt. Die wohlfahrtsstaatlichen Aufgaben werden

tion des nackten Lebens als ursprüngliches politisches Element und als Schwelle der Verbindung zwischen Natur und Kultur [...] das Lager und nicht der Staat ist das biopolitische Paradigma des Abendlandes.“ Das Lager lässt sich nach Agamben als hybride Verbindung beider Machtarten vorstellen, „wo Recht und Tat, Regel und Ausnahme, Leben und Tod ununterscheidbar werden.“ Agamben 2002, S. 175f, 190f

371 Vgl. Foucault 1977, S. 161ff

372 Vgl. Willke 1983, S. 9ff

allgemein als irreversibel aufgefasst, es sei denn um den Preis der Legitimität. Indem die Legitimität durch Legalität staatlichen Handelns sukzessive in Frage gestellt wird, wird zugleich die versuchte Eingrenzung des Politischen durch die Politik fragil. Die Adressierung der gesellschaftlichen Folgeprobleme funktionaler Differenzierung an die Politik offenbart zugleich die wachsenden Zweifel an der intrinsischen Rationalität der Funktionssysteme; die Geschlossenheit und spezifische Totalität ihrer Diskurse wird nun angegriffen und damit in den Bereich des Politischen geholt.

Kennzeichen des tendenziell überfordernden Wohls sind zunehmend diversifizierte Normensysteme, konfligierende Systemrationalitäten, konkurrierende Weltbilder, heterogene Kulturen – unterschiedliche Horizonte, die von den disziplinarischen Mustern abweichen und vor denen staatliches Handeln gerechtfertigt werden muss. Mit der organisatorischen Erosion der auf den Einschließungsmilieus aufsitzenden Gewerkschaften, Kirchen und anderen gesellschaftlichen Großverbände sinken zugleich die Realisierungschancen der Koordinationsformen einer Massendemokratie. Letztlich wächst der Verdacht, dass die komplexe Ohnmacht staatlicher Steuerungsbemühungen alles andere als Gesellschaftssteuerung, vielmehr »Steuerung in der Gesellschaft, hier: Selbststeuerung der Politik in der Gesellschaft« (Niklas Luhmann) ist: staatliche Steuerungsversuche als selbstreferentielle Veranstaltung zur Vergewisserung des eigenen Daseins – so weit, so polemisch.

Die diversen Krisendiagnostiken des Staates artikulieren letztlich vor allem eine Krise der Legitimationsgrundlagen disziplinarischer Institutionalität: „Die gesellschaftlichen Institutionen, die die Disziplinargesellschaft konstituieren, wie Schule, Familie, Klinik, Fabrik [...] stecken heute überall in der Krise. Mit dem Einsturz der Mauern dieser Institutionen breiten sich die Logiken der Subjektwerdung und Unterwerfung aus, die zuvor in ihrer Wirksamkeit auf diese Räume begrenzt waren, verallgemeinern sich im gesellschaftlichen Feld.“[373] Die tiefe Krise der Macht und die anhaltend gestellten Fragen nach ihrer Legitimität stehen dabei in einer Kohärenz mit den Krisen des Subjekts und des Wissens. Der Einbruch des Politischen, der die gewohnten disziplinarischen Formationen hinterfragt, kündigt zugleich die Möglichkeit einer neukonfigurierten Politik an. An den Grenzen der Disziplinarordnung stellt sich damit die Frage nach der Ordnung der Legitimation neu.

373 Hardt/Negri 2002, S. 338

Die Ordnung der Kontrolle

> „Wenn diese Dispositionen verschwänden, so wie sie erschienen sind, wenn durch irgendein Ereignis, dessen Möglichkeit wir höchstens vorausahnen können, aber dessen Form oder Verheißung wir im Augenblick noch nicht kennen, diese Dispositionen ins Wanken gerieten, wie an der Grenze des achtzehnten Jahrhunderts die Grundlage des klassischen Denkens es tat, dann kann man sehr wohl wetten, dass der Mensch verschwindet wie am Meeresufer ein Gesicht im Sand.“ [374]

In das Verständnis der Moderne sind spezifische Dispositionen des Wissens, der Subjekte und der Macht tief eingelassen, auf denen die Ordnung der Legitimation und die Legitimität ihrer Regierungen gleichsam aufruhen. Sie geraten in Gefahr, wo die Effekte ihre Voraussetzungen nicht mehr garantieren können. Die derzeit zu beobachten Umwälzungsprozesse der Gegenwartsgesellschaften können als Drift zweier Ordnungen der Legitimation und ihrer unterschiedlichen Differenzierungsmuster betrachtet werden. Nimmt man dies an, sind Probleme zu konstatieren, denn zumindest systemtheoretisch betrachtet „führt Evolution, wenn sie die Form der Differenzierung tangiert, zu einer gesellschaftlichen Katastrophe“;[375] ein Bruch, der in modernen Gesellschaften etwas verdeckt und in Problembündel verteilt mit dem Code: Krise/Reform daherkommt.

In diesem Teil sollen die sich abzeichnenden Konturen der Ordnung jenseits des Bruchs beschrieben werden. Die Kontrollordnung muss sich einer wachsenden Unsicherheit durch Wissen stellen, die sich in Anarchie und Ordnung verteilter Intelligenz, verstreuter Expertise und fragmentierten Wissens artikuliert. Die daraus resultierenden neuen Ordnungsproblematiken lassen sich nicht auf einen spezifischen Teiltopos bisheriger etablierter politischer Systeme hin orientieren, auch wenn sich diese Ordnungsprobleme zweifellos über das Aufkommen der Wissenspolitik artikulieren.[376] Die politische Konstitution der entstehenden wissensbasierten Gesellschaften erfährt vielmehr einen fundamentalen Wandel ihrer gesellschaftlichen Ordnungsgrundlagen, der nicht mehr mit den bisherigen Mustern zu erfassen ist. So lässt sich fragen, welche Folgen sich nicht nur für eine reorganisierte Wissensproduktion, sondern darüber hinaus für Subjekt und Macht, für Individualität und Bürgerschaft, für Gemeinsamkeit und Öffentlichkeit beobachten lassen. Für die Kontrollordnung

374 Foucault 1971, S. 462

375 Luhmann 1997, S. 655. Am Beispiel des Übergangs von segmentärer zu stratifikatorischer Differenzierung zeigt sich, dass solcherlei Katastrophen weitaus undramatischer daherkommen, als es der Begriff nahe legt. Auf dem Land wird weiter segmentär (in Familien) vor sich hin gelebt, während der stratifizierte Fortschritt (der Zentralisierung) allmählich in die Städte zieht. Vgl. Luhmann 1997, S. 655

376 Siehe Kapitel IV (2)

werden die Unregierbarkeit des Wissens, die Prekärität des Citoyen und die Flüchtigkeit des Gemeinsamen konstitutiv.

IV Die Unregierbarkeit des Wissens

Das Wissen ist zunehmend verunsichert. Es sieht sich mit seiner gesteigerten diskursiven Verwendung dem Vorwurf ausgesetzt, begrifflich zu verschwimmen und ungreifbar zu werden.[377] Diese Beobachtung verweist über die Deutung der Begriffsdiffusion als diskursive ‚Kaperung' und semantische Entleerung hinaus auf einen tiefer liegenden Statuswandel des Wissens. Diese Arbeit geht von der paradoxen Beobachtung aus, dass gleichzeitig mit der Bedeutungssteigerung von Wissen für ökonomische und soziale Zusammenhänge seine Autorität immer radikaler in Frage gestellt wird. Weit mehr als um die Ironie einer zufälligen Korrelation handelt es sich dabei offenbar um eine tiefere Logik in der Entwicklung des Wissens selbst.[378]

Aus der gesellschaftlichen Extension wissenschaftlichen Wissens lassen sich weder die Befunde einer »Wissenschaftsgesellschaft« (Rolf Kreibich),[379] noch einer Reduktion von Meinungsverschiedenheiten, noch einer damit verbundenen besseren Steuerbarkeit von Gesellschaft ableiten; die Wissensextension zeitigt vielmehr eine größere gesellschaftliche Kontingenz und Unsicherheit.[380] Die mit dem Versprechen größerer Gewissheit und stabilerer Herrschaft angetretene Legitimation des Wissens endet in der neuerlichen Fragilität und Ungewissheit eines unregierbaren Wissens – welche Legitimationslagen ergeben sich daraus? Mit den Zweifeln gegenüber einem funktional spezifizierten und mit spezifischen Legitimationsansprüchen ausgestatteten disziplinären Wissen[381] geht ein signifikanter Autoritätsbruch des Wissens ein-

377 Vgl. Kocyba 2004b, S. 300

378 Für die Ironie äußert sich stellvertretend Peter Burke. Vgl. Burke 2000, S. 9

379 Vgl. Kreibich 1986. In funktional differenzierten Gesellschaften wäre eine Wissenschaftsgesellschaft gleichzusetzen mit der Außerkraftsetzung systemischer Imperative der jeweiligen Teilsysteme: Ökonomie, Politik usw. wären folglich mit der Durchsetzung der Wissenschaft als eine Art Leitsystems der Wahrheitssuche verpflichtet. Nähme man dies über das Maß einer symbolischen Privilegierung akademischer Abschlüsse (wie sie Stichweh für das Deutschland von 1800–1950 als eine Art ‚Wissenschafts- und Bildungsgesellschaft' kennzeichnet(vgl. Stichweh 2004: 148) hinaus ernst, würde das die Logik funktionaler Differenzierung zerstören (vgl. Luhmann 1992, S. 172f). Wahrt man systemtheoretische Logik, sind Interpenetrationen zwischen unterschiedlichen Systemen (etwa bei Forschungs-/Wirtschaftskooperationen) zu konstatieren. Intensität von Beobachtung und Interpenetration nehmen allerdings in einem Umfang zu (vgl. Stehr 2001, S. 48, 52), der die Frage evoziert, ob Vermischungen und Verwischungen mit einer Theorie funktionaler Differenzierung noch angemessen erklärt werden können. Diese Fragestellung versucht diese Arbeit mit dem Vorschlag des Differenzierungsmodus fragmentaler Differenzierung zu beantworten.

380 Stehr 2000, S. 21

381 Wolf Lepenies diagnostiziert als Ursache des anhaltenden Beharrungsvermögens der Disziplinen vor allem die Funktion disziplinärer Identitäten für die Verteilung knapper Ressourcen. Vgl. Lepenies 1988, S. 93f

her. Die damit einhergehende Komplexitätssteigerung evoziert paradoxe Strategien von Kontingenzbewältigung und -abweisung. Während die wissensinduzierte Unsicherheit auf der einen Seite durch die Strategie der Wissensanwendung genutzter Kenntnis überwunden wird (Wissensparadox) und damit der Ruf nach einer doppelten Politisierung des Wissens laut wird, wächst mit der durch das Wissensparadox getriebenen Wissensextension der graue Bereich des Nichtwissens, in dem sich subkutan die Strategien seiner Politisierung entfalten.

1 Gebrochene Autoritäten

Die Skepsis gegenüber der Zuverlässigkeit von Wissen steht nicht am Endpunkt (post-)moderner Wissenschaftlichkeit, sondern ist konstitutiv für die Wissensentwicklung an sich.[382] Während jedoch der Zweifel in der Disziplinarordnung als methodisch kontrolliertes Vorgehen institutionalisiert wurde und damit gleichzeitig die Autonomie des Wissenschaftssystems gegenüber den gesellschaftlichen Zweifeln immunisierte, wächst mittlerweile längst die Skepsis gegenüber dieser wissenschaftlichen Unangreifbarkeit. Dabei geht es weniger um eine generelle Krise der Wissenschaft als um ihren gesellschaftlichen Autoritätsverlust. „Das öffentliche Vertrauen in die Wissenschaft hat ab- und nicht zugenommen. In Gesellschaften, in denen Expertenwissen dominiert, muss sich dieses Wissen einer – nicht zuletzt aufgrund ihres höheren Bildungsstandes – zunehmend kritischen Öffentlichkeit stellen. Eine allgegenwärtige Wahrnehmung von Risiken und der Wunsch diese abzuwehren, haben das Vertrauen in deren Beherrschbarkeit ersetzt. Die Krise des Wissens unterminiert die kognitive Rationalität, für die die Wissenschaften früher unangefochten standen."[383] Die paradoxe Beobachtung: je mehr sich (wissenschaftliches) Wissen als Expertise wie Kritik verbreitet, desto mehr wird seine Autorität gefährdet. Diese Zuspitzung wird vor allem mit der allseits diagnostizierten Zunahme von Risiken verbunden; die zunehmende Verwissenschaftlichung gesellschaftlicher Prozesse zeitigt Folgeprobleme, die von immer mehr wissenschaftlich Gebildeten als Risiken bewertet werden. Die Diagnose der »Risikogesellschaft« ist so in erster Linie auf ein in vielfacher Hinsicht extendiertes Wissen zurückzuführen.

Wissen im Widerstreit

Spricht man vom Verfall der Wissensautoritäten, so evoziert dies Fragen nach den Konstitutionsbewegungen, die mit den Frontverläufen von Zweifel und deren Überwindung gleichzeitig die jeweilige Funktion und Legitimation des Wissens artikulieren. Die Geburt der Wissenschaft vollzog sich im Zuge einer allmählich totalisierten

382 Vgl. Burke 2000, S. 231ff
383 Nowotny 1999, S. 37

Skepsis gegenüber den Beschreibungsformen der Ähnlichkeit; die Entfaltung der wissenschaftlichen Disziplinen basierte auf der Skepsis gegenüber universalen Erklärungsansprüchen. Dabei ging die Legitimierung des wissenschaftlichen Wissens mit dessen Mystifizierung durch politische und philosophische Legitimationserzählungen einher;[384] im Zuge ihrer Dekonstruktion büßt das Wissen nun die Aura seiner Autorität als Objekt, Institution und Rolle ein. Die zunehmende Kritik an den Formen, Institutionen und Rollenverkörperungen des wissenschaftlichen Wissens; die Bildungsexpansion; popularisierte dekonstruierende und kritische Erkenntnisformen; die Einforderung postmaterialistischer Haltungen und kreativer Tätigkeiten und die daraus folgenden, sich gegenseitig verstärkenden Entwicklungen sind fundamental für die Wissensbasierung gesellschaftlicher Prozesse.[385] „Das Postulat eines homogenen und einheitlichen, auf alle möglichen Gegenstände gleichermaßen anwendbaren Begriffs von Wissen" wird nun an den Grenzen der Disziplinarordnung kritisch hinterfragt[386] und es wird konzediert, „dass objektives Wissen das Resultat eines historischen Prozesses ist, was es unumgänglich partiell und kontextuell macht."[387]

Die Diversifizierung der Wissensformen und die zunehmende Wissensbasierung sind Prozesse, die weder auf technologische Determination, noch auf voluntaristische soziale Bewegungen zurückführbar sind, sondern als Folgeproblem funktionaler Differenzierung aufgefasst werden können. Insbesondere in der Perspektive der Ökologieproblematik entstehen komplexitätsbedingte Probleme, die nicht mehr teilsystemspezifisch bearbeitet werden können. [388] Weit über die klassische Ökologiefrage hinaus betrifft dies nicht nur klassische Umweltprobleme, sondern zunehmend weitere gesellschaftliche Problemlagen, aus denen sich neue Systembildungen generieren. Die ökologischen Probleme lassen sich bei näherer Betrachtung auf eine Wissensextension zurückführen, die sich durch die Komplexitätssteigerung funktio-

384 Vgl. Lyotard 1982, S. 96ff

385 Diese These stellt Stehr im Anschluss an Drucker für den ökonomischen Sektor auf (vgl. Stehr 2003b, S. 77–93). Die erhöhte Nachfrage an Wissensarbeitern resultiert demnach aus dem stark gestiegenen Angebot an hochqualifizierten Arbeitskräften. Damit korrespondiert die These von Boltanski/Chiapello, nach der die Veränderungen der Arbeitsorganisation in Richtung auf kreative Tätigkeiten aus den 1968er Emanzipationsbewegungen resultieren. Vgl. Boltanski, Chiapello 2003, S. 257

386 Weiler 2002, S. 2f. Weiler sieht folgende begriffliche Annahmen der disziplinären Wissenstheorie als gefährdet an: Objektivität (Unabhängigkeit des Beobachters); Gewissheit (Aussagenkonstanz unabhängig von zeitlichen und anderen Umständen); Vorhersage (Verlässlichkeit von wenn-dann-Aussagen) und darüber hinaus die Annahme, Wirklichkeit durch numerische und quantitative Festlegungen erschöpfend darstellen zu können. Vgl. Weiler 2002, S. 3

387 Nowotny 2006, S. 33

388 Komplexitätsbedingt heißt dabei nicht, von einer stetigen Steigerung von Komplexität auszugehen, die wiederum noch komplexere Komplexität generiert. Vielmehr werden hochkomplexe Systeme aufgrund ihrer entropiebedingt tendenziell geringeren Problemlösungsfähigkeit aus evolutionstheoretischer Sicht eher durch überlegene Vereinfachungen überwunden. Vgl. Luhmann 1997, S. 447

nal differenzierter Systeme entfaltet.[389] Sie sind sind Folge der komplexitätsbedingten Steigerung des Auflöse- und Rekombinationsvermögens nicht nur des Wissenschaftssystems, sondern des differenzierten teilsystemischen Wissens und nicht ohne die veränderten Reichweiten der Kommunikationsmedien und der mit ihnen verbundenen Kulturformen zu denken.

Die Teleologie als Kulturform schriftbasierter Gesellschaften und das Gleichgewicht als Kulturform der buchdruckbasierten Gesellschaften sind Formen, die an den Grenzen der Disziplinarordnung zunehmend inadäquat werden. Die sich in ihnen vollziehenden souveränen und disziplinarischen Diskurs- und Kommunikationsformen und die dadurch ausgebildeten Systemformen stratifizierter und schließlich funktionaler Primärdifferenzierung bilden nun inhärente Widersprüche aus. Die Figur des Gleichgewichts wurde – vermittelt über die disziplinär organisierten Wissenssysteme -„nicht nur in psychischen Systemen, sondern auch in sozialen Systemen [verankert], so dass auch Wirtschaft und Politik, Wissenschaft und Erziehung, Recht und Religion, Kunst und Sport, ja sogar die sozialen Systeme der Interaktion, der Organisation und der Gesellschaft ihr cogito ergo sum zugesprochen bekommen und daraus ihr ebenso blindes wie waches Kalkül beziehen. Sobald die Gesellschaft darüber hinaus jedoch auch auf den Computer und das Internet zurückgreift, genügt – so die These von Luhmann – weder die Ordnungsfigur der Teleologie noch diejenige des unruhigen Gleichgewichts."[390] Mit der aufkommenden Informatisierung ist das disziplinarische Gleichgewicht aus den Fugen geraten; die Wissensextension gewinnt eine Dynamik, die über die bestehenden Kontingenzräume sozialen Handelns hinausgeht und neue Unsicherheitslagen entfaltet. In die Kommunikation tritt nun der Rechner, mit ihm „ist die soziale Entkopplung des medialen Substrats der Kommunikation ins Extrem getrieben."[391] Während durch Schrift und radikalisiert durch den Buchdruck „eine räumliche (und damit auch zeitliche) Entkopplung der Kommunikationskomponenten Mitteilung und Verstehen erreicht worden war, aber unter der strengen Voraussetzung, dass es sachlich um die selbe Information ging (wie immer diese dann »hermeneutisch« modifiziert werden mochte), kann der Computer auch die Sachdimension des Sinns der Kommunikation in die Entkopplung einbeziehen."[392] Die neuen Medien verschärfen mit der Extension von Kommunikations- und damit Wissensmöglichkeiten auch die Diskrepanz zwischen möglicher und aktuell stattfindender Kommunikation radikal und schaffen ein Selektionsproblem, „auf das die Gesellschaft auf der einen Seite mit Organisierung, auf der anderen mit Individualisierung der Selektion reagiert. Sie lösen die einsichtige Einheit der Kommunikation in einer Weise auf, die man noch vor wenigen Jahrzehnten nicht für möglich gehalten hätte." [393] Mit den Kommunikationsinfrastrukturen, die der disziplinarischen Wissensordnung zugrunde liegen, werden die Grenzen dessen,

389 Vgl. Luhmann 1997, S. 131, ausführlicher, S. Luhmann 1986a
390 Baecker 2007a, S. 37f
391 Luhmann 1997, S. 309
392 Luhmann 1997, S. 310
393 Luhmann 1997, S. 311

was als Wissen/Nichtwissen prozessiert wird unsicher. Das Fundament der Wissensautoritäten wird brüchig, die epistemologische Diversifizierung von Wissensformen untergräbt die funktionale Systemdifferenzierung. Dieser Prozess wird vor allem durch die elektronischen Medien und hier: die virtuelle Kommunikation des Internets angestoßen.

Auf den vor allem technologieinduzierten Statuswandel des Wissens unter postindustriellen und postmodernen Bedingungen wird früh hingewiesen. Unter den Bedingungen informatisierter Infrastrukturen des Wissens verfällt das dem souveränen und teilweise noch dem disziplinären Wissensbegriff verpflichtete Ethos der Geistes- und Persönlichkeitsbildung und wird durch sie unweigerlich veräußerlicht. Das informatisierte und deshalb tendenziell veräußerlichte »postmoderne Wissen« (Jean-Francois Lyotard) der Datenbanken und Computer wird jenseits seines Eigenwerts zunehmend unter dem Aspekt seines vorwiegend ökonomischen Nutzwertes als Produktivkraft beobachtet.[394] Die informatisierten Wissensinfrastrukturen, so lässt sich aus dieser Logik schließen, entfaltet eine Paradoxie objektivierten Wissens: indem die Erkenntnisse allverfügbar und inflationiert werden, wird das Wissen objektiviert und seinen unmittelbaren Entstehungszusammenhängen entzogen; zugleich unterminiert das mit diesen Prozessen einhergehende kritische Potential konkurrierender Wissensansprüche die Objektivierung des Wissens. Dieser Paradoxie kann nur fliehen, wer innoviert. Die Legitimation des wissenschaftlichen Wissens besteht unter diesen Voraussetzungen nicht darin, Erkenntnisse zu produzieren, die universaler oder disziplinärer Wahrheit verpflichtet sind, sondern im »permanenten Hervorbringen neuer Ideen« (Jean-Francois Lyotard); das wissenschaftliche Vorgehen ist deshalb stärker von der Suche nach dem Paradoxen, der Differenz, dem Neuen geprägt.

Die Konsequenzen dieser »Informatisierung der Gesellschaften« (Jean-Francois Lyotard) sind freilich kontingent: „Sie kann das ‚erträumte' Kontroll- und Regulierungsinstrument des Systems des Marktes werden, bis zum Wissen selbst erweitert

394 Lyotard 1982, S. 19ff. Der Zusammenhang zwischen Informatisierung und Veräußerlichung stellt sich mit Lyotard wie folgt dar: „Man kann vernünftigerweise annehmen, dass die Vervielfachung der Informationsmaschinen die Zirkulation der Erkenntnisse ebenso betrifft und betreffen wird, wie die Entwicklung der Verkehrsmittel zuerst den Menschen (Transport) und die in der Folge die Klänge und Bilder (Medien) betroffen hat. In dieser allgemeinen Transformation bleibt die Natur des Wissens nicht unbehelligt. Es kann die neuen Kanäle nur dann passieren und einsatzfähig gemacht werden, wenn die Erkenntnis in Informationsquantitäten übersetzt werden kann. Man kann daher die Prognose stellen, dass all das, was vom überkommenen Wissen nicht in dieser Weise übersetzt ist, vernachlässigt werden wird, und dass die Orientierung dieser neuen Untersuchungen sich der Bedingung der Übersetzbarkeit etwaiger Ergebnisse in die Maschinensprache unterzuordnen hat. [...] Mit der Hegemonie der Informatik ist es eine bestimmte Logik, die sich durchsetzt, und daher auch ein Gefüge von Präskriptionen über die als ‚zum Wissen' gehörig akzeptierten Aussagen gegeben. Man kann von da an auf eine starke Veräußerlichung des Wissens gegenüber dem ‚Wissenden' gefasst sein, an welchem Punkt des Erkenntnisprozesses sich dieser auch befinden möge." Lyotard 1982, S. 23f. Zur Bestätigung und Relativierung aus aktueller Perspektive vgl. Poser 2007, S. 49f

werden und ausschließlich der Prinzip der Performativität gehorchen." Sie kann es freilich (und diese Option hängt mit der von Lyotard nur antizipierbaren netzmedialen Form der Informatisierung zusammen) den diversen gesellschaftlichen Gruppierungen ermöglichen, fehlende Informationen zu erhalten, um verschiedene Sachlagen bewerten und entscheiden zu können. Die logische Voraussetzung der Emanzipation qua Wissen ist dementprechend der freie Zugang zu den gespeicherten Daten, Informationen und Wissensbeständen.[395] Die Beobachtung der Gegenwartsgesellschaften sieht indes beide Optionen verwirklicht. Die diversen Regierungsweisen wissensbasierter Legitimation realisieren, unterschiedlich akzentuiert Programmatiken und Strategien, die auf wirtschaftlichen wie demokratischen Kalkülen der Öffnung und Schließung beruhen, darin aber auf jeden Fall nur Projekte begrenzter Reichweite, Kontrollprojekte generieren. Das postmoderne Wissen befindet hinsichtlich seiner Ökonomisierung oder Emanzipation im Widerstreit.

Autoritätsbrüche

Mit den aufgekommenen neuartigen technologischen Möglichkeiten Wissen zu generieren und zu speichern, sichtbar und verfügbar zu machen, verändert sich der individuelle wie gesellschaftliche Status des Wissens. Die Autorität des Wissens und die Mikrophysik der Macht sind in der Disziplinarordnung gleichermaßen untrennbar verbunden mit den spezifischen personifizierten Wissensautoritäten. Die Diffusion der souveränen Herrschaft zeitigte die Geburt wissensbasierter Herrschaftsrollen, die (auch jenseits der Bürokratie) spezialisierte Herrschaft kraft Wissen ausübten. Die disziplinäre Kommunikation ist noch geprägt durch vermittelnde soziale Instanzen (die wissensgebundenen Disziplinarinstitutionen: die Massenmedien, Schulen und Hochschulen, Krankenhäuser; die sie verkörpernden Rollen disziplinarischer Autorität: die Journalisten, Lehrer und Professoren, Ärzte und Psychiater) ohne deren Regulation kein Wissen zu bekommen war – so wurde das Gleichgewicht von Kommunikation und Wissen über Institutionen und Experten hergestellt; was „Differenzierungsformen betrifft, so entspricht dem der Übergang zu funktionaler Differenzierung. Die moderne Computertechnologie führt einen wichtigen Schritt darüber hinaus. Sie greift auch die Autorität der Experten an. Im Prinzip wird in nicht allzu ferner Zukunft jeder die Möglichkeit haben, die Aussagen von Experten wie Ärzten oder Juristen am eigenen Computer zu überprüfen. Sie mögen behaupten, es gäbe für die Wirksamkeit bestimmter Medizinen keine wissenschaftlichen Beweise – und man findet sie doch"[396] – so entfällt mit der institutions- und expertenunabhängigen Verfügbarkeit von Wissen potentiell jede soziale Autoritätsinstanz.[397]

395 Vgl. Lyotard 1982, S. 192

396 Luhmann 1997, S. 313

397 Der Zusammenhang von netzmedialer Kommunikation und der damit verbundenen Informationsubiquität führt Hans Poser zufolge nicht zu einer Erosion der wissenschaftlichen Wis-

Diese Veränderungen „signalisieren seismische Verschiebungen in der Macht von Experten, Lehrern und den disziplinarischen Institutionen, denen sie angehören, und sie weisen auf einen Widerstand hin, der zwar nicht institutionalisiert und unorganisiert ist, jedoch eine ausgesprochen breite Basis besitzt."[398] Die Inklusionshierarchien, auf denen die funktional differenzierten Systeme und ihre disziplinarischen Institutionen beruhten, sehen sich durch neue vernetzte Arten der Wissensorganisation bedroht, die auf *open source* und *copy-left* setzen, mit denen die Rolle des Professionellen zunehmend infragegestellt wird. Mit dieser Verschiebung ist die funktionale Differenzierungsform selbst bedroht: die funktional spezifizierte Systemorientierung (die Sachdimensionen: Wirtschaft, Politik, Religion etc.), die vorher institutionell und expertengestützt die Sachdimensionen ‚vorentschied', wird durch ein netzmedial organisiertes Wissen von der Kommunikation entkoppelt. Die Konsequenzen dieses Bruchs der disziplinarischen Wissensautoritäten für die gesellschaftliche Organisation bis hin zu ihren Differenzierungsformen sind signifikant. „Was daraus werden kann, entzieht sich derzeit kühnsten Spekulationen. Immerhin kann man bereits neue Trends in der kognitiven Behandlung solcher Sachverhalte beobachten, die beginnen, die Ordnung des Wissens zu beeinflussen. [...] In gesellschaftstheoretischer Perspektive kann man allenfalls das Problem dieser neuen Ordnung des Wissens mit der nötigen Radikalität formulieren."[399] Die disziplinarische Wissensordnung, die auf der Grundlage eines gemeinsam geteilten Sinns als Differenz zu etwas Feststehendem beruhte, gerät nun durch kognitive Strukturen, die diese Referenz suspendieren, unter Druck.

Der entscheidende und weit über einen allmählichen Autoritätsverfall hinausgehende *Autoritätsbruch* disziplinär organisierten objektiven Wissens vollzieht sich in der Dekonstruktion der Legitimität dekontextualisierten wissenschaftlichen Wissens

sensautoritäten; im Gegenteil fordert Poser ‚ausgebildeten' Sachverstand zur Prüfung, Einschätzung und Freigabe von Wissen: Gutachter, Lektoren, Bibliothekare usw. – und damit die bekannten Wissensautoritäten und Professionellen (vgl. Poser 2007, S. 50f). Der Argumentation Posers entgeht, dass der von ihm gemachte explizite Verweis auf die Wissensinstanzen der Buchkultur wertlos wird, weil die Wissensinstanzen genuine Produkte der Buchkultur sind, die auf die netzmediale Wissenskultur nicht automatisch zu übertragen sind. Unter der Hand postuliert er damit einen Begriff objektivierten wissenschaftlichen Wissens, aus dem die notwendigen Instanzen zur Kontrolle dieser Ojektivität zwangsläufig geschlussfolgert werden müssen. Er formuliert als Problem der Reinigung (von ‚Informationsmüll'), was nichts anderes ist als die Pluralisierung und Heterogenisierung von Wissensansprüchen diesseits und jenseits der Wissenschaft.
Die netzmedialen Konsequenzen für die Ordnung des Wissens und die bekannten Wissensautoritäten sind freilich nicht im Alternativenzwang zwischen ihrer vollständigen Beibehaltung und radikalen Abschaffung zu suchen. Wichtig ist vielmehr, ausgehend vom Zusammenhang zwischen Wissensmedium und -autorität, die schleichenden Verschiebungen und Diffusionen von Wissens-Macht-Komplexen wie der Relativierung und Kontextualisierung wissenschaftlichen Wissens zu beobachten, anstatt sie entweder in einer objektivistischen oder relativistischen Perspektive zu invisibilisieren.

398 Edwards 2007, S. 61

399 Luhmann 1997, S. 310

selbst und der damit verbundenen zunehmend irrelevanten Spaltung zwischen wissenschaftlichem und kontextualisiertem, nicht-wissenschaftlichem Wissen. „Wenn das, was als Wirklichkeit gilt, zunehmend von Menschen gemacht und nicht mehr als von der Natur gegeben angesehen wird, dann können die Autorität der Wissenschaften und die Rationalität, die der Auswahl von möglichen Optionen zugrunde liegen, nicht mehr von der Natur allein abgeleitet werden."[400] Die Dekonstruktion des quasi-naturalisierten, objektivierten Wissens zieht unweigerlich eine Kontextualisierung der Wissensproduktion und eine Pluralisierung der Wissensformen nach sich. Die in der Disziplinarordnung als Volkswissen oder ähnliches disqualifizierten und „unterdrückten Formen von Wissen"[401] werden rehabilitiert. „Objektives Wissen genügt sich nicht länger selbst, wenn die Ergebnisse seiner Objektivität endlos verhandelt, bestritten und oft zurückgewiesen werden auf einer Grundlage, die nicht einmal mit dieser Objektivität in Zusammenhang steht."[402] Die Zweifel, die der disziplinären Wissenschaft entgegenschlagen und in vielfältige Dekonstruktionen ihrer Rationalität münden, sind zugleich Zweifel an dem Funktionssystem Wissenschaft und seinen Artikulationsweisen. Mit den Einsprüchen gegen sie und die an sie gekoppelten Diskurse tritt zugleich das Politische in den Veränderungen der postmodernen Wissensorganisation hervor. Die Skepsis gegenüber der disziplinären Wissensorganisation dekonstruiert zugleich die große Erzählung von der Reinheit des wissenschaftlichen Wissens und der Abtrennung ihres natürlichen und gesellschaftlichen Kontextes, unterbricht die damit verbundenen Diskurse und hinterfragt die an sie gekoppelten gesellschaftlichen Ordnungsansprüche.[403]

Die Reorganisation des Wissens

Die vielfältigen Verweigerungen gegenüber der disziplinären wissenschaftlichen Logik, ihren Realitätsansprüchen und Folgewirkungen unterminieren nicht nur die Kommunikation und die Diskurse der Wissenschaft, sondern konstituieren zugleich eine neue Legitimation, mit der sich neue wissenschaftliche Rationalitäten und Diskurse konstituieren. Mit den genuin in der Sphäre des Politischen erfolgenden Ver-

400 Nowotny 1999, S. 26

401 Foucault in Weiler 2002, S. 5

402 Nowotny 2006, S. 32

403 Helga Nowotny weist in diesem Zusammenhang auf die Studien von Latour und Pestre hin, nach der die Moderne zum einen die Reinheit des Wissens mit ihrer Abspaltung von der praktischen Vermischung mit den Dingen verbindet (so Latour) und zum anderen der u.a. von Nowotny beobachtete Modus 2 der Wissensorganisation während der gesamten (disziplinären) Epoche der Wissensorganisation praktiziert, aber von einem Diskurs des Modus 1 disziplinärer Wissensorganisation überdeckt wurde, dessen Schlüsselworte Objektivität, Reinheit und Distanziertheit zugleich die soziale Ordnung konstituierten. Vgl. Nowotny 1999, S. 73ff. Dementsprechend lässt sich Modus 2 als hegemonialer Diskurs der Wissensorganisation verstehen, der in der Ablösung des Modus 1 – Diskurses zugleich soziale Ordnungsansprüche erhebt.

änderungen vollzieht sich eine Reorganisation der Wissensorganisation, deren Konturen sich erheblich vom disziplinarischen Wissen unterscheiden. Die Postmoderne sieht sich nun mit der Frage konfrontiert, ob sie „fähig ist, der Tatsache ins Auge zu sehen, dass die Wissenschaft, nach allem, was man weiß und wissen kann, eine unter vielen Geschichten ist."[404] Dieser radikale Zweifel meint freilich nicht, dass wissenschaftliches Wissen neuerlich durch Glaubensvorstellungen oder Mythen abgelöst wird. Indem aber seine Erkenntnisvoraussetzungen angegriffen werden, wird es zugleich auf seine Legitimation hin befragt. Damit geraten zum einen die Machtwirkungen und -intentionen in den Blick, zum anderen die Konsistenz der Aussagen innerhalb der Erkenntnis- und Regelsysteme. Wissen wird jedoch nicht an Bedeutung abnehmen, sondern in diversifizierten epistemologischen Formen an Relevanz gewinnen und mit verschärfter Kontingenz leben müssen.[405] An die Stelle disziplinärer Abgrenzungen treten nun kontextualisiertes Wissen[406] und die Diversität epistemischer Kulturen unterschiedlicher erkenntnistheoretischer Provinienz. Die bisweilen festgestellte »Krisis des Wissens« (Helmut Willke) ist dabei weder eine Krise des wissenschaftlichen Wissens, noch des Wissens an sich, sondern vielmehr des funktional spezifizierten, in seiner disziplinären Ausprägung objektiven Wissens[407] und so sehen sich die „klassischen Abgrenzungen der verschiedenen wissenschaftlichen Felder einer Infragestellung unterworfen: Disziplinen verschwinden, an den Grenzen der Wissenschaft zeigen sich Übergriffe, woraus neue Territorien entstehen. Die spekulative Hierarchie der Erkenntnisse macht einem immanenten, sozusagen ‚flachen' Netz von Forschungen Platz, deren jeweilige Grenzen nicht aufhören, sich zu verschieben."[408] Infolgedessen etabliert sich weit mehr als nur ein pluralistischer Wissensbegriff, der über die Dominanz des kognitiven hinaus normatives, ästhetisches und interkulturelles Wissen in die Ordnung des wissenschaftlich legitimen Wissens integriert.[409]

404 Baumann 1992, S. 297

405 Vgl. Stehr 2000, S. 309

406 Vgl. Nowotny 2006, S. 27f

407 Zur These einer Krisis des Wissens kommt Willke. Peter Wehling weist zu Recht darauf hin, dass die These einer schwindenden Relevanz des Wissenschaftssystems auf einer traditionalistischen Auffassung des Wissensbegriffs und der Wissensorganisation beruht. Vgl. Wehling 2003, S. 120, Willke 2002, S. 12ff, 35

408 Lyotard 1982, S. 116

409 Vgl. Weiler 2002, S. 4. Ob die Integration ästhetischer und ethischer Wissensformen eine derart neuartige Entwicklung darstellt, kann relativiert werden. Vielmehr ist festzustellen, dass diese Wissensformen schon mit der Disziplinarisierung der Wissenschaft in den Wissenschaftsbetrieb integriert wurden, aber – und hier könnte in der Tat ein Bruch beobachtet werden – innerhalb des Wissenschaftsbetriebs relativ isoliert waren. Demgegenüber ist derzeit eine Veränderung in dreifacher Hinsicht beobachtbar: erstens werden ethische und ästhetische Wissensformen auf Probleme angewandt, die vorher kognitiven Wissensformen vorbehalten waren, zweitens werden die drei Wissensformen stärker miteinander kombiniert und aufeinander bezogen, drittens steigt offensichtlich die Relevanz ästhetischer und ethischer Wissensformen bei der Anwendung wissenschaftlichen Wissens außerhalb der Wissenschaft. Quer zu diesen Integrationsprozessen steht die Integration interkultureller Wissensformen, d.h. spezi-

Die Diskussion der Erkenntnisbedingungen stellt zugleich Machtfragen: nach den Zusammenhängen von temporärer Legitimation der Macht durch Wissen und des Wissens durch die Macht über *Wissensinstitutionen* und *Wissensrollen*. Die funktionale Differenzierung trennte mit der Objektivierung disziplinären Wissen die wissenschaftlichen Wissensproduzenten vom Rest der Gesellschaft. „Doch wenn die Grenzen zwischen der Institution Wissenschaft und der Gesellschaft durchlässiger werden und sich weiterhin verschieben, stellt sich erneut die Frage nach dem Einschluss und dem Ausschluss. Wer gehört wann und unter welchen Bedingungen zum inneren Kreis der Wissensproduzenten?“[410] Dabei lässt sich eine doppelte Legitimationsverschiebung von Wissen und Macht beobachten, in der die Objektivierungskrise des Wissens zugleich die Krise der Wissensinstitutionen und Wissensrollen artikuliert. Die insbesondere in den Krisen der disziplinarischen Institutionen, in den gesellschaftlichen Auseinandersetzungen der 1960er und 70er Jahre aufgekommenen Kritiken an den Formen, Institutionen und Rollenverkörperungen des wissenschaftlichen Wissens und die daraus folgenden Entwicklungen sind fundamental für die zunehmende Wissensbasierung gesellschaftlicher Prozesse. In der Bildungsexpansion, der Popularisierung dekontruierender, kritischer Erkenntnisformen und der Einforderung postmaterialistischer Haltungen und kreativer Tätigkeiten fanden und finden Prozesse einer fundamentalen Legitimationsverschiebung von Macht und Wissen statt, die nun für sämtliche gesellschaftliche Bereiche relevant werden.[411] Dementsprechend lassen sich in den zentralen Organisationsfeldern der Wissensproduktion simultane Fragmentalisierungsprozesse beobachten. Die disziplinären Wissensinstitutionen unterliegen längst Enthierarchisierungen (etwa des Unterschieds zwischen Universitäten und Fachhochschulen, zwischen öffentlichen und privaten

fischer regionaler, insbesondere ethnischer und postkolonialer Wissensformen (vgl. Weiler 2002, S. 9f). Zur Einordnung im Hinblick auf die Grenzen der Pluralisierung des Wissens vgl. Böhle 2003, S. 143 - 177

410 Nowotny 1999, S. 64

411 Diese These lässt sich mit Stehr im Anschluss an Drucker für den ökonomischen Sektor verdeutlichen. Die erhöhte Nachfrage an Wissensarbeitern resultiert demnach aus dem stark gestiegenen Angebot an hochqualifizierten Arbeitskräften (vgl. Stehr 2003b). Damit korrespondiert die These von Boltanski/Chiapello, das die Veränderungen der Arbeitsorganisation in Richtung auf kreative Tätigkeiten aus den 1968er Emanzipationsbewegungen resultiert. Boltanski und Chiapello betonen den subversiven Charakter der neuen Arbeitsorganisation. Das neue Kreativitätsparadigma erreicht nicht sofort die Konzernzentralen und Fabrikhallen, sondern nimmt den Umweg über die ökonomische Sphären, die nicht genuin kapitalistisch sind und konnte so „in der Frühphase seines Entstehens als eine Überwindung des Kapitalismus, damit aber auch als eine Überwindung des Antikapitalismus verstanden werden. Er beinhaltet das Thema der Emanzipation und des freien Zusammenschlusses von Kreativen, die eine gemeinsame Passion verbindet und die sich gleichberechtigt zusammenfinden, um ein gemeinsames Projekt zu verfolgen.“ Boltanski, Chiapello 2003, S. 257 Beide Prozesse lassen sich in die eben skizzierte Doppelbewegung aus Autoritätsbruch und Extension des Wissens einordnen.

Forschungsinstitutionen) und Transnationalisierungen,[412] die jedoch keinesfalls darauf hinaus laufen, Wissensinstitutionen zu egalisieren oder zu nivellieren.

Im Wandel von einer nach innen und außen differenzierten und *funktional spezialisierten* Produktion, Verwertung und Steuerung des Wissens zu einer *heterogen verteilten* Wissensproduktion werden die Grenzen des funktional spezialisierten Wissensregimes überwunden[413] und die territorialen Grenzen zunehmend irrelevant.[414] Die Prozesse der Wissensproduktion und -bewertung differenzieren, den Logiken der Kontrolle folgend, zunehmend „das heterogene Ganze in Teile der gleichen Art, aber mit unterschiedlichem Status oder auf unterschiedlichen Ebenen."[415] Der Mechanismus ‚Wissen folgt Geld' wird relativiert und die verteilten Felder der Wissensproduktion gestalten sich insbesondere unter der Annahme virtueller Netzwerkformen wesentlich autonomer, aber auch volatiler und fragiler.[416] Die Reorganisation des Wissens ist in all dem auch eine Transformation mit gesellschaftlichen Konsequenzen.

Die Extension und die Autoritätsbrüche des Wissens sowie die Reorganisation der Wissensorganisation hängen eng mit dem Aufkommen netzmedialer Kommunikationsformen zusammen; sie strahlen darüber hinaus auch auf die Gesellschaftsstruktur aus, denn „die Autorität der Quelle mit all den erforderlichen sozialstrukturellen Absicherungen (Schichten, Reputation) wird entbehrlich, ja durch Technik annulliert und ersetzt durch die Unbekanntheit der Quelle." [417] Damit ist die systemkonstituierende Differenz zwischen den Inklusionsfiguren der Professionellen und Laien berührt, die auf dem Hierarchiegefälle eines funktional differenzierten, abgeschlossenen und abgegrenzten Wissens beruht. Mit der aufkommenden netzmedialen Kommunikation erodiert nun diese eng mit der Buchkultur zusammenhängende Unterscheidung, weil das Expertenwissen jederzeit hinterfragt werden kann.[418] Mit

412 Vgl. Weiler 2002, S. 7, 9

413 Vgl. Rammert 2002, S. 2. Entscheidende Grenzüberschreitungen sind demnach die Innovation durch komplementäre und koordinierte Zusammenarbeit von Wissensakteuren unterschiedlicher epistemologischer Perspektiven und die zunehmende Diffusion und Unkontrollierbarkeit von Wissensbeständen. Aus beiden Prozessen entfaltet sich Rammert zufolge die Paradoxie, dass mit der Zunahme explizierten (das heißt: angewendeten, z.B. kommerzialisierten) Wissens, die Relevanz nicht-epliziten (d.h. durch Kompetenzen vollzogenen, z.B. kreativen) Wissens steigt. Gibbons und andere beobachten die zunehmende Kontextualisierung und Vergesellschaftung des Wissens im Rahmen einer Entwicklung offener Systeme der Wissensproduktion, die von disziplinärer Orientierung einer universitären Wissensproduktion (Modus 1) auf Problemorientierung einer hybriden Form von Wissensproduktion in unterschiedlichen Feldern umstellen (Modus 2). Vgl. Gibbons et. al. 1996

414 Vgl. Guéhenno 1994, S. 35f

415 Die Qualität der Wissensproduktion wird nicht mehr nur von Experten, sondern Expertengruppen, „einer Mischung epistemischer Kulturen" und durch Laienkompetenzen bewertet (Rammert 2002, S. 6). Vgl. Nowotny 2006, S. 33f

416 Vgl. Willke 2002, S. 48

417 Luhmann 1997, S. 309

418 Paul N. Edwards belegt diesen Zusammenhang am Beispiel des Wissenschaftssystems. Die disziplinarischen Lehr- und Lerntechniken, die das wissenschaftliche Arbeiten mit dem Originalitätsgebot koppelten, werden durch kreative ‚Forschungsstrategien' des cut-and-paste

der Fragmentierung der Wissensrollen verändert sich auch die Mikrophysik der Macht entscheidend. Die Wissensautoritäten sehen sich (weit über den vielleicht sichtbarsten Fall: den Lehrer hinaus) längst in der Krise einer anhaltenden Dekonstruktion ihrer Rollen,[419] die nur dort aufgehalten wird, wo Selbstdefinitionen signifikant geändert werden.[420] Diese Prozesse sind in den beratenden und kreativen Berufen als unterschiedliche Strategien der Kontingenzbewältigung symptomatisch zu beobachten. Sie internalisieren mit ihren Kernkompetenzen der Wissensregulation, der permanenten Reflexivität über den Abgleich von Ziel- und Abweichungswerten und der daraufhin initiierten Selbstregulation die gängigen Strategien und Technologien der Kontrolle.

Mit dem Autoritätsbruch des Wissens korrespondiert eine Entgrenzung der klassischen Felder der Wissensorganisation, die in diversen zunehmend verwissenschaftlichten und pädagogisierten Gesellschaftsbereichen sichtbar wird. Die Subjekte, die mit den Anrufungen gesellschaftlicher Pädagogisierung adressiert und damit gleichzeitig konstruiert werden, zeigen zugleich eine veränderte gesellschaftliche Differenzierung an. An die Stelle der gespaltenen Rollen des *homo oeconomicus*, des *homo juridicus* oder des *homo paedagogicus* tritt ein hybrides Selbst, das die diversen Anrufungen im Modus der Kontrolle gleichzeitig und parallel realisieren soll. Die Folgeprobleme funktionaler Differenzierung generieren längst nicht nur Problemlagen, sondern darüber hinaus auch Lösungen, die in der sozialwissenschaftlichen Theorie wahlweise als gesellschaftliche Kolonialisierungen, Dedifferenzierungen oder Hybridisierungen identifiziert werden. Konnte die Ökonomisierung des Sozialen entweder in den verschiedenen Spielarten der Liberalismus- oder Neoliberalismuskritik verurteilt, theoretisch eleganter als »Kolonialisierung des Lebenswelt« (Jürgen Habermas) durch den Übergriff der ökonomischen Handlungslogiken des Systems diagnostiziert[421] oder systemtheoretisch nüchtern als »asymmetrische Interpenetration« zu Gunsten des Wirtschaftssystems und zu Lasten anderer Syste-

sowie der jederzeitigen Hinterfragung des professoralen Wissens mittels netzmedialer Information tendenziell hinfällig. Vgl. Edwards 2007, S. 58f

419 Diese Dekonstruktion ist in zwei Dimensionen zu beobachten. In der äußeren Dimension der Entdifferenzierung der institutionell gekoppelten Wissensautoritäten (z.B. die Einwanderung der Sozialarbeiter in die pädagogischen Institutionen) und der inneren Dimension der Statusentdifferenzierung (vergleiche etwa die Diskussion um die Habilitation).

420 Für die Figur des Lehrers ist dies anhand des Rollenwandels der Lehrerschaft in den skandinavischen Ländern feststellbar, in denen nach einer tiefen Rollenkrise ein erheblicher Ansehensanstieg von Lehrern zu beobachten ist. Der Lehrer ist nun Moderator und Evaluator von Lernprozessen, die auf der Eigenaktivität der Schüler beruhen. Zum Berufsverständnis der Lehrers gehört nun permanente Hinterfragung der eigenen Rolle, Kommunikation als Kernkompetenz und das sich Einlassen auf fluktuierende Situationsänderungen – Merkmale, die auf ‚Berater' ebenfalls zutreffen. Dieses veränderte Rollenverständnis, das die Macht des Lehrers nicht aufhebt, aber erheblich transformiert, steht paradigmatisch für veränderte Subjektivierungsformen in der Kontrollordnung. Vgl. Höhne 2003

421 Bekanntlich erfolgt der Theorie des kommunikativen Handelns zufolge die Kolonialisierung der kultur- und wertbestimmten Lebenswelt nicht nur durch ökonomische (Medium Geld), sondern auch durch bürokratische (Macht) Imperative. Vgl. Habermas 1981

me beobachtet werden,[422] fällt es weit schwerer die Funktionshybridisierungen jenseits der bekannten Hypertrophien von Markt und Staat einzuordnen. Phänomene wie die gesellschaftliche Pädagogisierung einer »Totally Pedagogised Society« (Basil Bernstein)[423] oder die »Moralisierung der Märkte« (Nico Stehr)[424] lassen sich kaum als Übergreifen von ‚harten' Systemrationalitäten auf ‚weiche' Lebenswelten verstehen oder mit dem üblichen systemtheoretischen Vokabular hinreichend erklären. Mit diesen Phänomenen werden Anrufungen wie das ‚lernende Unternehmen' oder der ‚ethische Konsument' sichtbar, die die funktionsspezifischen Subjektivierungen auf die Realfiktionen wie des *homo oeconomicus* oder *homo paedagogicus* unterlaufen.[425] Mit der Hypothese vielfältiger Hybridisierungen, mit denen das Prinzip der funktionalen Differenzierung auf den Ebenen des Subjekts, der Organisation und des Systems bedroht ist, sind engere differenztheoretische Fragen berührt. Der hybridisierten Realfiktion des Subjekts entsprechen ebenso hybridisierte Organisationen; beide weisen auf einen grundsätzlich veränderten gesellschaftlichen Differenzierungsmodus hin.[426]

422 Vgl. Voswinkel/Kocyba 2005, S. 80

423 In Abgrenzung zu der seit den 1960er Jahren in nur wenigen und kleineren Beiträgen stattfindenden Diskussion über die Pädagogisierung als ein Hauptelement der industriellen Modernisierung neben Technisierung und Bürokratisierung, (das mit der Aufwertung von Bildung und Erziehung als conditio sine qua non für die notwendige Einfügung der Individuen in moderne Gesellschaften verstanden wird, aber dennoch im Erziehungswesen als Teilsystem verbleibt,) wird als neuere Entwicklung der Gegenwart das Übergreifen pädagogischer Semantiken und Technologien auf andere Teilsysteme diskutiert. Dieses Phänomen wird in einer der letzten Arbeiten von Basil Bernstein auf die These einer Totally Pedagogised Society zugespitzt, deren Schlüsseltechnik die trainability wird. Bernstein stellt diesen Trend explizit in einen Bezug auf die aktive Rolle des Staates, hier auf die New Labour Politik in Großbritannien. vgl. Morais 2001, Sertl 2004. Die ‚Hypertrophie' übermäßiger organisatorischer Expansion der Pädagogik wurde als erstes unter dem Begriff ‚Pädagogismus' von Janpeter Kob thematisiert (Kob 1976, S. 92ff), um das Entstehen der Vorschulpädagogik und der Erwachsenenpädagogik kritisch einzuordnen. Zum Begriff der Pädagogisierung der Gesellschaft seit den 1960er Jahren vgl. zusammenfassend Höhne 2003, S. 38f, 230ff. Die vorhandende neuere Literatur zum Thema findet sich in Ribolits/Zuber 2004. Die Beiträge argumentieren überwiegend aus der Perspektive einer (neo-liberalismus-)kritischen Erziehungswissenschaft. Dabei sticht Höhnes an Foucault geschulter Beitrag über die ‚Pädagogisierung sozialer Machtverhältnisse' heraus, in dem er in der Pädagogisierung eine neue Form des Regierens diagnostiziert.

424 Stehr beobachtet eine wissensbasierte Moralisierung von Märkten, nach der aufgrund der zunehmenden Bildung und Informiertheit der Kunden moralische Entscheidungen beim Kauf eine immer größere Rolle spielen. Die moralischen Entscheidungen beziehen sich dann (natürlich nicht auf eine gesellschaftlich vollständig integrierte universal Moral, sondern) auf „komplexe Wertvorstellungen und soziale Netzwerke" (Stehr 2003a, S. 242). Vgl. Stehr 2003a, S. 222ff, Stehr 2007

425 Die vielleicht prominenteste Figur, die diesen Hybridisierungsprozess am Beispiel des Übergreifens ökonomischer Rationalitäten beschreibt, ist (ohne das diese Hypothese bisher so expliziert worden wäre) das ‚unternehmerische Selbst'. Vgl. Bröckling 2007

426 Ein alternativer Vorschlag, diese Hybridisierungen und die damit verbundenen Probleme, Systemzugehörigkeiten eindeutig zu klären, ist die Konzeptionalisierung von Fuzzy-Systems (vgl. Kron/Winter 2005). In Anlehnung an die ‚fuzzy logic' wird vorgeschlagen, dass Kommunikationen und Codes nur vage oder graduell operieren und Systemzugehörigkeiten dem-

Die Erosion des objektivierten Wissens und der institutionen- und rollenorientierten Wissensautoritäten verweist auf einen signifikanten Wandel der gesellschaftlichen Primärdifferenzierung. Der funktional differenzierte Systemaufbau ruht auf einem ebenfalls funktional differenzierten disziplinarischen Wissen auf, das mit systemspezifischen Kommunikationen prozessiert wird; ein mit spezifischer Autorität ausgestattetes Wissen, das andere Wissensformen als Nichtwissen disqualifiziert oder ignoriert. In dem die Wissensautoritäten sukzessive dekonstruiert werden, wirkt sich dies über kurz oder lang auf das aus, was als Wissen/Nichtwissen prozessiert wird – die epistemologische Diversifizierung von Wissensformen untergräbt funktional differenzierte Systemdifferenzierung. In evolutionstheoretischer Perspektive kann man nun eine „Verschärfung der Differenzierung von Variation, Selektion und Restabilisierung" beobachten, wie sich für vorhergehende Änderungen der gesellschaftlichen Differenzierungsform typisch war. „Die Evolution selbst evoluiert; sie verelbständigt Selektion und Restabilierung gegenüber der Variation und schafft damit höhere Freiheitsgrade in der Bewältigung unverstandener oder unzureichend placierter Probleme."[427] Selektion und Restabilisierung werden aufgrund der insbesondere kommunikationstechnologisch bedingt angewachsenen Variationsmöglichkeiten der einzelnen Elemente der Kommunikation nicht mehr ausschließlich funktionssystemisch prozessiert, sondern in flexiblere, netzwerkartige Zusammenhänge gestellt.

Die hier vertretene Schlussfolgerung aus diesen Beobachtungen lautet: im Sinne einer radikalisierten Dedifferenzierung[428] lässt sich eine evolutionäre Umstellung der gesellschaftlichen Primärdifferenzierung von funktionaler auf *fragmentale Differenzierung* beobachten, die von einer veränderten Wissensorganisation ausgeht und die gesamte gesellschaftliche Primärdifferenzierung transformiert. [429] Das in der

entsprechend polykontextural sind. Damit wird freilich nur die diskursive Umkämpftheit und prinzipielle Unabgeschlossenheit von Codes und Kommunikation fuzzy-logisch reformuliert, ohne eine konsequente Trennung zwischen a priori vager Kommunikation und einer Polykontexturalität zu ziehen, die funktionsspezifische Systemzugehörigkeit ad absurdum führt.

427 Luhmann 1997, S. 471

428 Dedifferenzierungskonzepte gehen von der Beobachtung aus, dass funktionale Differenzierung partiell aufgelöst wird und dabei „durch grenzüberschreitende, sich ausbreitende und spontan sich entwickelnde Theorien, Methoden und ‚boundary objects', die sehr leicht Raum und Zeit überwinden und von einem Forschungsgebiet zum anderen wandern" verstärkt und unterstützt werden. Vgl. Nowotny 2006, S. 26

429 Vgl. Rammert 2002, S. 7, Hutchins 1996. Der Begriff *fragmentaler* Differenzierung wird von Werner Rammert im Zusammenhang techniksoziologischer Untersuchungen eingeführt. Mit dem Ansatz fragmentaler Differenzierung sind zahlreiche Theorieprobleme des Systemtheorie verbunden, die im wesentlichen auf das Dilemma von Funktion und Struktur anspielen. So kann die Systemtheorie zwar sehr gut strukturelle Kopplungen zwischen unterschiedlichen Teilsystemen erklären, aber nicht Phänomene, die nicht auf funktionale Systemlogiken zurückführbar sind, eben z.B. solche fragmentaler Wissensproduktion. Die von Luhmann so bezeichneten ‚unprogrammierten Probleme' nehmen offensichtlich zu und werden von (oft all-

Disziplinarordnung nach innen und außen differenzierte und funktional spezialisiert produzierte, verwertete und gesteuerte Wissen unterliegt demnach einem signifikanten Wandel hin zu einer heterogen verteilten Wissensproduktion, mit der die Begrenzungen des funktional spezialisierten Regimes der Wissensproduktion überwunden werden.[430] Dedifferenzierungsprozesse und fragmentale Differenzierung werden über den Kern der veränderten Wissensproduktion hinaus emergent.[431]

Die Folgen der sich in der Wissensorganisation abspielenden Veränderungen für Gesellschaft und Staat sind kaum absehbar. Wissen wird immer weniger durch isolierte Techniker, Sozialwissenschaftler oder Psychologen; Künstler, Verwalter und Betriebswirte separat je nach spezifischen Aufgaben getrennt voneinander produziert, sondern durch reflexive Zusammenführung heterogener Wissenskulturen in diversen Kontrollprojekten der Wissensregulation.[432] Disziplinäres Wissen wird dabei keineswegs negiert, sondern ist Ausgangspunkt des eigentlich produktiven Prozesses koordinierter Wissensmischung, denn „die Inputs des disziplinären Wissensschatzes und die kontrollierte Weiterentwicklung des fachlichen Methodenrepertoires werden weiterhin benötigt." Gleichwohl verlieren die Disziplinen „unter dem Regime heterogen verteilter Wissensproduktion ihre alles strukturierende Macht; neue Formen der Koevolution zwischen Disziplinen und auch zwischen wissenschaftlichen und außerwissenschaftlichen Institutionen, geteilte Prüfstände für Theorien und technische Innovationen und Meta-Sprachen der wissenschaftli-

täglichen) Randerscheinungen zur Norm. Der Umstand, dass „es gewisse Vorteile bieten mag, Probleme im unprogrammierten Zustand zu belassen, um sie leichter und elastischer handhaben zu können – besonders wenn nicht von vornherein feststeht, ob sie in ihrer Anfangsform überhaupt gelöst werden können" (Luhmann 1968, S. 261) wird in vielen gesellschaftlichen Feldern offensichtlich zur Notwendigkeit. Eine tiefergehende Analyse, inwiefern die Theorie funktionaler Differenzierung zunehmend inadäquat wird und deren Theorieprobleme sich verschärfen, ist hier selbstverständlich nicht zu leisten. Demgegenüber muss diese Arbeit sich damit begnügen, von wenigen Indizien und Postulaten auszugehen und das Risiko eingehen, theoretische Konturen simultan zu ihrer Anwendung herauszuarbeiten.

430 Vgl. Rammert 2002, S. 2. Entscheidende Grenzüberschreitungen sind demnach die zwei paradoxen Prozesse der Innovation durch komplementäre und koordinierte Zusammenarbeit von Wissensakteuren unterschiedlicher epistemologischer Perspektiven und die zunehmende Diffusion und Unkontrollierbarkeit von Wissensbeständen. Aus beiden Prozessen entfaltet sich Rammert zufolge die Paradoxie, dass mit der Zunahme explizierten (das heißt: angewendeten, z.B. kommerzialisierten) Wissens, die Relevanz nicht-epliziten (d.h. durch Kompetenzen vollzogenen, z.B. kreativen) Wissens steigt. Helga Nowotny und andere beobachten die zunehmende Kontextualisierung und Vergesellschaftung des Wissens im Rahmen einer Entwicklung offener Systeme der Wissensproduktion, die von disziplinärer Orientierung auf Problemorientierung umstellen (Modus 2). Vgl. Gibbons et. al. 1996

431 Diese Hypothese lehnt sich damit an die mit der Begrifflichkeit des Modus 2 arbeitende Behauptung Helga Nowotnys an, dass die Entwicklung offener Systeme der Wissensproduktion in engem Zusammenhang mit der Auflösung funktional differenzierter gesellschaftlicher Strukturen steht (vgl. Nowotny 2006, S. 25). Damit grenzt sich diese Erklärung von Ansätzen ab, die funktionale Differenzierung vor allem durch Globalisierung herausgefordert sehen (vgl. Voelzkow 2000).

432 Vgl. Rammert 2002, S. 7, Knorr-Cetina 1999

chen Kommunikation entstehen und ersetzen die strenge Kontrolle der disziplinären Theorie."[433]

Die fragmentale Differenzierung „teilt das heterogene Ganze in Teile der gleichen Art, aber mit unterschiedlichem Status oder auf unterschiedlichen Ebenen." Die Qualität der Wissensproduktion wird nun nicht mehr nur von disziplinären Experten, sondern heterogenen Expertengruppen, „einer Mischung epistemischer Kulturen" und durch Laienkompetenzen bewertet – mit ihnen entfaltet sich der Modus der Kontrolle, der die Anerkennungsbedingungen Wissen nicht mehr hierarchisch festlegt, sondern in Prozessen gegenseitiger Evaluation und Korrektur aushandelt.[434] In Gesellschaften fragmentaler Differenzierung mit einer heterogen verteilten Wissensproduktion erfolgen die Unterscheidungen durch kombinierte, heterogene Teilungen, erfolgen Koordinationen über Netzwerke und epistemische Kulturen. Systeme fragmentaler Differenzierung bilden sich demnach als Systeme heterogener Praktiken in einem Zustand lose gekoppelter Verteiltheit und sind so spontaner und wesentlich fragiler als Systeme funktionaler Differenzierung.[435] Dabei kommt in der kontrollarischen Wissensorganisation insbesondere der Subjektivität und den Kompetenzen, dieses überschüssige Wissen einzuordnen und in spezifischen Kontexten sozial wirksam zu machen, eine besondere Rolle zu. „Produktion und Innovation vollziehen sich nur gemeinsam in Netzwerken"[436] und bedürfen der entsprechenden Kooperations- und Kommunikationskompetenzen.[437]

Aus der gebrochenen Autorität des objektivierten Wissens, der Wissensinstitutionen und der Wissensrollen ergeben sich zwei paradoxe und einander entgegengesetzte Strategien des Umgangs mit des gestiegenen Kontingenz des Wissens: Bewältigung und Abweisung. Auf der Seite des bewältigten Wissens stehen die diversen Ordnungsweisen der Anwendung, Verwertung und Intensitätssteigerung des Wissens. Auf der Seite der Abweisung stehen die Unordnungen des Wissens, die Reflexion, Sichtbarmachung und Produktivierung von Nichtwissen. Beide tragen dazu bei, die Unregierbarkeit des Wissens wahrscheinlicher zu machen, indem sie einen der Wissensextension paradoxen Grundzug vereinen: die Bedeutungssteigerung des Imaginären und Virtuellen. Rechnet man ein, dass die heterogen verteilten Imaginationen und Virtualitäten keine hinreichenden Faktoren der Ordnungsbildung sein können, bleibt auch zu ihrer Kontrolle nur Wissen. Nicht die Körper oder die Bevölkerung sind nun das primäre Ordnungsproblem, sondern das Wissen. Die Kontrollordnung bildet sich an den Stellen der gesellschaftlichen Topographie, wo ein *trade-off* zwischen sozialem Handeln und kontingentem Wissen eintritt; wo soziale Handlungen nur mit Wissen bewältigt und für ein und dieselbe soziale Handlung nicht nur adäquates (weil disziplinarisch kanalisiertes) Wissen als vorhanden vorausgesetzt oder generiert werden kann, sondern eine Vielzahl gleichmöglich realisierbaren

433 Rammert 2002, S. 9f
434 Rammert 2002, S. 6., vgl. Nowotny 2006, S. 33f
435 Vgl. Rammert 2002, S. 7, Hutchins 1996
436 Hardt/Negri 2004, S.372, vgl. Strübing et.al. 2004
437 Siehe Kapitel V (2)

Wissens zur Verfügung steht. In diesem Moment übersteigt die Kontingenz des Wissens die Kontingenz des sozialen Handelns. Das Wissen ist nun Primat einer zweifachen Kontingenz: der wachsenden Kontingenz des Wissens selbst und der „Ausweitung der Kontingenz sozialer Beziehungen als Folge der wachsenden Durchdringung der Gesellschaft mit Wissen."[438] Das Wissen wird unsicher: Wissen wird zum prärogativen Ordnungsproblem, wissensbasierte Ordnungsbildung wird emergent.[439]

2 Politisiertes Wissen

Die klassische Funktion des Wissens bestand darin, die Unsicherheit, die sich aus dem *noch-nicht-wissen* ergab, zu überwinden. Die Produktion von Wissen war dementsprechend gleichbedeutend mit dem Gewinn von Sicherheit. An den Grenzen der Disziplinarordnung bekommt das Verhältnis von Wissen und Unsicherheit eine neue Qualität; mit dem Wissen ist nun eine multiple Produktion von Unsicherheit verbunden: die Unsicherheit, die sich aus konkurrierenden, sozial und technisch gleichrangigen Strategien etwas zu wissen, ergibt; die Unsicherheit, die sich daraus ergibt, wie dieses Wissens verteilt ist; die Unsicherheit, die sich daraus ergibt, wie, wo, wann und mit welchen Konsequenzen das verteilte Wissen angewandt wird.[440] Das Ordnungsproblem, das mit dieser Unsicherheit verbunden ist, führt unweigerlich auf die Pfade eines politisierten Wissens.

Die Politökonomie des Wissens

Der an den populären Begriff der Wissensgesellschaft gerichtete Vorwurf, mit der behaupteten Relevanzsteigerung des Wissens lediglich dessen Ökonomisierung zu verschleiern, ist so verbreitet wie unzureichend.[441] In der unbestreitbar gestiegenen Relevanz des Faktors Wissen für ökonomische Prozesse artikuliert sich vielmehr eine weit über die ökonomische Sphäre hinausgehende Statusänderung des Wissens für gesamtgesellschaftliche Reproduktionsprozesse, die nicht aus der ökonomischen Nachfrage von Wissen deduzierbar ist. Vielmehr kann davon ausgegangen werden,

438 Stehr 2000, S. 308

439 Küppers und Krohn bezeichnen mit Emergenz „das plötzliche Auftreten einer neuen Qualität, die jeweils nicht erklärt werden kann durch die Eigenschaften oder Relationen der beteiligten Elemente, sondern durch eine jeweils besondere selbstorganisierende Prozessdynamik." Küppers/Krohn 1992, S. 8

440 Vgl. stellvertretend Giddens 1996, S. 316ff, Stehr 2000, S. 21, Stehr 2003a, S. 28ff

441 Der historische Blick zeigt freilich, dass die Ökonomisierung des Wissens so alt ist wie die moderne (kapitalistische) Wirtschaft und das moderne (wissenschaftliche) Wissen selbst: „die moderne Wissenskultur trägt ausgeprägt kommerzielle Züge." Hartmann 2002, S. 14. Vgl. Burke 2000, S. 175ff

dass der veränderte Status des Wissens selbst und die damit verbundenen Konsequenzen der Ökonomisierung des Wissens vorgängig sind.

Für die politische Ökonomie besitzt die Annahme erhebliche Plausibilität, dass die basalen ökonomischen Kategorien, auf denen die Kapitalakkumulation beruht, sich von *Eigentum* (Souveränitätsordnung) über *Arbeit* (Disziplinarordnung) zu *Wissen* (Kontrollordnung) verschieben.[442] Der überwiegende Teil sozialer Handlungen setzt nicht mehr an der Schnittstelle von materialer Natur zur Produktion von Gütern, Dienstleistungen oder Wissen an, sondern ist durch den Umgang mit Wissen zur Erzeugung von materiellen und immateriellen Produkten charakterisiert. Durch die signifikante Reduktion körperlicher Arbeit wird der Charakter moderner Ökonomien zunehmend von materiellen zu symbolischen Ökonomien verändert; die wissenschaftstypischen Elemente der schöpferischen, reflexiv strukturierten und regulierenden Arbeit nehmen zu – Wissenschaft wird von einer mittelbaren zu einer unmittelbaren Produktivkraft.[443] Dabei wird die materielle Produktion nicht verdrängt oder aufgehoben, sondern überformt. Investitionen in (physisches) Kapital, Land und Arbeit lohnen immer weniger, wenn sie nicht eine klare Wissensorientierung aufweisen; Wertschöpfung basiert zusehends auf der Produktion und Bewertung von Wissen und Information.[444] Geht man von diesen Annahmen aus, so ergeben sich Verschiebungen im Beziehungsgefüge von Kapital, Arbeit, Eigentum und Wissen.[445]

Simultan zur Wissensbasierung ökonomischer Prozesse wird Wissen im Maß seiner Extension zwar ökonomisiert und zur Ware, die Verwertung der Kenntnis bleibt jedoch ambivalent. Anders als materielle Güter ist Wissen nicht a priori exklusiv besitzbar; Wissen weiterzugeben oder zu teilen, ist nicht mit Eigentumsverlust verbunden.[446] Im Zuge dieser Verschiebungen verlieren Arbeitsprozesse, sofern sie der immateriellen Wissensarbeit zugerechnet werden können, den Disponibilitätscharakter der materiellen, körperlichen Arbeit klassischen Zuschnitts. „So gewinnen Besitzer der Ressource »Wissen« in einer Wissensgesellschaft Macht und Einfluss, weil

442 Vgl. Stehr 2001, S. 46f. Durch die signifikante Reduktion körperlicher Arbeit wird der Charakter moderner Ökonomien zunehmend von materiellen zu symbolischen Ökonomien verändert; die wissenschaftstypischen Elemente der schöpferischen, regulierenden Arbeit nehmen zu (vgl. Stehr 2001, S. 90). Dabei verschwindet physische Arbeit keineswegs, sondern wird ausgelagert. Nimmt man eine gewisse Mindesthomogenität westlicher Gesellschaften an, kann festgestellt werden, dass materielle gegenüber symbolischer Produktion zweifellos deutlich abgenommen hat.

443 Vgl. Stehr 2001, S. 90

444 Vgl. Drucker 1993, Stehr 2001, S. 92ff

445 Innerhalb des Sets basaler ökonomischer Kategorien von Eigentum (an Boden), Kapital, Arbeit und Wissen können so für die Organisation wissensbasierter Arbeit neue Konfliktlinien diagnostiziert werden: der Konflikt Kapital-Arbeit verschiebt sich in Richtung Kapital-Wissen oder Kapital-Arbeit-Wissen. Dieses Konflikt-Dreieck könnte insbesondere in Bezug auf Wissensarbeiter virulent werden, d.h. welches Wissen sie für Kapitalakkumulation während Arbeitsprozessen aufbringen bzw. welches Wissen sie mitnehmen. Vgl. Stehr 2001, S. 105f

446 Vgl. Stehr 2003a, S. 56ff

es den Besitzern des Kapitals nicht möglich ist, das Produktionsvolumen von Wissen durch Kapitalsubsumtion zu reduzieren."[447] Damit wird nicht infrage gestellt, dass sich Wissen jenseits des unmittelbaren wissensbasierten Arbeitsprozesses zweifelsohne rechtlich reguliert mit Eigentumsrechten als Urheber- oder Patentrechte ausstatten und zur Ware machen lässt; aber allein der Umstand, dass sich Wissen anders als andere ökonomische Güter a priori unabhängig von seiner Kapitalisierung und von vorhandenem Eigentum erzeugen lässt, entfaltet neue Möglichkeiten, wissensbasierte Macht jenseits ökonomischer Grundlagen und gegen sie zu organisieren. Die parallel dazu laufende Ökonomisierung des Wissens evoziert Widerstandspotentiale, die in den Strategien und Instrumenten politisierten Wissens liegen.

Wird ökonomisch reguliertes Wissen majorisiert und nicht-ökonomisierbares Wissen marginalisiert, stellt sich die Frage nach der wissensgestützten Kritik an politischer wie ökonomischer Macht neu. Dementsprechend werden Kämpfe um den Erhalt oder die Vernichtung nicht-ökonomisierbaren Wissens ebenso zu zentralen Machtfragen wie die risikobezogene Regulierung wissenschaftlicher Erkenntnisse. Die Legitimationsprobleme, die sich daraus ergeben, lassen sich nicht auf ökonomische Prozesse begrenzen; sie zeigen nur die Bewegungen an der Oberfläche einer sich verändernden Tektonik, die von den Verschiebungen in Richtung einer wissensbasierten Ordnungsbildung geprägt ist.

Die Überwachung des Wissens

Vor allem um die Regulierung neuer Erkenntnisse und Technologien, also: um die Überwachung des Wissens entfaltet sich ein Diskursfeld, innerhalb dessen die konfliktiven Auswirkungen wissenschaftlichen Wissens verhandelt werden: die *Wissenspolitik.*[448] Ihr geht es keineswegs um die seit Anbeginn in die Politik eingeschriebenen Bemühungen, bestimmtes Wissen aus machttaktischen Gründen zu verhindern, zu blockieren oder zu forcieren. Ihr Fokus liegt vielmehr darauf, die gesellschaftlichen Folgen zu regulieren, die das rasant angestiegene wissenschaftliche Wissen aus sich selbst heraus nicht mehr kontrollieren kann.[449] Über die Bewertung, Regulierung und Prohibition von wissenschaftlichen Erkenntnissen hinaus ergibt sich die eigentliche Dimension politisierten Wissens in der zunehmenden

447 Stehr 2001, S. 91

448 Vgl. grundlegend dazu, S. Stehr 2003a. Der Begriff der Wissenspolitik wird in unterschiedlichen Definitionen gebraucht. Wehling unterscheidet drei Dimensionen *innovationsorientierter* (die Fragen von Forschungsinfrastruktur und Wissensproduktion etc.), *regulativer* (die Überwachung und Anwendungsregulation von Wissen) und *reflexiver* Wissenspolitik (politischen Konsequenzen der sozialen Verteilung und Bewertung von Wissen) identifiziert. Vgl. Wehling 2004, S. 63f

449 Zu den Gründen für den Aufstieg der Wissenspolitik zählt vor allem die Zunahme neuer Wissen(schaft)sformen, vor allem anwendungsorientierten wissenschaftlichen Wissens, der Beschleunigung der Wissenszunahme und der damit verbundenen Handlungsoptionen sowie die zunehmenden Zweifel an der Autorität der Wissenschaft. Vgl. 2003a, S. 105ff

Wissensbasierung politischer Auseinandersetzungen. Die spätestens in den 1980er Jahren diagnostizierten und explizierten Problemlagen der »Risikogesellschaft« (Ulrich Beck) sind insbesondere in der Ökologieproblematik mit Topoi wie Atom, Gentechnik oder Klimawandel genuine Ursachen und Effekte wissensbasierter politischer Konflikte. Gerade die Erfolge von Wissenschaft und Technik ermöglichen erst problembehaftete Aussichten; ohne Gentechnik keine damit verbundenen ethische Dilemmata, ohne Messtechniken und Computersimulationen keine Erkenntnis über den Klimawandel und seine kontingenten politischen Schlussfolgerungen. [450]

Die prominentesten Gegenstände der Wissenspolitik sind Fälle aus der Präimplantationsdiagnostik (PID) oder Gentechnologie – Bereiche, die vor allem die Reproduktion des biologischen Lebens betreffen und dennoch über die Biopolitik im Sinne Foucaults hinausgehen. Nirgendwo so deutlich wie in den Debatten der Bioethik zeigt sich, dass weniger die Regulation der unmittelbaren oder mittelbaren sozialen Aktivitäten und Konflikte, sondern die direkte Regulation des Wissens zum entscheidenden Ordnungsproblem wird[451] – die Regulation eines Wissens, das nur über Wissen und damit über den Modus der Kontrolle erfolgen kann, und dessen verschiedene Regierungsweisen es zu analysieren gilt. Die konkreten biologischen Veränderungen, die entweder antizipiert werden oder eingetreten sind, sind anders als die Effekte, die mit den Humanwissenschaften der Disziplinarordnung bei Subjekt und Bevölkerung realisiert wurden, nicht mehr ohne weiteres steuerbar. Die biopolitische Sorge der Disziplinarordnung dreht sich um die schwer kalkulierbaren Körper und Bevölkerungen; auf sie konnte ein humanwissenschaftliches Wissen angewendet werden, dessen Folgen klar kalkulierbar und dessen darauf aufbauendes Instrumentarium mithin zielgerichtet eingesetzt werden konnte. Die Befürchtungen der Disziplinarordnung drehten sich darum, wie möglichst mehr Wissen generiert und eingesetzt werden konnte, um das Ordnungsproblem der biologischen Materialität des Lebens der Körper und der Bevölkerung zu bewältigen. Damit korrespondierte ein Wissensverständnis, das mit der immer weiter fortschreitenden Exploration potentiellen Wissens zunehmende gesellschaftliche Sicherheit verband.

Der Aufstieg der Wissenspolitik zeigt nun an, dass in der Kontrollordnung nicht mehr Körper und Bevölkerung, sondern Subjektivität und Wissen zum zentralen Ordnungsproblem werden. Mit PID, gentechnologischen oder ähnlichen Problematiken sind auch und vor allem ethische Fragestellungen und damit Wissensbewertungen betroffen. Anders als in der Disziplinarordnung ist nicht mehr sicher, welche Effekte mit dem Einsatz des Wissens an Körper und Bevölkerung verbunden sind. Auch wenn die biologische Materialität des Lebens nicht aus den gesellschaftlichen Beziehungen zu tilgen ist, stellt nicht sie, sondern das unkalkulierbare Wissen, mit dem sie moduliert wird, das Ordnungsproblem dar. Diese These verschärft sich, wenn konzediert wird, dass zu den potentiellen Gegenständen wissenspolitischer Regulation zunehmend Erkenntnisse und Technologien wie RFID oder Nanotechno-

450 Vgl. dazu auch Stehr 2000, S. 167f, Nowotny 1999, S. 53f
451 Vgl. Stehr 2003a, S. 195ff

logie gehören, deren Auswirkungen sich relativ abgekoppelt von der biologischen Materialität des menschlichen Lebens entfalten.

Mit der Wissenspolitik werden politische Strategien entfaltet, die wissensinduzierte Unsicherheit paradoxerweise mit Wissen zu überwinden suchen. Wo sich dieses *Wissensparadox* entfaltet, werden die Grenzen der Disziplinarordnung zur Kontrollordnung überschritten, denn durch disziplinäres Wissen induzierte Unsicherheit wird immer weniger funktional, sondern immer mehr durch fragmental differenziertes Wissen bewältigt. Dementsprechend sind längst auch ‚hybride Organisationen', etwa Agenturen (*think tanks*) wissenschaftlicher Politikberatung identifizierbar, die an der Schnittstelle unterschiedlicher Sozialsysteme zu finden sind und als Anzeichen der Aufweichung funktionaler Differenzierung gelten können.[452] In der Kontrollordnung kann die Wissenschaft ebenso wenig die Letztgründe wahren und sicheres Wissens verbürgen, wie die politischen und juridischen Rationalitäts- und Wissensformen die gesellschaftlichen Konsequenzen von Erkenntnissen und Technologien gesamtgesellschaftlich regulieren können. Die Wissenspolitik ist in ihrer Realisierung auf hybride Formen des Wissens und der Reflexion, der Entscheidungsfindung und Durchsetzung ihrer Regulativa angewiesen, wie zu zeigen ist. Offen ist freilich weiterhin, wie diese Formen konzeptionalisierbar und realisierbar sind.[453]

Das Wissensparadox wirft Probleme auf, die über die derzeitige Ordnung hinausweisen: aufgrund extensiven Wissens entstandene Unsicherheitslagen mit den Institutionalisierungen einer Ordnung überwachen, regulieren und reflektieren zu wollen, die auf der Gewissheit sicheren Wissens basieren, scheint ein von Anbeginn unsicheres Unterfangen. Die Frage nach der Zukunft der bisherigen institutionellen Trennungen und sozialen Codes und der Gestalt der politischen Konstitution der Kontrollordnung stellt sich umso schärfer.[454] Wird diese Unsicherheit einmal konzediert, ergeben sich ambivalente Strategien: Wissen oder Glauben. Beide generieren Unsicherheit; dass der Glauben gleichwahrscheinlich ist, zeigt jenseits des Blickes auf *bible belt* und *oval office* die Rückversicherung in wissensbasierten Diskursen wie der Präimplantationsdiagnostik[455] in einer längst einflusslos geglaubten Instanz,

452 Vgl. Stehr 2003a, S. 211ff. Siehe auch unter dem Begriff *funktionale Institutionen*, S. Messner 2000, S. 107f

453 Die Ratlosigkeit über die konkreten Realisierungen der Wissenspolitik betrifft wesentliche Autoren der Wissenspolitik. Wehling konstatiert, dass die Frage nach den Institutionen und Ressourcen wissenspolitischer Akteure offen bleiben muss (vgl. Wehling 2003, S. 70f). Stehr bleibt letztlich etwas ratlos, was die tatsächliche Umsetzung der Überwachung des Wissens angeht und stellt selbst fünf zentrale Zweifel an deren Umsetzung vor (vgl. Stehr 2003a, S. 214ff). Eine wirksame Strategie entdeckt er in der *Moralisierung der Märkte* (vgl. Stehr 2007).

454 Vgl. Reckwitz 2003

455 Die Präimplantationsdiagnostik (PID) ist nur ein Beispiel für wissensgenerierte Unsicherheit; im Grunde fallen alle Folgen wissenschaftlicher Erkenntnis in diese Problematik, in der Technikfolgenabschätzung angewandt wird. Stehr weist in seiner Abgrenzung der Wissenspolitik darauf hin, dass es bei der Wissenspolitik in Abgrenzung zur Forschungspolitik vor allem um die sozialen Folgen, d.h. die praktische Umsetzung von Forschungsergebnissen geht

der Kirche: Wenn das Wissen kontingent wird, wächst der Glaube an den Glauben. Damit geht diesseits und jenseits des Glaubens eine gestiegene Relevanz des Gewissen als politische Kategorie einher.[456] Setzt man die Imperative des Regierens als rationalisierbare und verifizierbare Steuerungsabsicht auf die skizzierten Veränderungen an, wird die Unregierbarkeit des Wissens wahrscheinlich.

Hybride Formen

Die modernen Wissenschaften waren angetreten, durch wissenschaftliche Expertise gesellschaftlichen Konsens und größere Sicherheit zu ermöglichen; überall dort, wo diese Expertise nun in gesellschaftlichen und politischen Entscheidungskontexten relevant wird, führt sie potentiell zu Dissens und Unsicherheit.[457] Diese Unsicherheit meint nicht nur die gesellschaftlichen Folgen wissenschaftlichen Wissens, sondern ebenso das wissenschaftliche Wissen in Politikprozessen. „Verlässliches Wissen, wie es im disziplinären Kontext bestätigt wurde, ist nicht länger selbstgenügsam und selbstreferentiell. Stattdessen wird es unter Umständen endlos geprüft und oft heftig angezweifelt, und zwar durch eine sehr viel größere, machtvollere Gemeinschaft, die darauf besteht, dass ihre Forderungen ebenso Gültigkeit haben wie die Behauptungen begrenzter wissenschaftlicher Gemeinschaften, und die verlangt, dass ihre Präferenzen in Betracht gezogen werden."[458] In diesen Prozessen erweist sich die Kontrolle als Voraussetzung, Modus und Effekt von Wissenskonflikten.

Wenn Wissen zum prärogativen Ordnungsproblem wird, stellen sich andere Regulationserfordernisse an die Politik als in der Souveränität- oder Disziplinarordnung. Wird davon ausgegangen, dass Wissen gesellschaftliche Unsicherheitslagen schafft, so schafft die Überwindung des Wissens durch Wissen Legitimationsfragen: wer entscheidet, wer welche Unsicherheiten wie identifiziert, bewältigt oder vernachlässigt? Obwohl die Wissenspolitik gerade wissenschaftliche Erkenntnisse kontrollieren will, kommt sie nicht ohne die Wissenschaft aus: „Die Ausarbeitung und Implementation regulativer Politik für neue Erkenntnisse in der Form von Rechtsnormen, Überwachungsregimen und Sanktionen wird in großem Umfang von wissenschaftlicher Beratung abhängen."[459] Die Wissenspolitik ist auf ein institutionelles Setting zur Wissensüberwachung angewiesen, das im Wesentlichen auf die staatlichen Institutionen und die rechtliche Kontrolle orientiert ist.[460] Dabei sehen sich die Regulationsbemühungen und die Entscheidungen über ihre Formen wiederum mit der Skepsis und der grundsätzlichen Politisierbarkeit wissenschaftlichen

(Vgl. Stehr 2003a, S. 13f). Zur wissenspolitischen Einschätzung am Beispiel der PID vgl. Stehr 2003a, S. 156ff

456 Vgl. Martinsen 2004

457 Nowotny 1999, S. 47, Stehr 2000, S. 299ff

458 Nowotny 2006, S. 32

459 Stehr 2003a, S. 111

460 Vgl. Stehr 2003a, S. 195ff

Wissens konfrontiert. Die Wissenspolitik wird deshalb Alltags- und ‚Laien'-Wissen einbinden und ihren Entscheidungen zugrunde legen müssen.[461] „Infolgedessen werden in der Wissenspolitik hybride Urteile eine vorrangige Rolle spielen. Bewertungen, Regeln und Versuche, die Normen zu überwachen, werden durch Überlegungen in Bewegung gehalten, in denen eine Mixtur von Gesichtspunkten vorherrscht."[462] Anders als in der Disziplinarordnung kann politisches und juridisches Wissen nicht mehr beanspruchen, alleinig problemadäquate Entscheidungen treffen zu können, die informiert genug sind, um tragfähige Lösungen zu generieren und auf Akzeptanz zu stoßen. Notwendig ist die Zusammenführung unterschiedlicher Rationalitäts- und Wissensformen in heterogenen, temporären Entscheidungskontexten. Ob der Umgang mit dem Wissensparadox in Expertenräten oder in demokratischen Gremien stattfindet, ob sich staatlich institutionalisierte Politik oder Instanzen jenseits dessen der Frage annehmen, entscheidet über die Verteilung wissensbasierter Macht.[463] Die Wissenspolitik birgt so in der Fragilität ihrer Entscheidungsgrundlagen eine intrinsische Unruhe und Unsicherheit, durch die klar wird, dass die Diskussion um die Folgen wissenschaftlicher Erkenntnisse und Technologien nicht auf Politik beschränkt werden können, sondern unweigerlich das Politische berühren.

Über die institutionalisierte Wissenspolitik hinaus lassen sich hybride Formen von Wissen und Politik beobachten, die ein inhärent politisches Potential bergen. Eine Ordnung, die durch eine jeweils aus abgegrenzten Sphären erfolgende gegenseitige Durchdringung von Wissenschaft und Gesellschaft in Gestalt ihrer Teilsysteme stabilisiert wurde, wird nun durch eine (Un-)ordnung überformt, die aus der gesellschaftlichen Kontextualisierung der Wissenschaft resultiert und sich in der Politisierung des Wissens artikuliert. Diese verläuft über die wissensgestütze *Aufklärung* und *Bearbeitung* von politischen Problemlagen; Ebenen, die sich innerhalb wissenspolitischer Prozesse kaum trennen lassen und auf den gesellschaftlichen Autoritätscharakter von Wissenschaft selbst zurückwirken. Nicht nur, dass die Wissenschaft die politischen Kontroversen nicht mehr klärt und zu den politischen die wissenschaftlichen Kontroversen hinzutreten[464]–Wissenschaft und Politik selbst werden innerhalb des gesellschaftlichen Diskurses *in actu* hybridisiert. Damit ist weit mehr gemeint als die komplexen Austauschbeziehungen zwischen Wissenschaft und Politik, die in der Bewertung von Risiken und der Folgenabschätzung wissenschaftlichen Wissens zum Tragen kommen und im Konzept des *scientific citizen* kulminieren.[465] Der Zusammenhang berührt über diese wechselseitigen Aus-

461 Vgl. zum Konzept einer regulativen Wissenspolitik: Wehling 2004

462 Stehr 2003a, S. 122

463 Vgl. Martinsen 2006

464 So die Beobachtung von Bruno Latour. Vgl. Roßler in Selbmann 2007, S. 83

465 Das Konzept des scientific citizenship begreift die Prozesse der Einbindung von Technik- und Risikobewertung durch Laien als bürgerschaftlichen Prozess, der mit Rechten und Pflichten derjenigen verbunden ist, die in diese Partizipationsprozesse eingebunden werden. Empirische Beispiele sind die Anti-AKW-Bewegung oder medizinische Selbsthilfegruppen. Dieses Konzept geht über die Betroffenenpartizipation hinaus und zeigt auch Ansätze der eigenstän-

tauschbeziehungen, die sich gerade über die Abgeschlossenheit der sich irritierenden Funktionssysteme konstituieren hinaus den Charakter der Wissensorganisation selbst. Das gesamtgesellschaftlich diffundierende Wissen verteilt die Orte der Wissensgenerierung und stellt sie in lokale Anwendungskontexte. Die Vermischung wissenschaftlicher Tätigkeiten und Institutionen mit außerwissenschaftlichen Akteuren führt zu heterogenen Projekten, deren Vollzug selbst heterogene Elemente birgt, weil Problemdefinitionen und Lösungsstrategien nicht mehr funktionssystemspezifisch getrennt und zugewiesen werden können, sondern in Anwendungskontexten generiert werden.[466] Die so entstehenden hybriden Formen der Wissensproduktion sind immanent politisch, weil sie die Wissensgenerierung mit der Entscheidung über ihre gesellschaftlichen Folgeprobleme verbinden: „Die neuen Foren etwa, die aus der öffentlichen Diskussion und den Kontroversen um großtechnologische Projekte entstanden sind, brachten nicht nur unterschiedliche soziale Gruppen zusammen – wissenschaftliche Experten, Umweltschützer, Industrievertreter oder Vertreter staatlicher Stellen -, sondern wurden zu öffentlichen Räumen, in denen neues Wissen entstand."[467] Diese Politisierungsprozesse des Wissens vollziehen sich im Prinzip weltweit; freilich mit konstellationsabhängig unterschiedlichen Folgen.[468] Ökonomische, kulturelle oder religiöse Einflüsse auf diese Prozesse sind, wie die Debatten um die Gentechnik exemplarisch zeigen, eher Regel als Ausnahme. Sie zeigen vielfältige Hybridisierungen an, lassen sich jedoch relativ präzise in Bezug auf die Politisierung des Wissens einordnen. Kulturelle und religiöse Geltungsansprüche müssen in Politisierungsprozesse des Wissens einmünden, wollen sie gegenüber wissensbasierten gesellschaftlichen Konfliktlagen durchsetzungsfähig werden.

Anders als in der Disziplinarordnung lassen sich die Legitimationswirkungen von Wissen und Macht bei »gesellschaftlich robustem Wissen« (Helga Nowotny) nicht nur nicht mehr als jeweilige Effekte differenzieren, sondern auch nicht mehr in der Differenz von institutioneller Fremd- und individueller Selbstkonstituierung begrei-

digen Wissensgenerierung, trennt jedoch gleichzeitig deutlich die Sphären zwischen Wissenschaft und Politik. Vgl. Böschen/Wehling 2004, S. 172ff

466 Vgl. Nowotny 1999, S. 70

467 Vgl. Nowotny 1999, S. 71. Diese Hybridisierungen finden dann in entsprechend hybriden organisatorischen Formen statt; wiederum am Beispiel der Genmais-Debatte belegen Internet-Plattformen von Bio-WissenschaftlerInnen-Netzwerken wie *AgBio View* (http://AgBioWorld.org), wie die Politisierung des Wissens durch die Existenz und den Betrieb entsprechender Diskursforen vollzogen wird. Vgl. Selbmann 2007, S. 86

468 Kirsten Selbmann zeigt anhand des ‚Mexikanischen Maisskandals' sowohl die Hybridisierungsphänomene politisierten Wissens als auch dessen prinzipielle Globalität und differenzierte regionale Bearbeitung. Bedeutende Elemente der Politisierung des Wissens in diesem Fall sind sowohl die wissenschaftliche Auseinandersetzung von Biowissenschaftlern um die Risiken gentechnisch bearbeiteten Mais entlang politischer Konfliktlinien als auch politisch motivierte Inkorporierung wissenschaftlichen Wissens in indigene Wissenspraxen. Dass die geringe politische Resonanz des in Mexiko entstandenen Diskurses um den Anbau von Genmais aufgrund des relativ geschlossenen politischen Systems erfolgte, verweist im Umkehrschluss auf die Selbstverständlichkeit wissenspolitischer Akteure und Diskurse in den Ländern des Nordens. Vgl. Selbmann 2007

fen. Die in hybriden Formen verwobenen Wissens-, Macht- und Subjektformen treten auf den verschiedenen Kampffeldern der Kontrollordnung heterogen verteilt auf und generieren so Unsicherheitslagen, die die Modi disziplinarischer Ordnungsbildung überfordern und Wissen tendenziell unregierbar machen. Diese hybriden Formen bilden die Positivität von Wissen und Macht in der Kontrollordnung, der Unordnung und Nichtwissen gegenüberstehen.

3 Kalkulierte Ignoranz

Die wachsende gesellschaftliche Bedeutung des Wissens evoziert die Frage nach ihrer Gegenseite. Wenn Wissen die Fähigkeit zu sozialen Handeln darstellt, schärfer: soziales Handeln zunehmend weniger ohne wissenschaftliches Wissen auskommt, welche Rolle nimmt dann das *Nichtwissen*, genauer: Nichtwissen-*können*, Nichtwissen-*wollen*, Nichtwissen-*sollen* ein?[469] Wird Kommunikation ganz allgemein als das Prozessieren von Wissen/Nichtwissen verstanden, so ist Nichtwissen ganz selbstverständlicher Bestandteil aller gesellschaftlichen Prozesse. Praxen des Nichtwissens sind dann die Krücken, die weggeworfen werden können, wenn über sie Wissen erlangt, Kommunikation prozessiert, gesellschaftliche Prozesse organisiert wurden.[470] Diese Trivialität des Nichtwissens ist genuin modern. Für die moderne Wissensorganisation war Nichtwissen vor allem das *noch-nicht-wissen* innerhalb eines optimistischen Wissensfortschritts,[471] der mit der Zunahme von Wissen gesellschaftliche Unsicherheit reduzieren zu können glaubte. Das souveräne und disziplinarische Nichtwissen gilt es wie den Nichtwissenden, wie alles nicht objektive und rationalisierte Wissen möglichst auszuschließen. Die Neugier des noch nicht Gewussten fachte zugleich eine dynamische Extension des Wissens an; »Der Wille zum Wissen« (Michel Foucault) konstituierte eine Mikrophysik der Macht, in der Wissens- und Machtsysteme konvergierten. Mit den Zweifeln gegenüber der damit verbundenen Positivität des Wissens und der gleichzeitig zu beobachtenden Wissensextension kommt die Frage auf, wie mit Nichtwissen zu regieren sei. Die für das souveräne und disziplinäre Wissen plausible Vermutung, dass in Umkehrung der Baconschen Formel Nichtwissen gleich Ohnmacht wäre, lässt sich nicht mehr aufrechterhalten. Denn das Nichtwissen verliert zunehmend seine dominante Wahrnehmung als *noch-nicht-wissen* und verschiebt seinen Charakter in Bereiche, die mit dem Autoritätsbruch des wissenschaftlichen Wissens korrespondieren.[472]

469 Zu einer Typologie des Nichtwissens vgl. Beck 1996, S. 302

470 Dirk Baecker buchstabiert diese These anhand verschiedenster gesellschaftlicher Praktiken wie Wissenschaft, Management, Design, Kultur etc. aus. Vgl. Baecker 2002, S. 126 – 169. Vgl. zur Vertiefung die Beiträge zur Praxisrealisierung in Kunst und Design: Düchting/Plüm 2006

471 Vgl. Wehling 2006, S. 37f

472 So Wehlings Resümee der Nichtwissenstheorien von Bauman, Beck und Luhmann. Vgl. Wehling 2006, S. 208ff

Mit der Extension und dem Autoritätsbruch des Wissens wird zugleich das Nichtwissen endemisch.[473] Die zunehmende Wissensbasierung sozialen Handelns „zieht gerade keine wachsende Vereinheitlichung sozialen Handelns und politischen Entscheidens durch Wissen nach sich, sondern konfrontiert Gesellschaft und Politik mit normativer Uneindeutigkeit, Ungewissheit und Nichtwissen."[474] Die drei Dimension der Wissensextension treffen in gleichem Maße auf das Nichtwissen zu: das Nichtwissen nimmt quantitativ zu, seine Anerkennungsbedingungen werden pluralisiert, es prägt zunehmend soziale Handlungen. Mit der Extension des Nichtwissens ist weit mehr gemeint als die Einsicht, dass jedes Wissen ein unspezifisches Nichtwissen mit sich führt, dass mit den permanenten Frontverschiebungen der wissenschaftlichen Entdeckungen noch-nicht-gewusstes, aber künftig-zu-wissendes Neuland als spezifisches Nichtwissen hinzutritt und mit jedem Wissen auch das Wissen über das Nichtwissen steigt: auch das Nichtwissen über das Nichtwissen nimmt zu.[475] Die Relevanzsteigerung des Nichtwissens erfolgt vor allem im Kontext der Risikoproblematik,[476] die sich als Ergebnis gesellschaftlicher Folgewirkungen wissenschaftlicher Erkenntnisse auf die Extension des Wissens zurückführen lässt.

Dass Nichtwissen nun nicht länger als randständiges Phänomen einer expansiven Wissensexploration, sondern als konstitutives Problem der gesellschaftlichen Wissensorganisation auftaucht, hängt unmittelbar mit dem gezeigten Autoritätsbruch des Wissens und der Dekonstruktion objektivistischer wissenschaftlicher Rationalität zusammen. Nur in (de-)konstruktivistischer Perspektive „konnte ins Blickfeld kommen, dass mit der Konstruktion von Wissen und durch die Konstruktion von Wissen zugleich Nichtwissen erzeugt wird."[477] Nichtwissen ist so wie Wissen selbst Effekt der Wissenschaftskommunikation und der damit verbundenen Diskurse und Ausschlüsse; es verliert den Charakter einer objektivierbaren *terra incognita* und wird als solches beobachtbar, reflektierbar und politisierbar.[478] Die impliziten und expliziten Zweifel an der wissenschaftlichen Autorität untergraben sowohl die Auto-

473 Vgl. Luhmann 1997, S. 1106, Willke 2002, S. 35. Willke stellt dies prägnant heraus, in dem er für die Wissensgesellschaft Nichtwissen als Gegenseite in der beobachtungsleitenden *Form* des Wissens behauptet. Die scheinbare Trivialität dieser Gegenüberstellung löst sich mit historischen Einordnung auf: Demnach wäre in traditionalen Gesellschaften der Gegenbegriff zu Wissen: Glauben, in Industriegesellschaften: Macht (vgl. Willke 2002, S. 29).

474 Wehling 2003, S. 121. Siehe grundlegend die frühe Literatur zum Thema: Smithson 1989

475 Vgl. Wehling 2003, S. 124. Die Unterscheidung zwischen spezifischem und unspezifischem Wissen geht auch Luhmann zurück. Wehling kritisiert zurecht, das mit dieser Unterscheidung wesentliche Dimensionen des Nichtwissens außen vor bleiben. Vgl. Wehling 2006, S. 187ff

476 Vgl. Wehling 2006, S. 83f

477 Wehling 2006, S. 83

478 Dementsprechend konzipiert Ulrich Beck Nicht-Wissen als Medium bzw. Antriebskraft reflexiver Modernisierung, die nun vor allem die (in der industriellen Moderne nicht beachteten) Nebenfolgen in den Blick nimmt. Vgl. Beck 1996

nomie des Wissenschaftssystems als auch das Primat funktionaler Differenzierung.[479]

Die Befunde, dass mit der zunehmenden Wissensextension die Risiken des Nichtwissens wie die generelle Unbeobachtbarkeit der Welt zunehmen, adressieren schwerwiegende Fragen an das Politische und die Politik. Wird Wissen für Bürgerschaft und Gemeinsamkeit zunehmend relevant, so nimmt auch die Steuerung von Nichtwissen, der Kampf um das, was als Nichtwissen gilt oder gelten soll an Bedeutung zu. Unter Bedingungen höherer Kontingenz und einer zunehmenden Relevanz wissensbasierter politischer Entscheidungen wird *kalkulierte Ignoranz* mehr und mehr zu einer basalen Kategorie des Politischen. Mit der Extension des Nichtwissens wächst der Verdacht, dass die durch die Funktionssysteme wissensgestützt vorentschiedenen Machtsituationen zunehmend an Relevanz verlieren, weil Nichtwissen nicht teilsystemisch enggeführt, sondern multiperspektivisch beobachtet und in einem Maß bearbeitet wird, das an der Autonomie der Funktionssysteme selbst rührt.[480] In dem Maß, in dem Nichtwissen nicht mehr durch die Eigenrationalität der Funktionssysteme als noch-nicht-Gewusstes bearbeitet werden kann, sondern mit Kritik, Einsprüchen und Interventionen konfrontiert wird, nehmen Entscheidungen in Situationen der Unentscheidbarkeit generell zu. Die funktionssystemspezifischen Kommunikationen und die daran angeschlossenen Diskurse sehen sich von einer subkutanen Unterwanderung durch das Politische unterminiert. Die Einsprüche und Verweigerungen gegenüber ihren abgeschlossenen Rationalitäten fundieren dabei sukzessive eine neue Ordnung der Legitimation, die es erlaubt, Nichtwissen in heterogenen Kontexten zu lokalisieren und in hybriden Formen zu bearbeiten.

Mit dem Einbruch des Politischen in das Nichtwissen wird eine Politik des Nichtwissens möglich, die zugleich eine weitere Facette der Legitimation der Kon-

479 Luhmann schließt aus der Extension von Wissen/Nichtwissen eine Zunahme an Unsicherheit und an Komplexität, die vom Wissenschaftssystem selbst bewältigbar sind und ergo kein Relevanz für die funktionale Differenzierung besitzen. Voraussetzung dafür ist Luhmann zufolge allerdings eine strikte Begrenzung der Alltagsrelevanz, um ihre Systemgrenzen zu kontrollieren. Luhmann 1990, S. 325f). Mit dieser Feststellung deutet Luhmann zugleich Entdifferenzierungsbedingungen an, die durch die hier gezeigte Kontextualisierung wissenschaftlichen Wissens qua Kritik und Anwendung wissenschaftlichen Wissens erfüllt werden und folglich eine Überwindung funktionaler Differenzierung indizieren.

480 So wird das Nichtwissen insbesondere um Folgewirkungen etwa ökonomischer Entscheidungen nicht nur im Wirtschaftssystem beobachtet und bearbeitet, sondern auch im Politik-, Rechts-, Wissenschafts- und Kultursystem. Wenn Siemens etwa tausende Arbeitsplätze abbaut, neue Forschungs- und Entwicklungsfelder entwickelt oder Korruptionsfälle bekannt werden, entstehen vielfältige Phänomene des Nichtwissens: welche Auswirkungen gibt es auf den Arbeitsmarkt, welche Risiken stecken in neuen Forschungsfeldern, welchen Schaden nimmt die Reputation des Unternehmens?, die nicht nur im Wirtschaftssystem, sondern eben auch durch Politik, Recht oder Wissenschaft und Kultur nicht nur beobachtet, sondern in einem Maß thematisiert werden, der die Autonomie etwa wirtschaftlichen Handelns hinterfragt. Die Folgen in der Politik sind längst zu beobachten: gemeinsame task forces zur Rettung von Arbeitsplätzen werden eingerichtet; Wirtschaft, Wissenschaft und Politik richten gemeinsame Projekte zur Technikfolgenabschätzung ein; Unternehmen kooperieren mit Kultureinrichtungen, um ihr Image aufzubessern.

trollordnung artikuliert. Nichtwissen oder *Ignoranz*,[481] so eine Ausgangshypothese, wird unter den Bedingungen wissensbasierter gesellschaftlicher Prozesse zu einer politischen Steuerungskategorie der Kontrollordnung. Die oben skizzierten Kategorien eines Nichtwissens in Beobachtung zweiter Ordnung implizieren unterschiedliche Kalküle der Ignoranz. Sie betreffen zuallererst auch das Subjekt: was kann gewusst werden, was muss gewusst werden und warum muss es gewusst werden oder anders: was kann, was darf, was will nicht gewusst werden und warum weiß man nicht, was man nicht weiß? Diese Fragen werden zu potentiell konfliktiven Themen der Politik.[482] Auseinandersetzungen um das Recht auf Nichtwissen betreffen dann weniger die Lernverweigerungen renitenter (Hoch)-Schüler als vielmehr das Nichtwissen höchst subjektiver Merkmale. Über die längst verfassungsrechtlich abgesicherte (freilich vielfach unterminierte) informationelle Selbstbestimmung, mit der das Recht auf das Nichtwissen anderer berührt ist, wird im Kontext der Humangenetik das Recht auf das Nichtwissen des eigenen genetischen Codes zu einem prominenten Fall subjektiver Machtwirkungen an der Schnittstelle von Wissen und Nichtwissen.[483]

Die subjektive Seite der Nichtwissenspolitik betrifft den Einzelnen unmittelbar; vor allem mit ihr werden Ängste um die Zusammenhänge von Kontrolle und Wissen laut. Mit der Datenüberwachung im Netz droht das Foucaultsche Panopticon reaktualisiert zu werden: nicht so sehr dass individuelles Wissen tatsächlich gesammelt, verarbeitet und gezielt eingesetzt wird, sondern dass man weiß, dass es möglich ist derart überwacht zu werden, zeitigt disziplinierenden Charakter.[484] Die potentielle Beobachtung von Aktivitäten, die mit netzmedialer Kommunikation und der potentiellen Sammlung von Daten verbunden ist, schränkt zugleich die Möglichkeitsräume ein, droht Handeln zu konditionieren – im privaten, öffentlichen wie dienstlichen Gebrauch. Die »Wir-wollen-alles-über-sie-wissen-Gesellschaft« (Rena Tangens) besteht in der möglichen Reaktualisierung disziplinarischer Strategien und Technologien unter Bedingungen der Kontrollordnung.[485] Dabei werden diese jedoch letztlich in die Heterarchien flexibler und sich temporär begrenzender gegenseitiger Kontrolle inkorporiert – sie dominieren gegenüber den starren, hierarchischen und auf Dauer angelegten klassischen Disziplinarregimes. Die diversen panoptischen

481 Der Begriff der Ignoranz wird hier in Anlehnung an Helmut Willke als Präzisierung des Begriffs Nichtwissen im Sinne einer politischen Kategorie verwendet (Willke 1997:157f). Dafür spricht das Verständnis von Ignoranz und ignorieren als absichtliche, gezielte und hergestellte Unkenntnis. Damit wird gegenüber dem offeneren Begriff des Nichtwissens, ausgeschlossen, dass mit Ignoranz etwa ein kontingentes Noch-nicht-wissen gemeint ist.

482 Vgl. Wehling 2007, S. 225f

483 Vgl. Wehling 2003, S. 125. Mit diesem Konzept entgeht Wehling freilich nicht dem Problem, dass die politischen Fragen des Nichtwissens nicht nur nicht ausschließlich in den Arenen der Politik verhandelt werden (so sehr sich diese auch öffnen), sondern in der Regel im gesellschaftlichen Raum des Politischen vorentschieden werden, bevor sie überhaupt die Politik erreichen.

484 Vgl. Barth 1996, Tangens 2006

485 Vgl. Tangens 2006.

Strukturen laufen kaum auf eine sich vereinheitlichende, homogene Gesellschaftsformation hinaus, sondern entfalten sich fragmental differenziert; was mit den Daten der Datenüberwachung angestellt wird, in welche Strategien und Kalküle der Macht sie sich einfügen, entscheidet sich in den volatilen Kontrollprojekten immer wieder neu.

Die Politik des Nichtwissens und das Nichtwissen der Politik

Über das individuell relevante politisierte Nichtwissen hinaus wird kalkulierte Ignoranz für eine wissenspolitische Steuerung relevant, die aus der Beobachtung des Nichtwissens eine gesteigerte Reflexivität bezieht. Das Wissen um das Nichtwissen kann so ausgehend von vorhandenem Wissen die Bereiche des Nichtwissens vorstrukturieren und daran Entscheidungsoptionen koppeln: sollen neue Wissensgebiete exploriert werden oder nicht, welche Wissensgebiete sollen unter welchen Kriterien bevorzugt werden, was für Kosten-Nutzen-Kalküle ergeben sich? Diese Fragestellungen betreffen klassischerweise Forschungspolitik, etwa ob Kernfusions- oder Kernspaltungsforschung oder Forschung erneuerbarer Energien betrieben werden soll. Brisanz bergen diese Kalküle vor allem dort, wo das Nichtwissen wie insbesondere in ökologischen, atomaren und genetischen Problembereichen unabschätzbare Großgefahren, mithin Ungewissheit und nicht mehr nur objektiv kalkulierbare Risikopotentiale birgt. [486] Indem das Nichtwissen aus der Engführung wissenschaftlichen Nichtwissens herausgeführt und durch Laien- und Betroffenenwissen kontextualisiert wird, wird das temporäre zu einem bis auf weiteres unüberwindbaren Nichtwissen – mit völlig anderen Voraussetzungen politischen Handelns, die freilich bisher nur unzureichend politisch verarbeitet wurden.[487] Anstelle einer Politik, die Nichtwissen explizit macht, tritt die Verschleierung des Politischen. Sind Folgen absehbar oder eingetreten, bleibt der Politik des Nichtwissens die Ausblendung des Nichtwissens.[488] Die innerhalb einer Politik des Nichtwissens erfolgenden Entscheidungen generieren veritable Machtlagen; inwiefern Nichtwissen als solches artikuliert oder anerkannt wird, verweist zugleich auf die Akzeptanz wissenschaftlichen Wissens und der mit ihm verbundenen antizipierten Folgewirkungen.

In der Dimension des Nichtwissens als nicht-autorisiertes Wissen steckt ein weiterer Aspekt eines politisierten Nichtwissens; die Auseinandersetzung um die Unterscheidung Wissen/Nichtwissen wird so zum Kampf um gesellschaftliche Anerkennung. Die Pluralisierung von Wissensformen, die mit dem Autoritätsbruch des Wissens einhergeht, impliziert zugleich ein zunehmend pluralisiertes Nichtwissen. Die Extension des Nichtwissens führt aus der eindimensionalen Strategie der Überwindung des Nichtwissens zu multiplen Strategien des Umgangs mit der Kontingenz

486 Wehling 2006, S. 85f
487 Wehling 2007, S. 227
488 Ein Beispiel für die politisch motivierte Ausblendung von Nichtwissen ist der BSE-Skandal. Vgl. Böschen/Wehling 2004, S. 86f

des Nichtwissens. Ebenso wie die Orte der Wissensproduktion sind die Linien des Nichtwissens heterogen verteilt; insofern geht es nicht darum, Nichtwissen gesamtgesellschaftlich verbindlich zu markieren, sondern die Akzeptanzbedingungen von Nichtwissen immer wieder neu zu verhandeln oder diskursiv durchzusetzen. Die Auseinandersetzungen darüber, welches Wissen/Nichtwissen als autorisiert gilt, lassen sich nicht auf den Rahmen einer »reflexiven Wissenspolitik« (Peter Wehling) begrenzen,[489] sie sind über die institutionalisierten Formen der Politik hinaus tief in das Feld des Politischen eingelassen. Die Infragestellung des autorisierten Nichtwissens ist politisch, weil damit implizit die funktionalen Grenzen der Wissensgenerierung infrage gestellt und mit ihnen neue Legitimationen des Nichtwissens evoziert werden.

Kalkulierte Ignoranz betrifft über den offenen Kampf um das Recht auf Nichtwissen, etwa des Nichtwissens um die eigene genetische Ausstattung und des Nichtwissens anderer um die eigenen Daten hinaus das strategische Spiel institutionalisierter Politikakteure. Das Spiel kalkulierter Ignoranz bezieht sich dann nicht nur darauf, für welche Beseitigung des Nichtwissens man optiert und welche Machtkonsequenzen sich daraus ergeben; kalkulierte Ignoranz setzt weiter vorher an: das Wissen um das Nichtwissen kann taktisch eingesetzt werden, in dem man Wissen um Nichtwissen vorenthält, auswählt, bevorzugt. Lässt sich kalkulierte Ignoranz auf der Seite des Wissens des Nichtwissens noch in die politische Sphäre und damit: in wissensbasierte Ordnungspolitik integrieren, taucht mit dem Nichtwissen des Nichtwissens ein Phänomen potentieller *Unordnungsbildung* auf. Mit der Extension des Wissens wird latentes, unerkanntes Nichtwissen zunehmend wahrscheinlich, das nicht unmittelbar wissenschaftlich aufgelöst werden kann: „Je mehr wir wissen, desto weniger wissen wir, was wir nicht wissen."[490] Mit der kalkulierten Ignoranz des Nichtwissens des Nichtwissens, dem *decision-making under ignorance*[491] entfalten sich Entscheidungslagen, deren Optionen nicht mehr an vorhandenes Wissen, auch nicht an Wissen um Nichtwissen gekoppelt werden können. Damit sind nicht nur und für politische Entscheidungen sogar nachrangig Entscheidungen über die Eingrenzung und Auflösung des Nichtwissens zweiter Ordnung berührt, sondern vielmehr Entschei-

489 Das Konzept der reflexiven Wissenspolitik geht davon aus, durch vielfältige Partizipationsprozesse, etwa der Einbindung von Laien, wissensgebundene Entscheidungsprozesse zu öffnen und zu demokratisieren sowie den Rahmen der Entscheidungsfindung selbst zu reflektieren. Sie macht den kontingenten, implizit normativen Charakter des temporalisierten wissenschaftlichen Nichtwissens deutlich, stellt Abgrenzungen von Wissen infrage und rekontextualisiert Wissen; zeigt die umstrittenen Prämissen der Wissenspraxen und –dynamiken auf und stellt schließlich mit der Debatte um das Recht aus Nichtwissen den modernen Willen zum Wissen selbst infrage. Vgl. Wehling 2007, S. 234ff, Wehling 2004. Mit diesem Konzept entgeht Wehling freilich nicht dem Problem, dass die politischen Fragen des Nichtwissens nicht nur nicht ausschließlich in den Arenen der Politik verhandelt werden (so sehr sich diese auch öffnen), sondern in der Regel im gesellschaftlichen Raum des Politischen vorentschieden werden, bevor sie überhaupt die Politik erreichen.

490 Wehling 2003, S. 128

491 Vgl. in Bezug auf Collingridge, S. Wehling 2003, S. 129

dungen über den Umgang mit potentieller Unordnung qua Nichtwissen des Nichtwissens.

Nichtwissen reflektiert wissensbasiertes Handeln; wird mit Nichtwissen kalkuliert und wird Ignoranz gezielt hergestellt, lassen sich wissensbasierte Handlungen oder Kommunikationen vermeiden, eingrenzen, lenken. Kalkulierte Ignoranz trifft unter diesen Bedingungen Entscheidungen einer *Unordnungspolitik*, die Unordnung verhindert oder paradoxerweise zulässt, einhegt, herstellt, um Ordnung zu sichern. Über das weit verbreitete Schicksal von Kommissionsberichten als eine besonders beliebte Spielart kalkulierter Ignoranz hinaus geht es dem Nichtwissen der Politik um Herstellung von Nichtwissen durch Nichtveröffentlichung von Wissen. Kalküle der Unordnungspolitik ziehen den bewussten Einsatz von Nichtwissen in Betracht: als Variable der Entscheidungsverhinderung[492] oder Entscheidungsforcierung,[493] aber auch und insbesondere der bewussten Unordnungsbildung, um Ordnung zu stabilisieren oder aufzubauen. Die Unordnungsbildung qua Nichtwissen des Nichtwissens berührt das Herz der Legitimation. Die Entstaatlichungsrhetorik und die simultane Vermarktlichung von Ordnungsleistungen folgen dieser Logik kalkulierter Ignoranz. Nicht zu wissen, wie man das Nichtwissen um die sozialen und ökonomischen Probleme auflösen soll, bildet dann den Kern der Legitimation von Unordnungsbildung, die man der unsichtbaren Hand des Marktes zugesteht. Das Kalkül dieser Unordnungsbildung löst die Ordnungsmacht des Staates nicht auf, sondern verschiebt die Linien der Ordnungsbildung. Macht kann unter Bedingungen wissensbedingter

492 Entscheidungsverhinderungen durch Nichtwissen des Nichtwissens können klassischerweise im Gentechnikdiskurs beobachtet werden. Über den Einsatz von Gentechnik wird nicht entschieden (bzw. wird er verboten oder eingrenzt) weil noch nicht mal bekannt ist, was an Konsequenzen zu erforschen ist. Welche Wechselwirkungen können sich im Ökosystem ergeben, welche Mutationen? Dafür fehlen zu oft die Kategorien, Kategorien eines Wissens des Nichtwissens, von dem aus dann exploriert werden könnte. Was als Argument der Entscheidung (bzw. ihrer Verhinderung) wirkt, ist das Nichtwissen des Nichtwissens. So entsteht eine Unordnungspolitik in dem Sinne, dass Unordnungsbildung, die aufgrund unkalkulierbarer Folgen entstehen könnte, entfaltet wird. Eine spezifische Variante der Politik des Nichtwissens des Nichtwissens ist die politische Erzeugung von Wissenslücken, etwa über die potentiellen Gefahren des Rauchens. Vgl. Wehling 2006, S. 259f

493 Um unkalkulierbare Unordnung etwa in Krisenregionen zu vermeiden, wird das Nichtwissen des Nichtwissens um potentielle Entwicklungen bewusst eingesetzt, um eine Entscheidung zu treffen, die mit hoher Wahrscheinlichkeit auf jeden Fall ordungsbildend wirkt. Die Begründung des Irak-Krieges kann etwa entsprechend – wenn auch als Spezialfall - rekonstruiert werden. Die Indizien, die auf gefährdendes Waffenpotential hinwiesen, waren an sich gering – argumentiert wurde mit dem Risiko, dass sich daraus ergab, nicht zu wissen, was man nicht weiß: ob, und wenn ja welche Waffen, mit welcher Intensität und welchem Entwicklungspotential ausgestattet und an welche Handlungslogiken gekoppelt existieren könnten. Die auf jeden Fall größere Sicherheit versprechende Entscheidung zu intervenieren und eine Ordnung zu bilden, die den Fall der Unordnungsbildung vermeidet, konnte forciert werden. Geht man davon aus, dass mit der Extension des Wissens auch das Nichtwissen extendiert, werden solche Entscheidungsforcierungen in Rahmen wissensbasierter Ordnungsbildung immer wahrscheinlicher; gegenteiliges Wissen kann – auch und gerade unter Bedingungen wissensbedingter Globalisierung – immer schwerer plausibilisiert werden.

Kontingenz einen sicheren Raum für Nichtwissen schaffen, vor allem um „Entscheidungsprozesse zu interpunktieren, etwa mit Fristen, Meilensteinen und Budgets zu versorgen und den kognitiven Elementen des Entscheidens ‚sichere Orte' zuzuweisen.[494] Die ordnende Hand des Staates setzt dann ex post dort an, wo man etwas machen kann, weil man weiß, was man weiß. Doch auch dieses Wissen ist prinzipiell prekär und sein Einsatz ist kontingent: als einzige Alternative zur Ignoranz bleibt dann die *Ironie*, „im Nicht-Wissen besser zu wissen."[495] Der kontingenzweisende Weg von Ironie über den Zynismus zur kalkulierten Ignoranz ist freilich nicht weit. Die Legitimation der anhaltenden »Staatskörperkultur« (Wolfgang Fach), des Rückbaus von Staatsaufgaben und öffentlicher Verantwortung kann als subtiler Einsatz der politischen Kategorie kalkulierter Ignoranz gedeutet werden. An die Stelle der langwährend optimistischen Regierung eines Wissens, dessen Unregierbarkeit zunehmend artikuliert wird, scheint nun deren Schattenseite zu treten: die Regierbarkeit des Nichtwissens.

V Die Prekarität des Citoyen

Die Geburt des Cityoen als paradigmatische Figur der bürgerlichen Revolution erfolgte im Widerstand gegen die monopolistische Macht der Souveränitätsordnung. Der Citoyen wird als politisches Subjekt vorgestellt, „sein Epos ist jenes seiner Emanzipation hinsichtlich all dessen, was hindert, sich selbst zu regieren." Die Rechtmäßigkeits- und Gerechtigkeitsunterstellung der nachfolgenden Ordnung basiert auf der Annahme, dass „die Gesetzgeber nichts anderes sind als die den Gesetzen unterworfenen Bürger (Citoyens)".[496] Die Voraussetzungen dieses in politikwissenschaftlicher und -praktischer Perspektive als allgemeingültig unterstellten Zusammenhangs erodieren. Will man das Gesicht einer Bürgerschaft der Kontrollordnung bestimmen, kommt man nicht umhin, an den Grenzen der Disziplinarordnung jenseits der formalen Änderungen von Staatsbürgerschaft die Ausprägung von politischer Subjektivität näher zu beobachten.[497]

Die politische Konstitution der Kontrollordnung lässt sich nur mit den Subjektivitätsbedingungen einer Bürgerschaft verstehen, die mit sich auflösenden gemeinsa-

494 Vgl. in Anschluss an Basseches, S. Willke 2002, S. 45

495 Baecker 1990, S. 27. In Anlehnung an Walter Benjamin setzt Dirk Baecker den Begriff der Ironie differenztheoretisch wie folgt: „Die ironische Beobachtung, so würde ich vermuten, ist die Beobachtung, die einem Beobachter die Unterscheidung, die er verwendet, so vorführt, dass der Beobachter die Unterscheidung, die er mehr oder weniger bewusst für notwendig hielt, mit einem Mal als kontingent erfährt." Baecker 1990, S. 28

496 Lyotard 1982, S. 107

497 Dadurch sollen freilich die umfassend diskutierten formalen Änderungen bei Bürgerschaft und Nationalität keineswegs negiert werden. An dieser Stelle wird jedoch davon ausgegangen, dass die Veränderungen politischer Subjektivität den Veränderungen in der formalen Dimension vorausgehen, auch wenn diese nicht vollständig auf diese zurückzuführen sind. Siehe Kapitel VI (3), VII (3)

men Bezügen konfrontiert ist. Sie steht der Auflösung der Wissensautoritäten, der gemeinsamen Werte, gar der Interessen gegenüber: „Es gibt nicht nur nichts jenseits der Konfrontation der Einzelinteressen, sondern diese Interessen lösen sich ihrerseits in Bruchstücke auf."[498] Mit diesen Beobachtungen ist der Kern der Legitimationsgrundlagen moderner Politik berührt. Die autonome, am Gemeinwohl interessierte Bürgerlichkeit ist Voraussetzung der modernen politischen Legitimation und ihrer Kritik; wo sich die gemeinsamen Bezüge zerstreuen, ist das Ganze in Gefahr: „Jede einzelne Wirklichkeit bedeutet eine Verschwörung gegen den reinen allgemeinen Willen."[499]

Doch mit der allgemein konstatierten Auflösung kollektiver gesellschaftlicher Ordnungsstrukturen steigen die sozialen Handlungsmöglichkeiten von Individuen und einzelnen Gruppen.[500] Unter Bedingungen fragmentaler Differenzierung folgt der verteilten Intelligenz eine diffundierte Subjektivität. Dabei lösen sich die disziplinären Subjektivierungsformen nicht auf, aber rücken in den Hintergrund und bilden so den Ausgangspunkt für die verschiedenen Umgangsweisen mit der Kontingenz des Wissens. Die wissensbasierte Subjektivierung in der Kontrollordnung erfolgt keineswegs eindimensional, sondern in den diversen Streuungen subjektivierender Wissensformen, die in der driftenden Tugend heterogener Werte- und Normenstrukturen ihren manifesten Ausdruck finden. Je nach Chancen- oder Zumutungserwartungen werden die darauf aufbauenden neuen Subjektivierungsformen als Zwang oder Freiheit empfunden. Kreative Organisatoren wie virtuelle Fanatiker eint die Unterwerfung ihrer Subjektivität unter das Regulativ des Wissens. Gleich welcher Ausformung muss sich die Bürgerschaft nun einer vielfachen *Prekarität des Citoyen* stellen.

1 Driftende Tugend

An den Grenzen der Disziplinarordnung ist die spätmoderne condition humaine des Subjekts ein soziologischer Gemeinplatz: die multiple Spaltung der Subjektivität in soziale Rollen. Der funktionalen Rollendifferenzierung entspricht das grundsätzlich auf sich selbst verwiesene moralische Individuum ebenso wie das individuell verantwortliche politische Subjekt. Die Disziplinarordnung stellt jedoch der einsamen, irrlichternden Subjektivität mit ihren Normensystemen auch mächtige Flanken zur Seite, die nun durch steigende Kontingenzzumutungen unter Druck geraten. Die wachsenden Anforderungen an die subjektive Kontingenzbewältigung in funktional differenzierten Gesellschaften lassen nun die Selbstbeschreibung als *Identität* stärker in den Blick kommen.

498 Guéhenno 1994, S. 47
499 Lyotard 1990, S. 70
500 Vgl. Stehr 2000

Die Disziplinarmächte, die die modernen Subjekte in den produktiven Gesellschaftszusammenhang einbinden, produzieren und organisieren kollektive Sicherheit mit dem Ziel der individuellen Berechenbarkeit über funktional spezifizierte Rollen. Die Zumutungen personaler Rollen erlegen dem psychischen System immer wieder Restriktionen auf, zu denen es sich verhalten muss; sie werden mit der Referenz auf eine Identität beantwortet, die selbst durch die Anrufungen verschiedener gesellschaftlicher Regierungsweisen adressiert wird.[501] Jenseits dieses Regiert-werdens des »organization-man« ist es in der Spätphase der Disziplinarordnung immerhin noch möglich, Kontingenz in erster Linie durch Abweisung von Kontingenz bewältigen – etwa wenn Punks eine ganze Reihe von Systemimperativen qua Verweigerung negieren oder wenn Esoteriker Weltflucht betreiben. Die einstmalige Authentizität dieser identären Fluchtorte ist nun ihrer latenten oder offensichtlichen Ökonomisierung gewichen. Die als Orientierungspunkt disziplinarischer Regierungen noch leidlich Halt und Schutz gebenden Normen und rollenstabilisierten kollektiven Identitäten hinterlassen in den postmodernen Zeiten der Kontrollordnung eine offene Flanke der Subjektivität.[502]

Die offenen Flanken postmoderner Identitäten lassen sich weder durch die Renaissance eines gesellschaftsweit verbindlichen Normenkorsetts noch durch die Re-Etablierung disziplinarischer Routinen schließen. Die aufkommende netzmediale Kommunikation erzwingt und ermöglicht zugleich veränderte Mechanismen der Identitätskonstitution. Die mit ihnen einhergehende Entkopplung der Sachdimension, auf deren kommunikative Fixierung die funktionale Differenzierung angewiesen ist, führt zu einer veränderten Ordnung des Wissens und erzwingt zugleich neue Kommunikationsformen. Im Rahmen des damit aufkommenden operativen und prozeduralen Realitätsverständnis ist es notwendig, mit „aktuellen, um nicht zu sagen: akuten, Anschlüssen zu rechnen, die jeweils mit offenen, das heißt unbestimmten, fallweise jedoch bestimmbaren Kontexten zurande kommen." Das Subjekt vergewissert sich nicht mehr des Zwecks oder Ziels des Ganzen und begreift sich nicht mehr als eine Identität, „die die Verschiedenheit der Verwendungszusammenhänge überlebt."[503] Mit diesem Kommunikationsverständnis wird das Rollenverständnis der disziplinarischen Moderne gesprengt und über sie die Zweck- und Sachgebundenheit der Funktionssysteme sukzessive suspendiert. Die durch Netzmedien forcierte Ausweitung von Informationskomplexität erweitert einerseits die individuelle Wahrnehmungskapazität und verlangt umfassende Ressourcen und Kompetenzen im Umgang mit Kontingenz.[504] Andererseits ermöglicht es das Netz, vielfältige identitäre Bezüge zu adaptieren und zu erproben, denn in netzbasierten

501 Siehe Prolegomena C

502 Vgl. Castells 2004b, S. 10ff

503 Baecker 2007a, S. 38f

504 Vgl. Thimm 2004, Funken 2003. Siehe zum Zusammenhang von netzmedialer Kommunikation und multipler Identität grundlegend, S. Turkle 1999

Medien werden alternative Handlungs- und Normmuster leichter als in institutionellen Gefügen oder Massenmedien exemplarisch sicht-, verfüg- und erlebbar. Während das disziplinäre real-life eine identitäre Einheit noch ermöglichte, zeitigt das virtual-life im Netz eine multiple, mithin prekäre Identität, in der die individuelle Dekonstruktion von vornherein eingebaut ist. Im Kontext digitaler und netzmedialer Kommunikationsformen lässt sich so das Aufkommen eines expressiv-elektiven postmodernen Subjekts für die gegenwärtigen Zusammenhänge von Medialität und Subjektivität plausibilisieren.[505] Die netzmedialen Subjektivierungsformen der Kontrolle brechen in die offenen Flanken der Subjektivität ein.

Extension der Identitäten

Die Symptome einer *driftenden Tugend* lassen sich in den Debatten um die »neue Unübersichtlichkeit« (Jürgen Habermas) und den generellen Orientierungsverlust einer Gesellschaft beobachten, der es weniger um das säkulare Trauma eines längst verlorenen gemeinsamen Normenhorizonts als um die verlustig gehenden Routinen der industriellen Moderne geht. Analog zum Wissen lässt sich eine simultan mit ihrer Diffusion erfolgende Relevanzsteigerung von Identitäten in einer zunehmend als fragiler wahrgenommenen Welt beobachten. Der entscheidende Bruch mit den stabilen Identitätskulturen lässt sich in der Extension des Wissens und dem damit verbundenen *reflexiven* Wissen über die konstruktive Bedingtheit der eigenen Identität finden. Mit der sinkenden Orientierungsfunktion von Institutionen wächst die Bedeutung medial vermittelten Identitäts*wissens* für die individuelle Identitätskonstruktion; auf der Ebene diskursiver Praktiken verlieren institutionelle gegenüber medialen Subjektivierungsformen, die auf einem komplexen Wissen über Identitäten aufbauen.[506]

Während institutionelle Zwänge und normalisierende Konventionen der disziplinarischen Ordnung abgebaut werden, bauen sich zugleich neue Zwänge, Codes und Verhaltensweisen individueller Flexibilität, Mobilität und Selbstentäußerung auf. Wo die disziplinarische Moderne durch institutionell-räumliche, körperbezogene diskursive Praxen und relativ stabile Rollen und Identitäten geprägt wurde, dominieren nun zunehmend mediale, subjektivitätsorientierte Diskursformen. Mit der sinkenden individuellen Bedeutung und allgemeinen Verbindlichkeit vergesellschaftender Institutionen und einer abnehmenden Rollenstabilität schwindet auch die Bindungsfähigkeit *massen*medial konventionalisierter Identitätsmuster. Demgegenüber sind individuelle Lebensgestaltung wie ökonomische Prozesse zunehmend von weltweit verteilten und verfügbaren Informationen sowie subjektiven Kompetenzen abhängig.[507]

505 Vgl. Reckwitz 2006c
506 Vgl. Spangenberg 2000, Beck 2003
507 Siehe Kapitel VI (1)

Wie das Wissen entfalten die Identitäten der Kontrollordnung nur eine fragile Existenz, die sich nicht mehr über Einheit des *genausoseins*, sondern über Differenz des *andersseins* herstellt; die temporären, begrenzten, multiplen Identitäten sind „nur simuliert und wie ein optischer ‚Effekt' durch ein tieferliegendes Spiel erzeugt, durch das Spiel von Differenz und Wiederholung",[508] das nun selbst im Subjekt moduliert und so zum Gegenstand der Kontrolle wird, anstatt wie in der Disziplinarordnung neutralisiert zu werden.[509] Die Extension des Wissens entfaltet mit der Popularisierung individueller Dekonstruktion eine *Extension der Identitäten*. Die mit dieser Extension und der damit verbundenen allgegenwärtigen Temporalisierung von Werte- und Identitätskonjunkturen zum Ausdruck kommende driftende Tugend gebiert mit ihrer »ontologischen Bodenlosigkeit« (Zygmunt Bauman) beides: die Sehnsucht nach einem festem Boden von Identität- und Normengefügen und nach Antworten, die in ihrer zwangsläufigen Unbeständigkeit nur neue Sehnsucht nach neuer Orientierung produzieren.

Die Orte der Identitäts- und Normenbildung werden zu virulenten Orten der Macht. Identitäre Politiken stellen dabei eine der zentralen Schnittstellen von Subjektivität und politischer Macht da, ob etwa bei der Schwulen- und Lesbenbewegung oder bei wiederentdeckten regionalen Identitäten. Zugleich scheinen sich, abgesehen von hartnäckigen Residuen, die Geschlechterverhältnisse nach und nach zu verflüssigen: die starke Funktionalisierung, Separierung und Rationalisierung der Geschlechter weicht allmählich zu Gunsten pluraler geschlechtlicher Identitäten, auch jenseits von Mann und Frau; zu langsamen aber stetigen Egalisierungen.[510] Dekonstruktion und Konstruktion sind dabei auf ein expliziertes Identitäts*wissen* angewiesen, das über die Fraglosigkeit traditionaler oder institutioneller Identitäten hinausweist.

Die Sorge um das Anders-sein

Die Extension der Identitäten wirft die Frage auf, wie sich die flüchtigen Identitäten und Normen einer »tachogenen Weltfremdheit« (Odo Marquard)[511] bilden. In der Lesart von *Empire* und *Multitude* entsteht Subjektivität „mittels Kooperation und Kommunikation, und im Gegenzug produziert diese Subjektivität ihrerseits wieder neue Formen der Kooperation und Kommunikation, die wiederum neue Subjektivitäten produzieren und so weiter."[512] Vieles spricht dafür, dass mit der Kooperations-, und erst recht der Kommunikationsgebundenheit der Subjektivierungen nicht zwangsläufig der demokratische Aushandlungsprozess oder das konsensorientierte kommunikative Handeln à la Habermas postmoderne Normengefüge und Identitäten

508 Deleuze 1992b, S. 11.
509 Vgl. Lazzarato 2007, S. 259
510 Vgl. zu dieser Thematik, S. Sauer 2001, S. 305ff.
511 Vgl. Marquard 1986, S. 82ff
512 Hardt/Negri 2004, S. 213

bestimmen, sondern vielmehr stärker temporalisierte Machtbeziehungen Einfluss gewinnen. Durch neu gezogene Zumutbarkeitsgrenzen wird eine umfassende Mikrophysik der Normen- und Identitätsbildung durch Begründungen, Suggestionen und Anreizsysteme notwendig. Das postmoderne Wertepatchwork[513] wird mehr denn je durch die Webmuster der Machtbeziehungen geprägt[514] und die Identität wird mehr und mehr zum – wenn auch seidenen – Ariadnefaden der Macht.

Reformuliert man das Postulat fragmentaler Differenzierung, Unterscheidungen durch kombinierte, heterogene Teilungen unter den Koordinierungsmechanismen von Netzwerken und epistemischen Kulturen vorzunehmen in Bezug auf die Normen- und Wertebildung, lassen sich die Subjektivierungsbedingungen der Kontrollordnung näher in den Blick nehmen. Subjektivität bildet sich nun unter den Bedingungen von Normen- und Wertegefügen als Systeme heterogener Praktiken in einem Zustand lose gekoppelter Verteiltheit, die wesentlich spontaner und fragiler als die disziplinarischen Normensysteme sind. Politisch wirksame individuelle Identitäten werden tendenziell weniger „‚objektiv' über die Stellung im Produktionsprozess, also als Klassenidentität bestimmt, sondern vielmehr ‚subjektiv', d.h. über die Selbstverortung in sozialen Bewegungen" [515] im Sinne von projektbasierten Identitäten der Stadtviertel und Regionen, Communities und Netzwerke. „Subjekte bauen sich nämlich, wenn und falls sie konstituiert werden, nicht mehr auf der Grundlage von Zivilgesellschaften auf, die sich vielmehr im Prozess der Desintegration befinden, sondern als Verlängerung des an Kommunen orientierten Widerstandes." [516] Diese Kommunen sind in ihrer netzwerkartigen und potentiell virtuellen Konstitution Projekte der gegenseitigen Kontrolle von Identitäten.

Die produktiven Seiten der Prekarität des Citoyens können sich vor allem an den Punkten der politischen Topographie entfalten, an denen die klassischen kollektiven Identitäten ihre Kraft verloren haben und neue Projektidentitäten anhand subjektiver Problemlagen und Begehren entstehen. Diese Identitäten bilden sich in einer Doppelstrategie der Dekonstruktion vorgefundender und der Konstruktion eigener Identitäten. Identität ist anders als in der Moderne nicht mehr nur die vorgefundene Basis, auf deren Grundlage politische Kämpfe ausgefochten werden, sondern selbst umkämpftes Terrain des *Anders*-seins. Die *Sorge um das Selbst* verstanden als Abwehr sowohl von Fremdsteuerung, aber auch und stärker: sublim erzwungene

513 Vgl. Inglehart 1998, S. 390ff, 398ff

514 Vgl. Castells 2004b, S. 9f

515 Krücken 2006, S. 6. Vgl. Castells 2004b, S. 8f, 57ff

516 Castells 2004b, S. 14. Freilich geht Castells von einem spezifischen (im Kontext dieser Arbeit disziplinarisch zu nennenden) Zivilgesellschaftsbegriff aus; die Zivilgesellschaft, so wäre das Gegenargument, wird nicht per se desintegriert, sondern neu konfiguriert (siehe Kapitel VIII (3)). In diesen Kontext lässt sich dann auch Merkmal all dieser ‚kommunalen' Identitäten reformulieren, dass sie partikular sind. Auch wieder erstarkten Nationalismen gelingt es nicht, wie der klassischen Nationalstaat die Identität der gesamten Bevölkerung eines Territoriums zu bestimmen, sondern nur eines Teils; postmoderne Projektidentätaten sind zudem gänzlich a-territorial. Sie beziehen ihre Macht nicht aus dem Aufbau normalisierender räumlich basierter Strukturen sondern aus netzwerkförmiger Kommunikation.

Selbststeuerung der eigenen Subjektivität wird zum zentralen Feld identitärer Wissenspolitiken. Die Möglichkeiten der Selbst-Steuerung durch Wissen scheinen sich fundamental aufgehellt zu haben: „ethische Mikro-Diversifizierung als Selbstführung anstelle politischer Ethiksteuerung ist nicht nur möglich, sondern sogar erforderlich für hochkomplexe Gesellschaften.“[517] Vieles spricht dafür, dass entscheidende Kämpfe der wissensgesellschaftlichen Bürgerschaft auf diesem Feld stattfinden werden. Der »postmoderne Tausch der Sicherheit gegen das Glück« (Zygmunt Bauman) hat auch die Spielfelder gesellschaftlicher Kämpfe verändert – weniger als auf die Verteidigung der Sicherheit kommt es nun auf die Produktion von als eigen und *anders* empfundener Subjektivität an.

Die driftende Tugend der Kontrollordnung zeitigt ambivalente Möglichkeiten des Umgangs mit kontingenten Identitäten – die Kontrolle des Anders-seins ist freilich auch Programm. Die Regierungen der Kontrolle fordern Nonkonformismus statt Anpassung; die reflektierte Abweichung und immer wieder neue Selbsterfindung wird zur Pflicht. Die dekonstruierenden Praxen und die daraus erwachsenden multiplen Identitäten, so lautet der Befund zumindest für das unternehmerische Selbst der hegemonialen neoliberalen Regierungsweisen, „mögen zwar den auch in einer nachdisziplinären Gesellschaft noch wirksamen Homogenisierungsdruck mit einem Vexierspiel unscharfer oder wechselnder Identitätskonstruktionen unterlaufen, dem Flexibilisierungsimperativ einer radikalisierten Marktökonomie haben sie wenig entgegenzusetzen.“[518] Unabhängig davon, welche Reichweite die Ökonomisierung des Subjekts in der Kontrollordnung entfaltet, die vorauseilende Einholung des Anders-seins hat Prinzip. Kritik, in seiner klassischen Emphase, hat es schwer, weil sie, als Feedback immer wieder eingespeist immer schon im Kalkül der Kontrolle liegt. Der Verlust universaler normativer Referenzen macht das kritische Subjekt verdächtig, doch wird damit auch die ihm verbundene Figur des Citoyens obsolet?

2 Kreative Organisatoren

Die Konstitution der Bürgerlichkeit ist eng mit der Aufwertung der Arbeit in der Disziplinarordnung verbunden. Die Verbindungen zwischen Arbeit und Bürgerstatus sind vielfältig: sie lassen sich im Zusammenhang von Einkommen, Steuerzahlung und dem Recht auf Mitbestimmung über die mitfinanzierten öffentlichen Gelder finden, aber ebenso in dem Umstand, dass die für die Arbeit notwendig disziplinierte und rationalisierte Subjektivität auch konstitutiv für den Ethos des Bürgers ist – und nicht der Bürger*in*, so lange Zeit zumindest. Leidenschaften zu zähmen und Interessen zu kalkulieren, Regeln zu befolgen und sich unterordnen zu können – die Tugenden des Bürgers sind zugleich die Tugenden der Arbeit. Dass diese sozialen Kardinaltugenden für die Halbwertzeit der Disziplinarordnung als nicht zumutbar

517 Martinsen 2004, S. 403
518 Bröckling 2007, S. 285

für das weibliche Geschlecht galten, verweist umso tiefer auf den Zusammenhang.[519] So sehr die Tugenden des Subjekts eine gemeinsame Grundlage schufen – die Sphären der Arbeit und der Bürgerlichkeit galten in der Disziplinarordnung mit der Teilung von öffentlich und privat als strikt getrennt. Diese Grenzen scheinen nun allmählich, aber unübersehbar zu verwischen.

Produktive Affekte

Die postindustrielle Arbeitswelt ist unübersehbaren Veränderungen unterworfen, die auf die Relevanzsteigerung von Wissen als zentralem Produktionsfaktor zurückzuführen sind. Während die grundsätzliche Ersetzbarkeit des industriellen Arbeiters die wesentliche Bedingung für den Warencharakter der Arbeit bildete, ist das Kapital nun auf die schwerer zu substituierende spezifische Expertise und Subjektivität der – so die gängigen Begriffe – *Wissensarbeiter* und *Symbolanalytiker* angewiesen. Innerhalb der Logik des bereits gezeigten Autoritätsbruchs des Wissens wird zugleich die Bedeutung formaler Bildung relativiert, Abschlüsse werden inflationiert und temporalisiert und geben nur noch bedingt Auskunft über damit verbundene Kompetenzen.[520] Demgegenüber werden kontextualisiertes Wissen, persönliche Eigenschaften (*soft skills*) und Beziehungen aufgewertet.[521] Die grundsätzliche individuelle Bildungsegalität und die damit einhergehende Skepsis gegenüber wissenschaftlichem Wissen wendet sich gegen die Logik eines eindimensional kognitiv basierten Wissensbegriffs: „Bei gleicher Kompetenz hängt der Zuwachs an Performativität – in der Produktion des Wissens und nicht mehr in seinem Erwerb – also letztlich von dieser ‚Phantasie' (imagination) ab, die entweder erlaubt, einen neuen Spielzug durchzuführen, oder die Regeln des Spiels zu verändern."[522] Bricht damit nun das Reich der Freiheit über die postmoderne Wissensarbeiterschaft herein?

Die Aufwertung des menschlichen Faktors meint nicht „den Menschen in einem emphatisch humanistischen Verständnis, so als sei die Computerkultur der Gesellschaft gleichzeitig die Plattform zu dessen endgültiger und voller Emanzipation, sondern es geht um den Menschen in seiner einzigartigen Konstitution der Kombination mentaler und sozialer Aufmerksamkeit."[523] Diese spezifisch menschliche

519 Vgl. Holland-Cunz 2003, S. 17ff

520 Dabei darf freilich nicht unterschlagen werden, dass diese Relativierungen oberhalb eines Mindestniveaus formaler Qualifikation erfolgen, das als Eintrittskarte dient, aber damit keinen Platz vergibt. Wer unter dem Mindestniveau liegt, ist praktisch exkludiert.

521 Sowohl beim Zugang zu Arbeit wie in der Arbeitsorganisation selbst gehen Selektion und Exklusion mit einer Aufwertung der Subjektivitätsfunktion einher. Schul- und Universitätsabschlüsse dienen nun lediglich als Voraussetzung, nicht als verbindliche Qualifikation. Vgl. Boltanski, Chiapello 2003, S. 281, Lazzarato 1998, S. 41

522 Lyotard 1982, S. 152

523 Baecker 2007a, S. 50. Baecker verweist mit Weick/Sutcliffe auf den Begriff der *mindfulness*, auf die *high-reliability organizations* angewiesen sind. „Diese mindfulness ist nicht die Einlösung humanistischer Versprechen und Bildungserwartungen, sondern die jeweils hochspe-

Ressource gewinnt in einer zunehmend wissensbasierten Ökonomie an Bedeutung. In immer stärker ausdifferenzierten Märkten und ihren situations- und marktspezifisch rekombinierten Wissensbeständen gewinnt die Spezifikation gegenüber der Substitution der Arbeit. Als den Kern produktiver Arbeit lässt sich nun die immaterielle Arbeit ausmachen, „das Lösen von Problemen, der Umgang mit Symbolen, analytische Aufgaben und solche, die das sprachliche Ausdrucksvermögen fordern" und affektive Arbeit, „die Affekte wie Behagen, Befriedigung, Erregung oder Leidenschaft hervorbringt oder manipuliert."[524] Die Subjektivisierung der Arbeitswelt löst gewohnte Zusammenhänge auf: bisher auf die Arbeitswelt bezogene Leistungsanforderungen wandern zunehmend in die gesamte Lebenswelt ein, Subjektivität und Arbeit gehen zusehends ineinander über, Affekte werden produktiv.

Kommunikative und kooperative Praxen kennzeichnen nicht nur die ökonomische, sondern auch die kulturelle und politische Sphäre, die gesellschaftliche Praxis im Ganzen. So mögen insbesondere Negri und Hardt erkennen, „dass die Unterscheidung zwischen dem Ökonomischen und dem Politischen bei der Produktion der Multitude allmählich verschwindet und dass die Produktion von Wirtschaftsgütern zunehmend auch die Produktion von sozialen Beziehungen und letztlich von Gesellschaft an sich ist. Die künftige institutionelle Struktur dieser Gesellschaft ist in die affektiven, kooperativen und kommunikativen Beziehungen sozialer Produktion eingebettet. Anders gesagt: Die Netzwerke sozialer Produktion liefern eine institutionelle Logik, die eine neue Gesellschaft aufrechterhalten kann. Die gesellschaftliche Arbeit der Multitude führt uns somit direkt zur Multitude als konstituierender Macht."[525] In der Tat legen zunehmende Kommunikations- und Kooperationskompetenzen nahe, dass die bisherigen politischen Logiken des souveränen Herrschens qua hierarchischer Administration weder wirken noch notwendig sind. Angesichts einer wachsenden Kommunikations- und Kooperationsrelevanz erscheint eine Hypostasierung über den Rahmen überschaubarer sozialer Zusammenhänge (etwa von Unternehmen) hinaus naiv. Wenn die Produktion kultureller und gesellschaftlicher Praxis in einem biopolitischen Zusammenhang geschieht, so bleibt mehr denn je offen, ob daraus Potentiale der Emanzipation oder Herrschaft erwachsen. Gefragt ist eine begriffliche Präzisierung, die die Wissensbasierung der Arbeit und der sie zeitigenden produktiven Affekte näher in den Blick nimmt.

Noopolitische Regulation

Der Aufstieg der neuen Arbeitsformen zeigt veränderte Subjektivierungsstrategien an. Während die disziplinäre Subjektivierung wesentlich auf die Modellierung von

zifische Form der Aufmerksamkeit in einem bestimmten Netzwerk der Organisation von Produktion, Verwaltung, Wissen, Politik oder Kunst gebraucht oder gepflegt wird." Baecker 2007a, S. 50

524 Lazzarato 1998, S. 126. Vgl. Drucker 1993, S. 86

525 Hardt/Negri 2004, S. 385

Rollen orientiert war, geht es nun um die Identität. Die disziplinarischen Strategien orientierten auf die Körper und die Biopolitik auf die Bevölkerung – beide regulierten damit die biologischen, materiellen Qualitäten des Lebens, um gesellschaftliche Ordnung zu erzielen. In der Kontrollordnung zielen die kontrollarischen Strategien auf das Gehirn, das intellektuelle Gedächtnis und die Aufmerksamkeit und reguliert die »Noopolitik« (Maurizio Lazzarato) das Wissen: die kollektiven Daten, Wissensbestände und Phantasien.[526]

Die Institutionalisierungen der Noopolitik: audiovisuelle Medien, Datenbanken, telekommunikative und informationstechnologische Netzwerke und weitere Einrichtungen zur Organisation kollektiver Intelligenz und kollektiven Begehrens entsprechen in der Kontrollordnung der Bedeutung der wohlfahrtsstaatlichen Einrichtungen für die Biomacht in der Disziplinarordnung.[527] Anders als das biopolitische Paradigma kennzeichnet die Noopolitik in der Kontrollordnung nicht mehr „eine Situation, in der das, was für die Macht wirklich auf dem Spiel steht, die Produktion und Reproduktion des Lebens ist.“[528] Vielmehr geht nun die Regulierung des Wissens der des Lebens voraus, ist das biologische wie intellektuelle menschliche Leben den Logiken der noopolitischen Wissensregulation unterworfen. So wie die Disziplinarordnung die Souveränität aus dem Zentrum der Gesellschaft vertrieb und zugleich eine tiefere Macht der Souveränität, eine ungleich größere Macht zum Töten entfaltete, erlaubt die Regulation des Wissens eine ungleich tiefere Macht der biopolitischen Strategien.[529] Die demographischen, gerontologischen und frühpädagogischen

526 Der Begriff der Noopolitik geht auf Lazzarato in Abgrenzung zum Begriff der Biopolitik zurück. Der Begriff wird hier, Lazzarato präzisierend, analog zur Biomacht auf die Regulierung einer überindividuellen Ebene bezogen. Vgl. Lazzarato 2007, S. 266

527 Das heißt freilich nicht, dass die kontrollarischen die disziplinarischen Strategien ablösen und die Biomacht durch die Noopolitik abgelöst wird. Vielmehr überlagern und überformen die Strategien und Technologien der Kontrollordnung diejenigen der Disziplinarordnung. Disziplin wird also nicht hinfällig, sondern ist vielmehr nicht hinreichend und wird nun durch kontrollarische und noopolitische Strategien reorganisiert. Vgl. ähnlich argumentierend, S. Lazzarato 2007, S. 267

528 Hardt/Negri 2002, S. 39. Hardt und Negri wenden bekanntlich den Begriff der Biomacht in die Logik der Kontrollordnung. Dabei verkennen sie nicht nur, wie Lazzarato meint, den grundsätzlichen Unterschied zwischen dem biologisch-materiellen und den intellektuell-immateriellen Dimensionen des Lebens (vgl. Lazzarato 2007), sondern auch den Umstand, so wird hier behauptet, dass die Regulierung des Wissens in der Kontrollordnung grundsätzlich der Regulierung des menschlichen Lebens vorhergeht.

529 Hier liegt eine entscheidende Differenz zur Positionierung der Bio-Politik bei Hardt/Negri. Für sie ist das Aufkommen der gegenwärtigen kontrollgesellschaftlichen Strukturen mit einer bio-politischen Wende verbunden: „Einzig die Kontrollgesellschaft ist in der Lage, sich die Biopolitik als exklusives Bezugsfeld zu eigen zu machen. Im Übergang von der Disziplinar- zur Kontrollgesellschaft realisiert sich ein neues Machtparadigma, das dadurch definiert ist, dass Techniken der Biomacht die gesamte Gesellschaft durchziehen.“ Hardt/Negri 2002, S. 39. Negri und Hardt heben in ihrer Argumentation darauf ab, dass die disziplinarischen Techniken begrenzt und im wesentlichen nur den Körper regulierten, die Kontrollgesellschaft jedoch mit der Integration von Subjektivität und Kreativität nun die gesamte Gesellschaft durchdringen kann. Mit dieser Erweiterung des Begriffs der Bio-Politik verabschieden sich

Diskurse; die Debatten um Gentechnik und Biomedizin bis hin zu Wellness verweisen auf eine Aufwertung des biologischen Lebens des Menschen, die zugleich mit einer signifikanten Wissensbasierung ihrer Regulation einhergeht. Die Wissensextension generiert eine immer stärker forcierte Produktion von Wissen zur Bewertung, zur Verbesserung und zur Prävention menschlichen Lebens, dem das Leben selbst unterworfen wird. Die dadurch erzeugte sukzessive Temporalisierung bricht mit den disziplinarischen Institutionalisierungen und Einhegungen der biologischen Materialität des Lebens zu Gunsten von Arrangements, die eine Regulation zulassen, die ebenso flexibel, temporär und modular ist wie die Entwicklung des Wissens selbst.

Dem entsprechen die nun modular organisierten Übergänge zwischen den Institutionen: „Offene Krankenhäuser, häusliche Krankenpflege etc., sind nichts neues mehr“ so Gilles Deleuze, „Und es ist absehbar, dass die Ausbildung nicht länger ein geschlossenes Milieu bleiben wird, das sich von der Arbeitswelt als anderem geschlossenen Milieu unterscheidet, sondern dass beides verschwinden wird zugunsten einer schrecklichen permanenten Kontrolle, welcher der Arbeiter-Gymnasiast oder der leitende Angestellte-Student unterworfen sein wird.“[530] Die Deleuzsche Philippika artikuliert zwei entscheidende Verschiebungen von der Disziplinar- zur Kontrollordnung: flexible und hybride Modulationen verdrängen die abgeschlossenen, festen Formen der Lebensorganisation; lineare Übergänge wie etwa Familie-Schule-Fabrik werden durch reversible und modular organisierbare Phasen abgelöst: „In einem Kontroll-Regime hat man nie mit etwas abgeschlossen.“[531] Die Metastabilität dieser hybriden und modularen Lebensformen wird über die Organisation des Wissens als lebenslanges Lernen in den Kontrollprojekten fragmentaler Differenzierung hergestellt. Anders als in der Disziplinarordnung geht es nun nicht mehr darum, die Subjektivität zu disziplinieren und einzuschließen; stattdessen „muss das Außen, also die Fähigkeit zur Differenz kontrolliert und »moduliert« werden. Es geht nicht mehr darum, die Subjektivität in einem abgeschlossenen Raum zu disziplinieren, im Gegenteil: sie wird in einem offenen Raum moduliert. Die Zeit des Ereignisses, der Erfindung, der Kreation des Möglichen ist nicht länger Ausnahme, sondern eine Modalität des Handelns; für die Macht gilt es, sie alltäglich zu regeln.“[532] Diese Veränderungen verweisen auf eine Vokabel, die als Modewort und Imperativ zeitgenössischer Subjektivität gleichermaßen gilt: Kreativität.

Hardt/Negri vom Foucaultschen Verständnis der Bio-Macht, die ausgehend von der biologischen Materialität des Körpers das spezifische Problem der Regulierung der Bevölkerung in ihrer Naturalität und als eigene biologische Entität artikulierte (vgl. Foucault 2004a, S. 504f, Lemke 1997, S. 136). Sie vergeben sich damit vor allem aber auch ein analytisches Potential, das sich aus der Differenz zwischen Biopolitik und Noopolitik ergeben kann. Dieses Potential verbindet sich insbesondere mit der Erkenntnis, das das Auftreten fundamental neuer Regulierungsformen die bisherigen Regulierungsformen nicht negieren muss, sondern effektivieren und potenzieren kann.

530 Deleuze 1993a, S. 251

531 Deleuze 1993a, S. 251. Vgl. Lazzarato 2007, S. 260

532 Lazzarato 2007, S. 259

Kreativität muss sein. Die einst subversive bis widerständige Emphase, die dem Kreativitätsbegriff während seines Aufstiegs im 20. Jahrhundert innewohnte, hat sich längst verflüchtigt. Kreativität lässt sich in verschiedenen gesellschaftlichen Kontexten als „ein gouvernementales Programm, ein Modus der Fremd- und Selbstführung“[533] auffassen und analysieren. Die Paradoxien, die sich in der Regierung der Kreativität zwischen anrufender Norm und realer Kompetenz entfalten, tun der Ökonomisierung kreativen Handelns keinen Abbruch. »The Rise of the Creative Class« (Richard Florida) ruft die Kreativität zur potenziell unbegrenzt verfügbaren ökonomischen Ressource aus, die sie messbar, lokalisierbar und mithin als Standortfaktor innerhalb des globalen Wettbewerbs ausweisbar macht.[534] Kreativität gerinnt so zu einer Subjektivierungsstrategie neoliberaler Gouvernementalität; [535] von den Marktlogiken getrieben, wird sie prekär: „Das Gebot entfesselter Kreativität untergräbt zugleich deren Existenzbedingungen. Je höher der Innovationsdruck, desto kürzer die Halbwertszeit des Neuen und desto größer der Verschleiß schöpferischer Potenziale. Wenn Muße systematisch verknappt oder zum Katalysator von Innovationsprozessen funktionalisiert wird, bleibt nur die Simulation von Kreativität.“[536] Dieser Befund verweist indirekt darauf, dass der Zusammenhang zwischen dem Aufstieg der Kreativität und einer hegemonialen neoliberalen Regierung, die deren Bedeutung systematisch entleert, keineswegs zwingend ist. Der Aufstieg des Kreativitätsparadigmas ist zweifellos von einer Ökonomisierung begleitet, die eng mit der Aufwertung weiterer flexibler Formen sozialer Organisation zusammenhängt, auf die »der neue Geist des Kapitalismus« (Luc Boltanski/Eve Chiapello) beruht.[537] Wer

533 Bröckling 2007, S. 153

534 Vgl. Florida 2002. Florida verweist bei seiner Postulierung der kreativen Klasse explizit auf das Modell der Wissensarbeiter von Fritz Machlup und Peter Drucker und integriert sie kurzerhand in sein Modell: „The Creative Class consists of people who add economic value through their creativity. It thus inludes a great many knowledge workers, symbolic analysts and professional and technical workers, but emphasizes their true role in the economy.” Florida 2002, S. 68. Diese enorm weitgehende Definition der kreativen Klasse ist in der Rezeption von Floridas These hinreichend kritisiert worden; die kritische Masse für die Hypostasierung eines ins Positive gewendeten postmodernen Proletariats scheint damit freilich erreicht – Analogien zur ebenfalls undifferenzierbaren Reichweite der Multitude sind offensichtlich. Ziel der Theorie ist freilich– und hier trennen sich Hardt/Negri und Florida – nicht die Emanzipierung, sondern eher die Indexierung der Klasse etwa über den mittlerweile berühmten *Gay Index* (Florida 2002, S. 255f).

535 Vgl. zur Figur der Kreativität innerhalb der Subjektivierungsform des unternehmerischen Selbst, S. Bröckling 2007, S. 152 - 179

536 Bröckling 2007, S. 179

537 Boltanski/Chiapello weisen auf die Entstehung der kreativen Arbeit hin. Das neue Kreativitätsparadigma erreicht nicht sofort die Konzernzentralen und Fabrikhallen, sondern nimmt den Umweg über ökonomische Sphären, die nicht genuin kapitalistisch sind, so konnt Kreativität „in der Frühphase seines Entstehens als eine Überwindung des Kapitalismus, damit aber auch als eine Überwindung des Antikapitalismus verstanden werden. Er beinhaltet das Thema der Emanzipation und des freien Zusammenschlusses von Kreativen, die eine ge-

die Relevanzsteigerung der Kreativität auf seine Funktion innerhalb eines gesamtgesellschaftlichen Ökonomisierungsdiskurses reduziert, vergibt sich jedoch die Chance, grundlegende Veränderungen zu analysieren, die über die aktuelle Hegemonialität einer Regierungsrationalität hinaus auf die Kategorie der Ordnung verweisen.

Die charakteristischen Momente von Kreativität: Expressivität; die konkrete Situierung in Handlungskontexten, die je spezifische Antworten verlangen; die Invention, Rekombination und Variation von Artefakten verweisen auf die gezeigten Subjektivitätstransformationen driftender Tugend. Die Imperative der Kreativität sind in den disziplinarischen Rollenbegrenzungen schlicht nicht realisierbar: ökonomische, mediale und künstlerische, wissenschaftliche und sportliche Rationalitäten sollen nicht separiert gedacht und praktiziert, sondern Kompetenzen sollen spielerisch verbunden werden. Das Gebot ihrer hybriden Verbindung lässt sich freilich nicht ohne eine Abwertung von starren Rollenmustern und eine Aufwertung von Identität denken, die den vielfältigen kreativen Projekten Sinn und Kohärenz verleiht. Die veränderten Subjektivierungsmuster hängen eng mit der Extension des Wissens und mit netzmedialen Kommunikationsformen zusammen, die eine sukzessive Veränderung von Subjektivität verlangen und produzieren, jedoch gleichzeitig unabhängig von ihrer möglichen Ökonomisierung zu beobachten sind. Die Kreativitätstechniken unterwerfen die Subjektivität ebenso unter produktivitätsanreizende Prozesse wie die Dressurtechniken der Disziplin den Körper produktivierten.[538] Ging es der Disziplin darum, mit der Dressur der Körper die biologisch-materiellen Kräfte zu regulieren, geht es der Kontrolle darum, mit der Kreativitätsanreizung der Subjektivität das virtuell-immaterielle Wissen zu regulieren. In ihren avancierten Technologien kombiniert Kreativität „sachlich nicht zusammenhängende Wissenselemente oder stellt Analogien zwischen heterogenen Bereichen her." Sie setzt auf „eine wilde Logik, welche die lineare Ordnung sequenzieller Denkschritte in diskontinuierliche Seitwärtssprünge überführt. Der Bruch mit vertrauten Mustern soll Platz für neue schaffen."[539] Mit den skizzierten Kreativitätstechnologien wird eine doppelte Analogie zu den oben beschriebenen Veränderungen der gesellschaftlichen Wissensorganisation deutlich. Zum einen sind den kreativitätsanreizenden Technologien vielfältige, oft heterogene wissenschaftliche Logiken immanent, aus denen sie Struktur und Inhalt beziehen – sie sind genuin wissensbasiert. Zum anderen vollziehen die Argumentationslinien der ‚Kreativierung' die Strukturwandlungen der Wissensorganisation nach, indem sie darauf setzen, Grenzziehungen zu überwinden, unterschiedliche Rationalitäten zu kombinieren und diverse Wissensbereiche zusammenzuführen. Während die disziplinierten Körper innerhalb eines Macht-Wissens-Komplexes dressiert wurden, der das Wissen über die Zurichtung hierarchisierte und die Subjektivierungen über ein implizites Wissen organisierte, erfolgt die Subjektivierung der Kreativen über ein expliziertes, weil reflektiertes Wissen auf einer prinzipiell fla-

meinsame Passion verbindet und die sich gleichberechtigt zusammenfinden, um ein gemeinsames Projekt zu verfolgen." Boltanski/Chiapello 2003, S. 257

538 Vgl. Bröckling 2007, S. 175f

539 Bröckling 2007, S. 176

chen, enthierarchisierten Ebene. Diese Differenz erklärt sich aus der Verschiebung des Ordnungsproblems. In der Disziplinarordnung, der es um die Ordnung der Kräfte des biologischen Lebens ging, wurde die Körperbeherrschung ‚demokratisiert'; die Kontrollordnung ‚demokratisiert' die Beherrschung der Subjektivität, um das Wissen als Ordnungsproblem in den Griff zu bekommen. Diese grundsätzliche Verbindung von Kreativität, Wissen und Macht ist der Legitimation der Kontrollordnung eingeschrieben, unabhängig davon, mit welchen Motiven von ihr ausgehend regiert wird. Ob die Regierungen der Kreativität auf den Pfaden der *An*reizung automatisch in die Sackgasse der *Über*reizung von Kreativität geraten,[540] ist offen. Die Konjunkturen der *work-life-balance* zeigen längst, dass die Gefahr erkannt ist – ob sie dadurch gebannt wird, ob dies nur eine Intensivierung des neoliberalen Subjektivierungsregimes darstellt oder einen Regierungs-Wechsel von neoliberaler zu anderen, bisher parasitären Gouvernementalitäten anzeigt, mag dahin gestellt sein. Das Anwachsen der immateriellen Arbeit als produktiver Kern der wissensbasierten Ökonomie verweist auf grundlegend veränderte Subjektivierungsstrategien, die jedoch nicht per se ökonomische Regierungsweisen determinieren, sondern prinzipiell offen sind.

Kreative Organisatoren

Der Blick auf die veränderten Logiken von Wissen, Arbeit und Subjektivität zeigt fundamental gewandelte subjektive Bedingungen von Bürgerschaft auf. Die Subjektivität wird zum zentralen Bestandteil noopolitischer Kontrollstrategien. Als zentraler Produktivitätsfaktor setzt sie eine erhöhte Reflexivität voraus; der Kompetenz, Wissen in spezifischen Kontexten sozial wirksam zu machen, kommt nun eine besondere Rolle zu[541] – Wissen wird, vermittelt über den Modus der Kreativität zum zentralen Link zwischen Subjektivität und Sozialität und so zur Steuerungsressource. Kreativität als Modus von individueller und kollektiver Organisation bezieht sich ganz allgemein auf einen veränderten Umgang mit höchst heterogenen Wissensinhalten und der Rekombination zu neuen, hybriden Inhalten innerhalb begrenzter Projekte.

Der Einsatz des Kreativitätsparadigmas besteht darin, die körperbezogenen, routinisierten und monotonen Organisationspraktiken, die eng mit den disziplinarischen Institutionen verbunden waren, durch einen radikalen Subjektivitätsbezug abzulösen. Mit ihnen stehen auch die eng mit den Organisationsweisen der Disziplinarökonomie verbundenen Charakteristika politischer Subjektivität zur Disposition. Inner-

540 So die These von Ulrich Bröckling in Bezug auf das Kreativitätsparadigma des unternehmerischen Selbst. Vgl. Bröckling 2007, S. 178

541 Die Definition von Wissen vereint dabei intellektuelles Wissen mit managerialem Wissen im Wissensarbeiter. Das reine Organisationswissen des Managers vereint sich dabei mit einem Orientierungs- und Sinnwissen, das genügend Identifikationspotential in einer unübersichtlicher strukturierten Lebenswelt bietet. Vgl. Steinbicker 2001, S. 43f

halb wissensbasierter Arbeitszusammenhänge wird die Subjektivität zur zentralen Produktivkraft; mit der Kooperations-, Kommunikations- und Reflexionsfähigkeit von Wissen bilden die Wissensarbeiter Kompetenzen der Kontingenzbewältigung aus, die zentral für die Bildung von Organisationen sind.[542] In den Bereichen der Wissensarbeit stellen sich signifikante Dezentralisierungs- und Enthierarchisierungsprozesse ein: flache, netzwerkartige Heterarchien sind besser geeignet, um Wissen zu generieren – die Differenz zwischen Management und Mitarbeiter nivelliert zusehends. Dem entspricht die frühe Einschätzung von Theoretikern der Wissensgesellschaft, nach der „in einer Wissensorganisation jeder Kopfarbeiter eine ‚ausführende Führungskraft' ist".[543] Die zentrale Herrschaftsressource Wissen und insbesondere das Organisationswissen, das in der Industriegesellschaft die Macht des Managements begründete, diffundiert nun in der netzwerkartigen Organisation der Unternehmen auf die breite Ebene der (Wissens)arbeiterschaft.[544] Der Wissensarbeiter als Typus des *kreativen Organisatoren*, der sich mit elementarem Organisationswissen auf die wachsende Komplexität und Kontingenz von Gesellschaftsverhältnissen einlassen kann und so qualitativ neue Potentiale gesellschaftlicher Veränderung heben kann, steht so auf der Habenseite einer Bürgerschaft wissensbasierter Legitimation, die mit ihren Fähigkeiten zwar tendenziell die Existenz bestehender Institutionen gefährdet, mit der Werte- und Normenheterogenität jedoch positiv umgeht. Anders in der Souveränitäts- oder Disziplinarordnung ist die Bürgerschaft der kreativen Organisatoren a-territorial und engagiert sich auf weltgesellschaftlichem Terrain, bildet temporäre, netzwerkartig organisierte politische Kollektive, die jenseits räumlicher Strukturen liegen[545] – der Citoyen der Städte wird zum *Netoyen* der Netze.

Die Frage, wie und wo das Prinzip der Kontrolle des Wissens durch wen über wen angewandt wird, wird zum zentralen Problem der Ordnung in Gesellschaften wissensbasierter Legitimation. Kontrolle heißt dabei vor allem: Kontingenzkontrolle und Kontextsteuerung. Die Subjekte werden nicht mehr über die institutionelle, disziplinäre Zurichtung gesteuert, sondern mittels Reflexivität über ihre Ergebnisse. Die Diffusion des Wissens qua elektronischer Medien führt dabei zu temporalisierten Formen der Kommunikation. „Man geht nicht mehr von feststehenden Gestalten aus, die nach den Codes der Funktionssysteme als wahr oder unwahr, nützlich oder nicht nützlich usw. beurteilt werden können, sondern jede Festlegung produziert

542 Stehr arbeitet daraus für den partizipativen politischen Prozess die *Fähigkeit, Ermessensspielräume auszunutzen*, die *Möglichkeit, Schutz zu organisieren*, die *Befähigung und Fertigkeit, zu sprechen*; das *Geschick, Widerstand zu mobilisieren* und die *Fähigkeit, etwas zu vermeiden* als wichtigste Kompetenzen heraus (vgl. Stehr 2000, S. 196). Zum Zusammenhang von Wissen, Performation und Kooperation vgl. Lyotard 1982, S. 153f, zur Veränderung von Arbeits- und Organisationsformen aus ethnographischer Perspektive vgl. Hirschfelder/Huber 2004

543 Drucker 1993, S. 254

544 Vgl. Lazzarato 1998, S. 41

545 Dies gilt dann wohl auch für eine Überwindung nationalstaatsbasierter Staatsbürgerschaft, S. „Die faktische multikulturelle/multinationale Mitgliedschaftspolygamie wird nicht zu verhindern sein." Nassehi/Schroer 2000, S. 50

einen unmarkierten Raum und in ihm eine andere Seite, die nur über weitere Operationen (mit denselben Folgen) bestimmt werden kann." Diese Formenpluralisierung der Differenzierung ermöglicht ein Markieren von Formen, „die ein reicheres Unterscheiden und Bezeichnen ermöglichen mit derzeit unabsehbaren Konsequenzen für das Kommunikationssystem Gesellschaft."[546] Funktion und Kohäsion kehren sich um: während sich in der Souveränitäts- und Disziplinarordnung politisches Subjekt und politische Kollektivität und ihre konkrete Funktionalität aus den räumlichen und zeitlich vorgegebenen Strukturen ergaben, so bestimmt in der Kontrollordnung die fragmental differenzierte, wissensbasierte Funktionalität die Formen des Politischen. Politische Aktion ergibt sich nun spontaner, unkoordinierter, schneller.[547]

Die Situation des Citoyen der Kontrollordnung ist jedoch grundsätzlich prekär: im beständigen Zwang zur Unternehmung seiner selbst mittels der ‚Ressource Ich' liegt nicht nur die Gefahr, die Bedingungen der Möglichkeit politischen Engagements zu unterhöhlen, sondern auch die Quelle neuer und subtiler Steuerungsregimes.[548] Die in den Arbeitszusammenhängen entstehenden Selbstorganisationskräfte der *kreativen Organisatoren* nehmen verglichen mit den disziplinierten Arbeitern der industriell geprägten Disziplinarordnung signifikant zu.[549] Die herkömmlichen, als autoritär empfundenen Überwachungsinstrumente werden zu Gunsten eines als emanzipativ empfundenen Kreativitäts- und Projektparadigmas obsolet. Zugleich wird jedoch an diesem Punkt eine weitere Ambivalenz deutlich. Die Spezifität des Wissens wird zum Problem, wenn die darin enthaltene Expertise nicht mehr gefragt ist; die daraus folgende Anpassungsnotwendigkeit wird zu einer Steuerungsressource ersten Ranges. Die gefeierte Freiheit zur Selbstverwirklichung wird vielmehr zum Zwang, der auf die voraussetzungsreichen Entstehungsbedingungen der Produktivkraft Subjektivität wenig Rücksicht nimmt.[550] Die von der Arbeiterbewegung ver-

546 Luhmann 1997, S. 305

547 Dass politische Parteien als zunehmend zentralisiert erscheinen, bestätigt nur als Paradox diese Entwicklung. Politische Leitlinien werden zentral vorgegeben, an deren Auswahl ist die Basis tendenziell weniger beteiligt – im Gegenzug flexibilisiert sich die Teilhabe an politischer Kommunikation, wenn klar ist, für was man sich temporär politisch engagiert. Politisches Engagement wird nicht mehr durch Beteiligung am Diskurs erkauft (oder umgekehrt), politische Aktion wird nun möglich, weil sie befristet ist und (unnötig erscheinende) Diskussionen erspart werden.

548 Vgl. Bröckling 2000, S. 131

549 Temporalisierung und Diversifizierung der Marktsituationen und daraus abgeleitete Anforderungen fordern zwangsläufig einen hohen Überschuss an erworbenen Fähigkeiten und Wissen bzw. einer hohen Potentialität von Wissen. Im Gegensatz zu dem beschränkten, auf eine lebenslange und isolierte Berufsausübung ausgerichteten Wissenserwerb der Industriearbeiterschaft, der den Erwerb von Herrschaftswissen funktional ausschließen konnte, lässt sich mit dem funktional notwendigen Überschusswissen der Erwerb von potentiellem Organisations- und damit Herrschafts- und Widerstandswissen kaum vermeiden. Damit korrespondiert auch die wachsende Fähigkeit der abhängig Beschäftigten zum Widerstand gegen das Management. Zusammenfassend vgl. Stehr 2001, S. 247ff

550 Das für die informelle Arbeit notwendige »kulturelle« oder »symbolische Kapital« (Pierre

geblich ersehnte Verfügungsgewalt über die eigenen Produktionsmittel wird nun, anders als ersehnt, vor allem in Managementproblemen des wissensbasierten Selbst-Managements der *symbolic analysts* eingelöst, deren Alternative nur im anarchistischen Umgang mit dem eigenen und fremden Nichtwissen besteht.[551]

In der Kontrollordnung legitimieren sich die Regierungen über einen allgemeinen Code, der auf den Bedingungen extensiven Wissens, den Zumutungen und Freuden fragiler Identität und partikularer Gemeinsamkeit basiert; ein Code, der nicht mehr auf einer gezügelten Leidenschaft oder gezüchtigten Körperlichkeit ansetzen kann, sondern Individualität über Wissen reguliert und die beständige, an der Virulenz des Wissens orientierte Kontrolle des Selbst erlaubt. Zur wesentlichen Zielmarke dieser Kontrolle wird die Optimierung des Selbst im Sinne einer maximalen Realisierung der eigenen Subjektivität:[552] „Die Freiheit vom Gehorsamszwang wird eingetauscht gegen die Pflicht zur permanenten Optimierung und Selbstoptimierung."[553] Der Legitimitätscode der Kontrollordnung ist *Optimierung/Nicht-Optimierung*, ein Code, der in den verschiedenen Regierungen des Wissens variiert wird.

Die prinzipielle Ambivalenz des Optimierungscodes zeigt sich vielleicht am deutlichsten in den Regierungsrationalitäten, -strategien und -technologien des *Empowerments.* [554] Ihre Realisierung in verschiedenen Politikbereichen von der frühkind-

Bourdieu) des Wissensarbeiters ist untrennbar mit der je eigenen Subjektivität verbunden und entfaltet sich nur in Anwendung auf die jeweilige Wissensarbeit. Die Wissensarbeiterschaft ist hochgradig bildungsabhängig mit allen Konsequenzen. Die Verfügbarkeit über das eigene Wissenskapital steht und fällt mit dem ‚mitgebrachten' sozialen, ökonomischen und kulturellen Kapital und den entsprechenden weiteren Investitionen im Sinne des lebenslangen Lernens – und dennoch sind die persönlichen ‚Investitionen' in Bildung keine Garantie für Erfolg, die Passung wird weit differenzierter hergestellt und zwischen beiderseits diffusen Qualifikationen und Anforderungen mit neuen Instrumenten organisiert. Die Welt der ‚assessment center' und ‚trainees' transformiert auch klassische prekäre Arbeitsformen wie „Praktika und Ausbildungsplätze, mit denen die Arbeitnehmer getestet und je nach ihrer Einsetzbarkeit in den verfügbaren Arbeitssituationen selegiert werden. Am Verhalten der Akteure auf diesen Stellen lässt sich ihre Einsatzbereitschaft ablesen und ihre Fähigkeit erkennen, sich in die neue Arbeitsorganisation einzugliedern. Vor aller Augen und unter dem Blick der Vorgesetzten zeigen sich hier verinnerlichte Veranlagungen, wie die Fähigkeit Wissen zu vermitteln, Teamgeist, Fleiß, Erfindungsgabe oder Einsatzbereitschaft." Boltanski, Chiapello 2003, S. 287

551 Vgl. Steinbicker 2001, S. 40. Die Alternative zum Selbst-Management des eigenen Wissens in der Figur des *symbolic analyst* – der Typus des Wissensarbeiters, der Symbole produziert, manipuliert und damit auf der Habenseite des Wissens steht – verkörpert nach Willke der *symbolic anarchist,* der mit der Chaotik und Kontingenz der Symbole professionell umgeht und so auf der Seite des Nichtwissens steht. Die Professionalität des Umgangs mit Nichtwissen zeigt allerdings wiederum die tiefe Verstricktheit in die Subjektivierungsformen der Kontrollordnung. Vgl. Willke 2006, S. 219

552 Zum Zusammenhang von Selbstoptimierung und Wissensgesellschaft vgl. Höhne 2003, S. 51f

553 Bröckling 2004a, S. 61

554 Zumindest kann dies als Grundzug des Empowermentdiskurses beobachtet werden (vgl. Bröckling 2004, Bröcklung 2007). Neben den US-amerikanischen Entwicklungen unter dem Vorzeichen neoliberaler Regime des Selbst sind insbesondere für das skandinavische Bil-

lichen Bildung bis zum Arbeitsmarkt weist sowohl Emanzipations- wie subtile Herrschaftspotentiale auf. In den Assessment-Centern wie in den Gender-Trainings – die Regierungstechnologien verlaufen über die konditionierende Reflexivität des Wissens, setzen über die Regulierung des Wissens bei der Selbstführung an, bei der permanenten Aneignung und feedbackgestützten Reflexion von Wissen, der lebenslänglichen *educationfare*.[555] Mehr denn je bleiben die Potentiale der Emanzipation oder Herrschaft offen – self governing und governing by fun liegen nicht weit voneinander entfernt.[556] Die Privatisierung subjektivitätsbildender Praxen durch eine immer subtiler und subversiver agierende Medienökonomie, die zunehmend auf die Selbst-Medialisierung à la MySpace setzt, unterminiert tendenziell das politische Potential, das aus dem gewachsenen kommunikativen und kooperativen Praxisformen der Wissensarbeiter erwächst. Die Subjektivität bildet sich dann nicht in der Auseinandersetzung mit der Wirklichkeit der gesellschaftlichen Kämpfe, sondern eher in einem durch Mythen und Phantasien modellierten Zugang zur eigenen Innerlichkeit. Die wissensbasierten Subjektivierungsstrategien drohen so das Selbst von der Gesellschaft und ihrer Gesamterfahrbarkeit abzuschneiden und eine tiefer liegende Prekarität des Citoyens zu konstituieren. So oder so: politische Prozesse und Strukturbildungen, die auf institutionalisierte Veränderung setzen, werden in der Kontrollordnung auf die skizzierten Merkmale der prekären Bürgerschaft kreativer Organisatoren beruhen. Legitimation in der Kontrollordnung wird sich jedoch weit über die skizzierten Veränderungen von Bürgerschaft im Sinne kreativer Organisatoren hinaus auch auf die andere Seite der Prekarität des Citoyen beziehen müssen.

3 Virtuelle Fundamentalisten

Zur Legitimationsfolie des Regierens wird in der Kontrollordnung die kreative Optimierung der eigenen Subjektivität. Als illegitim gilt folglich das Gegenteil: die Ressourcen des eigenen Selbst nicht zu erkunden, auszudrücken und zu aktivieren;

dungssystem jedoch Anzeichen erkennbar, dass die Notwendigkeiten gesteigerter Subjektivitätslast im Sinne von Empowermentstrategien durch bewusste Entwicklung von Identität und sozialen Kompetenzen aufgefangen wird, ohne dass dies ohne Weiteres unter Strategien neoliberaler Individuierungsstrategien zu subsummieren ist. Der Diskurs um die zunehmende Bedeutung frühkindlicher Bildung deutet in diese Richtung; auch das skandinavische Arbeitsmarktsystem kann in diese Richtungen gedeutet werden. Für die disziplinarisch orientierten Bildungs- und Arbeitsmarktsysteme Deutschlands kann die Unterscheidung zwischen funktionaler und fragmentaler Differenzierung wertvolle Abstraktionsgewinne liefern: Bildung und Arbeitsmarkt entfalten deshalb nur ungenügende Inklusionswirkungen, weil sie auf Rolle, nicht auf Identität abstellen, weil sie auf institutionelle Abläufe orientieren, nicht auf Organisation partikularer Gemeinsamkeit über Netzwerkaufbau usw.

555 Vgl. Boutang 1998, S. 9

556 Vgl. Legnaro 2000, S. 301. Legnaro zeigt mit den Disneyparks exemplarisch, wie ökonomisch motivierte Subjektivitätsbildungsprozesse postmoderner Subjekte ablaufen können. Auch die kommunikativ und kooperativ agierenden und selbstengagierten Wissensarbeiter sind nicht vor der Gefahr des *self governing* durch *governing by fun* gefeit.

die dem folgende Verweigerung, kreativ mit der Kontingenz extendierten Wissens umzugehen. Die Illegitimität, mit der die Drohung der Exklusion einhergeht, besagt freilich noch nichts über die konkret realisierte Existenz der Illegitimen.

Kontingenzabweisungen

Nicht als Widerstandsakt, wohl aber als psychosomatische Diagnose hat die radikale Illegitimität einer individuellen Kreativitäts- und Optimierungsabsenz eine präzise Beschreibung gefunden. Der Neologismus *Alexithymie*, zusammengesetzt aus *a*- (Fehlen), *lexis*- (Wort), und *thymos* (Stimmung, Gefühl) beschreibt die Diagnose der Unfähigkeit, eigene Stimmungen, Gefühle, Unterbewusstes zu erspüren, mitzuteilen und folglich für individuelle Handlungen zu aktivieren.[557] Die Skizze der Pathologie: die Praktik der Selbstbeobachtung, Selbstenthüllung und damit das Eingeständnis des Selbst in Differenz zum anderen werden nicht geübt. Durch diese faktische Negation des Selbst ergibt sich eine starke Konformität und Unterordnung unter vorgegebene Normen, die weder einsichtig noch widerwillig erfolgt. Der ‚leere Behälter' des Selbst wird als normal empfunden, zwischen dem Selbst und dem Anderen wird von den Betroffenen nicht unterschieden, eine starke Bindung der erfolgenden Handlungen an soziale Normen lässt somit die Alexithymiker als äußerst normale Menschen erscheinen.

Mag der *homo vacuus* dieses (im doppelten Sinne pathologischen) Diskurses in der Rollennormalität der Disziplinarordnung funktional sein, so wird er zum Problemfall der Kontrollordnung, deren Legitimation das „Gebot des Selbstseins" und den „Zwang, frei zu sein" an das Subjekt adressiert.[558] Der Alexithymie-Diskurs artikuliert implizit die Verschiebung einer Ordnung, der es nicht darum zu tun ist, Körper, sondern Subjektivitäten zu regieren. Mit dem Alexithymiker können die Regierungen der Kontrollordnung so oder so nichts anfangen; weder lässt er sich für die Anreizung kreativer Akte der Selbstentäußerung gebrauchen, noch ist von ihm nennenswerter Widerstand oder aktive Verweigerung zu erwarten – er fällt schlicht aus dem Raster und wird pathologisiert wie der Verrückte, dessen Wahnsinn nicht mehr war, als das Fehlen einer disziplinierten Arbeit. Der Alexithymiker ist illegitim, aber nicht politisch. Seine Lage ist prekär, zum Citoyen macht ihn das nicht.

Die Subjektivitätsproblematik driftender Tugend zeitigt mit kreativen Organisatoren Subjektivitäts- und damit Bürgerlichkeitsvarianten, die den Verlust stabiler Sta-

557 Vgl., S. Greco 2000, S. 269ff

558 Greco 2000, S. 277ff. Das pathologische Gegenbild zum Alexithymiker ist der Narziss, der das eigene Selbst übersteigert und die Grenzen zwischen dem Selbst und dem anderen ständig zu seinen Gunsten verwischt. Richard Sennett bemerkt dazu: Die „Frage nach der Relevanz anderer Menschen oder äußerer Handlungen [*für mich*] wird immer wieder von neuem gestellt, so dass die deutliche Wahrnehmung der Personen und Handlungen getrübt wird." Und: „Der Narzissmus besitzt also die doppelte Eigenschaft, die Versenkung in die Bedürfnisse des Selbst zu verstärken und zugleich ihre Erfüllung zu blockieren" Sennett 2004, S. 22

tui und Rollen durch die wissensbasierte Produktion kultureller Diversität auffangen und mit dem Gewinn multipler Identitäten aufwiegen können. »Wenn sich die Identitäten vervielfältigen, teilen sich die Leidenschaften« (Michael Walzer)[559] – für Gesellschaften kreativer Organisatoren hat dies nicht nur die Partikularisierung politischer Aktivität zur Folge, sie bringt zugleich eine Marginalisierung konfliktregulierender Gewalt bis zur Unkenntlichkeit mit sich; jenseits des journalistischen Marktgeschreis bestätigen die stetig sinkenden Gewaltstatistiken dies eindrucksvoll. Paraphrasiert man Walzer jedoch ins Gegenteil, so lassen sich die politischen Gewaltausbrüche gut lokalisieren: Wenn sich Identität fokussiert, bündeln sich die Leidenschaften. Will heißen: sich auf Kontingenz einzulassen ist nur eine Möglichkeit von Bürgerlichkeit in der Kontrollordnung – die andere, nicht unwahrscheinlichere Variante ist die Abweisung von Kontingenz durch Eindimensionalität der Selektion. Deren radikalste Ausformung: Terror.

Der mit dem Aufstieg des Fundamentalismus konnotierte globale Terrorismus ist nur eine von vielen Formen fundamentalistischer Kontingenzabweisung innerhalb der weltgesellschaftlichen Kommunikation; ihre Verklammerung verstellt mehr als sie erklärt. Der Aufstieg des Fundamentalismus ist das Ergebnis einer wachsenden gesellschaftlichen Kontingenz und Komplexität, die in der Drift zwischen Disziplinar- und Kontrollordnung einen signifikanten Schub erhält. „‚Kontingenz ist das einzig Fundamentale der modernen Gesellschaft, und das Fundamentale ist kontingent.' Die eine Seite behilft sich mit temporär stabilen Eigenwerten, die andere mit Gewalt. Das ist der Unterschied." [560] Fundamentalisten sind keine Modernisierungsnachzügler, sondern eine »moderne Bewegung gegen die Moderne« (Shmuel N. Eisenstadt).[561] Kreative regulieren sich immer wieder neu über die Modi der Kontrolle und zeitlich begrenzte stabilisierte Eigenwerte und multiple Identitäten, die Kontingenz bewältigen – Fundamentalisten kompensieren latente Identitäts- und Regulierungsdefizite, indem sie Kontingenz nicht bewältigen, sondern abweisen. Der modernenotorischen Skepsis stehen sie skeptisch gegenüber: „Das moderne Prinzip des radikalen Zweifels ist nämlich auf sich selbst anwendbar, und wenn er zu einem Verhaltensprinzip wird, ruft er im Alltag zahlreiche Reaktionen hervor, für die die Fundamentalismen eindeutige Lösungen bereithalten."[562] Lösungen, deren Spektrum weit mehr umfasst als islamistische Terrorakte – Markt-, Selbstentfaltungsfundamentalismus, ökologischer, hedonistischer und feministischer Fundamentalismus: ebenso zivilisierte wie wirkmächtige Formen der wissensbasierten Kontingenzabweisung.[563] Sie sind dabei, (anders als die traditionalen Identitäten, denen manche von ihnen referieren), ebenso auf ein reflexives Identitätswissen angewiesen wie die kreativen Organisatoren; ein Wissen, das potentiell weltweit zur Verfügung

559 Walzer 1992, S. 136
560 Bolz in Japp 2003/Japp 2003
561 Eisenstadt 2000
562 Giddens 1996, S. 325
563 Zu einer (freilich eher skizzenhaften denn abschließenden) Typologie dieser ‚zivilisierten' Fundamentalismen vgl. Prisching 2005

steht und sich quer zu territorialen und funktionalen Begrenzungen organisiert. Die netzmedialen Kommunikationsformen radikalisieren die Konstitutionsbedingungen des Fundamentalen: gesellschaftliche Komplexität und Kontingenz werden in ihrer gesamten Totalität ebenso sichtbar wie die Alternativangebote zu ihrer Abweisung. Der Fundamentalismus kann die Vorteile des Mediums nutzen, seine transzendenten Inhalte in all ihrer Reinheit zu kommunizieren und es gleichzeitig, ganz immanent, für die Organisation seiner Aktivitäten einzuspannen. Indem sich der Fundamentalismus prinzipiell aterritorial und heterogen verteilt, wissensbasiert und netzmedial organisiert, wird er ebenso wie seine Akteure virtuell.

Unirritierbare Militanz

Kreative Organisatoren und *virtuelle Fundamentalisten* sind die zwei Varianten des Umgangs mit der Kontingenz wissensgesellschaftlicher Bürgerschaft. Die fundamentalistischen »Widerstandsidentitäten« (Manuel Castells) sind anders als die kreativen Organisatoren reaktiv; sie besitzen „keine positive Utopie im Hinblick auf die Gesamtgesellschaft, sondern konzentrieren sich vielmehr auf die Verteidigung ihrer partikularen Identität."[564] Wo temporär stabilisierte Eigenwerte oder traditionelle Identitätsmuster nicht mehr greifen, wird Kontingenz abgewiesen – über Retribalisierung und gesteigerte Religiosität, separatistische Tendenzen und Renationalisierungen, aber auch über fundamentalisierte Wertsetzungen wie Ökologie, Feminismus oder Marktglauben. Fundamentalisten orientieren sich am strikten Gegensatz von Immanenz und Transzendenz in einer Welt, die nur noch Immanenz kennt. Ganz gleich welche Immanenzen transzendiert werden; sie erfüllen ihre Funktion umso besser, je eher ihre Motive im Bereich des Unwiderlegbaren liegen und ihre Einheitssemantik für eine plausible und durch Unwiderlegbarkeit stabile Weltsicht sorgen kann. Ob pakistanische Islamisten oder radikalisierte Tierschützer, Evangelikale im Bible Belt oder Neonazis in der sächsischen Schweiz – Fundamentalisten der Kontrollordnung weisen Kontingenz im Bewusstsein von Kontingenz ab und konstituieren darüber ihre genuine Bürgerschaftlichkeit. Angesichts der Flexibilisierungs- und Heterogenisierungszumutungen der Kontrollordnung erweisen sich die Fundamentalisten durch eine Stabilität als attraktiv, deren Versprechen sie um den Preis ihrer eigenen Entzauberung nicht einlösen können. Vom islamistischen Terror bis zum fremdenfeindlichen Übergriff neonazistischer Gruppierungen – in ihren extremen Varianten löst die Gewalt stellvertretend nichteinlösbare Versprechen fundamentalistischer Identität ein. Wird dabei der Wert der Gewalt in seiner symbolischen Präsenz gesehen, so informiert seine Intensität über das symbolisierte Identifikationspotential.

Die immer attraktivere Strategie der Unirritierbarkeit inmitten einer immer mehr irritierbaren Gesellschaft, „das überraschende Neuentstehen harter Unterscheidun-

564 Krücken 2006, S. 62. Vgl. Castells 2004b, S. 75–119

gen und Grenzen, die zur Identitätsbildung beitragen und deshalb nicht überschritten werden können" lässt sich als Folgephänomen funktionaler Differenzierung auffassen. Ob ethnische, religiöse oder andere Fundamentalismen: in ihnen „kommt es zu Insulationsprozessen, zu minoritären Inklusion/Exklusions-Verhältnissen, die Standorte für Identitätsgewissheit anbieten, ohne dafür Leistungen der Funktionssysteme und ihrer Organisationen in Anspruch zu nehmen."[565] Auch wenn die Fundamentalisten die Rollen- und Identitätsangebote funktionaler Differenzierung ablehnen, ihre Operationen nutzen sie wohl (egal, ob es um die Absolvierung eines Studiums in Hamburg oder eines Flugs nach New York geht) – entscheidend ist, dass in der Kontingenzabweisung qua Fundamentalismus eine Form politischer Subjektivität entsteht, die nicht, wie vormals Klasse, Rasse, Nation komplementär zu funktionaler Differenzierung ist und die keinerlei Rücksicht auf die segmentäre Differenzierung des weltpolitischen Systems nimmt. Die Fundamentalismen sind prinzipiell aterritorial und heterogen verteilt. Trotz ihrer Insularität versuchen die Fundamentalisten – anders als die kreativen Organisatoren – ihre Wertsetzung und Identität aufs gesellschaftliche Ganze zu extrapolieren und damit ihre Selbstbeschreibung der Gesellschaft durchzusetzen, ohne deren grundsätzliche Kontingenz einzusehen.[566] Die virtuellen Fundamentalisten sind genuin politisch; indem sie die Rationalitätsysteme und Diskurse der funktional differenzierten Moderne verweigern, unterbrechen und stören; indem sie die Ordnung der Legitimation und die Legitimation der Regierungen negieren, erzwingen sie unirritierbare Entscheidungen in Machtsituationen der Unentscheidbarkeit. In ihrer Einschreibung in das Politische liegt die bürgerschaftliche Gemeinsamkeit mit den kreativen Organisatoren und der entscheidende Unterschied zu den Alexithymikern.

Das Potential der virtuellen Fundamentalisten geht weit über religiöse, regionalistische oder ethnische Ursprünge hinaus und berührt mit der normativen Ortlosigkeit eines exklusionsbedrohten Prekariats wissensbasierter Ordnung das Herzland westlicher Demokratien. Ebenso wie kreative Organisatoren sind virtuelle Fundamentalisten ortsungebunden, kommunizieren virtuell und tendenziell autonom, beide unterliegen sie einer grundsätzlichen Prekarität. Die virtuellen Fundamentalisten sind verglichen mit den kreativen Organisatoren das Ergebnis ungleich subversiverer, aber ebenso universaler Subjektivierungsstrategien; sie sind die normative Gegenfolie zum Optimierungscode der Flexiblen, Kreativen und Mobilen, nutzen deren Strategien und garantieren zugleich deren Dominanz.

565 Luhmann 1997, S. 796f. Am radikalsten setzt vielleicht in der Tat der fundamentalistische Islam auf Exklusion, um sich innerhalb der – prinzipiell inkludierenden – Weltgesellschaft zu segregieren (vgl. Stichweh 2000c, S. 20f). Aber auch diese Exklusionsstrategien sind auf ein Minimum der Partizipation an Operationen der weltgesellschaftlichen Funktionssysteme angewiesen; wo sie selbst das negieren, wird es, wie das Schicksal der afghanischen Taliban (die immerhin über den Drogenhandel am weltgesellschaftlichen Wirtschaftssystem teilnahmen) zeigt, schwer die fundamentalistische Negativ-Utopie ins reale Leben zu übersetzen ohne Schiffbruch zu erleiden.

566 Vgl. Luhmann 1997, S. 879ff

Paralipomena: Wissenstechnologien des Selbst

„Derjenige, welcher der Sichtbarkeit unterworfen ist und dies weiß, übernimmt die Zwangsmittel der Macht und spielt sie gegen sich selber aus; er internalisiert das Machtverhältnis, in welchem er gleichzeitig beide Rollen spielt, er wird zum Prinzip seiner Unterwerfung."[567] Die Technologien des Selbst und ihre Modi: Die Unterwerfung, die Normalisierung, die Optimierung. Die Sichtbarkeit ist keine Kategorie, die einem speziellen Regierungstypus, einer spezifischen Legitimationsordnung zuzuweisen wäre, sie ist ein allgemeines Steuerungsrelais von Regierungen. Nicht, dass sichtbar gemacht, sondern *wie* und *was* sichtbar gemacht wird und was unsichtbar bleiben kann, informiert über die Regierungen und die Legitimationsordnungen – die Technologien des Selbst korrelieren mit den Technologien der Herrschaft. Die Souveränitätsordnung zwang zur Sichtbarmachung der Gewalt, die Disziplinarordnung zwang zur Sichtbarmachung der körperlichen Tätigkeit; und diese Sichtbarmachungen differenzierten sich wieder in den Institutionen und Regierungsweisen. Was sichtbar sein soll, informiert über den virulenten Konflikt, der der Ordnung bedarf. Die disziplinären Technologien des Selbst und der Herrschaft sind in die Krise geraten. Die Institution, in der diese Krise, das heißt: die Kämpfe, die die Ablösung der Disziplin durch die Kontrolle begleiten, am deutlichsten zu beobachten ist, ist: die Schule. Man muss sich die Schule als den Kern der Institutionen vorstellen, in denen die Technologien des Selbst ihren Ausgang nehmen, an der sich die verschiedenen Modi der Subjektivierung in einem Brennspiegel zeigen; in der sich die Legitimation qua Inklusion und Exklusion fokussiert. Die Vorschulen, die Schulen, die Hochschulen: Ensembles einer *Proto*-Subjektivierung. Die Schule der normalisierenden Disziplin, die die souveräne Schule als Züchtigungsanstalt ablöst, befindet sich in einer allfälligen Krise. Autoritäten greifen nicht mehr, Desinteresse wird endemisch, Reform zum Dauerzustand. Die Reformen – zwischen den Polen der Entlassung in die Freiheit und der Rückholung der Autorität oszillierend – artikulieren den Übergang zwischen Disziplinar- und Kontrollordnung. Die avancierten reformpädagogischen Strategien predigen nicht Disziplin und Pauken, sondern Selbstorganisation, Kontrolle und Kompetenzen des Lernenlernens im Umgang mit kontingentem Wissen, das bei sich selbst anfängt: Wissenstechnologien des Selbst in einer Schule, die nicht einschließt, sondern sich öffnet. „Es geht nicht um eine Reform der Schule, wie man uns vorgaukelt, sondern um ihre Liquidation" radikalisiert Deleuze und beschwört das Martyrium des lebenslänglichen Lernens: „In einem Kontroll-Regime hat man nie mit irgendetwas abgeschlossen."[568] In die Schulen und Kindergärten zieht das Regiment der Optimierung des Selbst ein, nicht körperliche Züchtigung,

567 Foucault 1973, S. 260
568 Deleuze 1993a, S. 250f

sondern kreative Zielorientierung bildet das neue Paradigma. Wer dies ausschließlich negativiert, zielt zu kurz; man muss die optimierende Kontrolle im Licht der Ambivalenz von Souveränität und Disziplin beobachten. Wem die Sorge der Ordnung gilt, zeigt ein Blick auf die Hochschulen: die disziplinären Hochschulen, die das einst so dichte, spezifische Sichtbarkeitszonen markierende Reglement studentischer Unterwerfung und professoraler Willkür ablösten, werden von einer signifikanten Verschiebung ihres Sichtbarkeitsregimes verunsichert. Nun geraten die Sichtbarkeit des Wissens, die Erzeugnisse der Wissensproduktion und ihre Kontrolle in den Blick. Doch die konkrete Realisierung ist offen: sowohl die Versuche ‚totaler' Kontrolle und Instrumentalisierung der Wissensproduktion, als auch die Errichtung einer »Wissensallmende« sind gleichwahrscheinliche Regierungsweisen, die auf den Wissenstechnologien des Selbst aufbauen.

VI Die Flüchtigkeit des Gemeinsamen

Legitimation fußt über die Kategorie der Bürgerlichkeit hinaus auf dem *Gemeinsamen* als der Kategorie des Zusammenschlusses. Das Gemeinsame aus Sicht der Macht in der Souveränitäts- und der Disziplinarordnung waren die Bevölkerung, die Masse, die Klasse oder das Volk, die Bedingungen ihrer Möglichkeit folgten der Logik der Legitimation über Souveränität und Disziplin. [569] Eingeschrieben in die konkreten Verkörperungen des Gemeinsamen sind die Mechanismen ihrer Artikulation als Öffentlichkeit, die Regeln des Zusammenschlusses und der Ausgrenzung. Der sie einschließende Begriff der Gesellschaft als „Summe der Bindungen und Beziehungen zwischen Individuen und – ökonomischen, ethischen sowie politischen Ereignissen im Rahmen eines mehr oder weniger abgegrenzten Territoriums, das von je eigenen Gesetzen regiert wird",[570] verliert jedoch seine Selbstverständlichkeit. Mit dem Aufkommen *postsozialer Beziehungen* scheint die Geschäftsgrundlage der Öffentlichkeit bedroht.[571] Welche Perpektiven des Gemeinsamen lassen sich unter Bedingungen fragmentaler Differenzierung hinsichtlich von Öffentlichkeit und Teilhabe sowie den Orten realisierter Utopien aufzeigen?

569 Zur ‚Produktion des Gemeinsamen' im Empire vgl. Hardt/Negri 2004, S. 221ff

570 Rose 2000, S. 73

571 In dem verstärkt beobachteten individuellen Beziehungsaufbau zu Objekten und symbolischen Umwelten – gerade dort wo soziale Beziehungen entleert sind und an der früheren Bedeutung und Dichte verloren haben – wird das Phänomen postsozialer Beziehungen diagnostiziert. Ein Befund, der insbesondere mit dem Aufkommen computervernetzer Kommunikation an Relevanz gewinnt (vgl. Knorr-Cetina 2007). Ob diese postsozialen Beziehungen in signifikantem Maße an die Stelle ‚klassischer' sozialer Beziehungen treten oder ihnen vielmehr komplementär sind (oder gar zur Generierung zusätzlicher sozialer Beziehungen führen) bleibt abzuwarten. Zweifellos deuten sich mit den Beziehungen zu computer-simulierten Subjekten neue Forschungsfelder an, die den Umgang mit ihnen innerhalb der Analyse von Technologien des Selbst verortet.

Die Extension des Wissens führt zu neuen Chancen gemeinsamer Aktion, die beharrende, kollektive Gemeinsamkeit der Disziplinarordnung wird von der flüchtigen, partikularen Gemeinsamkeit der Kontrollordnung abgelöst. Die prekären Citoyens der Kontrollordnung wagen fragilere, netzwerkartige Zusammenschlüsse,[572] weitaus spontaner und unberechenbarer als die mächtigen, aber trägen gesellschaftlichen Kollektive der Souveränitäts- und Disziplinarordnungen. Die gestiegenen Chancen partikularer Gemeinsamkeit sind gerade aufgrund ihrer in der »Integralen Realität« (Jean Baudrillard) von virtuellem und realem Raum erodierenden Kopplung an Raum und Zeit fluch- und segensreich zugleich. Al-quaida und attac basieren beide auf der netzförmig und potentiell virtuell organisierten Struktur einer partikularen Gemeinsamkeit. Die politische Konstitution der Kontrollordnung basiert auf der Grundlage eines prekären, weil tendenziell entropischen Wissens, das in der potentiellen Fiktionalität und Virtualität politischen Handelns und Entscheidens die Flüchtigkeit des Gemeinsamen begründet.[573]

1 Mediale Streuung

Die auf Gesellschaft und Öffentlichkeit bezogene Konstitution des Gemeinsamen ist nicht voraussetzungslos, sondern erfordert Institutionalisierungen, die individuelle Befindlichkeiten zugleich artikulieren und steuern. Eine Institutionalisierung ist indes unabdingbar: die *öffentliche Meinung.* [574] Die Zusammenhänge von Öffentlichkeit und Ordnung sind indes komplex. Die verstreute Macht der Pastoralordnung korrespondierte mit einer höfischen Öffentlichkeit, die kaum über die durch mündliche und beschränkte schriftliche Kommunikation limitierten Grenzen des unmittelbaren politischen Einflussbereiches der weltlichen Macht reichte. Die Souveränitätsordnung konstituiert sich über die bürgerliche Öffentlichkeit der Salons und gedruckten Journale. In ihr findet sich schließlich das lange gepflegte Ideal öffentlicher Meinung.[575] In der Disziplinarordnung wird die öffentliche Meinung ausgehend von diesem Ideal als plurale Gesamtheit je individueller Meinungen gedacht; das bedeutet auch: sie ist nicht vorentschieden, und so setzt sich „die Vorstellung durch,

572 Zur netzwerkartigen Organisation sozialer Beziehungen vgl. Hennig 2006

573 Zum Thema der Zunahme des Fiktiven in Entscheidungskontexten vgl. Marquard 1986, S. 76ff

574 Anders als Lazzarato mit Tarde argumentiert (Lazzarato 2007, S. 260 ff), ist damit die Öffentlichkeit nicht als spezifisches Merkmal von Kontrollgesellschaften in Gegensatz zu Souveränitäts- und Disziplinargesellschaft zu setzen, sondern ihnen von Anfang an inhärent (vgl. Kapitel I (1)). Nicht das Aufkommen von Öffentlichkeit, sondern deren Veränderung und Bedeutungszuwachs sind entscheidend für das Aufkommen von Kontrollgesellschaften. Die Qualität von Öffentlichkeit, über Technologien auf Distanz zu wirken, ist auch in der Souveränitäts- und Disziplinarordnung quasi parasitär vorhanden; erst in der Kontrollgesellschaft wird diese Qualität gegenüber anderen Technologien bestimmend für gesellschaftliche Ordnung.

575 Siehe Habermas 1961

dass die öffentliche Meinung der heimliche Souverän, die unsichtbare Hand des politischen Systems sei."[576] Für die Macht heißt dies vor allem: Privatisierung des Politischen und Politisierung des Privaten. Als öffentlich verhandelbar gilt, was individuell Ärgernis erregt – und was einmal veröffentlicht, als privat wichtig erkannt ist, wird nun politisch relevant.

Entöffentlichte Gesellschaft

Über die öffentliche Meinung der Disziplinarordnung entfalten sich die Diskursivierungen einer positiven Mikrophysik der Macht, die Individualität und Macht verkettet und so über Inklusion und Exklusion in die verschiedenen Systeme der Gesellschaft entscheiden kann. Öffentliche Moral kreist nur vordergründig um persönliche Handlungsvorlieben oder Nächstenliebe – tatsächlich geht es um die Bewertung ‚systemischer Correctness', der mit moralischer Kommunikation Ausdruck verliehen wird.[577] Die massenmediale Kommunikation ist das Bindemittel der Nation[578] und Voraussetzung einer Massendemokratie.[579] Entscheidend ist, dass in der öffentlichen Kommunikation Schemata wie Reform, Krise oder Überfremdung ausgebildet werden, die Aufmerksamkeit sicherstellen und an die Entscheidungslagen gekoppelt werden können.[580]

Ist die öffentliche Meinung aufgrund der ihr inhärenten Diskursivität von Anbeginn nicht anders als machtdurchsetzt zu denken, wird mit dem in der organisierten Moderne beobachteten »Strukturwandel der Öffentlichkeit« (Jürgen Habermas) ein prinzipieller Manipulationsverdacht laut: „Die durch Massenmedien zugleich vorstrukturierte und beherrschte Öffentlichkeit wuchs sich zu einer vermachteten Armee aus, in der mit Themen und Beiträgen nicht nur um Einfluss, sondern um eine in ihren strategischen Intentionen möglichst verborgene Steuerung verhaltenswirksamer Kommunikationsflüsse gerungen wird."[581] Eng verwoben damit ist die »Kulturindustrie« (Theodor W. Adorno/Max Horkheimer); sie ergänzt das „Disziplinar-

576 Luhmann 2000, S. 279

577 Öffentlich moralisiert wird dort, wo die funktionale Binnenmoral von Politik, Wirtschaft, Religion missachtet wird, etwa wenn Macht auf ungebührliche Art mit Geld verwechselt wird (Korruption). So können mit Moral gesamtgesellschaftliche Probleme lokalisiert werden, die mit den bisherigen Problemlösungskapazitäten nur unzureichend bearbeitbar sind. Vgl. Luhmann 1997, S. 404. Siehe zur Einordnung in Bezug auf Diskurs und System, S. Prolegomena C

578 Vgl. Sloterdijk 1998, S. 30. Und so kommt Sloterdijk zum treffendem Schluss: „Die modernen Massenmedien produzieren unmittelbar die modernen Nationalpopulationen und Nationalimperien in dem Maß, wie es ihnen gelingt, diese politischen Großkörper als thematische Erregungsgemeinschaften ins Dasein zu rufen." Sloterdijk 1998, S. 30

579 Zum Zusammenhang von massenmedialer Öffentlichkeit und Demokratisierung am Beispiel der Ausbildung der Massenpresse Ende des 19. Jahrhunderts vgl. Bösch 2006

580 Vgl. Luhmann 2000, S. 299ff.

581 Habermas 1961, S. 28

regime, indem sie neben dem Körper auch die »Seele« integrierte. Denn hier durfte sich der in die Produktion eingespannte Körper nach Feierabend im Gehege der »Seele« erholen und sich für den nächsten Tag wiederherstellen." Der Welt der körperlichen Disziplinierung in den Einschließungsinstitutionen „diente die Kultur als totalisierendes Supplement"[582] – auf dem Höhepunkt massenmedialer Öffentlichkeit birgt die Kritik an den disziplinarischen wie kulturindustriellen Herrschaftsstrategien zugleich den Keim zu ihrer Überwindung.[583]

Das Gemeinsame der medial hergestellten Öffentlichkeit als »transzendentale Illusion einer Selbstbeobachtung der Gesellschaft« (Niklas Luhmann) geht von der Fiktion einer Gesamtgesellschaft aus, die über die Kopplung von Themen mit ihren Teilsystemen verbunden ist.[584] Die Gesellschaft ist in dieser Unterstellung Adressat und Absender zugleich. Unter veränderten kommunikationstechnologischen Bedingungen wird diese Ausprägung des Gemeinsamen fraglich. Die gegenwärtig aufkommende netzmediale Öffentlichkeit ist von einer umfassenden Durchdringung gesellschaftlicher und politischer Prozesse mit ubiquitären medialen Kommunikationsformen (Medialisierung) und von einer weitgehenden Diversifizierung medialer, gesellschaftlicher und politischer Strukturen (Fragmentalisierung) gekennzeichnet, aufgrund derer die klassischen Institutionen geschwächt und heterogen verteilte Gruppierungen gestärkt werden. Die schon in Bezug auf die Massenmedien beobachteten Konsequenzen gesellschaftlicher Medialisierung und Fragmentierung für das politische System setzen sich unter dem Einfluss computer- und netzbasierter Kommunikationsformen verstärkt fort.[585] Netzmediale Kommunikation begünstigt eine Heterogenisierung organisierter Werte und Interessen, mit der die Durchsetzungsfähigkeit kollektiv bindender Entscheidungen gegenüber der Gesamtgesellschaft sinkt. Das massenmedial produzierte Gedächtnis dessen, was als bekannt vorauszusetzen ist, scheint nicht mehr herstellbar, geschweige denn individuell darstellbar, insbesondere wenn andere Funktionen der Mediennutzung überhand neh-

582 Holert/Terkessidis 1996b, S. 11f

583 Tom Holert und Mark Terkessidis weisen auf die Rolle der Populärkultur innerhalb der sozialen Bewegungen der Nachkriegszeit für die Kritik und Überwindung des Disziplinarregimes hin; sie richten sich insbesondere gegen die disziplinarische Körperpolitik und die kulturelle Vereinheitlichung der Kulturindustrie (über basisdemokratische Kanäle). Mit den Strategien der »Umwälzung von Alltäglichkeit« (Peter Brückner) und der damit einhergehenden Verschiebung von Körperlichkeit auf Subjektivität lassen sie sich als Bestandteil einer mikropolitischen Transformation vom Disziplinar- zum Kontrollregime begreifen (vgl. Holert/Terkessidis 1996b, S. 10ff). Zugleich lassen sich die popkulturellen Jugendbewegungen der 1960/70er Jahre auch als Bestandteil der generellen Umwertung von Kreativität im Sinne von Boltanski/Chiapello begreifen. Siehe Kapitel V (2)

584 Vgl. Luhmann 1995a, S. 29. Die gängige Auffassung lautet: Massenmediale Öffentlichkeit beruht auf der Annahme, dass das Veröffentlichte auch rezipiert wird und gesamtgesellschaftlich Anschlussfähigkeit hergestellt werden kann. Öffentlichkeit ist so als soziales System zu begreifen, „das die zentrale Funktion der Ausbildung und Garantie von Wissenskonsens" erfüllt. Vgl. Gerhards/Neidhardt 1991

585 Vgl. zur Debatte um die Fragmentalisierung der Öffentlichkeit Fohrmann/Orzessek 2001

men.[586] Fand das Gemeinsame in der medial vermittelten Öffentlichkeit zu sich selbst, so scheint sie nun in einer medialen *Ent-öffentlichung* aus dieser Einheit selbst heraus zu finden. Die Konstituierungsfunktion der Medien gerät in der Kontrollordnung an ihre Grenze, weil Einheit nicht mehr überzeugend herzustellen ist. Unter Bedingungen netzmedialer Kommunikation werden individuelle Realitätsannahmen zunehmend inkommensurabel, bekommen individualisierte und identitätsorientierte Mediennutzung Auftrieb; findet sich das partikulare Gemeinsame in partikularen Öffentlichkeiten.[587]

Im Zuge einer schleichenden Entöffentlichung der Gesellschaft verlieren die klassischen Manipulationstheorien zusehends ihre empirischen Befunde.[588] Jeder wird zum potentiellen Produzent einer Nachricht, einer Emotion, eines Events und zum potentiellen Empfänger – jedoch nicht mehr für eine Massenöffentlichkeit, sondern für fragmentierte, heterogen verteilte und hochselektive Momentanöffentlichkeiten, interessiert nur an einem Themenkomplex, nur an einem Schlagwort. An die Stelle der persönlichen Orientierungsfunktion *an* sich selbst scheint nun die gesellschaftliche Orientierungsfunktion *für* sich selbst zu treten.

Die Relevanz der Massenmedien für die politische Kommunikation sieht sich durch diese Prozesse nachhaltig unterminiert. Während das politische System in massenmedial integrierten Gesellschaften auf die allgemeinverbindlichen Diskurse einer gesamtgesellschaftlichen Öffentlichkeit orientiert war, zielt politische Kommunikation in netzmedial integrierten Gesellschaften auf vielfältige, partikuläre und fragmentierte Öffentlichkeiten ab. Die Ausweitung des gesamtgesellschaftlichen Medienangebots von wenigen Zeitungen über transnationale Fernsehanstalten hin zur Radikalisierung medialer Interaktivität im Web 2.0 trägt vor allem zu einem bei: der Auflösung einer Einheit von Absender und Adressat. Die neuen Medien erweitern die Kommunikationsmöglichkeiten radikal.[589] Die Einheit der transzendentalen Illusion schwindet und damit auch die Tragfähigkeit der Selbstbeobachtung von Gesellschaft als solcher – beobachtet sich wirklich noch *die* Gesellschaft? Mit der Erosion der Luhmannschen Funktionszuschreibung ist etwas gefährdet, was von der

586 So vor allem interaktive Nutzungsformen, die *virtual communities* kreieren. Vgl. Schulz 2000

587 Den prinzipiellen strukturellen Wandel im Sinne einer Neuerfindung der politischen Öffentlichkeit macht Geser deutlich. Demnach sind insbesondere klassische Manipulationsstrategien im Sinne des von Habermas festgestellten Strukturwandels der Öffentlichkeit kaum mehr möglich. Freilich wird ebenfalls konstatiert, dass neue Medien (vorerst) in eine Komplementärfunktion zu den Massenmedien treten werden (vgl. Geser 2000). Freilich bleibt abzuwarten, inwiefern insbesondere im Hinblick auf das Kommunikationsverhalten von Jüngeren und Gebildeten klassische Medien zu Gunsten fragmentierter, partikularer Öffentlichkeiten an Boden verlieren werden. Vgl. auch Leggewie 1998

588 So wird eine für die kulturindustrielle Produktion paradigmatische Umkehrung bei der Entwicklung von Modetrends beobachtet, die nicht von ‚oben' vorgegeben, sondern von ‚unten' gelebt werden. Vgl. Stehr 2000, S. 118

589 Vgl. Weber 2001

erst *durch* Selbstbeobachtung hergestellten Einheit der Realitätssicht von Adressat und Absender zunehmend verloren geht: die Einheit der Gesellschaft.[590]

Fragmentierte Kulturen

Mit der Zunahme nicht nur divergierender, sondern zerstreuter veröffentlichter Interessen verändert sich der gesamtgesellschaftliche Integrations- und Koordinationsbedarf durch das politische System. Mit der Öffnung des Zugangs zur Öffentlichkeit und der damit verbundenen Zunahme konkurrierender veröffentlichter politischer Themen sinkt jedoch zugleich die Chance gesamtgesellschaftlicher Wahrnehmbarkeit über Partikularöffentlichkeiten hinaus.[591] Die netzmedialen Kommunikationsformen unterminieren und restabilisieren gleichzeitig die Funktion der Massenmedien, die Selbstbeobachtung der Gesellschaft zu dirigieren (Niklas Luhmann). Weil partikulare Interessen bei der Mobilisierung von Öffentlichkeit auf die Möglichkeit gesamtgesellschaftlicher Selbstbeobachtung angewiesen sind, sehen sich Massenmedien letztlich restabilisiert, ohne zu ihrer alten Integrationskraft zu gelangen. So lässt sich eine paradoxe Konstellation für das Verhältnis von politischen Projekten und medialer Präsenz formulieren: Je offener der Zugang zu Öffentlichkeit, desto geringer das Potential zur Mobilisierung von Öffentlichkeit.

Netzmediale Kommunikationsstrukturen ermöglichen die Heterogenisierung von werte- und interessengebundenen Ansprüchen. Damit wachsen die Möglichkeiten, fragmentierte Öffentlichkeiten für politische Themen zu initiieren, die unter Bedingungen massenmedialer Öffentlichkeit ausgeschlossen wurden.[592] Das politische System sieht seine Legitimationsbasis damit vor das Paradox geringerer Durchsetzungsfähigkeit und gleichzeitig steigender Notwendigkeit kollektiv bindender Entscheidungen gestellt. Stellte sich Legitimation in der Disziplinarordnung über eine massenmedial konstituierte Öffentlichkeit her, so diffundieren mit den partikularen Öffentlichkeiten die Bezugspunkte des Gemeinsamen. An die Stelle von *Rezeptionskulturen* mit assymetrischen Absender/Empfänger-Strukturen treten nun *Netzkulturen* mit interaktiven Strukturen, in denen Absender und Empfänger zunehmend konvergieren.[593] Mit dieser Verschiebung wird vielleicht am deutlichsten von allen

590 Damit werden zunehmend auch Analysen obsolet, die auf eine Konsistenz der medialen Öffentlichkeit abheben und darauf etwa Governance beziehen (vgl. Jarren/Donges 2004). Wenn dann Medienkonzentrationen u.ä. auf ihre politischen Implikationen und Konsequenzen untersucht werden, mag dies innerhalb der Prämissen einer Abbildung öffentlicher Kommunikation durch Massenmedien hinlänglich sein, sieht sich jedoch mit der zunehmenden lebensweltlichen Irrelevanz massenmedialer Kommunikation in Frage gestellt.

591 Vgl. Kamps 1999, Wehner 1998

592 Die Euphorie der Internet-Demokratie als digitales Arkanum des herrschaftsfreien Diskurses (vgl. exemplarisch Rheingold 1995) ist inzwischen abgeflaut. Die verbesserten Möglichkeiten öffentlicher Kommunikation insbesondere für kleinere Gruppen sind dennoch nicht zu übersehen. Vgl. Geser 2000, 2004, Schulz 2000

593 Vgl. Arns 2002

Funktionssystemen die systemkonstituierende Inklusionshierarchie (hier: Journalist/Rezipient) verwischt, zu großen Teilen suspendiert. Die funktionssystemische Einheit der Massenmedien wird gefährdet; an die Stelle der eindeutigen Rollenzuschreibungen treten hybride Verbindungen von Medialität, fluktuierenden Themen und Autoren. Die verstreute Medialität der Kontrollordnung in verschiedenen Netzwerken verteilt mit den Thematisierungsmöglichkeiten die Macht, führt zugleich zu neuen Konflikten zwischen Freiheit und Kontrolle von Kommunikation.[594] Mediale Macht verschwindet nicht, sondern verlagert sich – nicht massenmediale Institutionen, sondern Netzwerke und Knotenpunkte mit hoher Konnexivität besitzen Macht in medialen Netzen – diese, wenn auch temporär herzustellen und partikulare Gemeinsamkeiten zu binden, wird zum entscheidenden medialen Machtmodus.[595] Welche Auswirkungen dies auf das Verhältnis von Stabilisierung und Fluktuierung von Diskursen hat, auf welche medial prozessierte Erwartungskonstanz die Regierungen der Kontrollordnung überhaupt noch rechnen können, ist kaum abzusehen.

Jenseits dessen sind die schon jetzt beobachtbaren Effekte netzmedialer Kommunikation hinsichtlich ihrer politischen Relevanz ambivalent. So werden nicht nur disziplinarische Formen der Gemeinsamkeit destabilisiert, es steigen auch die Chancen neuer Zusammenschlüsse, die jedoch auf ihre Virtualität zurückverwiesen sind.[596] Anders als bei Massenmedien ermöglichen Netzkulturen die dezentrale Kommunikation von Individuen und Gruppen. „Im Gegensatz zur Homogenisierung der Inhalte in den Massenmedien, die ja auch immer Mehrheitsmedien transportieren, erlauben kleine Medien eine Heterogenität der Inhalte und Meinungen. Kleine Medien ermöglichen die Schaffung alternativer Öffentlichkeiten und Gemeinschaften." Unter Bedingungen fragmentaler Differenzierung bildet sich partikulare Gemeinsamkeit in Netzstrukturen über „horizontale, nonhierarchische Kommunikation zwischen Individuen oder Gruppen auf lokaler, translokaler oder globaler Ebene."[597] Fraglich bleibt, aus welchen Motiven sich das partikulare Gemeinsame der Kontrollordnung konstituiert. Die Kohäsionskräfte des Gemeinsamen finden sich im Bezug zu einer umkämpften, fragilen Teilhabe.

2 Intelligente Heterotopien

Fixpunkt des politischen Gemeinsamen war in der Souveränitäts- wie Disziplinarordnung die kollektive Imagination des (noch) Nicht-Vorhandenen: die Utopie. Weit über ihren Charakter als Konstante menschlicher Kollektivität, die „aus dem Raum den, sie besetzt hält, in dem sie wirklich lebt und arbeitet, utopische Orte" ebenso ausschneidet wie aus ihrer Zeit „uchronische Augenblicke",[598] wird die Utopie spä-

594 Vgl. Arns 2002, S. 30f, 40. Vgl. ausführlicher Barth 1996, S. 137f
595 Siehe zur Machtlogik im Netz Kapitel VII, *Exkurs*, S. Rhizomatische Ordnung
596 Vgl. Geser 2004
597 Arns 2002, S. 41
598 Foucault 2005a, S. 9

testens mit der Moderne, mit den Entwürfen Morus' und Campanellas beginnend, eine Antriebsfeder gesellschaftlicher Entwicklung.[599] Die Utopie erlaubt es, das Gemeinsame mit Sinn auszustatten und so zu einen, verband ins Diesseits geholte, an religiöse Muster anschließende Sinnsuche und Wissenschaftsgläubigkeit – und endete allzu oft in Totalitarismen. Die Utopie idealisierte das *zukünftige* Andere, verlagerte es ins Jenseits und erlaubte es so das *gegenwärtige* Andere im Zuge des Normalisierungsprogramms der Disziplinarordnung auszuschließen.[600] Die Erosion der Utopie als gesellschaftsmächtige Vorstellung korrespondiert mit der Erosion der großen Kollektive; Legitimation qua Utopie wird obsolet, wenn das Objekt der Utopie zusehends aus dem Blick gerät. Mit der Delegitimation universaler Macht- und Wissensbezüge und dem zunehmenden Verlust der massenmedialen Kommunikation des gesellschaftlich Öffentlichen diffundiert die Gemeinsamkeit der Utopie zur Gemeinsamkeit der *Heterotopie*. Die mit dieser These verbundene Reformulierung der Heterotopie kann nicht ansatzweise der Forderung nach einer »Heteropologie« (Michel Foucault) nachkommen, kann jedoch Teil eines Versuchs sein, die veränderten Bedingungen politischer Kollektivität begrifflich zu fassen.[601]

Die Heterotopien der Ordnung

Die Genealogie der Heterotopien ist tief in die Ordnungen der Legitimation eingeschrieben. Die Heterotopien sind nicht denkbar ohne die vielfältigen Verschiebungen von Inklusion und Exklusion, deren Effekt sie sind. Ihrem Ursprungssinn entsprechend sind sie kampflos eroberte Orte, an den Rändern der Gesellschaft, „an den leeren Stränden, die sie umgeben" ;[602] sie stellen als realisierte Utopien die anderen, die dominierten und machtbesetzten Orte in Frage.

„Man könnte die Gesellschaften möglicherweise nach den Heterotopien einteilen, die sie bevorzugen und die sie hervorbringen."[603] In der Vormoderne sind die Heterotopien in der Regel *Krisenheterotopien,* „privilegierte oder geheiligte oder verbotene Orte, die Individuen vorbehalten sind, welche sich im Verhältnis zur Gesell-

599 Dass diese Funktion mit der Moderne verbunden ist, hängt wohl auch mit der Popularisierung der Schrift zusammen. Die an die Schrift gebundene Denkform der Teleologie (siehe Kapitel I (2) erlaubt es nun massenhaft, die gelesene Utopie mit der Wirklichkeit abzugleichen und daraus die entsprechenden Schlüsse zu ziehen. Vor allem dadurch erklärt sich wohl die enorme Integrationskraft etwa der marxistischen Utopie. Mit der Erosion der massenmedialen Kommunikationsformen ist nun auch diese Integrationskraft bedroht.

600 Vgl. Chlada 2005, S. 21

601 Der Begriff der Heterotopie wurde, allerdings in der Regel sporadisch, in verschiedenen wissenschaftlichen Kontexten, vor allem jedoch in der Literaturwissenschaft, nicht jedoch politikwissenschaftlich rezipiert. Die Auseinandersetzung in dieser Arbeit orientiert sich deshalb vor allem an den entsprechenden Texten Foucaults. Siehe für einen Überblick über die Heteropologie: Chlada 2005

602 Foucault 2005a, S. 12

603 Foucault 2005a, S. 11

schaft und inmitten ihrer menschlichen Umwelt in einem Krisenzustand befinden: die Heranwachsenden, die menstruierenden Frauen, die Frauen im Wochenbett, die Alten".[604] Die Krisen, über die sich die Heterotopien bis zum Anbruch der Disziplinarordnung definieren lassen, sind vor allem biologischer Natur, sie verschwinden mit den biopolitischen Strategien und werden in die regulären Machtorte, in die Disziplinarinstitutionen integriert. Mit dem Aufstieg einer Ordnung, der es um die Produktion des Lebens geht, werden nicht nur die biologischen Krisen integriert, sondern wandern auch die Friedhöfe, gleichsam einer gesellschaftlichen Exklusion des Todes als Heterotopien an den Rand der Städte. Mit dem Aufstieg der Disziplinarordnung und dem Legitimationscode der Normalisierung werden die Heterotopien nun *Abweichungsheterotopien*, in denen die Abweichung als symbolische Veröffentlichung der Norm stabilisiert wird; „in sie steckt man die Individuen, deren Verhalten von der Norm abweicht. Das sind die Erholungsheime, die psychiatrischen Kliniken; das sind wohlgemerkt auch die Gefängnisse".[605]

Unter den Bedingungen zunehmend dekonstruierter Disziplinarmechanismen und diffundierender Mehrheitsnormen verschieben sich Charakter und Funktion der Heterotopien, denn eine Gesellschaft kann „im Laufe ihrer Geschichte eine immer noch funktionierende Heterotopie anders funktionieren lassen."[606] So sind die Heterotopien jeder Ordnung in ihrer Exklusion gleichzeitig inkludiert; nicht nur weil ihre symbolische Präsenz notwendig anwesend und ihre Existenz wiederum inkludierend ist, sondern auch weil ihre spezifischen Strukturen, die räumlichen und zeitlichen Anordnungen denen der restlichen Gesellschaft gleichen. Die Heterotopien sind, wie die Gefängnisse, die Krankenhäuser und Psychiatrien zeigen, zugleich Disziplinarinstitutionen und damit Ziel normalisierender Strategien. Sie sind deshalb alles andere als machtferne Ruhekissen jenseits einer durchherrschten Ordnung, sondern in ihrer Heterogenität konstitutiv für deren Funktionieren. Die Heterotopie ist deshalb nie Ausdruck einer radikalen und offenen Heterogenität, sondern prinzipiell kontingent im Rahmen der Ordnung, die sie hervorbringt.

Waren die disziplinarischen Heterotopien Orte der Abweichung, die sich über die regulären Institutionalisierungen der Macht, bisweilen quer zu ihnen und ihnen inhärent definierten, wird ihre spezifische Konstitution zum Ausgangspunkt eines Funktionswandels. In der Kontrollordnung wird die Funktion der Abweichung obsolet, weil der Legitimationscode der Normalisierung abgeschwächt wird. Mit dem Legitimationscode der Optimierung werden Gehorsamspflicht und Normalitätsgebot gegen den zwanglosen Zwang zur Optimierung und Selbstoptimierung eingetauscht und geht die maximale Realisierung der eigenen Subjektivität mit dem Gebot des Anders-sein s einher. In einer Ordnung, in der das Anders-sein nicht mehr außerhalb der Ordnung steht, sondern für sie konstitutiv wird, werden die Heterotopien zu regulären Orten. Die Heterotopien werden nun die Orte der permanenten Infragestellung von Ordnung und Regierung; Orte, die immer wieder neu vor Entscheidungen

604 Foucault 2001a, S. 28f
605 Foucault 2001a, S. 28
606 Foucault 2001a, S. 28f

der Unentscheidbarkeit gestellt werden. In der Kontrollordnung werden sie so zu den immanenten Orten des Politischen und politischer Kollektivität.

Diese These entwickelt ihr Argument aus der Beobachtung, dass kreative Organisatoren wie virtuelle Fundamentalisten ihre politischen Aktionen nicht mehr vor dem Horizont machtvoller kollektiver Identitäten realisieren können, sondern nur in der Perspektive radikaler Heterogenität und Fragmentierung. „Die Heterotopie erreicht ihr volles Funktionieren, wenn die Menschen mit ihrer herkömmlichen Zeit brechen"[607]; die prinzipielle Dischronität der Heterotopien wird in der Kontrollordnung regulär und entspricht damit den fundamental veränderten Bedingungen der Möglichkeit, Gemeinsamkeit zu schaffen. Ging mit der Eigenschaft der Heterotopien, „an einen einzigen Ort mehrere Räume, mehrere Plazierungen zusammenzulegen, die an sich unvereinbar sind"[608] unter Bedingungen stratifikatorischer und funktionaler Differenzierung ihre (funktionale) Marginalisierung einher, so werden sie unter Bedingungen fragmentaler Differenzierung, in denen heterogen verteilte, kombinierte Teilungen zum dominanten Muster werden, zu regulären Formen gesellschaftlicher Organisation.

In ihren Strukturmerkmalen weisen die Heterotopien starke Analogien zu sozialen Organisationsformen auf, die zugleich innerhalb der Konjunkturen zeitgenössischer Gouvernementalität auftauchen: dem *Projekt* und der *Community*.[609] Währenddessen kreuzen sich „im Wort Community die Bedeutungshorizonte von Gemeinschaft, Öffentlichkeit und Gruppe." [610] Beide sind wie die Heterotopie keine Erfindungen der Gegenwart, ihre Ubiquität in den Organisationsdiskursen von Wirtschaft, Wissenschaft, Kultur und Politik verweist jedoch darauf, dass sie von der Ausnahme zur offensichtlichen Regel werden. In Abgrenzung zu den Großstrukturen der Disziplinarordnung erweist sich der strategische Vorteil der fragmentierten Sozialform der Community in der „Instrumentalisierung persönlicher Loyalitätsbeziehungen und der Bereitschaft, aktiv Verantwortung zu übernehmen."[611] Wiewohl das »Regieren durch Community« (Nikolas Rose) und die »projektbasierte Polis« (Luc Boltanski/Eve Chiapello) im Zuge ihrer semantischen Umwertungen ebenso wie die Kreativität von der Alternative der Alternativen zur alternativlosen Regelform innerhalb des neuen Geistes des Kapitalismus avancierten, sind sie auf ihre neoliberale Regierung nicht festgelegt. Die Konturierungen des Projektes und der Community innerhalb der bislang hegemonialen neoliberalen Gouvernementalität weisen sie zugleich als Spielfeld des Politischen aus. Indem die temporäre Logik, die konkreten Strategien und Technologien, denen Subjekte und Kollektive in ihnen ausgesetzt sind, dekonstruiert werden, werden Projekte und Communities zu Orten partikularer Gemeinsamkeit, in denen *kollektives politisches Handeln* realisiert werden kann. Die

607 Foucault 2001a, S. 32

608 Foucault 2001a, S. 31

609 Vgl. zur Einordnung der Begriffe innerhalb der neoliberalen Gouvernementalität: Bröckling 2007, S. 248–282, Kreissl 2004, Rose 2000

610 Kreissl 2004, S. 37

611 Rose 2000, S. 81

Heterotopien der Kontrollordnung sind so *Gemeinsamkeitsheterotopien* und verändern sich von abweichenden zu regulären Orten. Die kollektive Artikulation des Politischen erfolgt nun durch Projekte gegenseitiger Kontrolle mit begrenzter personeller, räumlicher und zeitlicher Reichweite, die innerhalb von Netzwerken produziert und reguliert werden. Die politischen Kämpfe verlaufen über die konstituierten und verteidigten, die spontan entstandenen, changierenden und stabilisierten Heterotopien und zunehmend weniger über räumlich, zeitlich und ideell stabilisierte Großorganisationen – die Machtverhältnisse destabilisieren und verflüssigen sich damit in nuce.

Kollektive Intelligenz

Die zunehmende Verbreitung, gesellschaftliche Diffusion und individuelle Reflexion des Wissens führt nicht etwa zu größerer Sicherheit in der Steuerung von Gesellschaften oder zu einer Reduktion der Meinungsverschiedenheiten, sondern zu erheblich fragileren und instabileren Autoritäten sowohl auf Seiten staatlicher Institutionen, als auch der Institutionalisierungen großer Kollektive.[612] Während die Extension des Wissens die typischen disziplinarischen Großinstitutionen nachhaltig verunsichert, sehen sich kleinere kollektive Akteure in die Lage versetzt leichter als bisher räumlich und zeitlich begrenzte politische Aktionen zu realisieren. Die Heterotopien sind nicht die Orte großer, machtvoller Massenbewegungen, sondern sie realisieren sich in Aktionen, die sich „in mikropolitischer Form abzeichnen, das heißt in Interventionen, die weder unmittelbar den Staat und seine Organe tangieren noch direkt greifbare Konsequenzen haben. [...] Oft unorganisiert, kann mikropolitisches Handeln auf längere Sicht gesehen sehr wohl weittragende Veränderungen bewirken beziehungsweise die Intentionen großer Institutionen entscheidend behindern."[613] In den Bürgerinitiativen und NGOs bis hin zu den spontanen, thematisch fokussierten Politikaktionen zeigt sich ein Politikverständnis, dass sich nicht nur erheblich von dem gesamtgesellschaftlich oder zumindest auf gesellschaftliche Großgruppen orientierten Politikverständnis der Parteien, Gewerkschaften und Verbände unterscheidet, sondern es auch unterminiert und bisweilen direkt angreift.[614]

Das verstärkte Auftreten mikropolitischer Aktionen baut auf den gezeigten Veränderungen des gesellschaftlichen Wissens auf. „Die kontinuierliche reflexive Ein-

612 Vgl. Stehr 2000, S. 20f

613 Stehr 2000, S. 166

614 Die neue Qualität mikropolitischer Aktionen zeigt sich besonders eindrucksvoll am Beispiel der klassischerweise nicht durch Großinstitutionen vertretenen Erwerbslosen. Neben anerkannten Protestformen sind auch nicht anerkannte Formen des Widerstands zu beobachten: Schadensandrohungen durch Verweigerung, Behinderung, Besitznahme oder Zerstörung aber auch Konsumboykott, Einbehaltung von Steuern und Gebühren u.ä. (vgl. Phillips 2008). Diese Aktionen erfordern immer mehr eine umfassende Kenntnis des Widerstandswerts einzelner mikropolitischer Aktionen sowie eine auf Vernetzung aufbauende Konzertierung.

verleibung von Wissen tritt an die Stelle" einer einfachen, institutionellen, expertokratischen Kontingenz des Wissens und ihrer „traditionellen Elemente; von ihr gehen genau jene Anstöße für Veränderungen aus, die die privaten wie globalen Handlungskontexte durchlaufen."[615] Diese Veränderungen betreffen direkt den Funktionswandel von Abweichungs- zu Gemeinsamkeitsheterotopien. Während die Abweichungsheterotopien Effekt eines disziplinären Wissens waren, dass das in ihnen versammelte Wissen als Nichtwissen abwertete und ebenso ihre institutionellen Strukturen begründete, konstituieren sich die Gemeinsamkeitsheterotopien durch ein Wissen, dass sich nicht mehr ohne weiteres diskriminieren und institutionalisieren lässt.[616] Die strukturelle, der Kontrollordnung spezifische Qualität der Heterotopien ist die Bindung und Ausbildung *kollektiver Intelligenz* als Voraussetzung räumlich und zeitlich entkoppelter Gemeinsamkeit.[617] In ihnen finden sich die prekären Citoyens in einem „Zusammenspiel von Personen, die gelernt haben, mit unterschiedlichen Modi umzugehen", in „systemischen Mustern und Regelsystemen, in denen die Intelligenz des Kollektivs eingelagert ist".[618] Die Bürgerschaft der Kontrollordnung, die sich insbesondere in den qualitativ veränderten Fähigkeiten der Wissensarbeiterschaft ausdrückt, ist auf Arrangements angewiesen, die hohe Anpassungsfähigkeit an fluktuierende Umwelten und die Integration von Teilnehmenden zu wirkmächtiger partikularer Gemeinsamkeit verbinden. Grundvoraussetzung dieser hoch unwahrscheinlichen Bildung von Gemeinsamkeit wird damit kollektive Intelligenz, welche „in den transindividuellen Regeln und Formen der Kommunikation eingelagert ist und einen Raum konstituiert, »in dem Gemeinschaften mit sich selbst kommunizieren können, ohne Umweg über eine Gottheit oder eine wie immer geartete andere transzendentale Vorstellung." Die virtuellen Welten der intelligenten Heterotopien lassen sich so innerhalb der Machtlogik der Kontrolle verorten, „als

615 Giddens 1993, S. 40

616 Schiltz et. al. weisen in diesem Zusammenhang auf die Rolle von open access für die Herausbildung von wissensbasierten nichtlokalen, globalen ‚epistemic communities' hin. Vgl. Schiltz et. al. 2005

617 Die Relevanzverschiebung von Räumlichkeit im Bezug auf die Konstituierung von Öffentlichkeit ist evident. Vornehmliches Instrument der Disziplinarmacht war die Disziplinierung der Individuen durch den Raum, Privat- und Arbeitsräume werden getrennt, Fabrik und Gefängnis etablieren eine subtile Logik der Disziplin. Dieser Strukturierung des Raumes entsprach auch eine Strukturierung der Zeit aus der Disziplin, die nun durch die Strukturierung in der Kontrolllogik heraus abgelöst wird. Die informationellen Städte (Manuel Castells) sind ein erstes Indiz dafür. Die Räume verlieren ihre ursprüngliche Funktion und werden neu arrangiert und definiert, ohne ihre Gestalt wesentlich zu verlieren (z.B. durch den Umbau alter Industrieviertel zu ‚Szenevierteln' von Kunst und Wissenschaft). Die Räume verlieren ihre disziplinierende Strenge, werden in ihrer Materialität unwichtiger, ihre starre, planmäßige Strukturierung wird aufgelöst. Die sauberen, strukturierten Orte waren vor dem Aufkommen der Disziplinarordnung die Abweichung von der Normalität des Chaos' und zugleich Paradigma einer neuen Struktur. Während die Heterotopie die Abweichung von der strukturellen Norm der Disziplinarordnung war, wird sie nun zum neuen Paradigma heterogen verteilter Öffentlichkeiten.

618 Willke 2006b, S. 124

Instrumente der Selbsterkenntnis, der Selbstdefinition von Gruppen von Menschen, die sich so als kollektive, autonome und autopoietische Intelligenz konstituieren«", verstehen.[619] Die kollektive Intelligenz der Heterotopien hybridisiert dabei Wissen und Politik; das mit ihr prozessierte reflexive Wissen greift zugleich die Herrschaft an, die dem Regel- und Strukturwissen inhärent ist und verflüssigt die mit diesem Wissen verbundenen Machtbeziehungen.

Popularisierte Dekonstruktion

Die Gemeinsamkeitsheterotopien stehen nicht jenseits vermeintlich zentraler Orte der Macht, sondern diffundieren diese; in ihnen werden wie in den Abweichungsheterotopien der Disziplinarordnung „Repräsentationskämpfe geführt, Bündnisse geschlossen und wieder gebrochen."[620] Die Heterotopien bilden sich jenseits vorgefundener Institutionen oder wandern in diese ein und bilden sie um; sie fluktuieren oder stabilisieren sich je nach Selbstverständnis, stehen prinzipiell quer zu den vorgefundenen Ebenen politischer Systeme und adressieren ihre Botschaften über sie hinaus. Die Beispiele dieser sich herausbildenden Heterotopien sind zahllos.[621] Das extensive und heterogen verteilte Wissen und die tachochronen Tendenzen zum Fiktiven und Illusionären temporalisieren und inflationieren die Utopie und steigern zugleich die Wahrscheinlichkeit ihrer Realisierung. Die Gemeinsamkeitsheterotopien realisieren sich damit jenseits von Materialität und Virtualität, ihre Organisation in Netzkulturen steigert „den Aktionsspielraum des Einzelnen[...], die Zusammenarbeit in virtuellen Gruppen und erlaubt in günstigen Fällen die Selbstorganisation einer »Gegen-Macht«".[622] Dem entspricht die Möglichkeit einer umfassenden räumlichen Entdifferenzierung und im Gegenzug wachsenden zeitlichen Konditionierung, die paradoxerweise durch die zeitlich konditionierte und subjektiv vermittelte räumliche Reorganisation der Netzwerkökonomie in den informationellen Städten relativiert wird.[623]

Die Gemeinsamkeitsheterotopien beschreiten das Feld des Politischen über den Weg der *popularisierten Dekonstruktion*. Ihre augenscheinlichsten Beispiele finden sich in den identitären Bewegungen, die räumlich fragmentierte und zeitlich diskontinuierliche politische Kollektivitäten auf ein reflexives Identitätswissen stützen. Die

619 Pierre Lévy zitiert nach Willke 2006b, S. 124

620 del Mar Castro Varela zitiert nach Chlada 2005, S. 87

621 Wendet man die hier skizzierten Merkmale von Gemeinsamkeitsheterotopien an, lassen sich prägnante Beispiele angeben: NGOs wie Greenpeace, die quer zu vorgefundenenen politischen Ebenen, zu einem großen Teil virtuell organisiert mit höchst unterschiedlichen Integrationsformen partikulare Gemeinsamkeit öffentlichkeits- und politisch wirksam organisieren. Intelligente Heterotopien lassen sich jenseits dessen beobachten, etwa in den zahlreichen politisch motivierten Jugendzentren oder vollständig virtualisiert in den diversen net communities.

622 Zum elektronischen zivilen Ungehorsam vgl. Arns 2002, S. 62f. Siehe auch Geser 2004

623 Vgl. Castells 1989

wachsende Verbreitung von dekonstruierenden Wissensformen legt die zunehmend weniger kontra-intuitive Vermutung nahe, dass „*kritisches Potential* im Sinne einer Popularisierung der Vorstellung, dass es auch anders sein könnte, derzeit am ehesten bei Theorien vermutet werden kann, die mit dem Anspruch der *Herabstufung des Subjekts* gegenüber dem klassisch-humanistischen Diskurs verbunden werden."[624] Ob diesseits oder jenseits explizierter Theoriebezüge – der Erfolg identitärer politischer Bewegungen hängt wesentlich von der Reflexivität ihrer Träger ab, die ihre Identität als konstruiert und mithin veränderbar empfinden – die Popularisierung dekonstruierender Praxen und Haltungen hat dann zur Folge, dass traditionale Identitäten und universalistische Moralisierungen immer unannehmbarer werden. Die Popularisierung dekonstruierender Wissenspraxen und die Integration bisher wissenschaftlich illegitimer oder nicht vorhandener Wissensformen dienen in diesen Gemeinsamkeitsheterotopien zugleich der Legitimation von gesellschaftlichen Kämpfen, die eben jene Wissensformen einsetzen. [625] So ist die wissenschaftliche Legitimation der in ‚außerwissenschaftlicher Opposition' entstandenen neuen Wissensformen, -institutionen und -subjekte der transdisziplinären Gender- und Queer-Bewegungen[626] eng verbunden mit ihrem Einsatz für eine gesellschaftlich wirksame Diskussion der Geschlechterfrage in den gesellschaftlichen Institutionen selbst, die in ihrer gesellschaftlichen Relevanz weit über die vorherigen feministischen Diskurse hinausgeht. Mit der Dekonstruktion der gegebenen Geschlechterordnung wird politische Kollektivität nicht über die Einforderung eines Rechts (auf Gleichberechtigung) und damit innerhalb der eingespielten juristischen und politischen Wissensformen konstituiert, sondern über die explizite Distanzierung von herrschenden Wissenspraxen. Aufgrund des inhärent konfliktiven Charakters popularisierter Dekonstruktion wird diese politisch – und öffnet sich zugleich für deren Regierung.[627] Die Gender- und Queer-Bewegung mit ihrer hybriden Verbindung von Wissen und Politik steht so paradigmatisch für die Herausbildung wissensbasierter Legitimation unter den Bedingungen fragmentaler Differenzierung.[628]

624 Martinsen 2004, S. 70. Eine Herabstufung des Subjekts, die sich darauf bezieht, dass das Subjekt nicht als ausschließlich autonomes, sondern auch als sozial bestimmtes, d.h. fremd- und selbstbestimmtes, subjektiviertes Subjekt versteht.

625 Die Popularisierung von dekonstruierenden Praxen wäre ein lohnendes Forschungsfeld. Dass diese Popularisierung stattfindet, lässt sich nicht nur eindrucksvoll an der politischen Praxis des Gender-Mainstreaming beobachten. Dekonstruktion als popularisierte Praxis lässt sich auch finden, wo theoretische Kenntnis nicht vorausgesetzt werden kann, S. dass der Begriff der Stigmatisierung mitsamt seinen negativen Konnotationen boulevardfähig ist, wie Debatten zu Migranten, PISA und Unterschicht zeigen, informiert darüber, dass die Decodierung von Zuschreibungen offenbar quer zu den verschiedenen Bildungsniveaus anschlussfähig ist. Die zunehmend relevante Konstruktion virtueller Identitäten liefert den neuesten Beitrag einer Popularisierung dekonstruierender Praxis. Vgl. Arns 2002, S. 48f

626 Vgl. Weiler 2002, S. 12

627 Vgl. Soiland 2004

628 Helga Nowotny generalisiert diese Perspektive mit der These des gesellschaftlich robusten Wissens. ‚Klassisch' verlässliches Wissen ist demnach nicht von allein in gesellschaftlichen Kontexten wirksam. Kontextualisierungen, Partizipation und Einrechnung konkurrierender

Das Prinzip der popularisierten Dekonstruktion lässt sich über die identitären Bewegungen hinaus generell auf die Herausbildung politischer Kollektivität der Heterotopien anwenden. Von den ökologischen bis hin zu lokalen politischen Kollektivitäten der Kontrollordnung geht es um den systematischen Zweifel an der Objektivität von Wissen und Institutionen. Die Gemeinsamkeitsheterotopien sind Heterotopien, weil die Andersartigkeit vor dem Hintergrund erodierender Großkollektive zum konstitutiven Prinzip politischer Aktion wird. Sie sind nicht zwingend, aber potentiell virtuelle Orte politischer Kollektivität und beziehen ihre fragile Kohäsion aus ebenso fragilen Ideen, Zielen und Identitäten eines prinzipiell reflexiven Wissens. Mit ihnen entfaltet sich eine Vielfalt politischer Kollektivität, die sich in den globalen identitären Bewegungen und lokalen alternativen Zentren, in den NGO's und unübersehbaren Aktionsgruppen zu jeglichen Themen beobachten lässt. Die Heterotopien lassen sich jenseits der großkollektiven Identitäten, jenseits von Volk und Nation lokalisieren, ohne dass sie sich unter die Menge einer »Multitude« (Michael Hardt/Antonio Negri) subsummieren ließen. Die Heterotopien sind nicht unterschiedslos qua Ausbeutungsstatus der Gegnerschaft eines globalen oder wie auch immer gearteten Machtzusammenhangs zugehörig. Ihr Auftreten lässt sich beobachten, wo die Bedingungen ihrer Konstitution günstig sind, wo die genuinen Konfliktfelder der Kontrollordnung entstehen. Insbesondere in den *global cities* werden Heterotopien sichtbar, die politische Aktionen einer neuen Bürgerschaft jenseits klassischer Begrenzungen von Bürgerschaft und Nationalität und bezogen auf konkrete Örtlichkeiten entwickeln.[629] Das Maß, in dem Gemeinsamkeitsheterotopien in der Lage sind, ihre Existenz insbesondere durch die Ausbildung organisationaler Intelligenz zu stabilisieren, wird maßgeblich darüber entscheiden, wie eine auf partikularer Gemeinsamkeit basierende Topographie der Macht in der Kontrollordnung aussehen kann. Es entsteht eine Topographie heterogen verteilter Machtorte unterschiedlicher Intensität, die die Legitimität der in der Disziplinarordnung entstandenen politischen Institutionalität massiv gefährdet und deren Gefährdung nur noch durch eine endemische Exklusion gesteigert wird.

3 Endemische Exklusion

»Exklusion« ist in den letzten Jahren nicht nur zu einer sozialwissenschaftlichen Leitkategorie avanciert, sondern hat, damit verbunden, seinen festen Platz innerhalb des tagespolitischen Vokabulars gefunden.[630] Jenseits dieser Konjunktur bezieht sich der Begriff seit jeher auf das Politische: die Legitimität der Ordnung als Gemeinsames gegenüber den politischen Individuen bezieht sich auf Teilhabe als Modus von Inklusion und Exklusion. Damit verweist der Code Inklusion/Exklusion auf die

Wissensformen müssen hinzutreten, um wissenschaftliches Wissen gesellschaftlich robust zu machen. Vgl. Nowotny 2006, S. 24–41

629 Vgl. Sassen 2007

630 Krasmann/Opitz 2007, S. 128

geläufigere und verwandte Unterscheidung von Gleichheit und Ungleichheit.[631] Spätestens seit dem Hobbes'schen Problem der Ordnung zeigt sich: Legitimität wird instabil, wenn der Zusammenhalt der Gesellschaft in Zweifel steht. „Inklusionsbedingungen variieren mit gesellschaftlicher Differenzierung."[632] Die Topoi und Formen der Teilhabekämpfe und die verschiedenen Regierungen der Inklusion und der Exklusion folgen den spezifischen Logiken ihrer Legitimationsordnung. Inklusion und Exklusion bedingen sich gegenseitig; die Exkludierten bilden die Gegenstruktur, über die Inklusionsbedingungen markiert, Anerkennung innerhalb von Kommunikation prozessiert und so soziale Ordnung hergestellt werden kann.[633] Das paradoxale Verhältnis: Exklusion findet in der Disziplinarordnung durch Inklusion – vor allem durch institutionelle Einschließungen statt.[634] Inklusion in funktional differenzierten Gesellschaften erfolgt über Teilnahme an Teilsystemen, nicht mehr über Statusdifferenzierung als Untertan, mit der Subjekte qua souveränem Akt vollständig exkludiert werden konnten.

Prekäre Inklusion

Die disziplinarischen Logiken von Exklusion durch Inklusion werden zunehmend prekär. Die bloße Teilnahme an teilsystemischen Aktivitäten kann nicht mehr als hinreichend für Inklusion bezeichnet werden, denn die Nicht-Teilnahme an teilsystemischen Aktivitäten ist unwahrscheinlich geworden, ohne dass die mit ihnen verbundenen Rollen genügend Stabilität für gesellschaftliche Inklusion ausprägen könnten. [635] Wendet man diesen Inklusionsbegriff auf die lebhaft diskutierte Unterschicht (neudeutsch: Prekariat) an, zeigen sich erhebliche Widersprüche. Die Mitglieder der Unterschicht sind in das ökonomische System integriert, indem sie an Zahlungen teilnehmen, sie sind Rechtsteilnehmer und Teilnehmer des politischen Systems als Wähler – dennoch können sie nur noch kontraintuitiv als inkludiert bezeichnet werden. Die Unterscheidungen zwischen inkludiert/exkludiert werden nur vage gezogen: exkludiert ist, wer sein Einkommen als staatliche Alimentation bezieht, wer nicht regelmäßig zur Schule geht, wer extremistisch wählt? Exklusionsprobleme haben heute ein anderes Gewicht, sie sind Folgeprobleme funktionaler Differenzierung „insofern, als sie auf funktionsspezifische Formen der Abwei-

631 Vgl. Fuchs/Schneider 1995, S. 208.

632 Luhmann 1997, S. 620

633 „In dem Maße, in dem die Inklusionsbedingungen als Form sozialer Ordnung spezifiziert werden, lässt sich aber auch der Gegenfall der Ausgeschlossenen benennen. Er trägt dann als Gegenstruktur den Sinn und die Begründung der Form sozialer Ordnung. [...Sie] bilden ein symbolisches Korrelat für den Aufbau der Inklusionsordnung über Reinheitsgebote und -rituale [...] es genügen Mengen, die sicherstellen, dass die Ausgeschlossenen überall präsent sind, und zeigen, wie notwendig die Reinheitsgebote sind." Luhmann 1997, S. 621

634 An diesem Punkt treffen sich die Verständnisse sozialen Ausschlusses von Foucault und Luhmann, wie Stichweh zu Recht feststellt. Vgl. Stichweh 2000b, S. 87

635 Vgl. Luhmann 1997, S. 630ff

chungsverstärkung, auf positiven feedback, und auch darauf zurückgehen, dass Mehrfachabhängigkeit von Inklusionssystemen den Exklusionseffekt verstärkt."[636] Diagnostiziert wird nun infolgedessen eine Exklusionsproblematik, nach der weite Bereiche der Gesellschaft nicht mehr an den Kommunikationszusammenhängen der Teilsysteme teilnehmen können und sich die Unterscheidung von Inklusion und Exklusion über die funktionale Differenzierung legt. Nun ist Inklusion vorentscheidend dafür, ob man überhaupt am Rechts-, Wirtschafts- oder Politiksystem real teilnehmen kann. Die Exklusionsproblematik wird in ihrer neuen Qualität als Folgeerscheinung funktionaler Differenzierung aufgefasst, sie wird zu einer Meta-Differenz aufgewertet, die die Form der Primärdifferenzierung selbst gefährdet.[637]

Im Zuge der Globalisierung, systemtheoretisch: der zunehmenden Weltvergesellschaftung der Funktionssysteme, wird nun mit der allfällig konstatierten Erosion der nationalstaatlichen Souveränität der Wohlfahrtsstaat und damit seine inklusionsvermittelnde Wirkung prekär. Die Hinfälligkeit der nationalstaatlichen Inklusionsperspektive zeigt sich innerhalb der Globalisierung vor allem in dem zunehmend nachlassenden Vermögen des Nationalstaats, Exklusionseffekte aufzufangen. Die Exklusionsphänomene sind also in dieser Lesart nicht neu – neu sind lediglich die wachsenden Probleme des Staates, Exklusion zu vermeiden. In der globalen Beobachtungsperspektive zeigt sich, dass die nationalstaatlichen Inklusionsmuster nicht nur zunehmend erodieren, sondern auch eine generelle Infragestellung des Codes Inklusion/Exklusion zu beobachten ist. Mit dem so apostrophierten »Ende der Gesellschaften« (Mathias Albert) wird die schwindende Reichweite der bekannten Inklusions- und Exklusionsmuster überall dort spürbar, wo Migration nicht nur Grenzen überschreitet, sondern diesseits und jenseits nationalstaatlicher Grenzen unterschiedlich eingebunden ist. Die partikulären Migranten wohnen, arbeiten und leben als denizens, als Bürger ohne Staatsbürgerschaft quer zu den nationalen Grenzen in den funktional differenzierten Teilsystemen einer Weltgesellschaft und organisieren ihre Identitäten in transnationalen Gemeinschaften.[638]

Konnten allzu große Exklusionseffekte früher noch nationalstaatlich eingehegt oder gar vermieden werden, weil sich die ökonomischen und politischen Machtbeziehungen (und die daraus entstehenden, erkämpften sozialen Sicherungssysteme) weitgehend innerhalb des nationalstaatlichen Kontextes abspielten, so finden nun Exklusion und Inklusion weitgehend ungesteuert statt. Die Exklusionproblematik stellt sich auf weltgesellschaftlicher Ebene verschärft, so dass man „konzedieren muss, dass immer größere Teile der Menschheit von allen möglichen Funktionssys-

636 Luhmann 1997, S. 631. Peter Fuchs und Dietrich Schneider haben dies treffend am Beispiel des *Hauptmann-von-Köpenick-Syndroms* illustriert, der ohne Arbeit keine Aufenthaltserlaubnis bekommt usw. Was dem Hauptmann als einzigen Ausweg bleibt, ist bekannt: Fuchs/Schneider leiten daraus die Notwendigkeit eines Systems sozialer Hilfe ab. Vgl. Fuchs/Schneider 1995

637 Stichweh 2005b, S. 179ff. Siehe auch Luhmann 1997, S. 621

638 Vgl. Albert 2002, S. 151f, 159f. Das heißt freilich nicht, dass es für Migranten nicht noch erhebliche Integrationsbarrieren gibt, die direkt mit der nationalstaatlichen Verfasstheit des Wohlfahrtsstaates zusammenhängen. Vgl. Stichweh 2000d

temen überhaupt nicht mehr »adressiert«, also weder in- noch exkludiert werden."[639] Diese Beobachtung stellt sich nicht nur für die Länder der sogenannten ,Dritten Welt', sondern ebenso für die Länder der ,Ersten Welt'. Der Inklusionsbegriff selbst wird unter globalisierten Bedingungen zunehmend diffus. Kann damit unter Einrechnung weltgesellschaftlicher Zusammenhänge ein Verschwinden des Inklusions-/Exklusions-Codes diagnostiziert werden?[640] Oder greifen die Kategorien von Exklusion und Inklusion vor dem Hintergrund der prinzipiellen Unmöglichkeit einer Selbstbeobachtung der Gesellschaft nicht mehr? Weniger als um das Verschwinden der Exklusion geht es um veränderte Modi der Inklusion.

Modulierende Inklusion

Die Ursachenbeschreibungen einer zunehmenden Exklusion, schwindender Exklusionsvermeidungskräfte des Nationalstaats und eines in sich problematisch werdenden Inklusionscodes lassen sich nun innerhalb der angedeuteten Drift zwischen Disziplinar- und Kontrollordnung modifizieren. Die zunehmenden Exklusionsproblematiken, die mit dem Phänomen der Globalisierung korrelieren, lassen sich aus der Extension des Wissens heraus erklären. Für die Kontrollordnung muss die Feststellung, dass wachsende gesellschaftliche Komplexität feste Inklusionsmuster auflöst und Inklusionen stärker individualisiert,[641] in Bezug auf fragmentale Differenzierung variiert und spezifiziert werden. Die disziplinarischen Inklusions/Exklusionsmuster erodieren unter Bedingungen fragmentaler Differenzierung; sie erfolgen nun entlang wissensabhängiger Formen und Inhalte, prinzipiell weltgesellschaftlich, aterritorial und deterritorialisierend. Die sozialen Strukturen des Netzwerks, die in funktional differenzierten Gesellschaften allenfalls in Peripherien wie dem Mezzogiorno dominierten,[642] überformen nun als ubiquitäre Sozialstruktur funktionale Differenzierung.[643]

Inklusion findet nicht mehr (nur) durch Teilnahme an funktionsspezifischen Kommunikationen statt, deren Rationalitäts- und Wissensformen universal angelegt sind, sondern aufgrund netzwerkspezifischer Inklusionsbedingungen, die nicht ohne weiteres einsehbar sind: „Die Reproduktion des Netzwerks erzeugt […] ,pluralistic ignorance' in bezug auf das, was möglich wäre."[644] Inkludiert wird nun nicht ohne weiteres, wer in den Disziplinarinstitutionen erfolgreich normalisiert wurde; inkludiert wird, wer in den modularen Kontrollprojekten hinreichend (selbst-)*optimiert*, fähig ist, sich in rasch wechselnden Kontexten und Netzwerken zurechtzufinden. Inklusion wird in der Kontrollordnung nicht mehr ausreichend über die Disziplinar-

639 Vgl. Albert 2002, S. 329
640 Vgl. Hardt/Negri 2002, S. 369
641 Vgl. im Anschluss an Parsons: Luhmann 1997, S. 620
642 Siehe Kapitel VII, *Exkurs*: Rhizomatische Ordnung
643 Vgl. Luhmann 1995b, S. 24
644 Luhmann 1995b, S. 24

institutionen und die Normalisierungsdiskurse vermittelt, sondern über deutlich volatilere Kommunikationen, die Zugang zu Kontrollprojekten und Netzwerken organisieren. Waren die Felder und Formen der Teilhabe innerhalb der Souveränitäts- und Disziplinarordnung zeitlich und räumlich eher statisch verteilt, so unterliegen sie nun einer gesteigerten Temporalisierung und größerer räumlicher Flexibilität. Die zunehmende Irrelevanz von Zeit und Ort evoziert eine wachsende Dezentralisierung diskursiver kultureller und politischer Praktiken, über die sich die Inklusionsbedingungen definieren.

Was Normalisierung bedeutete, damit konnte in den funktional differenzierten Gesellschaften mit ihren berechenbaren Codes und Rationalitätssystemen, die in den stabilen disziplinarischen und biopolitischen Institutionen eingelassen waren, gerechnet werden. Die Optimierungsdiskurse der Kontrollordnung sind hingegen deutlich unberechenbarer. Die Inklusionsformen der Disziplinarordnung waren makroinkludierend, mit einer prinzipiell gesellschaftsweiten Reichweite ihrer Codes; mit den Kontrollprojekten und Netzwerken, deren Zugangscodes immer wieder neu ausgebildet und gelernt werden müssen, kommen nun mikroinkludierende Inklusionsformen auf: der Code *Optimierung/Nichtoptimierung* prozessiert Formen einer *modulierenden* Inklusion. Die Inklusionsformen fragmentaler Differenzierung prozessieren die Machtmodi der Kontrolle; wie sie sind sie „eine *Modulation*, sie gleichen einer sich selbst verformenden Gussform, die sich von einem Moment zum anderen verändert, oder einem Sieb, dessen Maschen von einem Punkt zum anderen variieren.“[645] Modulierende Inklusion stellt nun von Rolle auf Identität, von Institution auf partikulare Gemeinsamkeit um – die mikroinkludierenden Codes entscheiden infolge dieser Umstellung über die individuelle Bewältigung gesellschaftlicher Kontingenz: nur wer Identitäten multipel, reflexiv und adaptiv ausbildet; nur wer seine Subjektivität je nach den Erfordernissen der Kontrollprojekte, in denen er sich bewegt, optimiert, passiert die beständig prekären Grenzstellen der Inklusion. Wer so zur individuellen Koordination von Kontingenzzumutungen fähig ist, kann an partikularer Gemeinsamkeit teilnehmen; wer sich in Netzwerken organisieren kann, in denen Arbeit, Leben, Vergnügen ineinander gegenseitig ergänzt und verwoben sind, ist inkludiert, ist gesellschaftlich relevant als Adressat und Absender gesellschaftlicher und mithin politischer Aktivität. Mit der Aufwertung von Subjektivitätskompetenzen und individuellem Wissen gewinnt so die alte, auf Gemeinschaftsinklusion bezogene Bezeichnung des Exkludierten als *idiótes* (Einzelner) eine eigentümliche Reaktualisierung.

Die skizzierten strukturellen Umstellungen der Inklusionsbedingungen lassen sich nun innerhalb einer Legitimationsordnung, die Wissen als ihr prärogatives Ordnungsproblem betrachtet, reformulieren. Wird individuelles Wissen als Bündel verschiedener Kompetenzen betrachtet und eine generelle, wenngleich ungleichmäßig verteilte Steigerung individuellen Wissens unterstellt, so artikulieren sich die über Inklusion und Exklusion hergestellten Ungleichheiten als „sehr heterogene Figurati-

645 Deleuze 1993b, S. 256

onen und stark situationsspezifisch geprägte soziale Differenzierungen."[646] Die diskursiv vermittelten Kämpfe drehen sich nun um die Definition der Zugangsbedingungen an der Produktion und der Verteilung von Wissen innerhalb der Kontrollprojekte und Netzwerke. Gekämpft wird unter dem Einsatz kognitiver und ästhetischer Wissensformen, deren Aneignung und Reflexion selbst Inklusionsvoraussetzung ist. Die zu beobachtenden um Teilhabe kämpfenden sozialen Bewegungen und Netzwerke sind „Ausdruck und Bedingung der immer mehr an Bedeutung gewinnenden Beziehung zwischen Wissen und Emanzipation" und damit „Transmissionsriemen und Verstärkungseffekte für eine effiziente Anwendung von Wissen".[647] Soziale Bewegungen der Kontrollordnung beziehen sich in ihren Argumentationen zunehmend auf wissenschaftliches Wissen, Themen der Teilhabe erschließen sich nicht aus unmittelbaren lebensweltlichen Kontexten, sondern aus wissensgestützter Reflexion,[648] so werden nun etwa Risikoverteilungen zum Teilhabeproblem.[649]

Wird konzediert, dass Exklusion auch in der Kontrollordnung gleichzeitig eine Form der Inklusion ist, müssen sich spezifische Strukturanalogien auch in den kontrollarischen Exklusionsformen finden. Ohne die Tatsache undisziplinierter Körper ausschließen zu wollen, ist nun exkludiert, wer nicht erfolgreich kontrolliert ist, wer seine Subjektivität entsprechend dem Legitimationscode nicht optimiert. Exklusion bedeutet dann Ausschluss von der Netzwerkbildung.[650] Mit dem Übergang von der Disziplinar- zur Kontrollordnung und der damit verbundenen Krise der Einschließungsinstitutionen stellt sich die Frage nach der Möglichkeit offener, modulierender Formen der Exklusion. Tatsächlich ist ohne weiteres zu beobachten, dass die disziplinierenden Formen innerhalb der Einschließungsinstitutionen verschwinden und es zu offenen Krankenhäusern und häuslicher Tagespflege, zu offenen Formen des Gefängnisvollzugs, der Psychiatrie und anderer Einschließungsinstitutionen kommt, wie sie Deleuze angedeutet hat.[651] Die Logik der modulierenden Exklusion liegt nun darin ähnlich wie disziplinarischen Strategien der Gefängnisse oder Psychiatrien auf eine Praxis der Inklusion vorzubereiten und auf ihre prinzipielle Selbstauflösung hinzuarbeiten, ohne freilich den unabschreibbaren Rest der Exkludierten jemals vollständig tilgen zu können.

Die Unwahrscheinlichkeit, die Inklusionsvoraussetzungen der Kontrollordnung zu erlangen, Identität multipel anzulegen, Subjektivität zu optimieren, um an partikularer Gemeinsamkeit teilnehmen und in immer wieder changierenden Kontrollprojekten bestehen zu können, steigt in fragmental differenzierten Gesellschaften signifikant an. Damit steigt auch die Wahrscheinlichkeit, abseits der Inseln einer Inklusion partikularer Gemeinsamkeit in einem Meer der Exklusion zu landen.

646 Stehr 2000, S. 195
647 Stehr 2000, S. 288f
648 So ist als klassisches Beispiel die Klimafrage stärker virulent denn je, obwohl sich unmittelbare lebensweltliche Relevanz (etwa über verschmutzte Luft) zumindest in den umweltpolitisch fortgeschrittenen Ländern nicht stellt.
649 Vgl. Beck 1986, S. 25ff
650 Siehe Kapitel VII, *Exkurs*: Rhizomatische Ordnung
651 Vgl. Deleuze 1993a, S. 251, Krasmann/Opitz 2007, S. 132

Wenn Normalisierung nicht mehr Leitziel von Inklusion und Exklusion ist, dann kann Exklusion qua Anormalität nicht das Gegenstück einer Inklusion qua regulärer Andersheit sein. Ausgeschlossen ist vielmehr dann, wer nicht exponierte Individualität zeigt, sondern lediglich auf institutionelle Teilnahme und Rollenkonformität orientiert ist – Exklusion wird dann endemisch. Es zeichnet sich eine gesellschaftliche Drift ab, die mit den klassischen institutionellen Instrumentarien nur schwer aufhebbar ist. Beunruhigende Aussichten für eine Legitimation, die wesentlich auf der Kalkulation von Inklusion und Exklusion beruht.

> „Eine Reform nach der anderen wird von den zuständigen Ministern für notwendig erklärt: Schulreform, Industriereform, Krankenhausreform, Armeereform, Gefängnisreform. Aber jeder weiß, dass diese Institutionen über kurz oder lang am Ende sind. Es handelt sich nur noch darum, ihre Agonie zu verwalten und die Leute zu beschäftigen, bis die neuen Kräfte, die schon an die Türe klopfen, ihren Platz eingenommen haben. Die Kontrollgesellschaften sind dabei, die Disziplinargesellschaften abzulösen."[652]

„Alles könnte anders sein – und fast nichts kann ich ändern."[653] Das paradoxe Verhältnis von Anspruch und Ohnmacht konstituiert jegliches politische Handeln. Die Aktivität, die aus dem Versuch resultiert, diese Auffassung zu widerlegen, charakterisiert umtriebige Herrscher wie aufbegehrende Beherrschte. Die Demarkationslinie, die zwischen Akzeptanz und Überwindung dieser Differenz liegt, markiert tiefer noch die Grenze zwischen Fügung und Widerstand; wo sie überschritten wird, werden die Stellungen der Legitimität sichtbar. Vieles spricht dafür, dass alte Gräben verlassen oder zumindest neue Demarkationen gezogen werden. Das Feld der Ordnungen wird unübersichtlicher. Die Ordnung der Souveränität ist nicht verschwunden; ihre Legitimität wird vor allem sichtbar, wo Gewalt virulent wird. Die Disziplin ist immer noch machtvoll; wo Ausdauer, Anstrengung, Stetigkeit fragil werden und sich damit das Gefüge der Macht gefährdet sieht, werden die Strategien der Normalisierung als legitim erachtet. Gegen beide Ordnungen regt sich weiterhin Widerstand, der die Relevanz ihrer Legitimität bestätigt. Und dennoch: weder die Strategie der Unterwerfung noch die der Normalisierung vermögen die neuen Machtlagen zu ordnen und die Ordnungsversuche der verschiedenen Regierungen mit Legitimität auszustatten.

Die Differenz zwischen Anspruch und Ohnmacht entfaltet sich an neuen Orten und neuen Situationen. Damit entfalten sich auch die diffusen Machtlagen einer spürbaren Freiheit der Zwänge. Doch die sich anbietenden Alternativen zwischen marktlogischen »Kulturen der Härte« (Wolfgang Fach) und zivilgesellschaftlichem Engagement sind prekär: „Die Menschen assoziieren sich zwar, doch ihre Einheiten sind Produkte der Härte-Grammatik, kein Gegengewicht." Für den Staat klassischer Prägung gibt es einstweilen Grund zur Sorge: „Heute, da der Leviathan sich selbst zerschneidet und verteilt, gibt es mehr Anlass, nach seinem Schicksal zu fragen", denn geistiger Boden wie institutionelles Fundament sehen sich bedroht: „Loyalitäten schrumpfen, Zuständigkeiten verschwinden, Bürokratien bröckeln ab, Organisationen weichen auf."[654] Die Postulate fragmentaler Differenzierung und rhizomati-

652 Deleuze 1993b, S. 255
653 Luhmann 1969, S. 324
654 Fach 2000, S. 127

scher Ordnung versuchen die theoretischen Grundlagen neuer Formen politischer Steuerung und Partizipation zu artikulieren und so deren Tragweite sichtbar zu machen.

VII Die Grenzen der Administration

Souveräne wie disziplinäre Ordnung sehen sich einem Zangengriff aus Entterritorialisierung nach außen und Ausdifferenzierung nach innen gegenüber. In den modernen Gesellschaften bildet sich eine gesellschaftliche Komplexitätssteigerung heraus, die die Justiziabilität gesellschaftlicher Konfliktlagen in Zweifel zieht und damit auf die Effektivität politischer Prozesse zurückwirkt.[655] Parallel dazu zieht die globale Präsenz der Ökonomie nationalstaatliche Souveränität in Zweifel. Schreitet die schon in der Moderne fortgeschrittene Erosion souveräner Macht in einem Empire zu ihrem Ende hin oder steht ihre Neukonfiguration auf globaler Ebene bevor? Die Grenzen der Administration sehen sich mehrfach in Frage gestellt.

1 Verfahrene Legitimation

Die bürokratische Verwaltung, die demokratische Entscheidung, das juridische Urteil: die Legitimation des Staatlichen in der Disziplinarordnung beruht wesentlich auf der Formalität der Organisation, auf legaler Herrschaft, dem Glauben an die Rationalität gesatzter Ordnungen (Max Weber). Diese These hat in Niklas Luhmanns *Legitimation durch Verfahren* seine vielleicht radikalste Auslegung gefunden. Die Staatlichkeit ist demnach nicht mehr auf die fragile Fiktion eine Legitimation qua freiwilliger Anerkennung monoplistischer Macht angewiesen, sondern kann die Anerkennung legal zustande gekommener gesamtgesellschaftlich verbindlicher Entscheidungen als selbstverständlich annehmen – egal ob es um korrekte Wahlverfahren oder bürokratische Verwaltungsakte geht. [656] Mit dem Autoritätsbruch des disziplinarischen Wissens und der Dekonstruktion der funktional differenzierten Rationalitäten sehen sich auch die politischen und juridischen Wissensformen gefährdet. Die Grenzen der Administration werden zuerst in den kontrollierten Konfusionen einer verfahrenen Legitimation deutlich.

655 So führt aus systemtheoretischer Sicht Willke an, dass funktional differenzierte Teilsysteme Konfliktlagen produzieren, die nicht durch sie selbst gelöst werden können, sondern normativ-komplexe Entscheidungsmechanismen erfordern. Darauf kann der Staat weder durch Absorption (totaler Staat), noch durch Ent-differenzierung (Absterben des Staates, totale Gesellschaft) reagieren. Rechtlich-autoritatives Handeln wäre kontraproduktiv und muss zu Gunsten komplexer Aushandlungsprozesse zurückstehen. Vgl. Willke 1983, S. 58

656 Vgl. Luhmann 1975, S. 34

Kaum eine Wissensform beansprucht in einem Maße gesamtgesellschaftliche Geltung wie das juridische Wissen und keine ist auf die Durchsetzung dieses Anspruchs derart angewiesen. „Es ‚herrschen Gesetze', nicht Menschen, Autoritäten, oder Obrigkeiten. Noch genauer: die Gesetze herrschen nicht, sie gelten nur als Normen."[657] In der alltäglich erfahrenen Differenz zwischen Recht und Gerechtigkeit werden demgegenüber zwar notorische Zweifel angemeldet – die juridische Autonomie sieht sich diesen materialen Ansprüchen gegenüber nur noch bestätigt.[658] Die Wirkmächtigkeit des Rechts wurzelt freilich tiefer.

Dass sich juridische Wissens- und Herrschaftsformen gegenüber Individuen und politischen Kollektiven erfolgreich behaupten, beruht insbesondere auf dem diskursiv durchgesetzten Glauben an die Objektivität und Interessenneutralität eines staatlichen Handelns, das keine Partikularinteressen bevorzugt[659] – Rechtsstaatlichkeit wird im Ergebnis allgemein als Voraussetzung für Demokratie gesehen.[660] Der Zusammenhang zwischen Politik, Recht und Disziplin ist eng, denn „die Rechtssysteme – ganz gleich ob Theorie oder Gesetzesbücher – ermöglichten durch die Konstituierung eines öffentlichen, auf der kollektiven Souveränität gründenden Rechts eine Demokratisierung der Souveränität, während gleichzeitig diese Demokratisierung der Souveränität von Grund auf von den Mechanismen des Disziplinarzwangs bestimmt wurde."[661] Die spezifische Qualität der disziplinarischen Legitimation erweist sich darin, durch rationale Regelungen als Verfahren hergestellt zu werden und damit Unabhängigkeit von individuellen Zielsetzungen zu erreichen.[662]

Das Recht ist damit in der Disziplinarordnung das Steuerungsinstrument nicht nur demokratischer Rechtsstaaten, sondern von Staatlichkeit schlechthin. Verfahrens- und Normenbindung löst das Willkürprinzip eines absoluten Souveräns ab, der zwar durch rechtliche Regelungen herrscht, sich aber selbst nicht dem Recht unterwirft. Zugleich ermöglicht sie politische Regime, die zwar die Herrschaft rechtlichen Regelungen unterwerfen, aber vor das Recht eine spezifische Gemeinwohlorientierung setzen, anstatt konkurrierende Gemeinwohldefinitionen zuzulassen.[663] Das Gemeinwohl, oder besser: die Wohlfahrt ist denn auch der Ausgangspunkt für die Ausweitung rechtlicher Regulierungen für die moderne disziplinarische Staatlichkeit.[664] Das Recht ist damit das zentrale Steuerungsinstrument, mit dem die biopolitischen Strategien des Wohlfahrtsstaates durchgesetzt werden. Die rechtliche Außensteuerung

657 Schmitt 1932, S. 8.
658 Vgl. Luhmann 1993a, S. 214 – 238
659 Vgl. Foucault 1978, Heidorn 1982, S. 29
660 Vgl. grundlegend dazu, S. Grimm 1987
661 Foucault 1978, S. 92
662 Dies stellen, bei allen Unterschieden, insbesondere die freiwillige Zustimmung zur Herrschaft betreffend, insbesondere Luhmann und Weber heraus (vgl. Heidorn 1982, S. 76).
663 Vgl. Grimm 1990, S. 291
664 Vgl. auch zu einer generellen Rechtsentwicklung im Kontext des Wohlfahrtsstaats: Günther 1990

der Subjekte korrespondiert mit Subjektivierungsstrategien, die ganz auf die Disziplinierung der Körper setzen.

Auf der Grundlage parlamentarischer Entscheidungsfindung ist Recht anders als andere gesellschaftliche Steuerungsinstrumente ein genuin demokratisch legitimiertes Steuerungsinstrument.[665] Entscheidend ist letztlich jedoch, dass überhaupt außerhalb des Rechtssystems entschieden wird und damit die ‚Grundlosigkeit des Rechts' invisibilisiert wird.[666] Das Recht kann sich nun über die Entscheidungen der Politik als Rechtsschöpferin legitimieren, während die Politik über die fraglose Autorität des Rechts seine Entscheidungen durchsetzen kann. Die Politik und das Recht decken sich in der Disziplinarordnung gegenseitig – Voraussetzung dafür ist ein Regelglauben, der nun gefährdet scheint.

Sinkflug des Rechts

Die Akzeptanz von Legitimation durch Verfahren setzt den Glauben an eine juridische Rationalität voraus.[667] Infolge der darauf fußenden Anerkennung von Regularien werden kollektiv bindende Entscheidungen getroffen und durchgesetzt. Die Legitimität staatlichen Handelns in der Disziplinarordnung rekurriert auf Legalität. Sie baut auf einer bürokratischen, das heißt verfahrenstechnisch berechenbaren Organisation administrativen Handelns auf. Die juridischen Wissensformen der disziplinären Staatlichkeit sind so untrennbar verwoben mit einer Herrschaft kraft Wissen (Max Weber), durch die sich die Staatlichkeit in den meisten und entscheidenden Fällen gewiss sein konnte, den Beherrschten durch Wissensvorsprünge voraus zu sein, also zu wissen oder wenigstens wissen zu können, was der Beherrschte an Interessen und Wissen vorbringt und dies einordnen, annehmen oder abweisen zu können – die Legitimation durch Verfahren setzte so wesentlich auf einer Legitimation durch Wissensvorsprung an, die allgemein akzeptiert wurde. Die Extension des Wissens setzt diese Logik zunehmend außer Kraft. „Wissen zählt noch immer, aber der monopolartige Stellenwert des juristischen Diskurses und damit der kognitiven Grundlagen der Herrschaft des Staates wird immer mehr durch die politische, technische und ökonomische Relevanz anderer Wissensformen relativiert." Nicht nur der komplexe Eigensinn von Wirtschaft, Wissenschaft, Kultur, sondern vor allem die diversen Epistemologien und ihre Relevanz für eine sich partikularisierende Gesellschaft nehmen der Regierung zunehmend den Blick auf das und die Instrumente für das, was es zu regieren, besser: was es zu wissen gilt. Wissenschaftler forschen immer mehr und immer mehr von dem, was sich der Beurteilung von Nichtwissenschaftlern entzieht. Wissenschaftliche Expertisen werden eingeholt, um Problemlagen zu beurteilen und Problemsicht wie Lösung zu legitimieren – entsprechende

665 Vgl. Habermas 1994, Grimm 1987

666 Zur umgekehrten Bewegung der Selbstdekonstruktion des Rechts, mit der diese Dekonstruktion offenbar wird, siehe Teubner 1995

667 Vgl. Luhmann 1975, S. 82

Gegengutachten sind meist nicht weit. Geeignete Kommissionen, Planungszellen oder Konsensuskonferenzen werden gebildet, um mit der Zivilgesellschaft nicht-exekutive Kompetenzen einzubinden und möglichen Widerstand möglichst zu vermeiden – bürgerschaftliches Engagement von ganz anderer Seite lässt meist nicht lange auf sich warten. Nicht, dass die (die Souveränität als Ordnungsmacht der Ordnungen konstituierende) Pluralität der Interessen und des für sie eingesetzten Wissens an sich neu wären; der entscheidende Bruch bezieht im Verhältnis des Staates zum Wissen: der Staat weiß nicht nichts, oft weiß er gar viel, und im individuellen Fall bisweilen zuviel; aber: er weiß zu wenig, um eine ordnungsstiftende Herrschaft kraft seines Wissens zu entfalten. Dazu wäre ein Wissen des Staates notwendig, mit dem das konkurrierende und vorgebrachte Wissen gesichtet, durchschaut, abgewogen, widerlegt oder bestätigt werden und in all dem anschlussfähig sein könnte – ein Wissen des Wissens. Dass der Staat eine solche Herrschaft kraft Wissen zweiter Ordnung entfaltet, ist unter Bedingungen extensiven Wissens illusorisch. Eine Legitimität, die auf Herrschaft kraft Wissen rekurriert, kehrt sich um, wenn das Wissen, das staatliche Entscheidungen begründet, nicht mehr hinreichend ist, angezweifelt wird, Expertise jenseits des Staates zur Verfügung steht und interessengesteuert eingesetzt wird. Mit dieser Entwicklung sieht sich, so die zeitgenössische staatswissenschaftliche Auffassung, die Steuerungsfähigkeit des Rechts im Sinkflug begriffen. Der Einsatz von Recht als zentrales Steuerungsinstrument führt demnach zu Dysfunktionalitäten und Steuerungsversagen, mit denen die ursprüngliche Zielsetzung des sozialen und demokratischen Rechtsstaates de facto unterminiert wird.[668] Der Rechtsstaat im Besonderen und staatliches Handeln im Allgemeinen sieht sich nun aufgrund der sinkenden Steuerungsfähigkeit des Rechts selbst und der rechtsexternen Steuerungsmodi, zu denen sich die Politik nun gezwungen sieht, in der Krise[669] – über ihr Ausmaß herrscht freilich Uneinigkeit.[670]

Die Diagnose einer krisenhaften rechtlichen Steuerung ist nicht falsch, kann aber innerhalb des eingangs skizzierten Zusammenhangs zwischen Disziplin und Wissen vertieft werden. Mit dem disziplinarischen Rechtsdiskurs sind selbstverständliche soziale Routinen und Rollen und ein Vertrauen in ihre Gültigkeit verbunden,[671] die in der Kontrollordnung dekonstruktiert und entselbstverständlicht werden. Beruht die Verfahrenslegitimation noch auf einer individuellen Apathie gegenüber den Ergebnissen verfahrenslegitimierter Entscheidungen und deren sozial folgenloser Hinnahme,[672] so ist ein derartiges Befolgen institutioneller Autorität für die politischen Subjekte der Kontrollordnung nicht mehr ohne Weiteres annehmbar.[673] Dass

668 Vgl. Grimm 1990, Günther 1990, Mayntz 1997

669 vgl. Grimm 1990, S. 296ff

670 So sieht Schuppert lediglich das interventionistische Recht in Technik, Wirtschaft und Moral gefährdet, während Willke der Steuerungsfähigkeit des Rechts eine generelle Krise attestiert. Vgl. Schuppert 1990, Willke 1983

671 Vgl. Luhmann 1968, S. 55, Luhmann 1975, S. 134

672 Vgl. Heidorn 1982, S. 78f, Luhmann 1975, S. 191

673 Diese Beobachtung verweist auf postmoderne Subjekte und postmaterielle Werte. Vgl. Inglehart 1998, S. 413ff

mit dem Verlassen des Parlaments, des Ministeriums oder des Gerichtssaals keine Unterstützung für die eigenen Positionen mehr generierbar sei,[674] entspricht nicht mehr den Erfahrungen und Einstellungen – es geht einfach in eine neue Runde, andere Wege werden gesucht – und mit jeder Abweisung schwindet die Legitimität der Legitimation durch Verfahren.

Das wesentliche Problem besteht jedoch nicht in der Nicht-Integrierbarkeit unterlegener Interessen.[675] Die prinzipielle Skepsis gegenüber rechtlichen Steuerungsmodi zeigt sich jenseits der zunehmenden Akzeptanzverweigerungen gegenüber staatlichen und juristischen Entscheidungen in der geringer werdenden Fähigkeit des Rechts, Handlungen von Subjekten anzureizen. Regulative Normierung kann prinzipiell kein Verhalten motivieren, bei dem es – wie in der Kontrollordnung – auf die Eigensinnigkeit und Selbststeuerung der Subjekte ankommt; das Recht stößt potentiell auf den Widerstand der Adressaten.[676] Die Entlassung der Subjekte aus den Disziplinarinstitutionen ist nun mit einem latenten Verlust des unhinterfragten Befolgens von Reglements verbunden. Angesichts der oben beschriebenen veränderten Subjektivierungsmuster schlägt dieser Umstand direkt auf staatliches Handeln durch. An die Objektivität staatlichen Handelns, an die Richtigkeit und Problemadäquatheit gesatzter Ordnungen wird zunehmend weniger geglaubt,[677] gesellschaftliche Koordinationen und Assoziationen finden zunehmend jenseits staatlichen Zugriffs statt. Damit korrespondieren auch die dargestellten kommunikationstechnologisch induzierten Deterritorialisierungen; in „einer wesentlich raumgebundenen Rechtsordnung entziehen sich die Prozesse der Informationsübertragung, weil und insofern sie nicht geerdet sind, den klassischen hoheitlichen Eingriffsmöglichkeiten."[678] Mit anderen Worten: die aktengebundene Herrschaft kraft Wissen droht ohnmächtig zu werden.[679]

Delegitimation durch Verfahren

Der disziplinarische Wohlfahrtsstaat sieht sich gemäß dem Weberschen Diktum vor das Problem der Einforderung materialer Gerechtigkeit statt formaler Legalität gestellt. Diese Problematik macht die Ausblendung des Rechts offensichtlich, dass jede politische Entscheidung nicht nur nicht eindimensionale Konsequenzen hat, sondern jene auch nicht mehr nur eindimensional betrachtet werden. Wer materiale

674 Vgl. Heidorn 1982, S. 80
675 Vgl. Heidorn 1982, S. 86f
676 Vgl. Mayntz 2004
677 Dabei besitzt das Recht in den meisten Fällen aber genügend Elastizität und Leistungsfähigkeit, um entscheiden zu können. Willke verweist auf zeitlich nicht-lineare Folgewirkungen des Rechts, die dann wieder neu und komplexer verhandelt werden müssen. Hinzu treten zunehmend diversifizierte normative Systeme, Teilsystemrationalitäten, Weltbilder, Kulturen – unterschiedliche Horizonte, vor denen Recht gerechtfertigt werden muss. Vgl. Willke 1983
678 Vismann 2004, S. 45
679 Siehe *Paralipomena Der Staat als Relais der Herrschaft kraft Wissen.*

Gerechtigkeit einfordert, fordert zugleich materiale Begründungen rechtlich durchgesetzter Akte der Politik.[680] Kollektiv bindende Entscheidungen müssen deshalb mit dem tendenziellen Verlust des Glaubens an die juridischen Wissensformen etwas mittransportieren, wodurch sie plausibilisiert werden – sie sind auf hinreichend anschlussfähige Kommunikationen verwiesen, die Entscheidungen untersetzen können: wissenschaftliche Expertise, hinreichend geteilte Selbstbeobachtungen der Gesellschaft über ihre Problemlagen, mit denen – vorzugsweise massenmedial – die divergierenden Interessen (ganz im Hegelschen Sinn:) aufgehoben werden können. Konnte so das Problem gesellschaftlicher Heterogenität mit der Integration anschlussfähiger Wissensformen in den Legitimationsprozess umgangen werden, stellt sich das Problem in der Kontrollordnung radikal neu.

Mit der Extension und dem Autoritätsbruch des Wissens geraten nun auch die gesamtgesellschaftlich anschlussfähigen Wissensformen in Legitimationsnöte. Zusatzlegitimation kollektiv bindender Entscheidungen über eine Wissenschaft, die ihre Autorität zunehmend verliert, wird fragil. Und massenmedial hergestellte Problemsichten qua Selbstbeobachtung der Gesellschaft werden unwahrscheinlicher. Wahrscheinlicher wird demgegenüber, dass nicht nur das juridische Wissen innerhalb des juridischen Diskurses angegriffen, sondern auch die Kritik zusätzlich legitimierender Wissensformen aus unterschiedlichen epistemologischen Perspektiven virulent und mit veränderten technologischen Möglichkeiten leichter kommunizierbar wird.[681] Diese Veränderungen treffen die Legitimation durch Verfahren im Kern, wie Lyotard früh erkennt: „Wenn alle Nachrichten frei zwischen allen Individuen zirkulieren könnten, würde die für die richtige Auswahl zu berücksichtigende Quantität von Informationen die Entscheidung und daher die Performativität beträchtlich verzögern."[682] Die radikale Extension und Streuung des Wissens überfordert tendenziell die Verarbeitungskapazität eines politischen Systems, dessen Legitimation auf prinzipiell berechenbaren und unangreifbaren Verfahren beruht.

Parallel dazu werden politische Entscheidungen nicht nur auf die damit verfolgten Absichten (und reflexiv auf die ‚wahren' Absichten, nämlich: Macht), sondern zunehmend stärker auf die Nebenfolgen hin analysiert. Unter Bedingungen fragmentaler Differenzierung und signifikant gestiegener Möglichkeiten, reflexives Wissen zu erzeugen, anzueignen und zu verteilen, werden registrierte Nebenfolgen wahrscheinlicher, die dann auch in höchst unterschiedlichen Kontexten epistemologisch diversifiziert reformuliert werden. Steuerung und Legitimität sind nun vor Horizonten zu bewerten, vor denen gesamtgesellschaftliche Politik als deren Symbiose (eben legitimierte Steuerung) unwahrscheinlich wird, weil Konflikte an den Grenzen der Disziplinarordnung sich charakterisieren durch: Mehrdimensionalität, Multipolarität, interne Differenziertheit; komplexe Verlust/Gewinn-Rechnungen, zeitliche Nicht-

680 Vgl. Scharpf 1988

681 Wolf beobachtet, dass mit der Durchsetzung der IuK-Technologien gegenüber der aktenmäßigen Verwaltung „das Recht als herrschaftsstabilisierende Vorgabe für staatliches Handeln" entwertet. Wolf 1988, S. 170

682 Lyotard 1982, S. 178f

Linearität und kognitive Vielfalt.[683] Diese Problematik verschärft sich in kontingenztheoretischer Perspektive; rechnet man ein, dass der Umgang mit Kontingenz immer als Kontingenz(folgen)*annahme* und *-abweisung* codiert ist, sehen sich die bisherigen Legitimationsstrategien doppelt gefährdet. Auf Seiten der Kontingenzannahme werden nicht nur Nebenfolgen, sondern vor allem die Chancen wahrscheinlicher, dass jegliche politische Entscheidungen aufgrund der mehrheitlichen Betroffenheit von Nebenfolgen mehrheitlich abgelehnt werden. Radikalisiert man dies, entfaltet sich eine paradoxe Folge: isoliert wird dann derjenige, der von der politischen Entscheidung profitiert. Mit der hochwahrscheinlichen Abweisung von Kontingenzfolgen kommt es schlicht zu einem Entzug des Interesses an kollektiv bindenden Entscheidungen; zu einem wachsenden Un-Verständnis gegenüber Politik.

Politische Systeme steuern so zunehmend auf eine *De-Legitimation durch Verfahren* hin. Die verfahrene Legitimation der Legitimation durch Verfahren zeigt symptomatisch die Grenzen der Administration auf. Sicher: die Legitimation durch Verfahren ist immer noch machtvoll und jede Widerstandshandlung bedarf einer sorgfältigen Ressourcenabwägung. Die Erosion des Modells an den Rändern ist dennoch unübersehbar. Mit der sinkenden Steuerungsfähigkeit des Rechts nehmen gesellschaftliche Selbstregelungsmechanismen wie Markt und Solidarität an Bedeutung zu. Mit der steigenden Relevanz dieser potentiell konfligierenden gesellschaftlichen Steuerungsrationalitäten wächst der Bedarf an gesamtgesellschaftlicher Koordinierung. Rechtliche Regulierung wird, so lässt sich beobachten, im Rahmen eines Formenwandels staatlicher Steuerung vom direkten Steuerungsinstrument zum indirekten Gewährleistungs-, Koordinations- und Kontextsteuerungsinstrument transformiert.[684] Innerhalb dieses Wandels lassen sich denn auch die Regierungskünste eines – so die Auffassung der Erfinder – zwar nicht mehr schlanken, aber aktivierenden Staates beobachten.[685] Damit korrespondieren Regelungsstrukturen der Governance, in denen die indirekte Koordination in Verbindung mit dem generellen Sanktionspotential des Rechts umso wichtiger wird, je prekärer die Verhandlungen innerhalb der Governance werden.[686] Was immer man auch von diesen Konzepten halten mag, sie zeigen nur, wie der Rückzug des souveränen Rechts gestaltet, nicht wie er vermieden werden kann.

Das politische System indes, dessen Funktion, kollektiv bindende Entscheidungen herbeizuführen, stärker denn je eingefordert und angezweifelt wird, sieht sich an den Grenzen der Disziplinarordnung vor das Paradox wachsender Machtanforderung und gleichzeitiger Entscheidungsinsuffizienz gestellt. Der Wohlfahrtsstaat verkörpert diese Überforderung und es wird konstatiert, dass Legitimität abgelöst wird

683 Vgl. Willke 1983, S. 59f

684 Vgl. Hoffmann-Riem 2001, Schuppert 1990

685 Vgl. zum Konzept des aktivierenden Staates stellvertretend Blanke/Plaß 2005. Zur Einordnung von *Aktivierung* innerhalb der Gouvernementalitätsperspektive vgl. Kocyba 2004a

686 Vgl. Mayntz 2004

durch ihre Simulation, etwa durch ‚Massenloyalität'.[687] In der Kontrollordnung geht es offensichtlich eher um die Tendenz zu *Entzug* und *Widerstreit*, mit dem das Politische sich konfrontiert sieht. Diese Entwicklung scheinen nur Strategien aufzuhalten, die auf einer zunehmend erodierenden medialen Basis nach innen wie außen Zustimmung suggerieren und Konfliktfähigkeit inszenieren. Droht Legitimation zu ihrer doppelten Simulation zu erodieren, so evoziert dies Fragen nach ihren Grundlagen, nach der inneren Struktur und den äußeren Grenzen der Ordnungsbildung.

2 Rhizomatische Ordnung

Etwas zu legitimieren, ob durch Verfahren oder anderes, evoziert Fragen nach dem, was zu legitimieren sei. Werden Regierungsweisen legitimiert, referieren die Legitimationen den Strukturen und Modi der ihr zugrunde liegenden Ordnung – umso mehr, je unbeständiger dasjenige ist, was es zu regulieren gilt. Wird mit dem Regieren beabsichtigt, bestimmte Zustände zu erreichen oder zu verändern, so nennt man dies Steuerung. Steuerung als Verringerung von Differenz wiederum wirft die Frage nach der Herkunft der Differenz auf (will man die Antwort nicht gleich an die Religion abgeben): „Ein Supersubjekt, das weiß, was es weiß? Eine Metasprache? Ein Weltsystem?"[688] Die Antwort auf diese Frage lautete, insbesondere bevor sie so konkret gestellt wurde, lange wie selbstverständlich: der Staat. Die eben skizzierte Konstellation verfahrener Legitimation lässt Zweifel an dieser Antwort aufkommen; an der Steuerung weit mehr als an der Absicht – darüber hinaus auch an den Formen der Steuerung. Jede Steuerungsform verrät etwas über die Form der zugrunde liegenden Ordnung. In der Disziplinarordnung beruhten sie, wie gezeigt, auf der Vorstellung funktional spezifizierter Ordnung. Dieses Bild ist für die netzartig organisierte Kontrollordnung offensichtlich nicht mehr adäquat.[689] Zu fragen ist nicht nur, ob die staatlich angelegte Machtkonzeption der Komplexität funktionaler Differenzierung gewachsen ist, sondern schärfer: ob das Konzept funktional differenzierter Politik der Komplexität der Macht angemessen ist. Die Legitimitätsproblematik des Staates wurzelt nicht in einer Überforderung durch die wechselnden Anforderungen der Teilsysteme, sondern in der Situierung der Politik als Teilsystem einer funktional differenzierten Gesellschaft, die der Komplexität des Wissens in der Kontrollordnung nur unzureichend gerecht wird.

687 Politik muss demnach nicht legitim sein, aber Loyalität erzeugen: programmatische und symbolische Steuerung übernehmen, Normen und Erwartungen der Bevölkerung im Sinne der Sachzwänge (Kompensationsmechanismus) steuern und somit für faktische Akzeptanz sorgen (vgl. Offe/Narr 1975). Massenloyalität beruht auf einer Manipulationskapazität, die angesichts der gezeigten Differenzierungslagen keine adäquate Analysekategorie mehr bildet.

688 Luhmann 1988, S. 326f

689 Nichtsdestotrotz weist Schweizer zu Recht auf die gemeinsamen theoretischen Wurzeln der Netzwerkstruktur mit strukturfunktionalistischen Systemzusammenhängen hin. Vgl. Schweizer 2003, S. 155f

Wird von Organisationsstrukturen jenseits der bekannten institutionellen Arrangements und Systemformen gesprochen, rücken – offensichtlich ohne überzeugende Alternative – netzförmige Muster in den Blick. Dass diese Struktur wirkmächtig ist, ist offensichtlich; sie an dieser Stelle angemessen darzustellen, wäre vergeblich.[690] Jenseits der Alternative, potentiell alle sozialen Phänomene unter den Netzwerkbegriff zu subsummieren oder das Netz als Modebegriff aus der Analyse zu verbannen, liegt es nahe, den heuristischen Wert des Netzwerkkonzepts zu nutzen und die Relevanz netzwerkförmiger Organisationsmuster innerhalb der vorgeschlagenen Ordnungsdiskussion zu verorten. Dabei kann zunächst von der auch in systemtheoretischer Perspektive geteilten Emergenz von Netzwerken ausgegangen werden.

Unter Bedingungen funktionaler Differenzierung können Netzwerke als autopoietische Systeme höherer Ordnung, jenseits von Vertrag und Organisation aufgefasst werden:[691] „Netzwerke handeln nicht durch ein einheitliches Willens- und Aktionszentrum, wie es für klassische Korporationen typisch ist, sondern über eine Vielzahl von Knoten, die jeder autonom für sich, aber zugleich für das Netz operieren."[692] Als kollektive Akteure überformen Netzwerke darin die Rationalitäten und Wissensformen der Funktionssysteme, denn sie sind „von der Fähigkeit der Akteure abhängig, gemeinsam geteilte Bewertungskriterien aufzustellen, auf deren Grundlage alternative, nicht unmittelbar vergleichbare Lösungen abgewogen werden können"[693] und die sich nicht mehr vollständig in funktional differenzierte Imperative auflösen lassen. Für Organisationen werden „in der Vernetzung untereinander und mit Behörden, Gewerkschaften und Verbraucherschutzorganisationen jene Formen der indirekten Kontrolle immer dominanter", die sich über die Prozesse der Evaluationen, Ratings und Auditierungen äußern;[694] die Funktionssysteme selbst werden durch ihre Emergenz auf organisatorischer Ebene freilich nicht in Frage gestellt.[695]

Jenseits der unstrittigen emergenten Qualitäten auf der Ebene kollektiver Akteure und Organisationen bleibt fraglich, wie sich Netzwerke darüber hinaus zu den ge-

690 Die Ausarbeitung der Netzwerkorganisation zur Gesellschaftsdiagnose betrieb vor allem Castells (vgl. Castells 2004a). Darüber hinaus gibt es diesseits und jenseits gesellschaftstheoretischer Diskussion ein wachsendes Feld der Netzwerkforschung. Vgl. zum Überblick: Holzer 2006, Kaufmann 2007.

691 Vgl. Teubner 1992, S. 197ff

692 Teubner 1992, S. 208

693 Vgl. Messner 2000, S. 115. „Da in Battle-Konstellationen in der Regel nicht die Wahl zwischen per se vernünftigen bzw. unsinnigen Projekten, sondern zwischen möglichen alternativen Lösungsvarianten und Handlungspräferenzen entschieden werden muss und Wohlfahrtsgewinne und -verluste zu bewerten sind (Kosten, Nutzen, Präferenzen, Risiken, Lebenschancen), werden die Bewertungskriterien vor allem Gerechtigkeitskriterien sein." Messner 2000, S. 115

694 Baecker 2007a, S. 24. Vgl. Powers 1997, Willke 2001, S. 107ff

695 In diese Richtung einer strukturellen Kopplung von Organisationen argumentieren vor allem Schmidt/Kämper 2000, S. 234ff. Veronika Tacke konzipiert Netzwerke als sekundäre Form der Ordnungsbildung, die sich über das Primat der Adresse bilden. Vgl. Tacke 2000, S. 293

sellschaftlichen Differenzierungsmodi und den von ihnen ausdifferenzierten Systemen verhalten und wie ihre Ordnungsstruktur untereinander beschrieben werden kann. Netzwerke und ihre Elemente sind nicht mehr vollständig in soziale Systeme mit entsprechenden Leitdifferenzen zu dekomponieren; dies ist nicht ausgeschlossen und bei einer Vielzahl der Fall.[696] Brisant wird die Emergenz von derartigen systemischen Netzen dort, wo sie nicht nur zu Funktionssystemen hinzutreten, sondern diese im Zuge veränderter Inklusionsmodi überformen und die funktionale Primärdifferenzierung selbst infrage stellen. Akzeptiert man dieses Phänomen, muss der Systemstatus von Systemen selbst überprüft werden. [697] Im Hinblick auf die gesellschaftsstrukturelle Evolution verschärft sich das Problem, wenn die Ausdifferenzierung in ‚Netzsysteme' als parasitäre Systemdifferenzierung innerhalb funktionaler Differenzierung identifiziert wird, die selbst zur Primärdifferenzierung umschlagen kann. Nimmt man diese Fragestellung ernst, muss das Verständnis von Netzwerken als kollektive Akteure zu Gunsten einer differenz- und kommunikationstheoretischen Fundierung suspendiert werden. Ausgehend von dieser Prämisse können die Konturen einer neuartigen Ordnung plausibilisiert werden, die der gesellschaftlichen Extension des Wissens als Ordnungsproblem gerecht werden.

Dirk Baecker hat diese Neufundierung des Neztwerkbegriffs jüngst im Anschluss an Überlegungen von Harrison C. White formtheoretisch ausgearbeitet. Netzwerke erlauben demnach „den Entwurf, die Erprobung und die Kontrolle von Identitäten aller Art durch den Bezug auf passende Netzwerkelemente aller Art." Die Identitäten als heterogene Elemente des Netzwerks sind innerhalb dieses Zugangs selbst Effekt des Netzwerks und der darin operierenden Modi der Kontrolle, denn das Netzwerk „verwebt Identitätsentwürfe von Personen, Institutionen, Ideologien und Geschichten zu einem Versuch wechselseitiger Kontrolle, der an den Identitäten, die hier im Spiel sind, laufend scheitert und daraus, nämlich aus den resultierenden Unsicherheiten, seine nächsten Motive rekrutiert."[698] Die Vorstellung von aus Identitäten, also heterogenen und volatilen Elementen zusammengesetzten Netzwerken setzt zugleich die Kontrolle als Modus voraus, der die heterogenen Elemente koordiniert. Ob Personen, Institutionen, Organisationen oder auch Erzählungen und Ideologien – die jeweiligen Identitätsentwürfe sind in jeweils verschiedenen Netzwerkkontexten verschieden und nie eindeutig; die Konstruktion der Identitäten basiert nicht auf Substanz, sondern „immer nur auf Operationen, Relationen und Funktionen, die nur so die Verlässlichkeit im Kontext der Mitbeobachtung von Unzuver-

696 So träfe dies etwa auf Zulieferernetzwerke mit der ‚Leitdifferenz' Zahlung/Nicht-Zahlung zu.

697 Innerhalb der Logik funktionaler Differenzierung setzen Netzwerke auf der Inklusion funktionaler Differenzierung auf (vgl. Tacke 2000, S. 293)

698 Baecker 2007b, S. 226. Baecker verweist im Anschluss daran auf das – entgegen alteuropäisch ontologischer Annahmen – explizit differenztheoretische Verständnis von Identität innerhalb des von ihm aufgemachten Theoriekontextes: „Die über den Begriff der Identität vermittelte Einführung von Selbstreferenz lässt die Möglichkeiten der Selbstbestimmung explodieren und jeden Bezug zwischen diesen sich mit sich identisch setzenden Identitäten, handele es sich nun um Personen, Organisationen, Gruppen, Institutionen oder auch Nationen, dementsprechend unwahrscheinlich werden." Baecker 2007b, S. 227.

lässigkeit liefern, die man in Netzwerken braucht, um Sinn zu stiften, finden und festhalten zu können."[699] Sowohl die Konstruktion der Identitäten als auch die Modi der Kontrolle verlaufen als Kommunikation und sind damit prinzipiell wissensbasiert. Im kommunikativen Prozessieren von Wissen ist damit die Kontingenz der Kontrolle eingebaut – Kontrolle innerhalb von Netzwerken kann scheitern oder gelingen.[700] Damit verbunden ist auch die begrenzte Initiier- oder Gestaltbarkeit von Netzwerken, sie sind wie alle Systeme „keine freiwillige Veranstaltung, die man nach Belieben bauen oder verändern oder denen man sich nach Gutdünken anschließen könnte."[701] Netzwerke eignen sich dafür, in sie einzutreten und sie zu verlassen, an ihnen kommunikativ teilzunehmen und sie zu irritieren, daran erweist sich ihr Systemcharakter.[702]

Rhizome

Die Konstitution von Systemen wurde eingangs als Bedeutungsroutinisierung von Diskursen verstanden, mit denen sich Sinn und Sozialität über Sinnalterationen und -iterationen sedimentieren und zu operativ geschlossenen Kommunikationen sozialer Systeme werden.[703] Diese Bestimmung lässt offen, innerhalb welcher Primärdifferenzierung sich die spezifischen Systemkonfigurationen bilden; folglich lassen sich diese allgemeinen Prinzipien für die Konstitution von Netzsystemen fragmentaler Differenzierung reformulieren und anwenden.[704] Im Anschluss an das Konzept des *Rhizom* von Deleuze/Guattari lässt sich ein Modell kommunikativer und diskursiver Komplexität zeichnen, in dem sich Kommunikationen und Diskurse als Linien überkreuzen, vernetzen und bündeln und in der Bildung von Knoten die Sedimentierung von heterogenen, sich überkreuzenden, überlagernden und sich gegenseitig verstärkenden Diskursen als Bündelung vollziehen. „Das Rhizom selber kann die unterschiedlichsten Formen annehmen, von der verästelten Ausbreitung in alle Richtungen an der Oberfläche bis zur Verdichtung in Zwiebeln und Knollen."[705] Im Gegen-

699 Baecker 2007b, S. 229

700 Vgl. Baecker 2007b, S. 230

701 Baecker 2007b, S. 231f

702 Das Netzwerkkonzept ist, so ließe sich der Systemcharakter näher belegen, „für die Beobachtung der Sinnproduktion durch Kommunikation fruchtbar, weil man mit seiner Hilfe jede Nuance der Wortwahl, jeden Wechsel in der Intensität der Zuwendung, jedes Zögern und jedes Unterstreichen, jede Verwirrung und jede Begeisterung als Arbeit an der Variation einer Identität im Kontext der Variation von Kontrollversuchen innerhalb eines Netzwerks lesbar machen kann" (Baecker 2007b, S. 232), wie sich durch Baecker am Beispiel von Elitenetzwerken beobachten lässt (vgl. Baecker 2007b, S. 232ff).

703 Siehe Prolegomena C

704 Rammert verweist auf das Netzwerk als die Form der Koordination fragmentalen Differenzierung, nach dem die „Netzwerkform aus heterogenen Akteuren zunehmend als angemessener Mechanismus anerkannt wird, um heterogene Vielheiten zu koordinieren." Rammert 2002, S. 9

705 Deleuze/Guattari 1992, S. 16

satz zu den eher baumartig oder wurzelartig sedimentierten Diskursen und Kommunikationen funktionaler Differenzierung bildet sich die Macht in der Verknotung von Diskursen, aus denen temporär stabile Netzsysteme entstehen. Während die Funktionssysteme wie oben gezeigt Kommunikationen durch binäre Codes engführen, damit gleichzeitig ihre Grenzen konstituieren und spezifische Rationalitäten untereinander abgrenzen, verknüpfen sich im Rhizom heterogene Diskurse und Elemente des Wissens zu hybriden Knoten.[706] Bestand die Disziplinarordnung aus nebeneinander existierenden, gegeneinander abgeschlossenen Funktionssystemen, so besteht die Kontrollordnung aus fragmental differenzierten Netzsystemen, deren Zahl unüberschaubar ist und deren spezifische Kommunikationsweise sich spontan bildet.

Die im Anschluss an diese Überlegungen vorgeschlagene Form der Ordnungsbildung ist die *rhizomatische Ordnung*; sie wird hier als eine emergente Meta-Struktur überindividueller Netzsysteme verstanden – eine Ordnung, die sich aus der Vielzahl von Netzsystemen ergibt, die nicht mehr auf funktionssystemische Leitdifferenzen zu beziehen und entsprechend zu steuern ist, sondern auf einem eigenen Differenzierungstyp beruht. Die Ordnung des Rhizoms ist nicht funktional, sondern fragmental differenziert, sie folgt dem „Prinzip der Konnexion und der Heterogenität."[707] Das Rhizom lässt sich „als Zunahme von Dimensionen in einer Mannigfaltigkeit, deren Natur sich zwangsläufig in dem Maße verändert, indem sich ihre Konnexionen vermehren", denken.[708] Die Logik der Wissensproduktion, des Wirtschaftens oder der Bildung von Gemeinschaften innerhalb von Netzsystemen folgt den Prinzipien der Konnexivität, der Offenheit und Anschlussfähigkeit für Verbindungen. Will man auf die Konstitutionsprozesse von Netzsystemen Einfluss gewinnen, ist es „nicht mehr angebracht, immer größere Macht in immer größeren politischen Einheiten zu konzentrieren; es geht vielmehr darum, Kompatibilität herzustellen, den Weg für eine Zusammenführung zu ebnen, indem man Verfahren zum Erstellen der Regeln erarbeitet, statt souveräne Macht zu schaffen".[709] Die *Kompatibilität* (oder die Herstellung von Anschlussfähigkeit) und die *Regel* (als Verfahrensregelung für die Schaffung von Verbindungen) werden zu Modi der Macht in der Kontrollordnung, ihre Strukturen lassen sich nicht direkt steuern, sie sind nicht an disziplinäre oder räumliche Strukturen und ihre sichtbaren Trennungen gebunden, an die „übersignifikanten Einschnitte, die die Strukturen voneinander trennen oder durchziehen".[710] Jedes Netzwerk konstituiert seine eigene spontane wissensbasierte Struktur, die Positionen zuweist, thematische Abgrenzungen vornimmt und damit die Bedingungen des Verlassens klarstellt. Damit ist die Konstitution von Netzsystemen auf den permanenten Einsatz reflexiven Wissens angewiesen. Der Zugriff oder ‚Access' auf Wissen wird zum zentralen Problem der Teilnahme an Netzsystemen.

706 Vgl. Deleuze/Guattari 1992, S. 16
707 Deleuze/Guattari 1992, S. 16
708 Deleuze/Guattari 1992, S. 18
709 Guéhenno 1994, S. 95
710 Deleuze/Guattari 1992, S. 19

Gleichwohl ist die Konstitution des Rhizoms nicht nur nach innen fragil, sondern nach außen prekär, denn seine prinzipielle Deterritorialisierung ist durch eine latente Gefahr der Reterritorialisierung bedroht. Mit einer „wachsenden technischen, ökonomischen, rechtlichen und politischen (Zugangs-)Kontrolle" drohen Netzwerke paradoxerweise von einer Ordnung strukturiert zu werden, die sie zugleich überwindet. „Die Spielräume, Zensur (und ökonomische Abschöpfung der Aufmerksamkeit, der Arbeitskraft, der Kaufkraft usw.) durch zusätzliche Verknüpfungen und Vernetzungen zu umgehen, werden kleiner." [711] Netzwerke überwinden nicht nur die Logiken funktionaler Differenzierung, sondern werden gleichzeitig von ihnen überformt. Zu beobachten steht ein Widerstreit zwischen De- und Reterritorialisierung, der Momente des Politischen ebenso deutlich wie die Drift zwischen Disziplinar- und Kontrollordnung markiert.

Arbeiten die Teilsysteme unter Bedingungen funktionaler Differenzierung entlang einer Leitdifferenz, so lassen sich die rhizomatischen Strukturen nicht auf eine binäre Codierung reduzieren.[712] Auch wenn es weder durch Zentralisierungen, Hierarchisierungen noch Trennungen geordnet ist, ergibt sich dennoch ein Gleichgewicht unstrukturierter Ordnung – das Rhizom ist als Gleichgewicht eines chaotischen Systems chaotischer Systeme zu verstehen.[713] Anstelle des Systemimperativs funktionaler Differenzierung: Systembildung durch *Grenzziehung*, kann für Bedingungen fragmentaler Differenzierung nun Systembildung durch *Konnexivität* formuliert werden. Wertschöpfung erfolgt in der rhizomatischen Ordnung nicht dort, wo ausschließlich Profit verfolgt wird; Wissen entsteht nicht dort, wo hermetisch Wahrheit gesucht wird, sondern jeweils dort, wo Konnexivität konzentriert wird.

Machtnetze

An den Konzentrationen der Konnexivität, an den »Plateaus« (Gilles Deleuze/Felix Guattari) häuft sich die Macht im Rhizom.[714] Die Plateaus lösen die Institutionen als stabilisierte Orte der Macht zunehmend ab, zugleich können sich in den Institutionen und durch die Institutionen hindurch Plateaus bilden (hier liegen die Chancen der klassischen ökonomischen und politischen Institutionen, der Konzerne, Parteien, Verwaltungen). Sie sind dabei keine planmäßig errichteten Machträume, keine fi-

711 Stingelin 2000, S. 24. Stingelin analysiert diese Strukturierung des Netzes insbesondere im Hinblick auf das Internet. Strittig bleibt freilich weiterhin, wie die unzweifelhaften Strukturierungsphänomene der netzmedialen Kommunikation im Hinblick auf das Gesamtphänomen des Internets wie des ungebrochenen Aufkommens der Netzkommunikation zu bewerten sind. Unverkennbar ist, dass die kritische Bewertung der Strukturierungsphänomene vor dem Hintergrund eines Ideals machtfreier Netzwerke erfolgt, das letztlich nicht zu halten ist.

712 Vgl. Deleuze/Guattari 1992, S. 36

713 Vgl. an der Heiden 1992, S. 57 - 88

714 In der Netzwerkforschung wird das Phänomen als *Hub* bezeichnet, Knotenpunkte, die sich nach dem Matthäus-Prinzip (wer hat, dem wird gegeben) mit entsprechend hohen Linkzahlen konstituieren. Vgl. Barabasi 2003

xen, fixierbaren Orte der Herrschaft, sondern Zonen zusammenhängender, kumulierter Intensität:[715] Orte der Wissensproduktion, der Wertsteigerung, der Medialität; die heterotopischen Orte subkutaner Öffentlichkeit: die Quartiere der Migranten, die alternativen Zentren, die fragilen Netze der sozialen Bewegungen – zusammengehalten durch die Kohäsion einer „kollektiven Intelligenz, die als emergente Qualität des Systems aus den Einzelmerkmalen seiner Mitglieder nicht erklärbar ist."[716] Das Politische besteht in der Konstitution und Auflösung dieser Plateaus als Diskurs- und Kommunikationsknoten des Rhizoms. Ihre Fragilität schließt gezielte Kontextsteuerungen nicht aus, ebenso wie Institutionen können Plateaus vor allem durch das Medium Geld aufgebaut und organisiert werden, können Zugänge geschaltet und Verstärkungsrelais eingebaut werden.[717]

Die netzförmige Organisation bedeutet das Gegenteil von Machtabsenz – eher sind neue Formen der Machtkonzentration und -verteilung zu beobachten. Das hierarchische organisationale Muster, „wird abgelöst durch eine Struktur vielfach verteilter und verknüpfter Macht. Mächtig sein heißt dann, Kontaktstellen zu haben, im Netz verbunden zu sein, so dass Macht durch Einfluss, nicht durch Herrschaft definiert ist."[718] Macht im Netz qua Konnexivität zu erwerben, zuzulassen, zu verhindern, darum wird es den Regierungen der Kontrollordnung gehen. Gleichzeitig wird die Wahrscheinlichkeit des Konflikts marginalisiert, weil die Interessen und Normen so weit gestreut sind, dass ihre Vereinigung zu mächtigen, stabilen Blöcken unwahrscheinlich wird.[719] Die gemeinsame Definitions-, das heißt auch: *Konflikt*grundlage kann nur noch thematisch variierend und temporär hergestellt werden; die Beschleunigung der Tatsachenlagen macht die Eroberung des Neuen virulent und die Verteidigung des Bestehenden zunehmend irrelevant. Mit den Chancen, Wissen in den Plateaus zu organisieren, sinkt das Potential *zentralisierter* Machtstrategien, denn sozio-technische Netzwerke „durchdringen und überlagern die Grenzen geschlossener Disziplinarinstitutionen; durch sie rinnt Wissen heraus – und damit auch Macht heraus."[720] Die „Anwesenheit oder Abwesenheit im Netzwerk und die Dynamik eines jeden Netzwerks gegenüber anderen sind entscheidende Quellen von Herrschaft und Wandel in unserer Gesellschaft",[721] ob und wenn ja man welchen Netzen angehört (das heißt immer: mit welchen individuellen Voraussetzungen man akzeptiert wird, man an der vorhandenen Kommunikation teilnehmen kann) entscheidet über Teilnahme und Ausschluss, aber auch, ob eigene Interessen realisiert werden können. Die Konkurrenz und der Kampf von Netzsystemen mit- und gegeneinander

715 Vgl. Deleuze/Guattari 1992, S. 37
716 Willke 2001, S. 79. Siehe Kapitel VI (2)
717 Eine Ökonomisierung netzförmiger Strukturen könnte vor allem im Internet eintreten, vor allem über eine Kommerzialisierung der Zugänge, indem die bisherige *net-neutrality* gleichen Zugangs aller Nutzer und Anbieter zu Gunsten von Preiserhebungen je Nutzer-/Anbieterquantität schwindet.
718 Guéhenno 1994, S. 93
719 Vgl. Guéhenno 1994, S. 103f
720 Edwards 2007, S. 63
721 Castells 2004a, S. 527

verschärft damit die Disparitäten, die schon in der funktionalen Differenzierung der Teilsysteme zu spüren sind.[722] Die Organisation des Rhizoms besitzt dabei enormes Potential, Ungleichheit als digitale Wissensklüfte[723] zu radikalisieren, denn „mit zunehmender Wissensbasierung wird die Steuerung von Handlungsketten voraussetzungsvoller und von elaborierten Programmen und Technologien abhängig, die keineswegs jedem zur Verfügung stehen."[724] An die Stelle der Disziplinierung der Individuen und des sozialen Körpers tritt nun die Kontrolle der Kontingenzen, die die Extension des Wissens entfaltet.

Die rhizomatischen Ordnungsweisen indizieren eine zumindest teilweise Verabschiedung des hierarchiegebundenen Steuerungsbegriffs, will Politik Komplexitäts- wie Legitimitätsanforderungen gerecht werden. Die Ordnung der Kontrolle wird sich nicht mehr wie Souveränitätsordnung „auf die soziale Ordnung von Status und Hierarchie und auch nicht mehr auf die Sachordnung von Zuständen und ihren Funktionen verlassen" wie die Disziplinarordnung, „sondern sie wird eine Temporalordnung sein, die durch die Ereignishaftigkeit aller Prozesse gekennzeichnet ist und die jedes einzelne Ereignis als einen nächsten Schritt in einem prinzipiell unsicheren Gelände definiert."[725] Auch wenn die Temporalisierung der sozialen Verhältnisse schon in der Disziplinarordnung spürbar wird, so ist sie dort der Logik funktionaler Differenzierung untergeordnet. In der Kontrollordnung kehrt sich dieses Verhältnis um und wird die Kontrolle der bestimmende Modus, der sich Sachordnung und Funktion lediglich bedient; ähnlich wie die funktionale Differenzierung die stratifizierte Logik reproduziert hat, aber nicht mehr von ihr bestimmt wurde. „Die nächste Gesellschaft wird man wahrscheinlich dann am besten verstehen, wenn man sie als eine Population von Kontrollprojekten beschreibt, die sich gegenseitig ergänzen, durchkreuzen und sonst wie in Anspruch nehmen, die jedoch weder in der Ordnung einer Statushierarchie wie in der Schriftgesellschaft noch in eine funktionale Sachordnung wie in der Buchdruckgesellschaft gebracht werden können."[726] Diese Indikation wirft die Frage nach den konkreten Formen des Politischen wie die Politik auf; lässt nach ihrer globalen Realität ebenso fragen wie nach ihrer Realisierung diesseits und jenseits der institutionalisierten Sphären.

722 Vgl. Luhmann 1997, S. 834
723 Zur Problematisierung von Wissenskluft und digitaler Kluft vgl. Arnhold 2003
724 Willke 2001, S. 77
725 Baecker 2007a, S. 8f
726 Baecker 2007a, S. 9

Paralipomena: Staatlichkeit als Relais der Herrschaft kraft Wissen

Die Legitimität staatlichen Handelns in der Disziplinarordnung rekurrierte auf Legalität. Sie baut auf einer bürokratischen, das heißt verfahrenstechnisch berechenbaren Organisation administrativen Handelns auf. Die juridischen Wissensformen der disziplinären Staatlichkeit sind so untrennbar verwoben mit einer Herrschaft kraft Wissen (Max Weber), durch die sich die Staatlichkeit in den meisten und entscheidenden Fällen gewiss sein konnte, den Beherrschten durch Wissensvorsprünge voraus zu sein, also zu wissen oder wenigstens wissen zu können, was der Beherrschte an Interessen und Wissen vorbringt und dies einordnen, annehmen oder abweisen zu können – die Legitimation durch Verfahren setzte so wesentlich auf einer Legitimation durch Wissensvorsprung an, die allgemein akzeptiert wurde. Die Extension des Wissens setzt diese Logik zunehmend außer Kraft. „Wissen zählt noch immer, aber der monopolartige Stellenwert des juristischen Diskurses und damit der kognitiven Grundlagen der Herrschaft des Staates wird immer mehr durch die politische, technische und ökonomische Relevanz anderer Wissensformen relativiert.“[727] Nicht nur der komplexe Eigensinn von Wirtschaft, Wissenschaft, Kultur, sondern vor allem die diversen Epistemologien und ihre Relevanz für eine sich partikularisierende Gesellschaft nehmen der Regierung zunehmend den Blick auf das und die Instrumente für das, was es zu regieren, besser: was es zu *wissen* gilt. Wissenschaftler forschen immer mehr und immer mehr von dem, was sich der Beurteilung von Nichtwissenschaftlern entzieht. Wissenschaftliche Expertisen werden eingeholt, um Problemlagen zu beurteilen und Problemsicht wie Lösung zu legitimieren – entsprechende Gegengutachten sind meist nicht weit. [728] Geeignete Kommissionen, Planungszellen oder Konsensuskonferenzen werden gebildet, um mit der Zivilgesellschaft nicht-exekutive Kompetenzen einzubinden und möglichen Widerstand möglichst zu vermeiden – bürgerschaftliches Engagement von ganz anderer Seite lässt meist nicht lange auf sich warten.[729] Nicht, dass die (die Souveränität als Ordnungsmacht der Ordnungen konstituierende) Pluralität der Interessen und des für sie eingesetzten Wissens an sich neu wären; der entscheidende Bruch bezieht im Verhältnis des Staates zum Wissen: der Staat weiß nicht nichts, oft weiß er gar viel, und im individuellen Fall bisweilen zuviel; aber: er weiß zu wenig, um eine ordnungsstiftende Herrschaft kraft seines Wissens zu entfalten. Dazu wäre ein Wissen des Staates notwendig, mit dem das konkurrierende und vorgebrachte Wissen gesichtet, durchschaut, abgewogen, widerlegt oder bestätigt werden und in all dem anschlussfähig sein könnte – ein Wissen des Wissens. Dass der Staat eine solche Herrschaft

727 Stehr 2000, S. 136

728 Das betrifft insbesondere den Kampf spezifischer Expertise organisierter Interessen. Vgl. Guéhenno 1994, S. 41f

729 Vgl. dazu Martinsen 2006

kraft Wissen zweiter Ordnung entfaltet, ist unter Bedingungen extensiven Wissens illusorisch. Eine Legitimität, die auf Herrschaft kraft Wissen rekurriert, kehrt sich um, wenn das Wissen, das staatliche Entscheidungen begründet, nicht mehr hinreichend ist, angezweifelt wird, Expertise jenseits des Staates zur Verfügung steht und interessengesteuert eingesetzt wird. Die Herrschaft kraft Wissen, so lässt sich radikalisieren, liegt in der Kontrollordnung jenseits staatlicher Institutionalität. Der Staat ist in seiner disziplinären Verfassung nur noch *Relais* der Wissensmächte, durch das Wissensproduktion verstärkt oder eingegrenzt, mit dem Mittel mobilisiert oder marginalisiert werden können; der Staat: Relais der Herrschaft kraft Wissen.

3 Imperiale Entgrenzung

Die Erfahrung schwindender räumlicher Distanz erscheint als eine Urerfahrung der Moderne. So schrieb ein calabresischer Mönch und politischer Aufrührer nach 1600 von „unserem Jahrhundert, das in hundert Jahren mehr Geschichte erlebt, als der ganze Erdkreis in viertausend!, von der Tatsache, dass in diesen hundert Jahren mehr Bücher herausgegeben wurden als in den vorangegangenen fünftausend!, von der wunderbaren Erfindung der Buchdruckerkunst, der Schießgewehre, der Magnetnadel – diesen großartigen Zeichen und zugleich Mitteln der Vereinigung aller Erdenbewohner in einem Stall!“[730] Die in die Utopie des »Sonnenstaates« gewendete Erfahrung Tommaso Campanellas hilft, die als Globalisierung bezeichnete Entfaltung weltgesellschaftlicher Strukturen als (angewandte) Folge von Wissensextension und technikinduzierter gesellschaftlicher Komplexität einzuordnen. Globalität ist keine neue Erscheinung, sondern lässt sich als ‚Weltgesellschaft‘, als konstitutive Gegebenheit moderner Gesellschaften rekonstruieren, die jedoch unterschiedlichen Ordnungen unterliegt.[731] Das politische System hat auf die mit funktionaler Differenzierung erfolgende Weltvergesellschaftung mit einer segmentären Binnendifferenzierung, sprich: mit der Herausbildung von Nationalstaaten reagiert. Dieses Konzept wird längst in Zweifel gezogen; nationalstaatliche Souveränität scheint zu erodieren, ohne dass eine plausible Restabilisierungsperspektive von Staatlichkeit in Sicht wäre. Einzige Konsequenz der *Entgrenzung* scheint so das Aufkommen eines, wenn auch diffus sichtbaren *Empire*.

Die neuen Kleider der Globalität

Die Globalität der Ordnung tritt nicht als an sich neues Moment auf den Plan. Zwar verändern sich die Strukturen und Logiken globaler Ordnung und befinden „sich

730 Campanella 1998, S. 162

731 Zum Begriff Weltgesellschaft siehe überblicksartig: Wobbe 2000, grundlegend für die Systemtheorie: Luhmann 1991, vertiefend: Stichweh 2000c, kritisch: Tudyka 1989

unsere Gesellschaften in einer Übergangsphase, in der sich neue Produktions-, Organisations- und Steuerungsmuster durchsetzen [...], in denen eingefahrene Theorien, Regeln, Institutionen und Routinen überprüft"[732] werden. Die Globalisierungsphänomene lassen sich jedoch nicht auf ökonomische Prozesse reduzieren, sondern vielmehr auf die Veränderungen in der Verbreitung, Dekodierung und Anwendung des Wissens zurückführen.[733] Dem entspricht, dass Globalisierung auch und gerade für die *Welt*wirtschaft alles andere als ein neues Phänomen ist: „bereits zu Beginn dieses Jahrhunderts hatten der Welthandel und die Direktinvestitionen (in Relation zum damaligen Weltsozialprodukt) ein ähnlich hohes Niveau erreicht wie Mitte der 90er Jahre."[734] So gerät in den Blick, dass die derzeit als ‚Globalisierung' apostrophierten Veränderungen weniger als Beginn einer Weltvergesellschaftung, sondern vielmehr als deren veränderte Form zu beobachten sind.[735]

Die wissensbasierte Globalisierung der Kontrollordnung führt „nicht zur Herausbildung einer Weltmarktwirtschaft, die ein ähnlich hohes Maß an Homogenität aufweisen würde, wie die nationalen Volkswirtschaften der Vergangenheit",[736] sondern sie organisiert Heterogenität quer zu den nationalen Strukturen. Die bisherige Einteilung in Staaten und Regionen, in denen souveräne Politik und prosperierende Ökonomien kongruent vorhanden oder nicht vorhanden sind, schwindet zusehends zu einer Topographie heterogener Prosperität und Armut, zu einer Neuaufteilung der Weltgesellschaft in ökonomische und politische Zentren und Peripherien. Mit der aufkommenden Kontrollordnung sind paradoxe Phänomene zu beobachten, die die Veränderungsprozesse der weltgesellschaftlichen Politik nicht einfach auf ein für oder wider der Deterritorialisierung reduzieren lassen. Ob nun als ‚rat race' gegeißelt oder als ‚globaler Wettbewerb' gefeiert – Kritiker wie Euphoriker der Globalisierung rekurrieren paradoxerweise auf die nationalstaatliche Territorialität, wenn sie deren Vorzüge wie Probleme darstellen. Die Globalisierung scheint darin in gewisser Weise den territorialen Charakter des Politischen zu restabilisieren. Dennoch verweisen diverse Deutungen auf Antworten jenseits des Nationalstaats, die eine - paradoxerweise alteuropäische – Lösung für das Problem der Weltvergesellschaftung bereit halten: Weltregierung. Mit ihr wird auch in den komplexeren Argumentationen davon ausgegangen, dass sich ein Weltordnungsmodell durch die faktische Existenz einer aus verschiedenen Gesellschaften zusammengesetzten ‚Gesellschaftswelt' integrieren, repräsentieren und mithin legitimieren ließe.[737] Die Kritik an diesen Ansätzen: die verschiedenen territorial integrierten Gesellschaften interessieren sich nicht für die jeweils ‚anderen' Gesellschaften; ihre Strukturen und Probleme sind zu divergent – entsprechend lässt sich auch keine Steuerung organi-

732 Messner 2000, S. 96
733 Vgl. Stehr 2000, S. 220
734 Messner 2000, S. 90
735 Das Aufkommen der Weltgesellschaft wird im systemtheoretischen Mainstream mit der Durchsetzung funktionaler Differenzierung konnotiert. Zur Phaseneinteilung ihrer Entstehung siehe Stichweh 2000a
736 Messner 2000, S. 94
737 Vgl. Czempiel 2004

sieren.[738] Befürworter wie Kritiker einer Weltregierung gehen indes beide von einer Identität von Gesellschaft, Herrschaft und Territorium aus und postulieren ein Primat des Politischen. Die Differenz zwischen ihnen besteht lediglich bezüglich der unterschiedlich eingeschätzten Integrationspotentiale von Interessen und Identitäten. Beide übersehen jedoch, dass auch die Integrationsfähigkeit des Nationalstaates nicht auf dem Primat des Politischen, sondern auf einer prinzipiell begrenzten Politisierbarkeit der Gesellschaft durch das politische Teilsystem der Gesellschaft basiert. An ‚dieser Borniertheit der Staaten(-welt)' haben sich schließlich auch Überlegungen einer Demokratisierung der Internationalen Beziehungen abzuarbeiten.[739]

Global governance by subject

Die gleichzeitig zu beobachtenden religiösen Fragmentierungs-, kulturellen Homogenisierungs- und politischen Deterritorialisierungstendenzen setzen sich parallel zueinander durch,[740] ohne dass sie auf eine ‚Weltregierung' oder auf das Institutionengefüge einer ‚Global Governance' zurückzuführen sind. Welche Konsequenzen lassen sich also aus der Weltvergesellschaftung für das politische System ableiten? Wird auf den Territorialisierungserfordernissen der Politik beharrt und damit die Möglichkeit einer Weltregierung dementiert, hebt dies freilich nicht den Bedeutungsverlust der klassischen Formen auf. Der Nationalstaat als der „gemeinsame Raum der Politik hat an Legitimität eingebüßt, und der Begriff der nationalen Solidarität ist mit von dieser Krise betroffen, ohne dass man weiß, ob der Legitimitätsverlust auf ein Scheitern des Nationalstaats oder auf tieferreichende Zweifel an der Nationalgemeinschaft zurückgeht, deren Belange er wahrzunehmen behauptet."[741]

Mit diesen Zweifeln korrespondiert, dass sich auch die Figur des Staatsbürgers als imaginärem Adressat und Akteur nationaler Politik und staatlicher Dienstleistungen zusehends geschwächt sieht. Anders als in der Disziplinarordnung ist die Inklusion von Personen in die Funktionssysteme nicht mehr auf das nationale Territorium begrenzt und an den jeweiligen Staatsbürgerstatus gekoppelt. Nicht mehr die Staatsbürgerschaft (*citizenship*), sondern der mit der bloßen Aufenthaltsberechtigung verbundene Status des *denizen-ship* inkludiert. Weniger als die rechtliche Dimension sind dabei die mit der Aufenthaltsberechtigung verbundenen subjektiven Voraussetzungen relevant.[742] Das multiple und mobile, kosmopolitische und kommunikative Selbst als Voraussetzung, sich in die weltgesellschaftlichen Funktionsbezüge und ihre regionalen Variationen qua interkultureller Kompetenz einzufügen, schlägt den

738 Vgl. Wolf 1998, Brock/Albert 1995, Brock 1998b
739 Vgl. Brock 1998a
740 Vgl. Menzel 1998, Robertson 1998
741 Guéhenno 1994, S. 31. Vgl. Willke 2002, S. 72f
742 Vgl. Albert 2002, S. 181, 188ff

rechtlichen Staatsbürgerschaftsstatus, der in den Favelas und Slums kaum noch hinreichend Inklusion gewährleisten kann.[743]

Interessant an dieser Entwicklung ist nicht, dass die Inklusionsfähigkeit des Staates an sich bedroht ist.[744] Die Denizens, die immerhin bisweilen ein Drittel der Bevölkerung ausmachen, werden bei Entscheidungen und Wahlen mitgemeint oder einfach ins Wahlsystem teilinkludiert. Entscheidend ist, dass sich die am Subjekt ansetzenden Inklusionsmechanismen gewandelt haben und die nationalstaatlich getroffenen Entscheidungen veränderten gouvernementalen Logiken gehorchen. Die Anrufungen einer quasi kosmopolitischen, multikulturellen, weltweit mobilen und anschlussfähigen Individualität stehen in einem gouvernementalen Kontinuum mit Prozessen der Deregulierung und des Freihandels, die weit über das ökonomische System der Weltgesellschaft auch Wissenschaft, Recht und andere Funktionssysteme betreffen. Dass dabei regionale Identitäten als Kontrastfolie zum ‚Weltgesellschaftssubjekt' reussieren und wiederum global aneignungsfähig werden, bestätigt erst den weltgesellschaftlichen Zusammenhang einer *Global Governance by subject*. Ob Weltbürger oder Lokalpatriot: die wie auch immer partikulare Identität wird zur radikal individualisierten Rückversicherung jenseits aller verbindlich institutionalisierten Kollektive.

Die nationalen (und auch regionalen) politischen Instanzen werden zusehends eher zu Agenten einer dynamischen weltgesellschaftlichen Ordnungsbildung, denn zu souveränen Gestaltern der Politikprozesse innerhalb ihres territorial gefassten Verantwortungsbereiches. Die neoliberale Individualisierung von Versorgungssystemen und Bildungsprozessen, der Funktionswandel vom Vollzugs- zum Gewährleistungsstaat ebenso wie andere zukünftig mögliche politische Programme gehorchen den gewandelten Imperativen globaler Gouvernementalität. In welcher Weise dies in weltgesellschaftlicher Dimension geschieht, kann man beobachten: die vehement verteidigten und zugleich offensiv durchgesetzten Menschenrechte sind strategisches Element einer Global Governance by subject, die sich längst realisiert.[745] Die offensichtliche Deregulierung und Entgrenzung, die mit der globalen Hegemonie neoliberaler Regierungsweisen einhergeht, ist freilich kein Bedeutungsverlust, sondern ein Funktionswandel des Staates, der sich weltweit vollzieht. Ob dieses politische Geschäftsmodell zukünftig abgewirtschaftet hat, ob bisher parasitäre Regierungsweisen sie ablösen oder nicht – all das vollzieht sich in jedem Fall global. »Globalisierung« ist so zugleich Prozess wie strategisches Element von globalen

743 Stichweh weist darauf hin, dass der Zusammenhang von Globalisierung und zunehmender Exklusion in der geschwächten Durchsetzungsfähigkeit der inklusionsvermittelnden Instanz des Wohlfahrtsstaates besteht, der auf eine nationale Begrenztheit der Funktionssysteme angewiesen ist. Vgl. Stichweh 2000b

744 Vgl. Stichweh 2005

745 Zum Zusammenhang zwischen der Durchsetzung von Menschenrechten und dem Markt als dominanten Regulierungsprinzip, in dem ‚human rights' zur bloßen ‚economic citizenship' mutieren vgl. Lipschutz/Rowe 2005, S. 173 - 195

Gouvernementalitäten, die mit der Vokabel einen Handlungsdruck etikettieren und erzeugen, der aus heterogenen Kontexten herrührt, aber global präsent ist.[746]

Reich ohne Kopf

Mit der als Globalisierung erfolgenden Entterritorialisierung der Macht wird das Bewusstsein dafür geschärft, dass Staat und Nation politische Formen einer Territorialität, der *Ein*grenzung einer diffus verteilten politischen Macht sind: die Grenzen des Staatlichen wurden selbst erst verstaatlicht.[747] Die Rationalisierung des Gesellschaftsverkehrs im Sinne der Stabilisierung und Sanktionsfähigkeit von Handlungserwartungen war wie das Recht in der modernen Staaten- und Gesellschaftsbildung auf die Politik und damit an die symbolische Präsenz der Gewalt angewiesen. Begreift man die territoriale Form von Staat und Nation als historisch bedingt, kommt die ihnen vorgängige Ordnungsstruktur in den Blick: das *Reich* – eine Herrschaftsstruktur ohne Herrscher, die der Struktur offener Systeme einer rhizomatischen Ordnung entspricht. Die Strukturlogiken des Reichs „sind denen des institutionellen Zeitalters und seiner geschlossenen Systeme diametral entgegengesetzt. Der Wert einer Struktur bemisst sich inzwischen ebenso wenig an dem erstrebten Gleichgewicht zwischen ihren verschiedenen Bestandteilen wie an der Schärfe ihrer Konturen, sondern vielmehr an der Zahl der Öffnungen und Kontaktpunkte, durch die sie mit allem, was ihr fremd ist, in Verbindung treten kann."[748] Im Institutionensystem der viel beschworenen ‚Global Governance' zeigen sich diese Charakteristika in der Abwesenheit von zentralen koordinierenden Instanzen und in den heterogen verteilten Assoziationen, Agenturen und Standardisierungsgremien. Ihre sichtbarsten Formen scheinen sich am ehesten in den vielfach kritisierten Kooperations- und Koordinationsinstanzen wie WTO, G8, Weltbank, aber auch in globalen Rating-Agenturen herauszubilden, die mit Wissen versorgt werden, das zugleich eine gemeinsame Weltsicht konstituiert und Entscheidungen präfiguriert. Dementsprechend verlaufen die Entscheidungsprozesse nicht mehr normativ-formal, sondern kognitiv-wissensbasiert.[749] Das immer wieder zu beobachtende Scheitern dieser Koordinationen von den Verhandlungen zum globalen Klimaschutz bis hin zu den Finanzmarktcrashs zeigt dabei nicht deren prinzipielle Vergeblichkeit auf, sondern informiert

746 Vgl. zur Regierbarkeit des Globalisierungsbegriffs Görg 2004

747 Vgl. Anter 2004, S. 254

748 Guéhenno 1994, S. 76

749 Vgl. Willke 2001, S. 161ff. Mit Willke lassen sich insbesondere an den Institutionen der Weltbank und der WTO Formen globaler Governanz beobachten, die nicht mit juridischen Formen, sondern wissensbasiert ‚regieren'. So sind diese Institutionen zwar sowohl in ihren Gremien als auch in ihren Verfahren formal-rechtlich verfasst, sind aber in komplexen, wissensbasierten Entscheidungslagen vor allem auf wissenschaftliche Expertisen angewiesen. Willke sieht hier die früh von Luhmann prophezeite Umstellung von einem normativen auf einen kognitiven Entscheidungsstil. Vgl. Willke 2006a, S. 79

lediglich über die permanenten Adapationserfordernisse globaler Regulierungsinstanzen, ohne die nationalstaatliches Handeln wirkungslos bleibt.

Für die Nationalstaatlichkeit bleibt diese Entwicklung indes widersprüchlich. Die globalen Gouvernementalitäten der Kontrollordnung realisieren sich ohne ‚Weltregierung über die Weltgesellschaft' aber mit einer ‚Regierung in der Weltgesellschaft'. Ihre Formen folgen einer grundsätzlich aterritorialen Logik der Macht, die territorial begrenzte Herrschaft lediglich als Stützpunkt nutzt, um die Gesamtintegration der Weltgesellschaft zu gewährleisten. Die Politiken der Nationalstaaten richten sich längst nach den Imperativen einer globalen Gouvernementalität der ökonomischen, wissenschaftlichen, kulturellen Funktionssysteme der Weltgesellschaft sowie der fragmental differenzierten Netzsysteme, die sie lediglich im Sinne der für ihre territoriale Integration notwendigen Legitimation adaptieren, transformieren, modifizieren und instrumentalisieren. Damit stürzt die derzeitige globale Gouvernementalität den Nationalstaat zugleich in ein Dilemma: während er die Weltvergesellschaftungsprozesse antreiben muss, um mit der Integration ‚seiner' Wirtschaft, Wissenschaft usw. in die einzelnen Weltfunktionssysteme die national gedachte Gesellschaft zu stärken, ist er zugleich für eine territorial rückgekoppelte Legitimation seiner Politik verantwortlich. Die realpolitischen Konsequenzen dieses Dilemmas lassen sich beobachten: die Renaissance regionaler Identitäten und religiöser Fundamentalismen bei gleichzeitiger Öffnung der Märkte, eine bisweilen restriktive Ausländerpolitik bei gleichzeitiger Anwerbung internationaler Spitzenwissenschaftler – ‚innenpolitische' Vorgänge mit ‚außenpolitischen' Konsequenzen. Implikation und Explikation kehren sich in der Kontrollordnung um: wirkte die globale Gouvernementalität in der Disziplinarordnung eher hintergründig, so expliziert sie sich nun stärker in den Institutionen globaler Governanz und globaler (funktional und fragmental differenzierter) Systeme – der Nationalstaat wird nun zum Manager symbolischer Politik vor dem national begrenzten Horizont kollektiv bindender Entscheidungen.

Weil die imperialen, prinzipiell globalen Charakteristika des Regierens durch die nationalstaatlichen Formen überdeckt, aber nie aufgehoben wurden, geht die Organisation des Politischen in der Kontrollordnung nicht in einem neuen grenzenlosen Reich oder »Empire« (Negri/Hardt) auf. Mit dem Wandel der Staatlichkeit werden die Herausforderungen imperialer Entgrenzung lediglich stärker sichtbar. „Zur Form des Reiches gehört […] das Fehlen definitiver Grenzen. An ihrer Stelle findet man Horizonte, die das Erreichbare bestimmen und mit ihm variieren. Ein Reich ist also der Sinnhorizont von Kommunikationen"[750] – diese Horizonte zu kontrollieren wird unter Bedingungen extensiven Wissens und heterogener Werte, unter Einrechung kreativer Organisatoren wie virtueller Fundamentalisten ein Unterfangen, das in jedem Fall mit Kontingenz rechnen muss

750 Luhmann 1997, S. 670

Die veränderten Statui des Wissens unterminieren eine Staatlichkeit, neben der sich machtvolle alternative Steuerungsmodi ausbilden, die die Integrität der Politik hinsichtlich ihrer Steuerungsfähigkeit wie ihrer Partizipationskraft unterminieren. Diese Modi sind nicht neu und sie sind – vor allem was den Marktmodus betrifft – klassische Steuerungsantipoden des Staates. Doch die Legitimationsverschiebungen, die sich in den Regierungsweisen jenseits der Staatlichkeit artikulieren, gehen weit über die Konjunktur *spontaner Märkte* hinaus. Längst vollziehen sich gesellschaftliche Partizipation und Steuerung auch jenseits von Markt und Staat – über zivile Kräfte, die mal verbündet, mal opponierend ebenfalls Gestaltungsansprüche gegenüber den etablierten Instanzen behaupten. So lässt sich eine *latente Legitimation* von Steuerungs- und Partizipationsstrategien beobachten, die jenseits des Staates liegen. Weit entfernt davon, einem universalen Gestaltungsanspruch entsprechen zu können, kommen die Formen latenter Legitimation den Konturen der Kontrollordnung wesentlich näher als die wesentlich der Disziplinarordnung verhafteten Strukturen der Politik. Dabei fällt jedoch auf, dass Markt wie Zivilgesellschaft der eigentümlichen Logik einer *Freiheit der Zwänge* folgen; einer suggestiven Freiheit, die Zwänge zeitigt, die zugleich für sie konstitutiv sind. Spontane Märkte und zivile Bewegungen simulieren letztlich Steuerung und Partizipation in Bereichen, in denen das politische Prärogativ nur auf Zeit einer latenten Legitimation Raum gibt.

1 Latente Legitimation

Seit Beginn der modernen Staatlichkeit hat die „»souveränistische« Legitimität zwei Konkurrenten: die aus dem Markt hervorgegangene, die Nützlichkeits- und Öffnungsprinzipien vertritt, und die aus dem kulturellen Primordialismus hervorgegangene, die ethnische Identität und Ausschließung vertritt.“[751] Die hier verfolgte These einer *latenten Legitimation* behauptet, dass sich die Steuerungs- und Bewegungskräfte, die sich jenseits des Staates entfalten, aus der Drift von Disziplinar- und Kontrollordnung erklären lassen. Spontanen Märkten wie zivilen Bewegungen gelingt es besser als staatlichen Institutionen, auf die Krise der Disziplinarordnung zu reagieren. Der Erfolg dieser Regierungsweisen berührt damit das Herzland der Legitimation.

Im Jenseits des Staatlichen

Die Legitimation der Politik orientiert in der Moderne wie selbstverständlich auf den Staat. Sie überwindet mit der Disziplinarordnung die vormodernen Ursprünge der

751 Badie 2002, S. 13

Begründung staatlicher Ordnung qua Transzendenz in der Pastoralordnung und qua Repräsentation in der Souveränitätsordnung. Die Gottgegebenheit gesellschaftlicher Ordnung und weltlichen Staatshandelns fußte auf einem Begründungszusammenhang, der keiner weiteren Begründung bedurfte. Das Jenseits des Staatlichen war unergründlich und präexistent und damit jeglicher Angreifbarkeit enthoben – bei Strafe von Exkommunikation und Vogelfreiheit. War der Staat dieser Logik in der Pastoralordnung der Religion untergeordnet, der weltliche Effekt der Transzendenz, so kehrt sich das Verhältnis in der Souveränitätsordnung um. In diesem Umbruch, der von den religiös motivierten Konflikten der Hobbes'schen Ära geprägt ist, wird der unmögliche Versuch einer Legitimation der Religion über die Politik zu Gunsten der Legitimation der Politik durch die Religion ad acta gelegt. Zwar begründet sich die Repräsentation einerseits über den fiktiven Gesamtwillen der Untertanen, zum anderen legitimiert sie sich jedoch latent über eine nichtlegitimierungsbedürftige Religion, um den Bruch zu verschleiern. Die Rhetorik der souveränen Staatlichkeit führt ihre Gottgegebenheit im Zuge einer Legitimationsverschiebung mit, die das Religiöse sukzessive aus der Politik eliminiert. Mit dieser Ironie entfaltet sich zugleich eine Nichtlegitimierungsbedürftigkeit des Glaubens, die die absolutistischen Formen der souveränen Staatlichkeit überdauert. Im Jenseits des Staatlichen entfaltet sich so eine latente Legitimation religiöser Regulation als Ressource der Politik.

In der Disziplinarordnung wird die latente Legitimation der Religion zur flexibel handhabbaren Legitimationsfiktion einer prinzipiell autonomen Politik; das politische System bezieht seine Legitimation aus nichts als seiner eigenen Konstruktion: „Operativ gesehen ist Legitimation immer Selbstlegitimation. Sie muss durch politische (als politisch erkennbare) Kommunikationen vollzogen werden."[752] Die Erzwingungskompetenz und der über ihre vielfältigen Formen vermittelte Gewalteinsatz als *ultima ratio* staatlichen Handelns evozieren einen prinzipiellen Legitimationsbedarf, der nur als Eigenleistung des politischen Systems gedeckt werden kann. Mit der unmöglichen Referenz auf Religion oder andere politikexterne Autoritäten fällt der Bezugspunkt der Selbstlegitimation auf: *Werte*. Ob Freiheit, Frieden, Sicherheit, Gleichheit oder Gerechtigkeit; die Offenheit der Wertesemantik erlaubt es, an sich unumstrittene, weil historisch verankerte und gesellschaftlich anschlussfähige Begriffe je nach politischer Provinienz zu definieren, in Probleme zu transformieren und in damit legitimierbare Programme hineinzuprojizieren.[753] Die normativen Zentralbegriffe stellen einen Legitimationsbezug zur externen Referenz der Gesellschaft her, der gleichwohl immer eine Konstruktion des politischen Systems ist:

752 Luhmann 2000, S. 358f

753 Die konkreten Wertnennungen zeigen dann eher implizit zum einen, welche Werte präferiert und welche vernachlässigt werden (wer Freiheit will, stellt womöglich Gleichheit hinten an) und zum anderen, welche Wertkonflikte eingegangen werden, ohne sie explizit zu machen (die Präferenz für Sicherheit könnte situationsbedingt, etwa durch höhere Militär- und geringere Sozialausgaben, zu Gerechtigkeitsproblemen führen, ohne dass sie explizit auf der Agenda steht). Luhmann 2000, S. 359ff.

„Werte und Diskurse können immer legitimieren, nur bleibt dabei noch unentschieden: was. Sie werden in der Praxis angewandt, um Konflikte zu konstruieren und zu entscheiden."[754] Die Politik zieht mit den öffentlich verhandelten Problemen und Programmen, mit den permanenten Modifikationen und Neubesetzungen zentraler Werte (oder mit Laclau: der Dislokation der leeren Signifikanten ihrer Diskurse) das gesamtgesellschaftliche Konfliktpotential auf das politische System. In der Verklammerung von Recht und Politik werden mit dem legitimationsbedürftigen gesamtgesellschaftlichen Regelungsanspruch des Staates zugleich ebenso wertbesetzte Partizipations- und Steuerungsweisen jenseits dessen dem Legitimationszwang enthoben.

Das Jenseits des Staatlichen bedeutet jedoch keineswegs ein Jenseits der Legitimation. Jegliche Programme, Strategien und Technologien des Regierens unterstellen Wertorientierungen, beanspruchen damit Legitimität und bedürfen ihr; mit ihnen entfalten sich komplexe Gefüge von Begründungen und Suggestionen, Handlungsoptionen und -zwängen. Auch und gerade weil sie der Staatlichkeit vielfach verbunden bleiben, artikulieren sich die prominentesten Formen gesellschaftlicher Regulation jenseits des Staates in signifikanter Abgrenzung von ihm: Markt und Zivilgesellschaft. Mehr noch: in ihren Konjunkturen begreifen sich Markt wie Zivilgesellschaft als Abstoßbewegungen *ex negativo* staatlicher Legitimation. Im Jenseits des Staatlichen sind die Sphären des Profits und der Solidarität der politischen Legitimationsanforderung enthoben, weil sie nicht politisch, genauer: nicht staatlich sind. Das ist solange kein Problem, wie das politische System es nicht nur schafft, über Werte Konflikte zu konstruieren, daran Probleme anzuschließen und in Programme zu projizieren, sondern über diese Trias politischer Kommunikation auch gesamtgesellschaftliche Anschlussfähigkeit herzustellen sowie Enttäuschungen über Politik immer wieder neu in das politische System zu integrieren. Stellt man jedoch die systemtheoretische Vorentscheidung einer immer wieder gelingenden Reintegration qua prinzipieller Autopoiesis des politischen Systems in Frage, werden die immer stärkeren Integrationsverluste sichtbar. Verstreute Öffentlichkeit und driftende Tugend stellen das Prinzip wertbezogener Legitimation vielfach in Frage, so dass sich die Wert-Enttäuschungen zunehmend nicht nur gegen einzelne Akteure oder Parteien richten, sondern gegen die Politik selbst. Die Werte werden nicht mehr wiederaufgefüllt, sondern bleiben entleert; Problemwahrnehmungen werden heterogenisiert und fragmentiert und Programme erreichen so gut wie niemanden mehr – die gängige Vokabel dafür lautet: Politikverdrossenheit.

Während die Routinen des politischen Systems vermittelt über Werte ihre Konflikte, Probleme und Programme öffentlich zu artikulieren versuchen und die Legitimationsdiskurse bei aller semantischen Offenheit der propagierten Werte Enttäuschungen vorprogrammieren und zunehmend auf das System selbst zurückfallen, sind Markt und Zivilgesellschaft von Konflikt-, Wert- und mithin Legitimationsdiskussionen entlastet. Vor dem Hintergrund der verfahrenen Legitimation eines politi-

754 Luhmann 2000, S. 363

schen Systems, das mit der komplexen Ohnmacht der Wohlfahrtsstaatlichkeit und umkämpften juridischen Wissensformen konfrontiert ist, scheint die Fraglosigkeit ihrer Regelungskompetenz mit ihrer Nichtlegitimationsbedürftigkeit zusammenzufallen.

Während die Nichtlegitimation der Religion die Legitimation des Staatlichen begründet, führt die Nichtlegitimation von Markt und Zivilgesellschaft aus ihr heraus. Im Jenseits des Staatlichen dementieren sie ihre politische Fundierung, wo das Religiöse seine Autonomie stillschweigend aus der staatlichen Befriedung seines Konfliktpotentials bezieht. Die vorgebliche Nichtlegitimationsbedürftigkeit von Glauben, Profit und Solidarität kaschiert so für die Dauer unhinterfragter staatlicher Legitimation, was mit den Zweifeln an ihr brüchig wird.

Die Legitimation der Latenz

Das Paradox einer Legitimation durch Nichtlegitimation lässt sich mit dem Begriff der *latenten Legitimation* auflösen. Die Legitimation ‚demokratischer' Regierungsformen entfaltet sich jenseits derjenigen Legitimation, die sich als einzige über Werte und Diskurse und daran gekoppelte Probleme und Programme *explizit* artikuliert. Die wertgebundenen Legitimitätsdiskurse disziplinarischer Staatlichkeit korrespondieren mit der Legitimation durch Verfahren und damit mit dem Legitimitätsglauben an die Legitimität gesatzter Regeln. Mit der semantischen Volatilität der Werte und der Berechenbarkeit der Verfahren kann das politische System die Grundlagen der eigenen Legitimität explizit machen und Einsprüche in die Routinen des politischen Systems integrieren. Währenddessen beruht die Legitimation der marktlichen und zivilgesellschaftlichen Regulation auf den *impliziten*, aber immer mitlaufenden Wertsetzungen ihrer Programme, Strategien und Technologien. In diesem Unterschied zeigt sich das Spezifische der Legitimation spontaner Märkte und ziviler Bewegungen: ihre *Latenz*.

Die latente Legitimation von Profit und Solidarität basiert jeweils auf einem ihnen eigenen, spezifischen »Legitimitätsglauben« (Max Weber) als Grundlage jeder modernen Legitimation: den Glauben an eine spezifische Wirksamkeit ihrer Modi und Strukturen. Sie geht jedoch anders mit ihm um; die Latenz ergibt sich aus der Differenz zwischen dem *Teil* und dem *Ganzen* ihrer Legitimation: regulierende Märkte wie zivile Bewegungen explizieren eine Legitimation auf spezifische Teilbereiche (wirtschaftliche Koordination, solidarische Partizipation), die sich in ihrem Vollzug auf eine implizite Legitimation des Ganzen extrapoliert. Beides lässt sich an den Diskursen des Marktes und der Zivilgesellschaft beobachten: die regulative Kraft des ökonomischen Prinzips wird als gesamtgesellschaftlicher Steuerungs- und Organisationsanspruch ebenso subkutan entfaltet wie die zivilgesellschaftlichen Ansprüche, die weit über die unmittelbare Partizipation an politischen Entscheidungsprozessen hinaus das Ganze meinen: vom bürgerschaftlichen Engagement in der Krebshilfe bis zum ethisch angehauchten Konsumstil der Lohas.[755]

Der Kontrast zur allfällig konstatierten Legitimationskrise des Staates zeigt auf, dass dort, wo Regierungen in die Krise geraten, die mit Strategien explizierter, demokratischer Legitimation verfahren, auf latenter Legitimation beruhende, parasitäre Regierungsweisen entstehen. Sie entfalten sich vor allem deshalb, weil sie jenseits der verfahrenen Legitimation des Staates mit den oben skizzierten Bedingungen rhizomatischer Ordnung und imperialer Entgrenzung umgehen können. Während die durch die Figur der multinationalen Konzerne symbolisierten Marktmächte sich netzwerkartig strukturieren und zugleich enormen Einfluss auf reale wie virtuelle „Netzwerke ausüben, werden wir aber auch Zeugen, wie sich eine – wiewohl demographisch eine Minderheit – breit abgestützte Zivilgesellschaft im elektronischen Raum und insbesondere im Net herausbildet und somit das Potential einer Weiterentwicklung der Dezentralisierung von Macht andeutet."[756] Die Gleichsetzung von Globalisierung mit ökonomischer Entgrenzung zeigt, dass die spontanen Märkte längst deterritorialisiert sind; die transnational agierenden NGOs sind Beleg für die Anpassungsfähigkeit der zivilen Bewegungen. Die latenten Legitimationen versprechen eine Funktionalität, für deren problematischen Effekte sie nicht bürgen müssen; damit entfaltet die marktliche Regulation wie die zivile Assoziation jeweils eine Steuerungsweise, für die es „keine Legitimation benötigt, weil es – im strengen Sinne der Verpflichtung – nichts vorschreibt, und dass es daher keine Instanz vorweisen muss, welche die Präskription normiert."[757] Markt wie Zivilgesellschaft verweisen damit auf das Kernproblem des Politischen: die Legitimation des Ganzen gewährleisten zu müssen.

2 Spontane Märkte

Die Ökonomisierung des Sozialen scheint so endemisch wie ihre meist normativ unterlegten Beobachtungen. Ein populäres wie wissenschaftliches Schlagwort beschreibt ein allgegenwärtiges Gespenst, das um die Welt geht. „Sein Projekt: Ausweitung der Kampfzone. Sein Name: Neoliberalismus." Kaum ein Begriff wird derart oft als Begriff zeitdiagnostischer Kritik verwendet und angesichts des notorischen Gebrauchs liegt der Verdacht allzu nahe, seine negativ gemeinte Verwendung sei weitgehend entlastet von präziser theoretischer Fundierung, wird er doch vor allem als Kampfparole und Chiffre benutzt: „Neoliberal ersetzt das altbackene spätkapitalistisch, um anzuprangern, was mit dem Makel marktwirtschaftlicher Gesinnung und wirtschaftsliberaler Praxis behaftet ist [...] einer Wirtschaftsideologie, die

755 Mit den Lohas (Life of health and sustainibility) bringt die Marktforschung auf den Begriff, was mit der Moralisierung der Märkte theoretisch gefasst wird (vgl. Stehr 2003a, S. 222ff, siehe die Einordnung in Bezug auf die Phänomene hybrider Inklusion: Kapitel I (1).

756 Sassen 2000, S. 331

757 Lyotard 1990, S. 75

nur *ein* Finale haben kann – die allgemeine Katastrophe.“ [758] Die eindeutigen Anwürfe evozieren die Frage, „wie es einer derart nichtsnutzigen und miserablen Doktrin gelingen konnte, den Marktkapitalismus zur *economia triumfans* zu machen. Wie hat es der Neoliberalismus geschafft, die Welt, die Menschen und deren Denken so vollkommen zu beherrschen? Steckt vielleicht eine Verschwörung dahinter, eine geheime Allianz übermächtiger Interessen – oder gar die »Biomacht«?“ Zu platt geraten freilich Antworten, das neoliberale Projekt sei einfach „besser als die (bislang) bekannten Systemalternativen“. [759] Die oberflächlichen Analysen machen eine differenziertere Analyse der latenten Legitimation ökonomisierender Regierungsweisen notwendig, die auf die Spur spontaner Märkte führt.[760]

Neoliberale Verlegenheit

Die zeitgenössische Debatte um die Ökonomisierung des Sozialen geht bei Kritikern wie Befürwortern des Neoliberalismus von der prinzipiellen Reinheit ökonomischer und politischer Sphären aus. „Im Hintergrund steht die Annahme, es gebe eine »reine« Ökonomie, die von einer nachgelagerten politischen Reaktion der Gesellschaft »gezähmt«, »im Zaum gehalten« oder »zivilisiert« werde. Allerdings existiert kein Markt unabhängig vom Staat und Ökonomie ist stets politische Ökonomie. Die Kennzeichnung des Neoliberalismus als »Herrschaft des Marktes« verwischt die gesellschaftlichen Konturen der neoliberalen Restrukturierung und reproduziert theoretisch die (neo-)liberale Trennung von Politik und Ökonomie.“[761] Die Gouvernementalitätstheorie insistiert: die Ökonomisierung des Sozialen, die Subsummierung bisher öffentlicher Aufgaben unter den Tauschmodus und die ökonomische Engagierung der Subjekte lässt sich als eine Verschiebung von Regierungsweisen, als Regierung des Sozialen mit anderen Kalkülen beobachten – Regierungsweisen, die staatliche Instanzen nicht einfach abschaffen, sondern benutzen und umbilden im Sinne ihres Programms.

Diese theoretische Klärung im Sinne der Gouvernementalität reicht freilich nicht hin, um die Gründe für den Aufstieg neoliberaler Regierungsweisen zu identifizieren, will man nicht wieder auf ein »Supersubjekt« (Niklas Luhmann) oder ähnliches zurückgreifen. Hier hilft die oben formulierte Unterscheidungsfigur latenter Legitimation. Auch wenn der Neoliberalismus den Staat weder abschafft noch verdrängt, so kann beobachtet werden, wie sich mit der Ökonomisierung nicht nur des Sozialen, sondern auch des Staatlichen ökonomische Kalküle hervorschieben, die sich zwar bisweilen mit anderen gesellschaftlichen Rationalitäten verbinden und gegenseitig verstärken, jedoch unzweifelhaft immer mehr Handlungsmuster sozialer Felder prägen. Die krisenhaften demokratischen und rechtlich codifizierten Legitimati-

758 Willke 2003a, S. 11f
759 Willke 2003a, S. 16
760 Vgl. Foucault 2005a, Bröckling 2007, S. 76 - 107
761 Lemke et.al. 2000, S. 25.

onsweisen der Staatlichkeit werden sukzessive von der latenten Legitimation deutlich flexiblerer ökonomischer Strategien und Technologien verdrängt. Mit der neoliberalen Konjunktur scheint weniger der Tauschmodus als universales Steuerungsprinzip entdeckt zu werden, als vielmehr eine (freilich hegemoniale) Verlegenheitslösung in Folge der Legitimitätsprobleme staatlicher, besser: bürokratischer Regulierung aufzutauchen.[762] Die Logik dieser Legitimitätsverschiebung ist recht simpel, wie ein nicht ganz einflussloser Neoliberaler recht früh erkennt.[763] Lässt man die neoliberale Prämisse beiseite, nach der auf öffentliche und demokratische Strukturen rekurrierende Regierungsweisen nicht funktionieren können, weil soziale Ordnung dem Primat der wettbewerblich erfolgenden Koordination wirtschaftlicher Interessen folgt[764] und hält die Art und Weise der Regierung grundsätzlich für offen, so stellt sich die Frage nach tieferen strukturlogischen Bewegungen. Unbesehen der zweifellosen rhetorischen Wirkmächtigkeit des neoliberalen Diskurses fußt er auf Bedingungen, die nur teilweise als sein Effekt deduzierbar sind. Der Erfolg der neoliberalen Regierungsweisen basiert – so die hier verfolgte These – auf der Krise der Disziplinarordnung und dem Aufstieg der Kontrollordnung.

Spontane Ordnung

Die Überlegenheit des Marktes gegenüber dem Staat ist in der Moderne eine Existenzfrage – so wird sie zumindest von Max Weber gestellt und beantwortet: „Überlegen ist der Sachkenntnis der Bürokratie nur die Sachkenntnis der privatwirtschaftlichen Interessenten auf dem Gebiet der ‚Wirtschaft'. Diese deshalb, weil für sie die genaue Tatsachenkenntnis auf ihrem Gebiet direkt wirtschaftliche Existenzfrage ist" – Irrtümer in der Statistik tangieren nicht das Einkommen des Beamten, so die simple Logik, die Fehlkalkulation des Unternehmers gefährdet dagegen tendenziell seinen Bestand.[765] Weniger als die auf individualpsychologische Kalküle abhebende Erklärung der existenzgetriebenen Unternehmerüberlegenheit interessiert der zwischen Markt und Staat divergierende Bezug zu Sachkenntnis, Tatsachenkenntnis, kurz: Wissen. Wie die Statistik korrespondiert die gesamte bürokratische Herrschaft kraft Wissen auf einem berechenbaren, hierarchischen Rationalitätsstil, der als Wissen nur akzeptiert, was in das bürokratische Raster passt – die Kalkulation verweist dagegen auf eine deutlich volatilere Rationalität, die prinzipiell alle profitträchtigen Tatsachen zum Gegenstand ihrer Sachkenntnis macht. Die unterschiedlichen Wis-

762 In der Tat legt Milton Friedman mit »Kapitalismus und Freiheit« ein recht präzises Programm des neoliberalen Umbaus vor, das seit seinem Erscheinen 1962 fast buchstabengetreu von dessen Apologeten verfolgt wird. Die Stoßrichtung ist von Anfang an gegen einen nicht funktionierenden Staat gerichtet.

763 Vgl. Friedman 2005, S. 20

764 Vgl. Friedman 2005, S. 35. Zur ordoliberalen Kritik vgl. Rüstow 2004, S. 23

765 Weber 2005, S. 732

sensbezüge ökonomischer und staatlicher Rationalität entfalten zugleich divergierende Ordnungsmuster.

Zur eingangs beschriebenen zeitgenössischen Konjunktur der Ökonomisierung gehört die Invisibilisierung der vielfachen staatlichen Bezüge und Abhängigkeiten einer intrinsisch *politischen* Ökonomie. Jenseits der unbezweifelbaren Fundierung jeglicher Märkte in ihren rechtlichen und staatlichen Regularien und Garantien entfaltet die Ökonomie eine ihr eigene Ordnungskraft. Über die »invisible hand« (Adam Smith) als hinlänglich bekannte Grundfigur der ökonomischen Theorie hinaus ist bezüglich der hier vorgestellten Theoriekonstellation der spezifische Umgang ökonomischer Ordnungsweisen mit Komplexität und Wissen von Interesse. Aus der unüberschaubaren ökonomischen Ordnungsliteratur sticht dabei die Theorie spontaner Ordnung heraus.[766] »Die spontane Ordnung des Marktes« (Friedrich August von Hayek), so die Vermutung, erweist sich als eine Ordnungskraft, die sich wesentlich besser den Bedingungen fragmentaler Differenzierung in der Kontrollordnung anpassen kann. Die sinkende Steuerungsfähigkeit des Rechts korreliert mit einem Komplexitätsschub moderner Gesellschaften, der auf dem Autoritätsbruch wissenschaftlichen Wissens beruht. Diese Konstellation verweist auf das von Hayeksche Diktum, dass komplexer werdende Ordnungen stärker auf spontane Kräfte angewiesen sind. Eine komplexe Ordnung muss nicht unbedingt spontan und abstrakt sein, aber „je komplexer eine Ordnung ist, die wir anstreben, desto mehr sind wir für ihre Herstellung auf spontane Kräfte angewiesen und desto mehr wird infolgedessen bei ihrer Verwirklichung unsre Macht der Lenkung auf die abstrakten Züge beschränkt sein und nicht auf die konkreten Manifestationen dieser Ordnung erstrecken können."[767] Die von Hayeksche Unterscheidung zwischen abstrakt und konkret verweist dabei auf das hier problematisierte Ordnungsproblem des Wissens.[768] Die spontane Ordnung beruht auf den Abstraktionen und damit auf Wissen als etwas, was „weder völlig unabhängig von menschlichem Handeln entstand, noch planmäßig geschaffen wurde",[769] sondern sich im Zusammenspiel zwischen Auto- und Allopoiesis bildet. Die abstrakte Ordnung des Wissens ist demnach ein Raster, bildet als Fähigkeit zum sozialen Handeln Ausgangspunkte für die spontanen Kräfte kontingenten individuel-

766 Andreas Anter verortet die begrifflich auf Polanyi zurückgehende Theorie spontaner Ordnung innerhalb der Ordnungsdiskussion um ‚gemachte' oder ‚gewachsene' Ordnungen, also der Diskussion darüber, ob Ordnung durch einen bewussten, planenden Akt oder von selbst entsteht. Die liberale Theorie von Hayeks ist damit in die wirtschafts- und darüber hinaus ausstrahlend sozialwissenschaftliche Diskussion um Keynesianismus, allgemeiner Sozialtechnologie, Technokratie, Planwirtschaft vs. Liberalismus bis hin zu den Ausläufern des Neoliberalismus von Milton Friedman einzuordnen. Vgl. Anter 2004, S. 138ff. Weniger als diese (letztlich überholten, weil die Zusammenhänge zwischen Allo- und Autopoiesis verwischenden) Frontstellungen interessieren hier die Bezüge der Theorie spontaner Ordnung zu Komplexität und Wissen.

767 von Hayek 1969a, S. 33. Vgl. Anter 2004, S. 142f

768 von Hayek definiert als konkret die ‚realen Gegenstände' und die ‚Vorstellungen und Begriffe von diesen Gegenständen' als abstrakt. Vgl. von Hayek 1969a, S. 33

769 von Hayek 1969a, S. 36

len und kollektiven Handelns; mit den sich so immer wieder neu bildenden Kontingenzräumen entsteht spontane Ordnung.[770]

Die spontane Ordnung bezieht ihre Stabilität gerade nicht aus der Berechenbarkeit, sondern der Unregelmäßigkeit einzelner Aktivitäten. Die paradoxe Logik der Entropie: selbst wenn Elemente sich regelmäßig verhalten, kann dies zur völligen Unordnung des Ganzen führen – umgekehrt ist eine Ordnung des Ganzen auch möglich, ohne dass das Verhalten der einzelnen Teile irgendwelche Regelmäßigkeiten aufweist.[771] Das Musterbeispiel spontaner Ordnung ist der Markt; über die von der klassischen Ökonomietheorie zugewiesene Aufgabe der Verteilung knapper Güter prädestiniert ihn ein spezifischer Umgang mit Wissen. Der für den Markt konstitutive »Wettbewerb als Entdeckungsverfahren« (Friedrich von Hayek) ist „eine Methode zur Entdeckung besonderer vorübergehender Umstände" unter Bedingungen eines weit verstreuten Wissens.[772] Dieser flexible und komplexitätsreduzierende Umgang mit prinzipiell extensivem Wissen erlaubt es, „dass der Markt die Pläne der einzelnen spontan an die so entdeckten Tatsachen anpasst, oder der Frage des Zwecks, für die die so gefundene Information genutzt wird."[773] Die spontane Ordnung des Marktes beruht so auf einer Wissensverarbeitung, die nicht nur spezifisch ökonomisches, sondern auch ökonomisierbares gesellschaftliches Wissen unter der Zielstellung der Profitabilität koordinieren kann. Der eingangs durch Weber skizzierte Wissensvorsprung des Unternehmers findet so bei von Hayek eine ordnungstheoretische Fundierung.

Ungeachtet der nicht unproblematischen theoretischen Fährnisse von Hayeks und ohne seine ‚ur-neoliberalen' normativen Implikationen zu übernehmen,[774] kann die fragmentarische Theorie spontaner Ordnung als Ausgangspunkt für eine Erklärung der strukturellen Konjunktur von Marktlogiken dienen. Die Extension des Wissens und der damit verbundene gesellschaftliche Komplexitätsschub evozieren demnach Regierungsweisen, deren Kalküle darin bestehen, spontane Kräfte zu balancieren: kurzlebige aber populäre Moden, rasche Verknüpfungen von Wissen, technologischen Lösungen und nachgefragtem Bedarf, temporalisierte und flexibilisierte Lebenslagen sind spontane Kräfte jenseits territorialer Begrenzungen, mit denen marktförmige Koordinationsmechanismen offenbar problemlos umgehen. Unter Bedingungen fragmentaler Differenzierung scheint es, „dass der Markt deshalb so unerhört wichtig ist, weil er uns in die Lage versetzt, individuell verstreutes Wissen zu nutzen".[775] Fluktuierende Identitäten können mit ökonomisierbaren Waren und Dienstleistungen bedient werden, Ideen bekommen Geld, wenn ihnen Verwertbarkeit attestiert wird, individuellen Bildungsbedürfnissen kann entsprochen werden –

770 Mit den Worten von Hayeks: „Diese Art der Ordnung [...] wird nicht von irgendjemand gemacht, sondern sie bildet sich. Deswegen wird sie gewöhnlich als ‚spontane'" bezeichnet. von Hayek 1969a, S. 35

771 von Hayek 1969b, S. 172. Vgl. den Kommentar von Anter 2004, S. 143f

772 von Hayek 1969c, S. 251

773 von Hayek 1969c, S. 254

774 Vgl. zu den Defiziten und Problematiken: Anter 2004, S. 143ff

775 Vgl. von Hayek 1996, S. 112

gegen Geld versteht sich. Der Tauschmodus bietet sich auf fast allen gesellschaftlichen Feldern an. Kapitalisiert wird, was innerhalb der gesellschaftlichen Bedingungen kapitalisierbar ist. Dass dazu nun auch ehemals staatliche Aufgaben gehören, liegt offenbar an der mangelnden Steuerungsfähigkeit eines Staates und seiner Dienstleistungen, der der globalen Virulenz der spontanen Kräfte extendierten Wissens offenbar nicht Herr wird.

Regulationsvakuui

Die Extension des Wissens, so der Zwischenbefund, setzt die klassischen Regulativa der Staatlichkeit unter Druck, während die Kalküle der spontanen Märkte sich auf das verstreute und fragmentarische Wissen der Kontrollordnung einstellen können. Der strukturelle Vorteil der spontanen Ordnung des Marktes gegenüber anderen, insbesondere staatlichen Ordnungsformen bildet dabei eine latente Legitimation marktförmiger Regierungsweisen aus. Der Glaube an die Legitimation *gesatzter* Ordnung des Staates wird nun verdrängt durch die latente Legitimation der *spontanen* Ordnung des Marktes. Der Markt dringt so mit den hegemonialen Programmen, Strategien und Technologien neoliberaler Gouvernementalität in *Regulationsvakuui* ein, die die zunehmend delegitimierten Regulierungsformen demokratisch-rechtsstaatlicher Staatlichkeit hinterlassen.

Diese Verschiebung von Staat zu Markt lässt sich anhand der spezifischen Qualität der (Ordnungs-)Medien von *Macht* und *Geld* genauer fassen. Beide Medien sind nicht auf die Funktionssysteme Politik oder Ökonomie beschränkt, sondern sind auf der Ebene der Organisation universale Steuerungskalküle.[776] Beide brauchen Gelegenheit, um in Organisationen verschiedenster gesellschaftlicher Bereiche eingesetzt zu werden und dann ihre Regulierungsmechanismen zu entfalten. Teilsysteme ohne spezifische Ordnungsmedien wie Erziehung, Sport oder Gesundheit sind dann prinzipiell offen für beide Varianten.[777] Über die unmittelbar notwendige wirtschaftliche Koordination hinaus hat das Ordnungsmedium Geld in den Teilsystemen der Disziplinarordnung keine Rolle gespielt; vielmehr wurden die bürokratischen Organisationsformen des Staates in die Systeme hineinterdupliziert. So lassen sich vor allem in diesen Systemen „Professionen finden, die Überzeugungsarbeit leisten müssen und dafür in der professionstypischen Weise ausgerüstet sind: durch Prestige, Ausbildung, institutionalisierte Kollegialität usw.“[778] Wenn die Disziplinarinstitutionen als organisationale Verkörperung teilsystemischer Logiken in die Krise geraten und sie

776 Im Fall des Mediums Geld trifft dies auf alle Systeme zu, in denen Organisationen zu finden sind. Dementsprechend kann man zeigen, dass „Organisation nur geldabhängig funktionieren kann und dass auf diesem indirekten Wege alle Funktionssysteme, soweit sie Organisation benutzen, in Geldabhängigkeit geraten. Wer Organisation braucht, braucht Geld.“ Luhmann 1988, S. 307

777 Vgl. Luhmann 1988, S. 304

778 Luhmann 1988, S. 304

selbst, aber insbesondere Projekte der Wissensproduktion immer weniger auf Koordination qua Profession zurückgreifen können, stellt sich die Frage nach dem koordinierenden Medium, nach dem Erfolg zu bewerten ist *und* das gleichzeitig genügend Flexibilität gewährleistet. In das Vakuum staatlich regulierter Bereiche wie Bildung oder Gesundheit stößt das Ordnungsmedium Geld, über das sich problemlos Steuerung organisieren lässt, insoweit „über Geldzuweisungen tatsächlich Effekte diskriminiert, Differenzen minimiert, also Steuerungsziele erreicht werden können."[779] Unter der Prämisse, dass alle Teilsysteme, die Organisation als Form benutzen, Geld als Medium brauchen,[780] und deren Steuerungswirkung unter der Erosion von Rollen- und Statusdifferenzierung zunimmt, konkretisiert sich so die Ökonomisierung des Sozialen zugleich als parasitäres Entstehen und schließlich hegemoniale Ausweitung von Regierungsweisen, deren Programme, Strategien und Technologien auf das Steuerungsmedium Geld orientieren. Ihre Formen prägen dann wiederum andere Medien, allen voran das Medium Mensch.[781] Das unternehmerische Selbst wird mit Verträgen und Prämien in nuce subjektiviert[782] – die Vertragswelten neoliberaler Gouvernementalität produzieren über die vermeintlich gleichberechtigte und eigenverantwortliche Form der Kontrakte nicht nur ökonomisierte Subjekte, sondern greifen zugleich nichtökonomische Sozialformen an. Darin liegt freilich auch eine Ironie der Geschichte: ausgerechnet durch Bewegungen, die auf die Beseitigung der überkommenen Autoritäten vermeintlich kapitalismusinduzierter Rollen- und Statusdifferenzierung drängen, wird eine Konstellation erzeugt, auf die die Ökonomisierung des Sozialen aufbaut.

Die latente Legitimation von Regierungsweisen, mit denen eine sukzessive Ökonomisierung des Sozialen, der diversen gesellschaftlichen Organisationen und seiner Subjekte einhergeht, hängt in doppelter Hinsicht mit dem veränderten Status des Wissens zusammen. Die spontane Ordnung der Märkte kann die Bedingungen verstreuten, extensiven Wissens wesentlich besser für seine eigenen Operationen nutzen; die ökonomische Rationalität stößt in Regulationsvakuui der Staatlichkeit vor, die mit der Professionserosion infolge des Autoritätsbruchs des Wissens verbunden sind. Prozesse fragmentaler Differenzierung begünstigen deshalb die Ökonomisierung des Sozialen, solange nicht jenseits dessen ebenso flexible organisationale Muster entfaltet werden. Die systemtheoretische Binsenweisheit, dass die Benutzung des Mediums Geld nur *ein* Moment teilsystemischer Interdependenzen, genauer struktureller Kopplung ist, reicht deshalb nicht hin. Gibt man die strikte Trennung a priori gleichgewichtiger Teilsysteme auf, kann man argumentieren, dass es nicht um ein Übergewicht des Wirtschaftssystems gegenüber anderen Teilsystemen im Sinne

779 Vgl. Luhmann 1988, S. 322

780 So würde das Teilsystem Erziehung Schule als Organisation (Form) benutzen, die abhängig ist vom Medium Geld. Analog dazu z.B. Gesundheit, Recht. Vgl. Luhmann 1988, S. 306ff

781 Siehe zum Zusammenhang von Subjektkonstitution und dem Medium/Form-Kalkül: Prolegomena C

782 Vgl. Bröckling 2007, S. 127ff

einer ‚asymmetrischen Interpenetration' geht,[783] sondern vielmehr um die hegemoniale Ausbreitung des Ordnungsmediums Geld unter Bedingungen destabilisierter funktionaler und zunehmender fragmentaler Differenzierung.

Auch ohne einen genuin marxistischen Zugang sind die Problemlagen eines hegemonialen ökonomischen Ordnungsmediums abzusehen. Die ökonomische Regulierung des Zugangs zu elementaren Kollektivgütern (und in der Kontrollordnung vor allem: zu Wissen und Netzen) birgt vor allem die Gefahr der Exklusion weiter Bevölkerungsschichten aus gesellschaftlichen Bereichen, die eigene Selbststeuerung nicht leisten können.[784] Angesichts einer offensichtlich delegitimierten staatlichen Regulierung drohen so neue Legitimitätsprobleme. Die Regierungen, die der Logik spontaner Märkte folgen, und deren Hegemonie zu beobachten steht, postulieren eine Freiheit der Zwänge.

3 Zivile Bewegungen

Dass die Gesellschaft etwas grundsätzlich anderes sei als die Form ihrer Regierung ist in historischer Hinsicht nicht selbstverständlich. Lange genug wurde beides mehr oder minder zusammengedacht; doch mit der Geburt der Souveränität war die Gesellschaft das, was es – ob als der Widerspenstigen Zähmung oder als sanfte Führung der Schäflein – staatlich zu regieren galt. In der Schattenseite der Staatlichkeit verblieb, dass *die* Gesellschaft eine ebensolche Novität wie der Staat war. Die Emanzipation der *societas civilis* schien sich eher subkutan zu entfalten.[785] Sieht man von Margaret Thatchers »there is no such thing as society« ab, war die Gesellschaft im Gegensatz zum Staat kaum ähnlich erklärungsbedürftig wie sein Pendant. Mit der allseits diagnostizierten Krise des Staates ändert sich dies kaum – im Gegenteil: die *zivilen Bewegungen* befinden sich offensichtlich auf dem Weg der Selbstermächtigung. Die Zivilgesellschaft erscheint trotz, oder besser: aufgrund ihrer tautologisch oder zumindest diffus anmutenden Begrifflichkeit[786] mehr denn je als populäres Paradigma politischer Selbstorganisation jenseits des Staates. Dass dies so ist, verweist auf semantische Änderungen. Die Konnotationen, mit denen der Begriff verbunden ist, informieren über die der Zivilgesellschaft zu Grunde liegende Ordnung.

783 Vgl. Voswinkel/Kocyba 2005, S. 80. Siehe zur Einordnung in die Konjunkturen eines unternehmerischen Selbst Bröckling 2007

784 Vgl. Luhmann 1997, S. 630

785 Vgl. Adloff 2005, S. 23, Kocka 2001

786 „Zur Verbreitung des Begriffs dürften aber nicht zuletzt auch seine oftmals sehr unklaren begrifflichen Konturen beigetragen haben. Unklarheit erlaubt Anknüpfung von verschiedenen Seiten, und die normative Überfrachtung des Begriffs lädt zur politischen Instrumentalisierung ein." Klein 2006, S. 281. Siehe prononcierter zur Begriffsgeschichte: Dubiel 1994, S. 67–105. Siehe ideengeschichtlich Adloff 2005, S. 17–91

Die zeitgenössische Renaissance des Zivilgesellschaftsbegriffs hat Niklas Luhmann zufolge „so deutlich schwärmerische Züge, dass man, wenn man fragt, was dadurch ausgeschlossen wird, die Antwort erhalten wird: die Wirklichkeit. Zivilgesellschaft – das ist jetzt die alte Zwänge abwerfende, sich nur durch freien Austausch von Argumenten bestimmende Vereinigung aller Menschen – mit besonderer Berücksichtigung der Frauen.“[787] Der lakonische Kommentar artikuliert neben der aus theoretischen Systemzwängen herrührenden Skepsis gegenüber dem Begriff vor allem auch dessen auf systematischer Skepsis beruhende Wirkungsmacht. Denn die Renaissance des Zivilgesellschaftsbegriffs am Ende des 20. Jahrhunderts basiert auf einer doppelten Staatsskepsis, die eng mit dem Aufstieg der neuen sozialen Bewegungen korreliert. Diese lassen sich in der »Krise der politischen Repräsentation« (Helmut Dubiel)[788] als Verkörperung spezifischer zivilgesellschaftlicher Organisationsformen begreifen. Die gestiegene Relevanz des Zivilgesellschaftsdiskurses und der mit ihr verbundene Aufstieg neuer sozialer Bewegungen korreliert dabei mit der sinkenden Steuerungskapazität des Staates: „In vielen politischen Teilbereichen sind deshalb die Initiative und die Trägerschaft kollektiven Handelns vom »Staat« auf Akteure der Gesellschaft übergegangen. »Zivilgesellschaft« ist in diesem Kontext der Sammelbegriff für alle nichtstaatlichen Formen kollektiven Handelns [...] eine konfliktive Arena der Selbstorganisation und Artikulation sozialer Gruppen.“[789] Während also partizipatorische Zivilgesellschaftskonzepte Beteiligungsansprüche gegenüber der ‚input‘-Legitimation des Staates geltend machen, wird mit der Ausweitung zivilgesellschaftlicher Dienstleistungen auf Zweifel an der Effektivität des ‚output‘ staatlichen Handelns reagiert.

Das notorische Defizit des Staates löst *Bürgerschwärme* allerorten aus: kollektive Zivilcourage soll an den verschiedensten Brennpunkten gesellschaftlicher Problemlagen Einspruch erheben und zugleich selbstorganisiert Lösungen generieren. Die zivilgesellschaftliche Emphase ist längst zum reformrhetorischen Standardvokabular geworden. Im Vordergrund stehen stabilisierende, ergänzende und dynamisierende Funktionen von Zivilgesellschaft für repräsentative Demokratien. Sie wird als Resonanzverstärker und Artikulator gesellschaftlicher Problemlösungen betrachtet, soll politische Entscheidungsprozesse antreiben und die Demokratisierung von Kindergarten bis Altenheim vorantreiben. Mit ihr soll sich Bürgeridentität entfalten und gleichzeitig Bürgerengagement von Freiwilligenarbeit und ehrenamtlichem Engagement bis hin zu sozialen Diensten die verkrusteten öffentlichen Dienste beleben.[790] Dabei trifft sich die Input-Skepsis der Zivilgesellschaft mit dem längst verlorenen Führungsanspruch des Bürgertums und der nachlassenden Strahlkraft der arbeiterlichen sozialen Bewegungen. Die Zivilgesellschaft ist dem eigenen An-

787 Luhmann 2000, S. 12
788 Vgl. Dubiel 1994, S. 89f
789 Dubiel 1994, S. 101
790 Vgl. zur Rolle der Zivilgesellschaft im reformpolitischen Diskurs: Klein 2006

spruch nach für alle anschlussfähig; dass sie anders als die klassenbezogenen sozialen Bewegungen a priori niemanden ausschließt, erleichtert ihre Akzeptanz.[791] In den Verbänden, Bürgerinitiativen und sonstigen Projekten der Zivilgesellschaft kann sich nun jeder bewegen, der etwas bewegen will ohne in Staat oder Großorganisationen wie Gewerkschaften aufzugehen. Die Deliberation gleicht nun die Defizite der Repräsentation aus, ohne die Repräsentanten zu gefährden. Die Einsicht des preußischen Reformers Lorenz von Stein, nach der mit zivilgesellschaftlicher Einbindung staatliche Legitimität wächst, wird reaktualisiert: potentielle Widerstände können frühzeitig gebrochen werden, die Reichweite staatlicher Entscheidungen wird letztlich ausgeweitet. Mögen Lobbies werben, Demos protestieren, NGO's kritisieren: Die Legitimität der Zivilgesellschaft geht in jedem Fall, so die Idee, in der Legitimität des Staates auf.

Eine ganz ähnliche win-win-Konstellation wird sich auch jenseits partizipatorischer ziviler Bewegung versprochen. Als ‚dritter Sektor' wird die Zivilgesellschaft zum Zentralinstrument des wahlweise ‚aktivierenden' oder ‚ermöglichenden' Staates, in der das Gemeinwohl zur genuinen Aufgabe der Zivilgesellschaft mutiert, die der Staat nur noch zu vernetzen und zu koordinieren braucht, damit die gesellschaftliche Selbstorganisation funktioniert.[792] Die Theorie des aktivierenden Staates: mit der Übertragung von Aufgaben auf den dritten Sektor zieht sich der Staat weder zurück, noch wird er geschwächt; er sieht sich vielmehr gestärkt. Die Stärkung der Zivilgesellschaft gibt dem »Gewährleistungsstaat« (Gunnar-Folke Schuppert) Rückendeckung, weil er nicht in eine Schwäche aus Überforderung fällt, sondern durch die eingebundene Zivilgesellschaft sowohl Steuerungspotential als auch Legitimität zurückgewinnt.[793] Zudem wird so das Verhältnis des Staates zur Gesellschaft selbst zivilisiert: die Zivilgesellschaft ist nicht durch Weisung, sondern durch Interaktion gekennzeichnet. Die Bürgerschwärme sind als Gemeinwohlakteur und Koproduzent öffentlicher Dienstleistungen gleichsam Partner des Staates und damit von sich selbst; letztlich ein in sich selbst ruhender Partner-Partner: die Zivilgesellschaft als demokratisierte, non-hierarchische Variante prästabilierter Harmonie.

Der staatsskeptische Zivilgesellschaftsdiskurs entfaltet eine erhebliche Legitimationswirkung nichtstaatlicher Problemartikulationen und -lösungen. Die Zivilgesellschaft scheint mit ihrer doppelten Staatsskepsis aus Partizipationsnöten und Komplexitätsfallen zu helfen, aus denen sich die Staatlichkeit selbst nicht zu befreien

791 Vgl. Kocka 2001, S. 20. Jürgen Kocka weist darauf hin, dass gerade die Diskrepanz von idealem Universalitätsanspruch und realer Exklusivität des frühen Zivilgesellschaftsprojekts und deren Artikulation, Politisierung und Kritik seit Anfang des 19. Jh. über die Arbeiterbewegung bis in die Gegenwart eine Dynamik zu einer immer größeren Inklusion der Zivilgesellschaft angestoßen hat (vgl. Kocka 2001, S. 15f). Dazu passt, dass die Zivilgesellschaftsidee Referenzen zu dem republikanischen Modell politischer Inklusion aufweist, nach der inkludiert ist, wer sich politisch aktiv für das Gemeinwesen engagiert. Vgl. Stichweh 2005d, S. 74

792 Siehe zur Funktion der Zivilgesellschaft im Konzept des aktivierenden bzw. ermöglichenden Staates: Schuppert 2002, 2004; Schindler 2002

793 Vgl. Schuppert 2004, Kocka 2001

vermag. Dennoch bleibt sie bei ihrer Selbstrealisierung auf eine durch sie paradoxerweise gestärkte Staatlichkeit verwiesen. Alles in allem, so das Bild, erscheint die Renaissance der Zivilgesellschaft als alternativloser Akt staatlicher Selbstaufklärung, angetrieben durch emanzipierte Bürgerschwärme, die es selber besser wissen und besser können. Mit der Zivilgesellschaft, so scheint es dem gestärkten Staat, ist nun nichts mehr ausgeschlossen, nicht einmal die Wirklichkeit.

Ziviles Wissen

Zivilgesellschaftliche Genese wie Renaissance lassen sich innerhalb der hier entfalteten Argumentation reformulieren. Die Zivilgesellschaft weist von Anfang an enge Verbindungen zum Zusammenhang von Wissen und Macht auf. Wie der Begriff nahe legt, setzt die *Zivil*gesellschaft einen spezifischen Umgang mit Gewalt voraus: sie gilt es zu zähmen und einzuhegen. Mit ihr geht eine Kultur der Hochschätzung für Toleranz, Selbständigkeit, Leistung sowie individuelles wie kollektives Engagement über rein private Ziele hinaus einher.[794] Die Zivilgesellschaft setzt wie ihre altmodische Variante, die bürgerliche Gesellschaft, voraus, was die Disziplinierung garantiert. Im Sinne von Gramsci verweist die Zivilgesellschaft der (freilich verallgemeinerten) Intellektuellen auf die ‚bürgerliche Gesellschaft', also eine ‚formierte' Gesellschaft von in Verbänden oder ähnlich organisierten gesellschaftlichen Interessen.[795] Intellektuelle sind die eigentlichen Akteure und Organisatoren der Zivilgesellschaft. Sie lenken gesellschaftliche Diskussion und Meinungsbildung qua Position, Zeit und Geld, stellen Konsens her, nutzen Profession und Ansehen, um sich öffentlich zu äußern und die gesellschaftliche Entwicklung über Ideen zu beeinflussen.[796] Bei allen Verwischungen kann beobachtet werden: „Führende Köpfe" tragen in „der Seelsorge der Gläubigen, der Expertise für politische Stellen, der Organisation von Verbänden, in der Fachzeitschrift wie in der feuilletonistischen Wertung", in je funktionsspezifischen Kontexten zur Festlegung von „Alltagspraktiken und kollektiven Gewohnheiten bei." Sie bestimmen folglich nicht nur den Diskurs, sondern auch dessen „Relevanzkriterien und Gegen- stände sowie das gültige Wissen und die Rationalitätsstandards derer, die sich an Diskussionen beteiligen dürfen."[797]

Der Einfluss der Intellektuellen korrespondiert mit einer spezifischen, das heißt: spezialisierten Autorität des Wissens. Als Inklusionsfiguren der Professionen artikulieren sie im gesellschaftlichen Diskurs die Logiken der Teilsysteme einer – so lässt sich reformulieren – *disziplinarischen Zivilgesellschaft*; die konkrete Realisierung der Disziplinarmechanismen verläuft wesentlich über sie.[798] Die Zivilgesell-

794 Vgl. Kocka 2001, S. 10

795 Vgl. Göhler/Klein 2000

796 Vgl. Demirovic 1997, S. 150ff, Kocka 2001, S. 13f

797 Demirovic 1997, S. 150

798 Die praktische Realisation der Zivilgesellschaft in der Disziplinarordnung sind die Verbände und Vereinigungen, ihnen entsprachen stabile, eher zu Großkollektiven neigende Organisati-

schaft/bürgerliche Gesellschaft der Disziplinarordnung konstituiert über die Professionellen ganz wesentlich die humanwissenschaftlich fundierten Strukturen der Disziplinarinstitutionen und die biopolitischen Strategien, mit denen die Laien als überwiegende Mehrheit der an teilsystemischen Kommunikationen Teilnehmenden inkludiert werden. Mit der Zivilgesellschaft der Professionellen/Intellektuellen wird nicht nur die prinzipielle Systemstruktur der Disziplinarordnung konstituiert; zugleich laufen über sie die vielfältigen Regierungsdiskurse, mit denen die systemischen Rationalitäten koordiniert und deren Folgeprobleme reguliert werden.

Mit den neuen sozialen Bewegungen, Bürgerbewegungen, Dissidenten und NGOs brechen diese disziplinären Strukturen der Zivilgesellschaft allmählich auf und verflüssigen sich, der Begriff der Zivilgesellschaft wird nun nicht mehr von Intellektuellen oder Verbandsfürsten, sondern von den verschiedenen Bewegungen „dazu verwendet, ihre eigenen Anliegen zu reflektieren."[799] Mit ihrem Auftauchen ist die disziplinarische Zivilgesellschaft der Intellektuellen und das von ihnen verkörperte disziplinarische Wissen bedroht. Die Intellektualität wird von zwei Seiten angegriffen: in den Ökologie-, Friedens- oder Frauenbewegungen artikuliert sich sowohl kritisches wissenschaftliches Wissen als auch Betroffenenwissen. Die ‚neuen sozialen Bewegungen' entstehen quer zu den funktionalen Differenzierungen der Teilsysteme und artikulieren problembezogene politische Konflikte. „Die hypertrophe Technologie, das zunehmende Abhängigwerden von selbstfabrizierten Substituten, die selektive Maschinerie des Wohlfahrtsstaates, das zunehmende Abhängigwerden von selbstfabrizierten Problemen werden beklagt. Grauenvolle Bilder des an Apparaten hängenden, noch lebenden Menschen vermiesen die Medizin. Überall sind es also Hochleistungsbereiche, gegen die sich der Affekt wendet" und offensichtlich, so der systemtheoretische Beobachter, „scheint es auf einen Protest gegen die funktionale Differenzierung hinauszulaufen; denn das ist das Prinzip, auf das sich die besonderen Leistungen und die problematischen Folgen der modernen Gesellschaft zurückführen lassen."

Diese Stoßrichtung gefährdet die Systemidentitäten selbst: „Im Verhältnis zum politischen System werden neue soziale Bewegungen eindeutig als Bedrohung für die Identität des Systems selbst artikuliert – und gehören deshalb auch nicht zu diesem. Das politische System muss sie ausschließen, da sie den disziplinierenden Effekt des Codes" gefährden.[800] Dieser Befund gilt (trotz und gerade wegen der Integration der GRÜNEN als parlamentarischen Arm der neuen sozialen Bewegungen) weiterhin. Zwar sind und waren die Alternativbewegungen weit mehr als reine Protestbewegungen, denn sie „orientieren sich an dem Ziel der Stärkung der assoziativen Möglichkeiten des Staates"[801] und etablieren darüber hinausgehend nachhaltig wirkende soziale Innovationen. Trotz der vielfachen Anschlüsse und erweiterter

onsweisen und massenmediale bzw. funktionsspezifische Kommunikationen. Vgl. Türk et. al. 2006, S. 129ff

799 Klein 2006, S. 281

800 Stäheli 2000, S. 301

801 Dubiel 1994, S. 74

partizipativer Möglichkeiten gehen sie aber nicht in den Routinen des politischen Systems auf. Die Zivilgesellschaft neuer sozialer Bewegungen bewegt sich innerhalb der Strukturen funktionaler Differenzierung, aber: über funktionale Differenzierung hinausgehend. Sie sind als »beunruhigende Erscheinungen der modernen Gesellschaft« (Niklas Luhmann) nicht nur Selbstbeschreibungen von Folgeproblemen funktionaler Differenzierung,[802] sondern sie artikulieren zugleich den Versuch ihrer Lösung in einem Kontext, in dem „funktionale Differenzierung an Grenzen stößt, Grenzen der Kapazität, Grenzen der Lösung von Problemen, die sie selbst produziert."[803]

Die neuen sozialen Bewegungen wenden sich gegen die individuell erfahrbaren, nicht einzelnen Systemen zurechenbaren, mithin potentiell gesamtgesellschaftlichen Nebenfolgen oder Risiken einer »Risikogesellschaft« (Ulrich Beck) als „einer neuen negativen Vereinheitlichung der Gesellschaft [...] – negativ deshalb, weil sich diese Erfahrung der Gefährdungen und Krisen herstellt, denen wir in der Folge destruktiver und ungesteuerter Funktionssysteme ausgesetzt sind."[804] Diese Risikoerfahrungen und -bewertungen sind prinzipiell wissensbasiert und transzendieren die Logiken funktionaler Differenzierung. Das für die disziplinarische Zivilgesellschaft charakteristische Wissensdifferential zwischen Professionellen und Laien wird innerhalb der Risikoproblematik von den neuen sozialen Bewegungen prinzipiell in Frage gestellt. Damit korrespondiert, dass die neuen sozialen Bewegungen hohe Bildungsbeteiligungen und -grade aufweisen und sie anders als andere, disziplinär und sektoral abgegrenzte gesellschaftliche Organisationsformen im Umfeld einer allgemeinen „Resonanzlosigkeit des politischen Systems"[805] Problemlagen aufgreifen und artikulieren, die auf einem wissensspezifischen Zusammenhang beruhen. Zudem weisen die neuen sozialen Bewegungen flexiblere Organisationsformen auf, die mit der projekt- und gruppenförmigen und nicht institutionellen Organisationsweise der Konstitution des Subjekts in der Kontrollordnung entgegenkommen:[806] die Subjektivität bricht in die politische Praxis ein.[807]

Die Wissensbasierung zivilgesellschaftlicher Bewegungen erfolgt innerhalb einer generellen Tendenz zur Professionalisierung und Verwissenschaftlichung und über sie hinausgehend[808] im Rahmen einer Doppelstrategie von Hybridisierung und Dekonstruktion wissenschaftlichen Wissens. Dem kommen kommunikationstechnologische Veränderungen entgegen, die über den offenen Zugang zu Wissen und die Vernetzung wissensbasierter Gruppierungen einen Strukturwandel der Zivilgesell-

802 Vgl. Luhmann/Hellmann 1996d, S. 190f

803 Luhmann/Hellmann 1996d, S. 195

804 Dubiel 1994, S. 99

805 Luhmann 1996, S. 206

806 Siehe dazu Kapitel V (2), VI (2)

807 Vgl. Adloff 2005, S. 132

808 Bröckling verweist auf die vielfältigen wissenschaftlichen Produktionssphären von Zivilgesellschaft als Gegenstand von Forschung, Studium und Promotion sowie Wissenschaftsberatung. Vgl. Bröckling 2004b, S. 65

schaft ermöglichen.[809] NGO's wie *attac* konstitutieren sich über wissenschaftliche Expertise und greifen wissenschaftliche Argumentationen zugleich auf und an. Sie sind weder im klassischen Sinn der sozialen Bewegung eine reine Interessen- oder Klassenvertretung noch besitzen sie die institutionelle Reinheit wissenschaftlicher Experten.[810] Die zivilgesellschaftlichen Organisationen der Kontrollordnung stützen ihre Machtwirkungen paradoxerweise darauf, wissenschaftliche Autorität für sich zu nutzen und gleichzeitig anzugreifen sowie politischen Einfluss auszuüben und sich gleichzeitig vom politischen System zu distanzieren. Die auf der kategorischen Trennung von Politik- und Wissenschaftssystem beruhende Legitimationsstrategie wissenschaftlicher Politikberatung gehen diese neuen Qualitäten ab.[811] Dementsprechend lassen sich diese neuen zivilgesellschaftlichen Formen nicht unter die Prozesse einer Verwissenschaftlichung der Gesellschaft oder Vergesellschaftung der Wissenschaft subsumieren,[812] sondern vielmehr als Herausbildung von hybriden Formen gesellschaftlicher Regulation auffassen, die quer zur funktionalen Differenzierung der Gesellschaft stehen.

Bewegungsdefizite

Mit den zivilen Bewegungen geht eine latente Legitimation einher, jenseits der staatlichen Formen sowohl Problemlagen präziser zu artikulieren, als auch größere Kompetenz in spezifischen Regulierungsfragen zu behaupten. Sie entfalten einen Regelungsanspruch, der auf der Selbstorganisation und -koordination kraft eines Wissens beruht, das verschiedene Wissensarten und -formen kombiniert und mit Machtrelevanz ausstattet. Zivilgesellschaftliche Selbstorganisation folgt damit den Logiken fragmentaler Differenzierung in „einer Gesellschaft, deren Akteure von unterschiedlichen lebensweltlichen Totalitätsentwürfen, Weltbildern und Lebensformen gekennzeichnet sind". In den so entstehenden Strukturen, in denen sich kollektives politisches Handeln in der partikularen Gemeinsamkeit der Heterotopien entfaltet, „sind die fragilen kulturell pluralisierten Teilöffentlichkeiten auf wechsel-

809 Vgl. explizit zum Zusammenhang von netzmedialer Kommunikation, open access und Zivilgesellschaft: Schiltz et. al. 2005

810 Vgl. exemplarisch zum Beispiel Attac: Schophaus 2007

811 Zwar zeigen Küppers und Krohn, dass außerwissenschaftliche Aktivitäten von Wissenschaftlern (wie z.B. der Politikberatung) seit jeher konstitutiver Bestandteil der Legitimation des Wissenschaftssystems sind. Diese Legitimationsstrategien beruhen jedoch von vornherein auf einer Trennung funktionaler Teilsysteme. Vgl. Krohn/Küppers 1989

812 Weingart behauptet neben der schon in den 1980er Jahren aufgemachten These von der Verwissenschaftlichung der Gesellschaft auch eine Vergesellschaftung der Wissenschaft, nach der sich die einzelnen Funktionssysteme die wissenschaftlichen Reflexionsformen zu eigen machen und die Wissenschaft damit politisieren, medialisieren oder ökonomisieren. Diese Diagnose ist nicht falsch, aber für viele der beschriebenen Prozesse unzureichend. Vgl. Weingart 2001, S. 18.

seitige Durchdringung angelegt."[813] Die zivilen Bewegungen entfalten zweifellos gesellschaftliche Kräfte, die weder die Defizite des disziplinarischen Staates, noch die Defizite der spontanen Märkte der Kontrollordnung aufweisen. Sie grenzen sich gegenüber Hierarchie und Markt ab und basieren auf Solidarität als reziprokem Muster gegenseitigen Gebens und Nehmens. Das ist immerhin nicht wenig, aber: reicht es aus?

Die zivilen Kalküle wecken Motivation, Freiwilligkeit und Gemeinsinn – Bewegungsdefizite sind freilich unverkennbar. Sie bleiben in ihrer Rahmensetzung und in ihren materiellen Grundlagen auf Staat und Markt angewiesen, sind zu deutlich auf die ‚starken Instanzen‘ »deliberativer Demokratien« (Jürgen Habermas) und »moralisierter Märkte« (Nico Stehr) angewiesen, über die sie gesellschaftliche Probleme artikulieren und deren Resonanz sie verstärken. Die zivilen Bewegungen etablieren eine spontane, jedoch eine weitaus fragilere Ordnung, die den Marktlogiken wenig entgegenzusetzen hat. Zwar begründen sie „das verantwortliche und solidarische *social being*",[814] das durch Markt und Politik nur unzureichend geweckt werden kann; andererseits sind sie auch und gerade in der Drift zwischen Disziplinar- und Kontrollordnung zugleich Feld von neoliberalen Regierungsweisen. Die mit einer zunehmend ökonomisierten Staatlichkeit verbundenen Prozesse der Deregulierung und Privatisierung, die Implementierung neuer Steuerungsmodelle ziehen eine Ökonomisierung zivilgesellschaftlicher Dienstleistungen nach sich, mit der die Zivilgesellschaft jenseits von Markt und Staat gefährdet wird.[815]

Die genuine Wissensbasierung der zivilen Bewegungen gefährdet die Machtdifferentiale zwischen Professionen und Laien – zugleich entfalten sich neue, fragile aber zugleich mächtige Wissens- und Machtgefälle. Die Zivilgesellschaft ist letztlich weniger machtvoller Akteur als Effekt der Regierungen innerhalb der Kontrollordnung; sie ist darin nicht Alternative zu Markt und Staat, sondern auf komplexe Weise mit ihnen verbunden. Die latente Legitimation ziviler Bewegungen korrespondiert mit spontanen Märkten, die ihre Negativeffekte nicht intern verarbeiten können, die „Marktvergesellschaftung braucht deshalb Widerlager, und hier kommt die Zivilgesellschaft ins Spiel."[816] Die zivilen Bewegungen sind als Solidaritäts-Produzent Voraussetzung und Effekt von Markt und Staat, sind Bestandteil von Subjektivierungsstrategien, die der Kontrollordnung inhärent sind, denn gemeinsam „ist ihnen nicht zuletzt das Prinzip der Unabschließbarkeit. Erzeugt wird ein Sog, der antreibt, ohne dass die Angetriebenen je ankommen könnten: Selbstverantwortlich, initiativ, kooperationsfähig und flexibel ist man nie genug."[817] Neoliberale und zivilgesellschaftliche Gouvernementalitäten sind dabei weder einander nachgeordnet noch

813 Göhler/Klein 2000, S. 284

814 Bröckling 2004b, S. 64

815 Die Rücknahme staatlicher Leistungserfüllung und die Transformation von Lösungskapazitäten auf die Ebene zivilgesellschaftlicher Dienstleistung lassen sich als komplementäre Prozesse einer ökonomischen Entgrenzung der Politik rekonstruieren. Vgl. Anheier 2004, Klein 2006

816 Bröckling 2004b, S. 64

817 Bröckling 2004b, S. 67

gehen sie ineinander auf; sie sind einander komplementär. Ihr Aufstieg hängt eng mit der Legitimationskrise disziplinärer Staatlichkeit zusammen. Wie die spontanen Märkte holt die zivilen Bewegungen das Problem aller Regierungsweisen latenter Legitimation ein, die Grundlagen der eigenen Existenz nicht hinreichend sichern zu können. Der Zugang zu den zivilgesellschaftlichen Heterotopien ist höchst unterschiedlich, auch und gerade die zivilen Bewegungen grenzen aus und artikulieren tendenziell die wissensbasierten Machtverhältnisse. Zivilgesellschaftliche Individuen können Zusammenschlüsse wagen; doch mit ihren Assoziationen wachsen die Ausschlüsse.

IX Die Flucht zur Verantwortung

An der Schwelle zwischen Disziplinar- und Kontrollordnung schwindet der gemeinsame Boden politischer Auseinandersetzung schleichend; die gemeinsame Form, in der sich Gleichheit, Ungleichheit und die Grade gesellschaftlicher Freiheit lokalisieren ließen, erodiert: die Dynamik spontaner Märkte, die immer mehr Bereiche gesellschaftlichen Lebens vereinnahmt, die einst der regulativen Kraft öffentlicher Verantwortung unterlagen; die zivilen Bewegungen, die nicht mehr auf das allgemeine Wohl, sondern auf das Besondere, Partikulare abheben. Basierte die Demokratie in ihrer allgemeinsten Form auf der Machtbeziehung zwischen *δήμος* (démos) und *κρατία* (kratía) und damit auf der „demokratischen Darlegung“ als „Konstitution des sinnlichen Raumes, in dem sie sich entfalten kann“,[818] so ist mit der Extension des Wissens und der damit verbundenen Heterogenisierung von Werten, Erfahrungshorizonten und Identitäten dieser auf der wahrgenommenen Einheit des Volkes basierende Raum fundamental gefährdet. Die Krise der disziplinarischen Regulationsformen ist zugleich eine Krise des politischen Systems und ihrer demokratischen Legitimation. Die komplexe Verbindung von *Volk* und *Herrschaft* erodiert, weil ihre Bedeutung immer brüchiger wird; das eine scheint nicht mehr erreichbar, die andere nicht mehr durchsetzbar. Nichts weist darauf hin, dass diese Entwicklung reversibel wäre – vielmehr zeichnen sich neue Abhängigkeiten ab. In der Kontrollordnung radikalisiert sich eine Entwicklung der disziplinarischen Moderne: Der démos verfällt nicht, aber er verändert mit der Extension des Wissens seine Ordnung, sprengt territoriale Grenzen und seine als unhintergehbar geglaubten sozialen, rassischen, ethnischen und rechtlichen Begrenzungen, er sprengt die Fesseln der kratía, die ihn konstituierten. „Indem man dieses mögliche Schicksal beschleunigt, wird die Souveränität vielleicht von der Verantwortung überholt werden.“[819] Mit den Fluchtlinien zeichnen sich indes mögliche Konturen des Politischen ab: Legitimation durch Inklusion, integrale Subsidiarität, partikulare Staatlichkeit. Die Flucht des démos aus den Eingrenzungen der kratía ist eine Entzweiung, die in der Verwischung der alten

818 Ranciere 1997, S. 106
819 Badie 2002, S. 302

Muster die neuen Linien der Verantwortung zieht und deren Bewegungen nachvollziehend sich die kratía eine Flucht schlagen muss, eine *Flucht zur Verantwortung*.

1 Legitimation und Inklusion

Die notwendige Integration derer, von denen die Herrschaft ausgeht und die es zu beherrschen gilt, verweist auf die Inklusion als *conditio sine qua non* von Legitimation. Die Verbindung von Inklusion und Legitimation erscheint trivialer, als sie unter Bedingungen der Kontrollordnung ist. Die Demokratie ist selbst ein kontingentes Inklusionsmodell des politischen Systems.[820] Dass klar ist, wer zum *démos* gehört und folglich über welche *kratía* befinden darf, kann oder soll, ist keineswegs mehr selbstverständlich. Die Inklusion als Grundbedingung von Legitimität lässt sich immer weniger mit dem Akt der Staatsbürgerschaft als hergestellt bezeichnen; sie erodiert nach innen wie nach außen, weder lassen sich alle Bürger mit ihr erfassen, noch ist sie hinreichende Bedingung um den Bürgerstatus auszufüllen, so man ihn hat. Was diesseits des Nationalstaats kaum fragwürdig erschien, wird jenseits der vertrauten Gefilde in der »postnationalen Konstellation« (Jürgen Habermas) schmerzlich bewusst: „Demokratische Legitimation postnationaler Organisationen setzt ein Mindestmaß an politischer Integration und kollektiver Identifikation mit der Institution voraus. Ohne deren Entwicklung keine Demokratiefähigkeit"[821] Die vergeblich erscheinenden Diskussionen um die europäische Identität zeigen, wie fragil die Inklusion als das Fundament der demokratischen Idee ist.[822] Naht also jenseits des Nationalen das »Ende der Demokratie« (Jean-Marie Guéhenno) oder ist vielmehr von deren Transformation zu reden? Die wieder fraglich gewordene Herstellung des démos als notwendige Grundvoraussetzung von Staatlichkeit legt nahe das Verhältnis von Legitimation und Inklusion neu zu denken.

Die postdemokratische Konstellation

Ein postdemokratisches Zeitalter erscheint als politische Nemesis der Entgrenzungen von Wissen, Subjekt und Macht in der Disziplinarordnung. Die postdemokratische Konstellation ergibt sich für Crouch als gegenwärtig prominentesten Vertreter der Postdemokratiethese aus einem Ungleichgewicht zwischen den Interessen der

820 Stichweh weist darauf hin, dass die Politik in ihrer europäischen Entwicklung mit mehreren Inklusionsmodellen experimentiert hat, so mit dem aristokratischen, das vor allem die ständischen Repräsentanten meinte; das republikanische, das jenseits dessen auf Aktivität und einer normativen Partizipationserwartung beruhte und schließlich das demokratische Inklusionsmodell. Stichweh 2005d, S. 74

821 Gusy 2000, S. 148

822 vgl. stellvertretend zur Diskussion um transnationale Identitäten: Kaelble et. al. 2002, Scharpf 1999

Unternehmer und der übrigen Bevölkerung, einer unheilvollen Allianz von politischen und ökonomischen Eliten vor dem Hintergrund einer erodierenden Arbeiterklasse. Die Postdemokratie führt die vordemokratische Elitenherrschaft wieder auf die politische Bühne; deren Aufführung bleibt freilich innerhalb der politischen Kämpfe offen. Die Krise des demokratischen Systems ist weniger eine Frage strukturellen Wandels als politischen Willens, wenn ökonomische Eliten in die Schranken gewiesen, die politische Praxis reformiert wird und Bürger sich nur endlich wieder engagieren.[823]

Im Horizont von Colin Crouch wird die postdemokratische Konstellation innerhalb der sozialdemokratischen Moderne verortet; die Problematik wurzelt freilich tiefer im Verhältnis von *démos* und *kratía*. Der theoretisch anspruchsvolleren Version der Postdemokratie im Sinne Jacques Rancieres geht es um die „Idee einer Demokratie ohne démos, die sich im einfachen Spiel von staatlichen Institutionen und Gesellschaft ausbildet"; auch sie geht wie Crouch von einer anhaltenden Steuerungs- und Integrationsfähigkeit des Staatlichen aus, mit der das inhärent Politische getilgt werden kann.[824] Doch mit dem Verlust des démos zeigen sich auch die Grenzen einer kratía der souveränen und disziplinarischen Moderne, der Administration eines staatlichen Handelns, das die gesellschaftliche Komplexität nur mit wachsender Selbstüberforderung zu bewältigen scheint. Weniger als die Tilgung des Politischen durch die Politik (oder mit Ranciere: das Verschwinden der Politik hinter der Polizei), auf die Ranciere insistiert, als die Krise einer spezifischen, disziplinarischen Form der Politik kennzeichnet den Aufstieg der Kontrollordnung. Jenseits dessen zeigt die Freiheit der Zwänge von Regierungsweisen nichtstaatlicher Steuerung Konturen einer Ordnung auf, die sich zunehmend verselbständigt und die Emphase der Volksherrschaft mehr und mehr verblassen lässt.

Die Theoretiker der Postdemokratie argumentieren in ihren Beschreibungen notwendige, aber nicht hinreichende Aspekte der demokratischen Krise. Die zeitgenössische Postdemokratie-Debatte, das zeigen die Skizzen, ist in ihren Prämissen und Lösungsvorschlägen den politischen Strukturen der Disziplinarordnung verhaftet. Im hier problematisierten theoretischen Kontext greift die postdemokratische Konstellation tiefer. Sie bezieht ihre Brisanz aus einer doppelt prekären Situation der Demokratie, ergibt sich einerseits aus einer verstreuten Öffentlichkeit und partikularen Gemeinsamkeit mit der das übliche Volks-Verständnis konfrontiert ist und zum anderen aus unübersehbaren staatlichen Steuerungsproblemen. Die größte Herausforderung der demokratischen Idee bestand mit dem Aufbruch der Moderne darin, mit der kratía der wandelnden Gestalt des démos gerecht zu werden. Das Volk war dabei von Anbeginn eine prekäre Konstruktion, seit der Souveränitätsordnung mit seinem Territorium nie vollständig kongruent – der „Name des Volkes deckt gleichzeitig die Besonderheit einer zufälligen Gemeinschaft und die Verkörperung der allgemeinen Souveränität ab. Wenn man Volk sagt, weiß man nicht genau, von

823 Vgl. Crouch 2008, S. 143ff
824 Vgl. Ranciere 1997, S. 109

welcher Identität man spricht."[825] Die schimärische Existenz des Volkes verfiel in der Disziplinarordnung mehr und mehr zu Gunsten eines in Klassen, Interessengruppen und Milieus geteilten démos.

Nichts weist darauf hin, dass die Erosion des démos in der Form des Volkes in der Kontrollordnung reversibel wäre, ebenso wenig wie auf die Renaissance einer machtvollen Souveränität zu hoffen ist. Geht man gleichwohl mit Ranciere davon aus, dass der Begriff der Demokratie tiefer geht, als es die uns selbstverständlichen Formen nahe legen, dass die spezifische politische Form der Moderne diesseits und jenseits der totalitaristischen Schwellen darin bestand, Herrschaft und Volk zu verbinden, in eine Spannung zu bringen, aus der sich die dem Politischen eigene Legitimation entfaltete, so stellt sich in der sukzessiven Auflösung des Volkes die Frage nach der politischen Konstitution des démos radikal neu. Michael Hardt und Antonio Negri beantworten diese Frage bekanntlich mit einer begrifflichen Revitalisierung der Menge: *Multitude*. Ihnen zufolge stellen die fundamentalen und miteinander zusammenhängenden Veränderungen in Subjektivität und Arbeitswelt die bisherigen Vorstellungen von Souveränität und politischen Prozessen auf eine veränderte Basis. Die radikale Umorientierung der Subjektivität und Arbeitsorganisation projizieren Negri und Hardt umstandslos auf das politische System. Die in Spinoza wurzelnde spezifische Vorstellung der absoluten Demokratie der Multitude bei Negri und Hardt hebt auf ein Verständnis der Multitude ab, das einen Kommunikations- und Kooperationszusammenhang der Produzierenden voraussetzt und auf den politischen Prozess überträgt. Die Emphase der absoluten Demokratie verstellt den Blick auf die Inklusionsbedingungen der Multitude und damit das Kernproblem der politischen Legitimation. Naheliegender als die politische Praxis der Multitude vorschnell als Weg „zwischen Souveränität und Anarchie" als „ganz neue Chance für die Politik" [826] zu feiern, scheint es, die kooperativen öffentlichen Handlungsspielräume angesichts der unzweifelhaft veränderten Kooperations- und Kommunikationsbedingungen der gesellschaftlichen Akteure neu zu verorten.

Erneuerte Republikanität

Die postdemokratische Konstellation verweist auf die zunehmenden Inklusionsprobleme der Politik. Zwar setzt das demokratische Inklusionsmodell entgegen aller wohlmeinenden, republikanisch motivierten Missverständnisse „auf der Passivität der Bürger auf. Politische Freiheit in demokratischen Systemen ist in entscheidenden Hinsichten auch die Freiheit zur Nichtpartizipation."[827] Doch auch die Nichtbe-

825 Lyotard 1990, S. 68

826 Hardt/Negri 2004, S. 370

827 Stichweh 2005d: 74. Stichweh weist in diesem Zusammenhang zurecht darauf hin, dass dieses Modell (mit periodischen Wahlen und dem aktiven Wahlrecht als Ausnahmefall) weit besser zur Vollinklusion innerhalb funktionaler Differenzierung passt als das republikanische Modell, das ein mehr oder minder ständiges aktives Engagement in der Politik voraussetzt

teiligung setzt einen Bezug zum politischen System voraus, der angesichts des globalisierungsbedingt prekär werdenden Konzepts der Staatsbürgerschaft gefährdet ist: „Wir beobachten heute eine Deterritorialisierung der Politik und eine Entpolitisierung des Territoriums."[828] Mit der oben beschriebenen Relevanzverschiebung von citizenship auf denizenship werden die Bevölkerung und das Staatsvolk zunehmend inkongruent. In Bezug auf die kollektiv bindenden Entscheidungen des politischen Systems heißt das, dass zunehmend unklar ist, welches Kollektiv mit den Entscheidungen der Politik gebunden werden soll.[829] Damit verbunden ist eine Krise des Wohlfahrtsstaates, dessen in doppelter Hinsicht inklusionsvermittelnde Funktion (als Orientierungsebene politischer Programme und Instanz für die Herstellung individueller Inklusionsvoraussetzungen) mit der Deterritorialisierung in Frage steht.

Die vor allem im Globalisierungskontext erklärten politischen Inklusionsprobleme lassen sich innerhalb der hier vertretenen Argumentation als Effekte der Drift zwischen Disziplinarordnung und Kontrollordnung reformulieren. Die Krisen der Regierungen der Wohlfahrt offenbaren die Krise des disziplinarischen Normalisierungscodes; nicht mehr die Bevölkerung, sondern das Wissen zu regulieren, wird zum virulenten Ordnungsproblem. Das politische System kann nicht mehr ohne Weiteres auf eine politische Inklusion qua territorialer Integrität abheben, weil die Figurationen des Wissens und die darüber sich bildenden partikularen Gemeinsamkeiten prinzipiell aterritorial und temporalisiert sind. Das Ordnungsproblem des Wissens zeigt sich in einem heterogenen dêmos, dessen Zerbrechlichkeit jenseits der nachlassenden integrativen Kräfte der Territorialität oder der gemeinsamen Sprache sich in den fragilen Identitäten und partikularen Gemeinsamkeiten artikuliert. Der Überwindung des republikanischen Prinzips durch die Demokratie, mit der die politische Inklusion und die gesellschaftliche Vollinklusion funktional differenzierter Gesellschaften zugleich gewährleistet werden konnten, folgt nun ein politisches Inklusionsmodell, mit der das demokratische Prinzip durch eine erneuerte Republikanität überwunden wird.

Auch die demokratische Legitimität der Disziplinarordnung barg einen republikanischen Kern, der sich in dem „Diskurs von Spezialisten, Experten, Ratgebern, Beratern" und „in der Form von Untersuchungen, Berichten, Meinungsumfragen, Indizien, Statistiken" artikulierte.[830] In unmittelbarem Zusammenhang mit den Intellektuellen und Professionen der disziplinarischen Zivilgesellschaft bildete sich nicht nur die prinzipielle Ordnung von Funktionssystemen und Disziplinarinstitutionen heraus, sondern wurden zugleich die Legitimationsdiskurse des politischen Systems konstituiert. Die prinzipielle Passivität der disziplinarischen Demokratie und die schmale, funktional spezifische Republikanität bedingen sich gegenseitig. Dieser Zusammenhang sicherte zum einen hinreichend Inklusion, zum anderen genügend

und damit zur zwangsläufigen Vernachlässigung anderer Aktivitäten oder systemtheoretisch: zur Exklusion aus anderen Funktionssystemen führt. Vgl. Stichweh 2005d, S. 74f

828 Stichweh 2005d, S. 78

829 Stichweh 2005d, S. 78

830 Lyotard 1990, S. 63

Flexibilität, um die diversen Regierungsweisen zu implementieren. Die prinzipielle, aber weitgehend kaschierte Zerbrechlichkeit dieser disziplinarischen Legitimationsdiskurse tritt mit der Kontrollordnung vollends zutage. Sie wird von einer Politisierung des Wissens und einer von der Kontingenz des Wissens getriebenen Organisation des Politischen verschärft, die noch weit mehr als in der Disziplinarordnung „ selbst ständigen Beratungen der Wissenschaftler unterliegt. Vor allem aber liegt die Einheit der heterogenen Genres, die in dieser Organisation im Spiel sind, einzig und allein in der Antwort, die auf die ursprüngliche Frage: *Was sollen wir sein?* angesprochen wird."[831] Das von Lyotard auf die Einheit der Nation orientierte republikanische Prinzip, das dem Inklusionsmodell der disziplinarischen Demokratie eingeschrieben war, kann für die Kontrollordnung reformuliert und erneuert werden. Die Republikanität bezieht sich nun nicht mehr auf eine Nation oder andere stabilisierte Entität, sondern auf eine volatile, stets neu zu bildende partikulare Gemeinsamkeit. Nicht mehr die schmale Schicht der Intellektuellen und Professionellen, sondern prinzipiell alle, die mit der Frage *Was sollen wir sein?* gemeint sind, sind Bestandteil dieser prinzipiell temporären und aterritorialen Republikanität, mit der sich die Legitimation der Politik in der Kontrollordnung artikuliert.

Die Existenz des Staatlichen kann sich nur im Vollzug einer kratía konstituieren, die sich in ihrem Selbstverständnis (nicht normativ, sondern funktional notwendig) als Offenlegung und streitbare Aushandlung der divergierenden und konfligierenden Werte, Normen und Interessen versteht, deren Kommensurabilität im Sinne lokalen Konsenses sich nur im und für den Vollzug des konfliktiven Diskurses herstellen kann. Nicht Konsens, sondern Dissens ist Konstituens des Politischen; „wenn es einen Konsens über die Regeln gibt, die jedes Spiel und die darin gemachten ‚Spielzüge' definieren, so muss dieser Konsens lokal sein, das heißt von gegenwärtigen Mitspielern erreicht und Gegenstand eventueller Auflösung."[832] Damit zeichnen sich auch die Konstitutionsbedingungen und Grenzen sowohl von Netzsystemen wie der Formen von Politik ab. Die angewandten Rationalitätsformen sind wie die Legitimationsdiskurse nicht auf Dauer gestellt und von Intellektuellen und Professionellen vorgegeben, sondern im Maß der jeweils Inkludierten flach und begrenzt. Damit sieht sich die disziplinarische Demokratie geschwächt und das Prinzip der Republikanität gestärkt: „Über die Ziele herrscht in der Republik prinzipiell eine Unsicherheit, eine Unsicherheit über die Identität des Wir. [...] In der Republik gibt es mehrere Erzählungen, weil es mehrere mögliche finale Identitäten gibt",[833] die bestenfalls temporär stabilisiert werden können oder nur auf bestimmte Regionen der Legitimation von Herrschaft bezogen werden. Das dünne Eis des démos, auf dem die Staatlichkeit der Kontrollordnung agieren muss, begünstigt Regierungen, die

831 Lyotard 1990, S. 64

832 Lyotard 1982, S. 191. Lyotard weiter: „Diese Orientierung entspricht der Evolution der sozialen Interaktionen, wo der zeitweilige Vertrag die permanente Institution in beruflichen, affektiven, sexuellen, kulturellen, familiären und internationalen Bereichen wie in den politischen Angelegenheiten tatsächlich ersetzt." Lyotard 1982, S. 191.

833 Lyotard 1990, S. 64

einfache, individuell ohne konfligierende Begleiterscheinungen benutzbare Logiken (Markt) oder Mythen (Religionen, Orthodoxien und Kulte) an die Stelle der komplexen demokratischen Aushandlung setzen.

Legitimation der Verantwortung

Das Dilemma einer im Vollzug der kratía herzustellenden, fragilen Einheit des démos und einer ihr inhärenten Zukunftseinforderung, die nur eine gemeinsam hergestellte sein kann, macht die prinzipiell prekäre Staatlichkeit der Kontrollordnung aus. Wie und über welche Regierungen dieses Dilemma aufgelöst wird, wird den konkreten Gesichtern der Demokratie oder Nicht-Demokratie in der Kontrollordnung ihr Gepräge geben. Der Legitimationsgrad des Politischen in der Kontrollordnung wird sich in der Reichweite ihrer Inklusion bestimmen. Rechnet man ein, dass Identitäten fragil und immer wieder herstellbar sind, so sind die demokratischen Institutionen ebenso divers wie ihre Legitimation. Die europäische Identität als Voraussetzung der Legitimität europäischer Strukturen ist dann nur eine von vielen, sie kann nicht ausschließlich und sie wird nie so stark sein, wie die nationalen Identitäten einmal waren.

Vor dem Hintergrund des Gezeigten bekommt das Prinzip der *Verantwortung* in der Kontrollordnung einen neuen Stellenwert. Die politische Logik der Verantwortung folgt der Einsicht in die gegenseitige Abhängigkeit verteilter Akteure und in die notwendigen Voraussetzungen tragfähiger gemeinsamer wie individueller Entwicklung unter Einrechnung unterschiedlicher Identitäten und Wertpräferenzen. Verantwortung greift dort Raum, wo divergierende Werte nicht zu Gunsten eines Wertes suspendiert, sondern auf der Ebene der Verantwortung akzeptiert und auf ihre Folgen hin verhandelt werden müssen. Die räumlichen Sphären der Legitimation können wie oben beschrieben immer weniger als territorial gegeben vorausgesetzt werden – »Geographien der Verantwortung« (Doreen Massey) sind in der Kontrollordnung prinzipiell relational und werden als politische Verhandlungsorte gemeinsam mit raumbezogenenen Identitäten erst diskursiv und auf Grundlage einer prinzipiell netzmedialen Kommunikation konstituiert. Gerade die aufkommenden heterogenen und hybriden Identitäten und die Überschneidung ihrer disparaten Fluchtlinien an bestimmten Orten machen es notwendig, „unter Bedingungen, die durch Differenz geprägt sind, die unleugbare räumliche Tatsache zu verhandeln, dass man ein Stück Erde teilt."[834] Der räumliche Bezug der Verantwortung ist dabei nicht zwingend

834 Massey 2007, S. 70. Doreen Massey verfolgt im Anschluss an Amin Ash die These, dass lokale Politiken insbesondere in *Global Cities* entscheidend für die Reproduktion globaler Machtzusammenhänge sind. Indem Städte wie London in ihrem Selbstverständnis angegriffen werden, können sie zugleich als Verhandlungsort der Folgen der „vor Ort produzierten" Globalisierung konstituiert werden. Geographien der Verantwortung dementieren demnach die Behauptung einer anonymen Globalisierung, denen zu verteidigende Orte mit einer vorhandenen lokalen Identität gegenübergestellt werden. Vgl. Massey 2007

oder auf Dauer gestellt, sondern wird immer wieder neu hergestellt; er kann auf tradierte territoriale Eingrenzungen abheben oder völlig neue Räume konstituieren.

Der demos, der sich in den Brennpunkten lokaler/globaler Verantwortung konstituiert, ist hoch fragil. Die Legitimität durch Inklusion kann in der Kontrollordnung nur in dem Maße hergestellt werden, in dem die stillschweigenden Voraussetzungen der Optimierung selbst sichtbar gemacht, angegriffen und verhandelt werden. Die dem folgenden Geographien der Verantwortung sind deshalb nicht territorial fixierbar, sondern überlagern und verschieben sich. Sie konstituieren sich auf der Ebene der »Global Cities« (Saskia Sassen), der Stadtteile und transnationalen Regionen in den Fluchtpunkten gemeinsamer Wissensbezüge.[835] Denn die Inklusion setzt voraus, dass ein gemeinsames Wissens um eine geteilte Verantwortung hergestellt werden kann, das sich räumlich reproduziert. „Ob lokal, regional oder global, die Verantwortungsgemeinschaften versammeln all diejenigen, die sich gemeinsam von den gleichen öffentlichen Aktionen betroffen sehen.“ [836] Dem Prinzip der Verantwortung ist so die Legitimität der Inklusion inhärent.

2 Integrale Subsidiarität

Nach den Regeln der Souveränitäts- und Disziplinarordnung ist souverän, wer über die Grenzen von Innen und Außen, über Einschließung und Ausschließung entscheiden kann.[837] Die von Giorgio Agamben so eindringlich beschriebenen Lager der Moderne zeigen, in welchen subtilen Formen sich die Souveränität erhält, wie die funktionalen Strukturen der gesellschaftlichen Ordnung von einer Disziplin dominiert werden, die nichts ist ohne die Garantie der Souveränität. So wenig wie die Institutionalisierung des Politischen durch das politische System das souveräne Prinzip vollends überwand, so wenig steht die vollständige Auflösung des politischen Systems durch neue Formen der Politik an. Konzediert man, dass auch in der Kontrollordnung weder die Souveränitäts-, noch die Disziplinarordnung vollends verschwinden, sondern die Ordnungen der Legitimation vielmehr komplexe Verbindungen eingehen, in denen freilich die Modi der Kontrolle dominieren, so stellt sich die Frage nach den Gewichten und Linien der Dominanz und der Garantie neu.

835 Dem entspricht Sassens These, dass das Globale *multiskalar* ist, insofern es auf verschiedenen Ebenen (lokal, in verschiedenen nationalstaatlichen Institutionen etc.) konstituiert werden kann. Vgl. Sassen 2001

836 Badie 2002, S. 164. Badie setzt in seiner Diskussion der Regulationsmöglichkeiten vor allem internationaler Ordnung das Prinzip der *Verantwortung* an die Stelle des *Souveränitäts*prinzips. Gleichwohl lassen sich die Konturen der Verantwortung für die Ebene der internationalen Ordnung, als auch für andere Ebenen reformulieren. Vgl. Badie 2002, S. 162ff

837 Vgl. Agamben 2002, S. 38

Eine Erneuerung der demokratischen Idee, eines *demokratischen Regierens* wirft das Problem auf, das Prinzip der Verantwortung auf eine Gesellschaft zu orientieren, deren Einheit zusehends zu schwinden scheint, und auf Gemeinschaften, die zusehends fragil werden. Beobachter dieses Übergangs wie Michael Hardt und Antonio Negri sehen sich veranlasst, jenseits der modernen Unterscheidung von privat und öffentlich das *Gemeinsame* als basale Bezugsgröße der Verantwortung zu verstehen: „Das Gemeinsame markiert eine neue Form der Souveränität, eine neue demokratische Souveränität (oder genauer eine Form sozialer Organisation, die an die Stelle der Souveränität tritt), in der die sozialen Singularitäten mit Hilfe ihrer eigenen biopolitischen Aktivität die Güter und Dienstleistungen kontrollieren, die die Reproduktion der Multitude als solcher ermöglichen. Wir hätten es also mit einem Übergang von der res publica zur res communalis zu tun."[838] Auch ungeachtet der spezifischen theoretischen Situierung von Souveränität und Biopolitik erscheint der Befund problematisch. Sicher: die Fähigkeit zur Selbstorganisation, zur kommunikativen Verständigung über Ziele und ihre kooperative Verwirklichung kann nur schwerlich auf eine Gesamtgesellschaft an sich bezogen werden, deren gemeinsamer *einheitlicher* Blick auf *die* Gesellschaft obsolet geworden ist.

In einer „mehrdimensionalen Welt, in der keine Struktur alle Dimensionen der Souveränität in sich vereinigen kann, geht es um Öffnung nach außen, im Gegensatz zu dem geschlossenen System, das im Keim jeder politischen Logik enthalten ist."[839] In den Orten partikularer Gemeinsamkeiten, in den *offenen* Gemeinsamkeitsheterotopien der Kontrollordnung könnte die res communis eine Legitimation der Inklusion entfalten, die in den *einschließenden* Disziplinarinstitutionen nicht mehr hergestellt werden kann. Doch diese Heterotopien der res communis zu ermöglichen, verweist auf die res publica. Das allgemeine Interesse kann und muss sich überall dort entfalten, wo das Interesse des Gemeinsamen an seine Grenzen stößt, wo es prekär wird und verdrängt zu werden droht. In die Kontrollordnung ist der „Keim der Auflösung in der realen Gemeinschaft, der dem republikanischen Prinzip und der sich aus ihm entwickelnden Geschichte eingeschrieben."[840] Diesen Keim der Auflösung zu hemmen oder quellen zu lassen, darum entspinnen sich die Legitimationskämpfe innerhalb einer demokratischen Kontrollordnung und gegen ihre Feinde – und verweisen damit auf das Prinzip der Verantwortung. Die Legitimation demokratischer Regierungsweisen erweist sich dann gerade darin, Verantwortung in dem Spannungsfeld von res communis und res publica zu entfalten. Dem Prinzip der Verantwortung folgt dann das Prinzip der *Subsidiarität.*

Unter Bedingungen wissensbasierter Ordnungsbildung muss Subsidiarität als architektonisches Prinzip für den Aufbau höherer Komplexität reformuliert werden.[841]

838 Hardt/Negri 2004, S. 232
839 Guéhenno 1994, S. 86
840 Lyotard 1990, S. 66
841 Vgl. Willke 2003b, S. 15

Subsidiarität meint ursprünglich in der christlichen Soziallehre das dialektische Prinzip von Hilfe und Selbsthilfe, dessen Prinzip dann vor allem auf den föderalen Aufbau von Staatlichkeit angewendet wurde. Wird in Bezug auf die (nationalstaatlichen) Grenzen der Souveränität postuliert, dass der Mensch das Gemeinsame „immer nur in einem Kreis und in Verhältnissen, die er mit Anschauung erfüllen kann, die er auch anschaulich erfährt, indem sie etwas von ihm fordern und so das Schöpferische in ihm wachrufen"[842] realisiert, so lässt sich dies bezogen auf die territorialen Ausdifferenzierungen von Staatlichkeit reformulieren. Subsidiarität wird hier als national garantierte und unterstützte föderale und kommunale Selbstverwaltung verstanden und umgesetzt. Die disziplinarische Staatlichkeit reagierte auf die Komplexitätsschübe seines Umfeldes mehr oder minder deutlich mit Differenzierungen innerhalb der territorialen Logik, also einer *vertikalen Subsidiarisierung* entsprechend des föderalen Prinzips und der kommunalen Selbstverwaltung, die nun auch eine gewisse europäische meta-föderale Subsidiarität ausprägt. Die in diese Richtung aufgebaute Staatlichkeit wird freilich unter den gezeigten Bedingungen einer zunehmenden Entterritorialisierung prekär.

Die Disziplinarordnung entfaltete neben den verschiedenen Formen der vertikalen Subsidiarität *innerhalb* des Staatlichen auch eine »horizontale Subsidiarität« (Helmut Willke) *neben* dem Staatlichen. Zielt die vertikale Subsidiarität auf föderale Zuständigkeiten innerhalb territorial organisierter Staatlichkeit ab, so wahrt die horizontale Subsidiarität die größtmögliche Autonomie funktional differenzierter Teilsysteme – die Autonomie der Teilsysteme ist verfassungsrechtlich abgesichert. [843] Obwohl die vertikale Subsidiarität die segmentäre Differenzierung des politischen Systems wiederum segmentär binnendifferenziert, geht darin die Verteilung der Macht nicht vollkommen auf; sie wird über die horizontale Subsidiarität wesentlich aus dem politischen System und durch dieses selbst verfassungsmäßig abgesichert herausverlagert. Die Souveränität geht in der Disziplinarordnung mit der Disziplin ein Subsidiaritätsverhältnis ein, das die Funktion der Teilsysteme wie die Normalisierung durch Disziplin gewährleistet. Das Subsidiaritätsverhältnis von Souveränität und Disziplin ist von prinzipiell wechselseitiger Abhängigkeit gekennzeichnet. Keine den ökonomischen Eigensinn realisierenden wirtschaftlichen Geschäfte ohne Kapital, kein Kapital ohne Eigentumsschutz, kein Eigentumsschutz ohne Recht und die notfalls gewalttätige, *souveräne* Verfolgung des Rechtsbruchs. „Erst wenn die Möglichkeiten und Leistungen eines Bereiches nicht mehr ausreichen oder wenn die Operationslogik eines Bereiches den Bestand des Ganzen der Gesellschaft gefährdet, ist eine Intervention der Politik begründet – sicherlich nicht für ewig, sondern nur so lange und so weit, wie die Gefährdung andauert. Genau dies ist der Kern horizontaler Subsidiarität."[844] Die Leine der Souveränität, an der die disziplinären Regierungen geführt werden, ist mitunter lang, aber sie strafft sich im Moment ihrer Anstrengung.

842 Hennis 2003, S. 107
843 Vgl. Willke 2001, S. 57f. Siehe Kapitel II (2)
844 Willke 2001, S. 57

Die horizontale Ebene der Subsidiarität zeigt, dass der Begriff des Öffentlichen schon für die Disziplinarordnung weit komplexer gedacht werden muss, als dies Hardt/Negri tun. Das Öffentliche und die in den Teilsystemen realisierten „öffentlichen Güter und Dienstleistungen" wurden nicht umstandslos „als Vermögen des Staates" subsummiert, weil dem rechtstheoretischen Anspruch nach „das Prinzip des allgemeinen Interesses als Attribut der Souveränität" betrachtet wurde.[845] Zwar erfolgten in der Tat einzelne Regulierungen durch das Medium Macht, die nun in der Krise rechtlicher Regulation wie gezeigt durch die ökonomischen Kalküle spontaner Märkte verdrängt werden. Dieser Umstand verdrängt jedoch keineswegs, dass durch den Vollzug horizontaler Subsidiarität Bereiche wie Bildung, Gesundheit, Recht oder Wissenschaft autonome und plurale Öffentlichkeiten ausbilden, die prinzipiell verschieden von der Logik der Souveränität sind. Die funktionsspezifischen Öffentlichkeiten der Teilsysteme thematisieren in der Disziplinarordnung prinzipiell die gesamte Gesellschaft aus der Warte ihrer systemspezifischen Rationalität. Das Denken des Gemeinsamen in der Kontrollordnung muss von dieser prinzipiellen horizontalen Subsidiarität und zugleich von der Krise der Disziplinarinstitutionen ausgehen, wenn die Dimensionen der Verantwortung in den Blick kommen sollen. Dementsprechend geht es weniger um den Abschied vom Öffentlichen als um dessen Redefinition innerhalb eines erweiterten Subsidiaritätsbegriffs.

Balancierte Verantwortung

Die horizontale Subsidiarität der Disziplinarordnung bildet die gesellschaftliche Machtverteilung jenseits der überkommenen Monopolisierung durch die Souveränität ab. Die zunehmenden Probleme der Politik, im Zweifelsfall zu intervenieren, zeigen jedoch ebenso wie das Vordringen ökonomischer Kalküle in diese Regulationsvakuui die Grenzen dieses Subsidiaritätsprinzips auf, wenn es um die klare Zuweisung von gesellschaftlichen Problemlösungsaufgaben geht. Zwar ist in die funktional differenzierte Gesellschaftsarchitektur eine flexible Bearbeitungsfähigkeit für gegenseitig erzeugte Folgeeffekte von Funktionssystemen eingebaut.[846] Die gezeigte Häufung von Folgeproblemen funktionaler Differenzierung, die durch die Funktionssysteme nicht bearbeitet werden können, verweist jedoch auf einen wachsenden Steuerungsbedarf, der im Rahmen horizontaler Subsidiarität nicht mehr hinreichend bearbeitet werden kann. An den Grenzen der Disziplinarordnung werden Probleme, die nicht monosystemisch zuweisbar und teilsystemisch dekomponierbar sind, zum Regelfall. Permanente Kooperationen und die Ausbildung hybrider und temporärer Mikrosysteme treiben die Entfaltung fragmental differenzierter Ordnungsbildung an. Dabei sind die hybriden Steuerungssysteme „in welche jede Seite bestimmte Kompetenzen einbringt und die keine Monopolstellung mehr beanspruchen können"

845 Hardt/Negri 2004, S. 232
846 Vgl. Willke 1997, S. 318f

ebenso wie die „hybriden Kooperationen“,[847] mit denen zunehmend öffentliche Güter produziert werden, selbst Effekt, weil Bearbeitungsformen funktionaler Differenzierung. In dem Moment, in dem jedoch diese Hybride nicht nur Ausnahmefälle, sondern evolutionär eigenständige Formen gesellschaftlicher Reproduktion werden, die den Leistungen herkömmlicher Funktionssysteme überlegen sind, muss eine andere Form der Subsidiarität formuliert werden.

Ein Subsidiaritätskonzept, das über funktionale Differenzierung hinausgeht und den veränderten Subjektivierungsweisen gerecht werden will, muss die Prämissen rhizomatischer Ordnung in Rechnung stellen. Die unzähligen Netzwerkaktivitäten in der Kontrollordnung generieren komplexe gesellschaftliche Problem- und Konfliktlagen, die über die Kapazitäten ihrer eigenen Konfliktregelung selbst hinausgehen. Die zu kalkulierenden Netzsysteme und die entsprechende Anzahl an Sinnorientierungen nehmen signifikant zu. Damit wächst gleichzeitig der Bedarf an übergeordneten, regulierenden Normen und einer intrinsischen Reflexionsfähigkeit, um überhaupt erfolgreich, das heißt auch hier: anschlussfähig agieren zu können. Die Reflexionsfähigkeit der aus unterschiedlichen epistemologischen Bestandteilen bestehenden Netzsysteme fragmentaler Differenzierung ist gleichsam in sie eingebaut und dennoch begrenzt. Sobald Konfliktlagen virulent und gesamtgesellschaftlich identifizierbar werden, verweisen sie auf die Politik, auf eine letztinstanzliche Staatlichkeit, deren Normengebungskapazität unter den Bedingungen endo- und exogener Komplexitätssteigerungen offensichtlich begrenzt ist. Damit ist weit mehr gemeint, als dass staatliche Normen durch nichtstaatliche, beispielsweise regionale, europäische oder globale Normen ersetzt und ergänzt werden und eine darauf bezogene Pluralisierung von Regulierungsebenen und Diversifizierung von Regulationsinstanzen zu erwarten steht.[848] Vielmehr muss das Feld der souveränen Subsidiarität im Rahmen einer integrierenden Legitimation geweitet werden, die der Logik von Differenzierungen heterogen verteilter kombinierter Teilungen folgt. Wenn transsystemische Problemlagen immer weniger zu funktionssystemischen Problemlösungen dekomponiert werden können, sind fragmental differenzierte spezifische Problemlösungskontexte verlangt.[849]

847 Willke 2001, S. 56. Zu diesen hybriden Formen können nicht nur, wie von Willke verwiesen, privat-öffentliche Kooperationen (Private Public Partnership), sondern auch die oben erwähnten hybriden Formen der Wissensorganisation und der Beratung gezählt werden. Siehe Kapitel IV (1, 2)

848 Vgl. Heidenreich 2003, S. 44

849 Dass transsystemische Problemlagen zum Problem funktionaler Differenzierung werden, zeigt die Risikoproblematik. Sicher: bis zu einem gewissen Grad können Risikoprobleme teilsystemisch abgearbeitet werden; die Politik verbietet giftige Stoffe, das Recht kodifiziert entsprechend, die Wirtschaft stellt giftige Stoffe nicht mehr her. Aber schon in der Risikoeinschätzung und -bewertung zeigen sich die Grenzen; die Reichweite wissenschaftlicher Expertise deckt sich bei weitem nicht mit der Risikostreuung und deckt vor allem nicht die Einschätzung der Betroffenen ab; die Problematik muss also jenseits funktionaler Differenzierung gelöst werden. So bilden sich fragmentale Differenzierungen, die unterschiedliche Logiken und Epistemologien einbinden; durch eigene Organisationen oder Einbindung sys-

In der Kontrollordnung bildet eine *integrale Subsidiarität* die rhizomatisch verteilte Macht ab. Im Unterschied zur horizontalen Subsidiarität sichert sie nicht die Eigentätigkeit von Funktionssystemen einer Ebene, sondern den Aufbau und die Kooperation von Netzsystemen in einem rhizomatisch geordneten Raum. Integrale Subsidiarität *balanciert* Verantwortung, indem sie Wissen gezielt, unabgeschlossen und problembezogen generiert, verarbeitet und einsetzt. Nicht das disziplinarische Prinzip der Herrschaft kraft Wissen, sondern der kalkulierte Einsatz von Wissen kraft Verantwortung kennzeichnet die staatliche Wissensorganisation. Die Verantwortung der Souveränität liegt weder in der Disziplinarordnung noch in der Kontrollordnung darin, die diversen Konfliktlagen letztgültig zu entscheiden, sondern vielmehr darin, wissensbasiert und strategisch *Kontextsteuerungen* zu implementieren und die konfligierenden Netzwerke auf den geeigneten Ebenen durch Partizipation einzubinden. „Diese Selbstbeteiligung an der Kontextsteuerung schafft die Voraussetzungen dafür, die jeweilige Selbststeuerung auf die Prämissen der Kontextsteuerung auszurichten, also eine Selbstbindung über Partizipation zu erreichen.“[850] Souveränität legitimiert dann problembezogen, zeit- und wissensgebunden die Risikokalkulation und -bewältigung und die Aufgaben der Inklusion auf der Ebene der Netzsysteme.[851] Die Netzsysteme müssen dann Selbstbindungen, *restraints* entwickeln – also Kontrollen, die den eigenen Wirkungskreis begrenzen und zugleich die Umwelt mitreflektieren, um die gesellschaftliche Komplexität fragmental differenzierter Gesellschaften bewältigen zu können. Die neue Aufgabe einer „Anleitung und Mitwirkung des Staates [der Schaffung] eines Geflechtes von interorganisatorischen und intersystemalen Integrationsmechanismen [würde] die Belastung des Staates mit einiger Sicherheit reduzieren.“[852]

Die demokratische Legitimation der Politik im Kontext integraler Subsidiarität liegt darin, Verantwortung für netzwerkübergreifende Probleme zu sensibilisieren und die Arenen ihrer Artikulation zu sichern. Die demokratische Idee dieser Subsidiarität entfaltet sich darin, Verantwortung in verschiedensten Netzsystemen zu ermöglichen. Auf den Staat als »Schnittstellen- und Interdependenzmanager« (Dirk Messner) kommen in einer rhizomatisch organisierten Ordnung vor allem Kontrollaufgaben im Sinne von Kontingenzsteuerung zu. Demokratisch legitimierte Verant-

temfremder Logiken ins System – beide Strategien destabilisieren die Logik funktionaler Differenzierung.

850 Willke 1992, S. 342. Willke stellt dieses Prinzip in Anwendung auf die Probleme funktionaler Differenzierung unter der Einsicht auf, dass hierarchische, direkte staatliche Steuerung fehlschlagen muss, weil Politik entweder die Leitdifferenzen der Systeme verletzt, in die sie interveniert, oder, um erfolgreich steuern zu können, vollständig innerhalb der Logiken des intervenierten Systems agieren müsste – was die Kapazitäten des politischen Systems sprengen würde. Deshalb formuliert Willke plausibel: „In der Logik operativer Autonomie macht es bedeutend mehr Sinn, wenn ein System sich selbst innerhalb seines Operationsmodus die ‚constraints' vorgibt[...] als sich von anderen Systemen Begrenzungen vorgeben zu lassen, deren Sprache und Rationalität es nicht ermessen kann. Willke 1992, S. 332

851 Willke 2003b, S. 200

852 Willke 1992, S. 332

wortung im Rahmen gestreuter Subsidiarität ist dann Kontextsteuerung, das heißt auf Netzebene: die Übermacht einzelner Netze einschränken, andere Netze fördern und schützen, damit sich Gegennetze bilden können. Auf der individuellen Ebene heißt das: Zugang zu Wissen und anderen elementaren Ressourcen sichern, Zeit für öffentliche Aktivitäten, Zugang zu Information und Medien, Mindeststandards an Bildung. »Politics of knowledge« (Helmut Willke) sichern sowohl die technologischen Infrastrukturen des Wissens als auch die Inklusionsvoraussetzungen für die individuelle und kollektive Organisation des Wissens.[853] Darüber hinaus realisiert sich Verantwortung dadurch, identitären Bewegungen ihre Artikulationsräume zu sichern und die gegenseitige Akzeptanz verschiedener individueller und kollektiver Identitäten zu gewährleisten. Ob, wie und wie weit dies über kollektiv bindende Entscheidungen gesichert wird, inwieweit die Notwendigkeit kollektiv bindender Entscheidungen überhaupt gesehen wird und welche Kollektive dadurch berührt sind, ist dabei offen und Gegenstand dessen, was die tendenziell bedrohte Republikanität als Inklusionsbedingungen diskursiv verhandelt.

An dieser Stelle deutet sich auch einer der Generalwidersprüche der Kontrollordnung an: eine Inklusion, die nicht auf der Prämisse gesamtgesellschaftlicher, sondern verstreuter Öffentlichkeit und partikularer Gemeinsamkeit beruht, ist prinzipiell inkongruent mit den Aufgaben, die Politik zu verantworten hat. Die Frage, ob sich der Staat als »robuste Demokratie« (Helmut Willke)[854] darauf beschränken sollte, Selbstorganisation zu ermöglichen und deren Autonomie zu garantieren, stellt sich in der Kontrollordnung permanent. Ihre Beantwortung durch eine Legitimation, die sich staatliches Handeln in der Kontrollordnung erwirbt, verweist nicht auf sein Außen, sondern auf seine innere Organisation. Die Kalküle des Regierens erfordern weitaus subtilere Programmatiken, flexiblere Strategien und zielgenauere Technologien, die über und durch eine partikuläre Staatlichkeit operieren.

3 État particulaire

»L'état c'est moi« lautete der berühmte Leitspruch der absolutistischen Herrschaft in der Souveränitätsordnung; die Macht solle an einem zentralen Punkt, dem doppelten Körper des Königs, dem Symbol eines *état central* zusammenfließen. Die staatliche Souveränitätsausübung ist auf ihrem ureigenen Terrain, der Kontrolle der Gewalt, immer noch dominant. Dort, wo sie ihre Macht nicht mehr ausspielen konnte, griff

853 Willke bezieht sich in seinen Ausführungen zu einer Politik des Wissens auf: „1. Die flächendeckende Förderung von Schulung und Wissensorganisation; 2. eine kollektiv wirksame Senkung der Transaktionskosten für die Verfügbarkeit von Wissen; 3. die Förderung der Produktion kollektiv als notwendig und/oder strategisch wirksam eingeschätzten wissensbasierten Güter in Fällen, in denen der Markt deren Produktion nicht oder nur unzureichend leistet." Willke 1997, S. 179. Damit ist indirekt auch die Sicherstellung von Inklusionsvoraussetzungen im hier verstandenen Kontext dargestellt.

854 Vgl. Willke 2001, S. 63ff

der Staat als Teilsystem Raum, als ein *état institutionel*, dessen verschiedene, disziplinär getrennten Institutionen die Funktion der Teilsysteme garantierten. Diese Formen werden nicht obsolet, verlieren jedoch mit dem Aufstieg der Kontrollordnung ihren ausschließlichen Regelungsanspruch in der Sphäre der Staatlichkeit. Nicht die Demission, sondern die Transformationen der Staatlichkeit stehen zur Beobachtung.

Parasitäre Politik

Die Institutionalisierung des politischen Systems begründet sich in der Funktion, kollektiv bindende Entscheidungen zu treffen, die die Gesellschaft, ihre Funktionssysteme und deren Konflikte betreffen, dem Prinzip nach jedoch nicht das politische System und dessen Entscheidungsträger selbst. Das politische System und insbesondere dessen ambivalent populäre Personifizierung sind in diesem Sinne Schiedsrichter; der Politiker „ist der als ausgeschlossen eingeschlossene Dritte, der anwesende Abwesende", kurz der *Parasit.*[855] Im Grad der Verwickeltheit der politischen Situation entwickelt sich die Fluktuation der Politakteure: „Je mehr Alternativen zur Entscheidung anstehen, desto mehr Entscheider, desto mehr glückliche oder glücklose Parasiten, die von der Sachlage profitieren oder an ihr zugrunde gehen."[856] Die individuelle Tragik des politischen Personals gründet freilich in der tieferen Logik des ausdifferenzierten politischen Systems. Der Politiker ist der grundsätzlich unter Generalverdacht der Verantwortlichkeit stehende unbetroffen Betroffene – seine Situation lässt sich auf das politische System einer parasitären Politik verallgemeinern. Die parasitäre Staatlichkeit begründet sich in der Disziplinarordnung in dem Paradox, Probleme zu konstruieren, deren Voraussetzungen sie beobachten, aber selbst nicht garantieren kann. Die Politik ist so der Resteverwerter einer funktional differenzierten Gesellschaft, die sich – ganz entgegen der alteuropäischen Vorstellung – nicht aus sich selbst heraus legitimieren kann. Das politische System monopolisiert das Entscheidungsrecht über Situationen der Unentscheidbarkeit. Diese Monopolisierung beruht gleichwohl darauf, dass diese Konstellationen im Maß funktionaler Differenzierung berechenbar und zu bearbeiten sind. Der Parasit Politik bildet stabile Verbindungen, systemtheoretisch: strukturelle Kopplungen zu Massenmedien, Recht oder Wissenschaft aus, um überhaupt kollektiv bindend entscheiden zu können.[857] Mit anderen Worten: erst wenn Medien berichten, Gerichte urteilen oder Wissenschaftler beraten, was Politik entscheidet, kann überhaupt kollektiv

855 Luhmann 2000, S. 378. Und wenn das politische System und Politiker doch über sich selbst entscheiden: über Wahlrechtsreformen, Ministeriumszuschnitte (mithin Posten und Pöstchen) und besonders pikant: über ihre Diäten, führt dies zu intensiven öffentlichen Debatten, besser: zu moralischer Kommunikation. Die Ironie: Politiker werden in dem Moment als *Parasiten* entlarvt, in dem sie es nicht sind.

856 Luhmann 2000, S. 378

857 Luhmann 2000, S. 382ff

bindend entschieden werden. Institutionalisierte Politik bildet dementsprechende organisatorische Binnendifferenzierungen aus, die sich nicht nur in den Fachpolitiken, sondern vor allem in Organisationsformen darstellen, die für Grenzoperationen zuständig sind: Pressestellen, Rechtsabteilungen und wissenschaftliche Beratungsdienste; Einheiten, die wiederum ihre Spiegelung in den anderen Funktionssystemen erhalten: Medien bilden Politikredaktionen, die Wirtschaft betreibt politisches Lobbying und selbst die Wissenschaft beginnt ihre Politikberatungsfunktionen zu systematisieren. Mit anderen Worten: Das System ist der Systeme Parasit.

Die parasitäre Logik der strukturellen Kopplungen basiert auf Beobachtungen in zwei Richtungen: das politische System kann beobachten, was überhaupt an Konflikten zwischen anderen Systemen vorliegt und es lässt zugleich externe Beobachtungen der politischen Befriedung dieser Konflikte zu. Was zu beobachten steht, ist darin zwar prinzipiell kontingent; die Kontingenzräume sind freilich innerhalb der hinreichend gezeigten Grenzziehungen über systemspezifische Rationalitäten und Wissensformen berechenbar. Dieser Zusammenhang garantiert freilich nicht, dass alle Konflikte beobachtet, geschweige denn bearbeitet werden. Für die immer wahrscheinlicher werdende Unwahrscheinlichkeit, Folgeprobleme funktionaler Differenzierung politisch oder in den Funktionssystemen selbst zu bearbeiten, werden Strategien der Restgrößenbearbeitung benötigt. Die Antworten der systemtheoretisch fundierten Staatstheorie darauf lauten: *Kontextsteuerung* und *Supervision*.[858] Beide Instrumente beruhen auf ursprünglich unzureichend eingebauten reflexiven Kapazitäten der Funktionssysteme, die *constraints* und *restraints* in Bezug auf die Systemumwelt generieren können. Dabei wird die Grundidee der Legitimität durch Legalität, des *rule of rules* auf die Teilsysteme verlagert; ihre Verantwortung für gesamtgesellschaftliche Risikokalkulation und Bewältigung und die Aufgaben der Inklusion werden zeit- und wissensgebunden sowie problembezogen legitimiert.[859]

858 Vgl. Willke 1997, S. 128ff. Die Konzepte von Kontextsteuerung und Supervision im Sinne von Helmut Willke postulieren, ausgehend von einer prinzipiellen Autonomie der Teilsysteme, die Möglichkeit einer gezielten und begrenzten Steuerung der Funktionssysteme über die Politik durch Steuerung der Kontextbedingungen des teilsystemischen Selbstorganisation. Das kann erst dann geschehen, wenn staatliche Instanzen sowohl Legitimitätsressourcen wie Ressourcen der Wissensbeschaffung den Teilsystemen zur Verfügung stellen. Das bedeutet nicht eine Aufgabe des Staates, aber eine Neujustierung der Interdependenzen des staatlichen Teilsystems zu den anderen Teilsystemen. Die Legitimation des Staates thematisiert dann die Bedingungen der Möglichkeit intersystemischer Thematisierung, der Selbstkontrolle und Selbstbeschränkung sozialer Systeme. Diese Selbstthematisierung steht durchaus im Interesse der Teilsysteme, wollen sie ihr eigenes Operieren gewährleisten. Das Bewusstsein intersystemischer Interdependenz ist selbst schon Selbstbeschränkung vor der Deformierung oder Verdrängung von Teilsystemen durch andere. Fraglich werden dann jedoch die Bedingungen der Selbstthematisierung, das heißt der Informationseinholung der Akteure von Teilsystemen. Kontextsteuerung und Supervision von außen (Staat) reflektieren die Selbststeuerungsfähigkeit der Teilsysteme und setzen Bedingungen teilsystemischer Selektion und Interpenetration in Zusammenspiel mit anderen, statt in die teilsystemischen Logiken zu intervenieren. Willke 1997, S. 128 - 166

859 Willke, Dystopia, S.200

Das kann erst dann geschehen, wenn staatliche Instanzen ihrerseits die Bedingungen der Mitthematisierung schaffen, das heißt sowohl Legitimitätsressourcen wie Ressourcen der Wissensbeschaffung den Teilsystemen zur Verfügung stellen.

Der kontrollierte Rückzug eines kontrollierenden Staates, der die Selbstorganisationskräfte der Funktionssysteme beobachtet und anreizt, validiert und gegebenenfalls intersystemische Verhandlungssysteme initiiert, realisiert sich längst in den Governancekonzepten des aktivierenden, des Verhandlungs- und Gewährleistungs-Staats. Mit ihrer Realisierung werden freilich auch die Grenzen deutlich. Die Steuerungspathologien haben sich nicht aufgehoben, sondern nur verlagert und miniaturisiert. In der Unzulänglichkeit der teilsystemischen Informationsverarbeitungskapazitäten finden die Supervisionskompetenzen des Staates ihre begrenzte Reichweite. Die Funktionssysteme bilden keineswegs ein Maß an intrinsischer Reflexivität aus, das es erlauben würde, ihren Operationen Begrenzungen aufzuerlegen; vielmehr radikalisieren sich die funktionssystemischen Eigenrationalitäten und ihre Effekte.[860] Sie weisen nicht in die Richtung von systemischen Selbstbindungen, sondern von hybriden Netzsystemen, die die Folgeeffekte funktionaler Differenzierung innerhalb eines neuen Differenzierungstyps bewältigen.

Die Durchsetzungsfähigkeit des politischen Systems ist von einer berechenbaren Funktionsstabilität der Teilsysteme abhängig, die mit dem Aufstieg der Kontrollordnung nicht mehr garantiert werden kann. Massenmedien, die die Selbstbeobachtung der Gesellschaft nicht mehr gewährleisten können; juridische Rationalität, die immer mehr angezweifelt wird; eine Wissenschaft, die ihre Erklärungsautorität zunehmend einbüßt: die Wirtsbedingungen des politischen Parasiten werden prekär. Parallel zeitigen die wachsenden intersystemischen Verflechtungen Vermischungen und Verwischungen, die die Funktionsidentitäten selbst in Zweifel zu ziehen beginnen. So wird Politik abwechselnd und zugleich Medienorientierung, Verrechtlichung und Verwissenschaftlichung vorgeworfen, während Recht, Medien und Wissenschaft sich des Verdachts der schleichenden Politisierung erwehren müssen. Die Politik bildet an ihren Grenzen parasitäre Formen aus, die ihren Status als Parasiten selbst verändern. Mit den strukturellen Kopplungen bilden sich in nuce hybride Formen des Politischen aus. In den netzwerkartig organisierten Agenturen der Politikberatung, lassen sich die Rationalitäten von Wissenschaft und Politik nicht mehr dekomponieren. In den diversen Spielarten politisierter Medien, die mit den flüchtigen Momenten öffentlicher Aufmerksamkeit zugleich Momente der Macht generieren oder in den rechtlichen Regulierungen, mit denen untrennbar technologische oder identitäre Politiken verbinden, vollzieht sich die schleichende Hybridisierung des Politischen. Das Parasitäre der Politik erfindet sich neu.

860 Vgl. Scharpf 1988, 1993

Die disziplinarische Politik war durch die relative Stabilität struktureller Kopplungen innerhalb des Korsetts funktionaler Differenzierung geprägt. Die parasitäre Staatlichkeit konnte dadurch die nötige Flexibilität ihrer Entscheidungen sichern; über sie entfalteten sich diverse Regierungsweisen, mit denen die potentiell konfligierenden Systemrationalitäten orchestriert und harmonisiert werden konnten, deren Anrufungen mal das solidarische, mal das eigenverantwortliche oder patriotische politische Subjekt adressierten. Vieles weist darauf hin, dass die Institutionalisierung des Politischen innerhalb eines funktional ausdifferenzierten Systems der Politik neuen Problemen nicht gewachsen sein wird. Die unübersehbaren Komplexitätssteigerungen, die mit dem Aufstieg der Kontrollordnung verbunden sind, stellen die Politik vor das Paradox erhöhter Entscheidungsanforderung bei gleichzeitig geringerer gesamtgesellschaftlicher Verbindlichkeit in der Entscheidungsdurchsetzung. Die marktgesteuerte Regelung bisher öffentlicher Aufgaben und die Bearbeitung gesellschaftlicher Probleme durch zivile Bewegungen sind Indizien für neue Kalküle des Regierens, für neue Regierungsweisen einer latenten Legitimation, die den eben skizzierten Problemstellungen zu entsprechen scheinen.

Wenn in der Kontrollordnung die Staatlichkeit in ihrem *Außen*verhältnis zu anderen Regulierungsinstanzen das Prinzip einer gestreuten (integralen) Subsidiarität einnimmt, die die institutionellen Verfestigungen zu Gunsten variierender, fluktuierender Formen suspendiert, so stellt sich die Frage, wie sich Staatlichkeit in ihrem *Innen*verhältnis realisiert, umso dringender. Schließlich werden komplexe Probleme weder als föderale noch als kommunale Probleme wahrgenommen, sondern ganz allgemein an *die* Politik adressiert. Engagements in *zivilen Bewegungen* erfolgen in erster Linie problembezogen und temporär und werden dann je nach Notwendigkeit der Kommunikation mit politischen Akteuren europäisch, national, föderal oder kommunal redifferenziert – wo dies zunehmend weniger eingesehen wird, wird politisches Engagement schlicht unterlassen und verlagern Regierungen ihre Kalküle in die Sphären latenter Legitimation. Wo jedoch die Regulation durch Markt und Zivilgesellschaft insuffizient wird, bleibt kollektiv bindendes Entscheiden notwendig: „Politische Macht bleibt nicht zuletzt deshalb attraktiv, weil sie in der Lage ist, mit Risiken umzugehen. Sie verwandelt, gleichsam instinktiv, Zukunftsunsicherheit in Konsens- und Durchsetzungsprobleme.“[861] Innerhalb der politischen Evolution setzt so, folgt man Luhmann, eine Schwerpunktverlagerung von Verteilungs- zu Risikofragen ein; wiederum allerdings mit Regulativa, deren Rationalitätsakzeptanz selbst fraglich ist. Das damit verbundene Paradox von zunehmender Notwendigkeit und geringerer Durchsetzungsfähigkeit kollektiv bindender Entscheidungen setzt die konkreten Formen von Politik unter Druck. Damit scheint der „Sachstand heute sich auf die Frage zuzuspitzen, ob und welche Formen evoluieren werden, wenn symbolisch generalisierte Medien wie politische Macht oder Geld zunehmenden Entschei-

861 Luhmann 2000, S. 433

dungsrisiken ausgesetzt sind."[862] Die Konjunkturen spontaner Märkte zeigen, dass die ökonomischen Regulativa sich auf die Bedingungen eines extendierten, verstreuten und unsicheren, sprich: riskanten Wissens einstellen können und spezifische Formen ausprägen, die den Modi der Kontrolle gehorchen. Für das politische System stellt sich nun die Frage, wie seine Formen diesen Modi angepasst werden können. Der Staat steht vor der Frage, „ob seine zunehmend temporalisierte und deontologisierte soziale Umwelt nicht eine strukturelle Anpassung, also eine Flexibilisierung und Pluralisierung seiner institutionalisierten Problemfindungs-, Selektions- und Entscheidungsfindungsprozesse erforderlich macht."[863] Mit anderen Worten: die Politik muss Formen evoluieren, die der Entstehung von heterogen verteilten, hybriden Netzsystemen innerhalb fragmentaler Differenzierung durch eine verteilte Steuerung gerecht werden. Die hier vorgeschlagene Antwort darauf ist das Prinzip der Partikularität – die der Kontrollordnung angemessene Formbeschreibung des Staatlichen ist der *état particulaire*. Dieser Vorschlag reagiert darauf, dass weder territoriale Differenzierung noch systemische Selbstbindung hinreichen, wollen Regierungen das Staatliche repolitisieren – sie müssen sich auf „temporäre, dezentrale, spontane, also sogenannte ‚dissipative' Strukturen einstellen. Repolitisierung ist insofern vor allem als Rekomplexifizierung zu verstehen."[864] Dieser für Bedingungen funktionaler Differenzierung festgestellte Befund trifft unter Bedingungen fragmentaler Differenzierung umso stärker zu. Dabei kann es nicht darum gehen, die gesamte Komplexität der Gesellschaft durch den Staat abzubilden, sondern eher darum, gesellschaftliche Komplexität durch geeignete Gelegenheitsstrukturen so zu reduzieren, dass sie für Politisierung von Entscheidungslagen zugänglich ist.

Kontextsteuerung und Supervision bleiben innerhalb einer funktional differenzierten Ordnung auf die radikalisierten Eigenlogiken der Funktionssysteme verwiesen; diese erweisen sich als zu großformatig, um Selbstbegrenzungen auf sich selbst anzuwenden. Die begrenzte Reichweite von kontextsteuernden und supervidierenden Politiken hängt eng mit dem Statuswandel des Wissens zusammen, denn wenn die Zahl der an Verhandlungssystemen teilnehmenden Akteure „wächst, wenn das Wissen, das zum Formulieren regulativer Politik benötigt wird, radikal zwischen den heterogenen individuellen und kollektiven Akteuren verteilt ist und wenn Hochtechnologien sich in schnellem Tempo entwickeln, dann werden alle Arten des Wissens, die bis zu diesem Zeitpunkt noch sicher waren, schnell obsolet. Das neue Wissen, das von jetzt an dringend gebraucht wird, erhält den Status eines seltenen, riskanten und kurzlebigen Guts. Unter diesen schwierigen Bedingungen verteilter Wissensproduktion ist eine Art Koordinationsmechanismus erforderlich, der beides erreicht: Er muss die Unterschiedlichkeit der beteiligten Akteure und ihrer Wissensperspektiven erhalten und zur gleichen Zeit eine Kultur des Vertrauens und der Kooperation schaffen, die eine Art ‚verteilter Steuerung' erlaubt, die sich auf explizite Regeln

862 Luhmann 2000, S. 434
863 Wefer 2004, S. 211
864 Wefer 2004, S. 211

und auf das implizite ‚hidden curriculum' bezieht."[865] *Verteilte Steuerung* implementiert dementsprechend konstellationsabhängige Mediationsinstanzen und Politiknetzwerke, die verschiedene Teilnehmer und auch oppositionelle Gruppierungen einbezieht. Dazu ist es notwendig, jenseits einer wissenszentralisierenden Herrschaft kraft Wissen „Formen des Zusammenspiels verteilter Intelligenz – etwa in Netzwerken, in der Kombination von Selbststeuerung und Selbstorganisation mit einer Kontextsteuerung und einer Organisation von Randbedingungen – aufzubauen. Sehr viel komplexere Steuerungsmodelle sind notwendig, die nicht einheitliche Ordnung, sondern Heterotopien und Diversitäten zum Ziel haben."[866] Für die konkrete Realisierung einer verteilten Steuerung partikulärer Staatlichkeit wird es notwendig, Gelegenheiten politischer Partizipation und Kooperation als Grundlage des Regierens über den Staat permanent, problem- und betroffenenbezogen zu stabilisieren und destabilisieren. Inkrementalismus und muddling through sind so Kennzeichen der politischen Kultur eines »postheroischen Staates« (Helmut Willke).[867]

Der erklärungsbedürftige Umgang mit unsicheren Prognosen und Erfolgen staatlichen Handelns, die temporär und inhaltlich begrenzte Einbindung gesellschaftlicher Akteure und das permanente Nachbessern sind Kennzeichen einer partikulären Staatlichkeit, deren Regierungsweisen sich längst realisieren. Für die partikuläre Staatlichkeit der Kontrollordnung ergibt sich „die Aufgabe, zum tragenden Bestandteil eines Steuerungsinstrumentariums zu werden, welches das paradoxe Verhältnis von Komplexität und Steuerung in entsprechend elaborierten Formen der Erarbeitung zukünftiger Identitäten der Gesellschaft aufhebt."[868] Eine wissensbasierte Ordnung eröffnet, reformuliert für Netzsysteme fragmentaler Differenzierung, der „Politik die Option, sich genau des Problems anzunehmen, für welches sich (noch) keines der anderen Akteure zuständig fühlt: als Mediator der Herstellung einer Einheit zu dienen, die prekär und wählbar bleibt, die immer nur vorläufig definitiv realisierbar bleibt, die nur als Balance zwischen lokaler Schließung und globaler Öffnung herstellbar ist und die nicht auf autoritativer Setzung beruht, sondern auf der reflektierten (und supervidierten) Selbstbindung ihrer Adressaten."[869] Im Kontext fragmentaler Differenzierung, in dem die Kontrolle zum prärogativen Machtmodus wird, erweist diese Aufgabenzuweisung eine wesentlich höhere Plausibilität.

Mediatisierende und supervidierende Formen der Politik lassen sich nicht in Bezugnahme auf ganze Funktionssysteme, gleichwohl aber orientiert auf Netzsysteme und ihre mikropolitischen Problemlagen realisieren. Die damit verbundenen Politikstrategien sind weniger denn je gesamtgesellschaftlich beobachtbar und verbindlich, ihre kollektiv bindenden Entscheidungen zielen auf eine begrenzte politische Kollektivität ab, die sich nicht mehr ohne weiteres territorialisieren lässt. Begreift man diese Aufgabenstellung als genuine Praxis des Regierens mit den Modi der Kontrol-

865 Rammert 2002, S. 17f
866 Willke 2006b, S. 218
867 Wefer 2004, S. 215
868 Willke 1992, S. 341
869 Willke 1997, S. 350

le, dann muss Politik unter Bedingungen fragmentaler Differenzierungen in hybriden Formen Problemlösungsprozesse initiieren, koordinieren, organisieren und moderieren, muss Selbstorganisationsfähigkeit stärken, Erfolge und Misserfolge der Selbststeuerung überprüfen, muss die verteilten Netzwerke in gesamtgesellschaftliche Entwicklungen einbinden und schließlich korrigieren, wenn schwache gesellschaftliche Akteure nicht zur Netzwerkorganisation fähig sind.[870]

Eine Politik wissensbasierter Ordnung muss, so lässt sich eine auf die Steuerung der Wissensproduktion orientierte These verallgemeinern, „die Balance innerhalb der Netzwerke und die Offenheit des Zugangs zu ihnen durch heterogene, sogar oppositionelle Akteure kontrollieren. Sie sollte zur Teilnahme an den Netzwerkaktivitäten auf jeder Ebene ermutigen, z.B. durch das Organisieren interaktiver Workshops zwischen Experten und Bürgern, durch die Mediation zwischen industriellen, politischen und wirtschaftlichen Gruppen oder das Einrichten von Kommunikationsnetzwerken oder Kommunikationsplattformen".[871] Die Kompetenzkompetenz partikulärer Staatlichkeit bleibt die Entscheidungsfindung über Kollektivgüter, die Thematisierung der Bedingungen für die Konstitution von Netzsystemen und der Aufbau von Wissensstrukturen als Bedingung der Möglichkeit kollektiver Intelligenz.[872] Nicht der Besitz, aber der politisch garantierbare, regulierbare und konditionierbare Zugang zu Wissen entscheidet über die gesellschaftliche Teilhabe.[873] Damit stellt sich über die Herausforderung der Komplexitätsbewältigung des Regierens hinaus auch die Frage nach den konkreten demokratischen Formen der Politik der Kontrollordnung.

Partikuläre Demokratie

Die systemstabilisierende Fiktion disziplinärer Demokratie war die gesamtgesellschaftliche Legitimation kollektiv bindender Entscheidungen. Mit der sukzessiven Deterriorialisierung des demos wird diese Legitimationsgrundlage nun prekär. Die hybriden Formen verteilter Steuerung reagieren mit einem thematisch, räumlich und zeitlich begrenzten Regelungsanspruch auf die Konfliktlagen fragmentaler Differenzierung. Diese multiple Limitation staatlicher Arrangements lässt sich auch für die demokratischen Formen postulieren. Institutionelle demokratische Arrangements permanent zu reflektieren und wenn nötig zu modifizieren, schwächt die partikuläre Staatlichkeit nicht. „Vielmehr verbessert sich die Chance auf die Entwicklung institutioneller Regulative dann, wenn innerhalb der verschiedenen gesellschaftlichen Sektoren die Akzeptanz von wechselseitig aneinander angepassten demokratischen Entscheidungen wächst". *Partikuläre Demokratie* setzt so eine komplexere Struktur politischer Partizipations- und Entscheidungsinstitutionen voraus, denn „die wech-

870 Vgl. Messner 2000, S. 127
871 Rammert 2002, S. 12
872 Willke 2002, S. 174ff
873 Vgl. Kuhlen 2006

selseitige Akzeptanz demokratischer Entscheidungen beruht großenteils darauf, dass es in einer Gesellschaft zum Aufbau eines nicht ganz offenen, jedoch facettenreichen Repertoires von politischen Themen, von Modellen der Rationalität, von Gerechtigkeitsvorstellungen sowie von Mustern kollektiver Identität kommt.“ [874] Diese prinzipielle Heterogenität demokratischer Entscheidungsfindungen nimmt in der Kontrollordnung zu; sie erfordert freilich auch differenziertere Verfahrensarchitekturen als die disziplinäre Demokratie, die nahezu ausschließlich auf dem repräsentativen Prinzip beruhte.

Unübersichtliche Entscheidungskontexte erfordern heterogene Entscheidungsverfahren, die politische Beteiligung der Kontrollordnung wird so immer noch auch, aber nicht nur über die disziplinarischen Formen, sondern mehr und mehr in Formen einer »2nd-order-democracy« (Birger P. Priddat) vollzogen.[875] Regieren über Partizipation integriert nicht alle und jeden in gleichem Maße, aber ihre Legitimation beruht dann auf der Bereitstellung von Gelegenheitsstrukturen politischer Partizipation, in denen fragmental differenzierte Aufgabenstellungen und partikulare Gemeinsamkeit kongruieren. Die Regierungen der Kontrollordnung nutzen *e-Government* und *e-democracy* als Plattformen, um nicht nur die Realität auf virtueller Ebene zu problematisieren, sondern auch die Realität des Virtuellen.[876] Der »virtuelle Staat« (Birger P. Priddat) ist von vornherein wissensbasiert. Das heißt nicht, dass Entscheider und Betroffene mehr wissen, sondern dass sie ihre Wissensgrundlagen gegenseitig anpassen müssen, wollen Entscheidungen demokratisch legitimiert sein.[877] Eine Extrapolation auf die gesamtstaatliche Ebene im Sinne einer elektronischen Version athenischer Demokratie wäre freilich vergeblich.[878] Vielmehr geht es in den gängigen Konzeptionierungen virtueller Demokratie eher um die Verbesserung der Informationsgrundlagen politischen Handelns und die Einbindung potentieller wissensbasierter Opposition.[879] Regieren über partikuläre Staatlichkeit kann so die notwendigen Irritationen durch Instrumente der Bürgerbeteiligung institutionalisie-

874 Eisenstadt 2005, S. 233f

875 Vgl. Priddat 2004

876 Ob der ‚virtuelle Staat', den Priddat aufkommen sieht, zwangsläufig im Zusammenhang mit Konzepten der Governance oder des Gewährleistungsstaats steht, bleibt dahingestellt. Elemente von e-Government und e-Democracy erweitern und flexiblisieren zunächst die Informationskanäle zwischen Staat und Bürgern; welche Agenden und Programme und welche Verantwortungsverteilung tatsächlich realisiert wird, das ist – anders als Priddat insinuiert – vollkommen unabhängig von den (nun elektronischen) Formen. Vgl. Priddat 2002.

877 Vgl. Priddat 2006, S. 70. Die *knowledge-driven-democracy* basiert auf der Auswahl, auf zugespitzten Thematisierungen und Fokussierungen. Adaptionsprozesse betreffen dann das ‚Lebenswelt'-Wissen der betroffenen Bürger und die Fokussierung von Wissen auf Entscheidungen hin durch die Politik. Vgl. Priddat 2006

878 Vgl. Schmalz-Bruns 2001

879 So Rammert: „Wir können auf den verschiedenen Politikfeldern einen Anstieg von Mediationsverfahren und eine Zunahme von Politiknetzwerken und interaktiven Innovationsnetzwerken beobachten, die nicht nur die verschiedenartigen Teilnehmer integrieren, sondern sogar auch bewusst die oppositionellen Gruppen wie Umweltschutzaktivisten, Nichtregierungsorganisationen (NGOs) oder den ChaosComputerClub einbeziehen.“ Rammert 2002, S. 18

ren,[880] die es zur Bildung komplexitätsgerechter Entscheidungen braucht – in der Kontrollordnung gilt mehr denn je: keine Ordnung ohne Störung.[881] Die virtuelle Demokratie garantiert dabei keineswegs eine höhere Partizipation, sondern generiert eher eine virtuelle Legitimation, die mit den Grenzziehungen der elektronischen Partizipationsformen neue Ausschlüsse einer digitalen Kluft produziert. Über die elektronischen Formen der Politik legitimieren sich so nicht zwangsläufig, aber innerhalb ihres Kraftfeldes neoliberale Regierungsweisen, mit denen ein Abbau staatlicher Verantwortung und öffentlicher Regulation im Sinne der gängigen Privatisierungs- und Deregulierungsrhetorik verbunden ist.[882]

Die Stoßrichtungen und Effekte partikulärer Demokratie sind nicht von vornherein auf die Legitimation bestimmter Regierungsrationalitäten festgelegt. Jegliche Regierungsweisen formen die Instrumente und Foren einer verteilten und virtuellen Demokratie entsprechend ihrer spezifischen Programmatiken, Strategien und Regierungstechnologien um – die Routinisierung der Politik setzt auf entsprechende Kontrolle von Heterogenität durch Zugangsbegrenzungen und zielgerichtete Beschneidung von Verbindungen. Die diversen Regierungsweisen der Kontrollordnung bewegen sich so entlang der Fragestellung, Bedingungen der Möglichkeit von Inklusion durch Wissen, die Voraussetzungen für Wissensproduktion und Netzwerkaufbau[883]als Bedingung der Möglichkeit kollektiver Intelligenz[884] und entsprechende Schließungen und Öffnungen entsprechend ihrer Programmatik zu schaffen. Die partikuäre Demokratie einer verteilten Steuerung erlaubt es verschiedenen Regierungsweisen, Entscheidungen innerhalb entschiedener Grenzen zu verlagern: Netzwerke, Organisationen und öffentliche Einrichtungen entscheiden dann im Rahmen finanzieller Ressourcen und vereinbarter Ziele. Die Rahmensetzungen und ihre Tragweite – ob Rentabilitätserwägungen und autoritäre Entscheidungsstrukturen im Sinne neoliberaler Programmatik bestimmend sind, oder ob andere Zielerwägungen jenseits ökonomischer Nutzenmaximierungen die konkrete Ausprägung leiten – liegen in den Kalkülen der Regierung. Es ist damit der politischen Analytik ein weites Feld eröffnet, unterschiedliche, konfligierende oder sich überlagernde Regierungsweisen und ihre jeweils realisierte Staatlichkeit zu untersuchen. Mit der gestiegenen Wahrscheinlichkeit verteilter Steuerung und partikulärer Demokratie demissionieren die Formen zentraler und institutioneller Staatlichkeit nicht, aber sie rücken in den Hintergrund und bleiben letztgarantierende Instanzen einer Staatlichkeit, deren partikuläre Ausformung die Legitimität der Staatlichkeit ebenso wenig garantiert, wie die institutionelle Realisierung ohne die zentrale Staatlichkeit souveräner Gewalt auskam.

880 Siehe dazu Martinsen 2006
881 Vgl. Luhmann 2000, S. 190
882 Mit der fraglosen Verklammerung dieser beiden Ebenen argumentiert denn auch Priddat. Vgl. Priddat 2006, S. 75f
883 Vgl. Schweizer 2003, S. 152
884 Willke 2003b, S. 174ff

Kritik außer Kontrolle?

„Die große Gefahr für die Existenz des Politischen selbst besteht nicht darin, dass die Menschen darum rivalisieren, die Macht zu ergreifen, sondern darin, dass sie sie nicht wollen.“[885]

Welche Chancen hat nun vor dem Hintergrund des Gezeigten eine Politik, „in der der Wunsch nach Gerechtigkeit und der nach Unbekanntem gleichermaßen respektiert sein werden“?[886] Bestand für moderne Gesellschaften die Vorbedingung ihrer Autonomie, und damit ihrer Politisierung darin, die tradierte Gewissheit zu überwinden,[887] so scheint es, dass die so angestoßenen Prozesse der Wissensextension mit der Gewissheit nun auch die Gewissheit gesellschaftlicher Autonomie überwunden haben. Autonomie im Bewusstsein ihrer Ungewissheit herzustellen, scheint nun die Herausforderung des Politischen.

Wohin sich die post-disziplinarische Ordnung bewegt, ob sie die skizzierten Konturen einer Kontrollordnung annimmt, ist weiterhin offen. Diese Arbeit steht im Zeichen einer *politischen Analytik*, die ihre Grenzen dort findet, wo eine *politische Ethik* beginnt. Die Regierungen im Zeitalter der Kontrolle sind Beschränkungen unterworfen, aber keineswegs vorbestimmt – im Gegenteil. Eine politische Ethik indes, die den skizzierten Bedingungen der Kontrollordnung jenseits der Regierungsweisen spontaner Märkte entsprechen könnte, ist kaum absehbar. Die disziplinarischen Strukturen und Logiken werden auf absehbare Zeit das Selbstverständnis der Moderne tief prägen – Analysen ihrer Modi werden nicht obsolet; mindestens solange sich das Politische in weiten Teilen noch nicht mal als Teil(-system), denn immer noch als Spitze der Gesellschaft betrachtet. Doch so wirksam die Ordnungsparadigmen erscheinen und so erklärungsmächtig ihre Analysen sind; an den Rändern der Ordnung brechen offensichtlich Phänomene hervor, die auf die bekannten Muster nur schwerlich deduzierbar sind: „ein ständiges Rauschen an den Rändern einer Gesellschaftsordnung, die fest im Gerüst“[888] funktionaler Differenzierung eingespannt ist, um Niklas Luhmann zu paraphrasieren. An diesen Rändern, wo Wirklichkeit wie Analyse an ihre Grenzen geraten, scheint es angebracht, andere Beschreibungen auszutesten. Nichts anderes als dessen zwangsläufig unzulängliche Vorbereitung soll diese Arbeit darstellen.

Die konkreten Formen einer zukünftigen Legitimation des Wissens zeichnen sich indes längst ab. Sie gehören einem Wandel des Politischen an, der tastend auf die Konflikte und Probleme an den Grenzen einer disziplinarischen Moderne reagiert, deren Dominanz endlich scheint. Dass die neoliberalen Regierungsweisen des Wis-

885 Baudrillard 2004, S. 146
886 Lyotard 1982, S. 188, 193
887 Vgl. Bauman 2000, S. 117ff
888 Luhmann 1997, S. 661

sens (offenbar die längste Zeit) das Prärogativ einnehmen, zeitigt einstweilen Problematiken, die sich als Zumutungen „einer schrecklichen permanenten Kontrolle, welcher der Arbeiter-Gymnasiast oder der leitende Angestellte-Student unterworfen“[889] ist, artikulieren. Die Regierungsweisen, mit der die anhaltende Ökonomisierung des Sozialen einhergeht, sind frühe Profiteure einer wissensbasierten Ordnung, der Drift zwischen einer disziplinarischen und kontrollarischen Moderne, der sich nicht nur die Regierungen des Wissens stellen müssen, sondern auch die sie analysierenden theoretischen Beiträge. „Wenn die Konsequenzen aus der Erkenntnis gezogen werden, dass es keinen fixen Referenzpunkt mehr zur Konstruktion des Vergleichsmaßstabes der Letztinstanzlichkeiten gibt, könnte dies das politikwissenschaftliche Bewusstsein schärfen für das Motiv der »Andersheit« als legitime Option im politischen Spiel: politische Ethik wird solchermaßen als Beitrag zur *Demokratietheorie* konzeptualisierbar.“[890] Dies setzt eine politische Ethik voraus, die darauf fußt, die Kontingenzräume zwischen Freiheit und Unterwerfung immer wieder neu zu beschreiben und die Brüche gesellschaftlicher Ordnung in den Blick zu nehmen, von denen das Subjekt der Regierungen und die Regierung des Subjekts unhintergehbar betroffen sind.

Die Ordnung der Kontrolle zeitigt fundamental veränderte Bedingungen des Regierens, dementsprechend stellt sich die Frage erneut, inwiefern es möglich ist, „dass man nicht derartig, im Namen dieser Prinzipien da, zu solchen Zwecken und mit solchen Verfahren regiert wird – dass man nicht so und nicht von denen da regiert wird?“[891] Die kritische Haltung der ‚Kunst nicht dermaßen regiert zu werden‘ kann sich weder in den Akten zivilen Ungehorsams gegenüber den Unterwerfungszwängen souveräner Gewalt noch in den diversen Spielarten des Andersseins gegenüber den Normalitätsgeboten der Disziplinarmacht erschöpfen. Die erprobten Strategien der Kritik werden in den Kontrollprojekten schon vorausgesetzt; ob diesseits oder jenseits ihrer neoliberalen Ausformung, sie „fordern Distinktion statt Konformität, Überschreitung statt Regelbefolgung, kurzum: sie fordern anders zu sein. Kritik steht damit vor der nicht minder paradoxen Aufgabe, anders anders zu sein. Auf einen festen Standpunkt, von dem aus sie ihren Nein formulieren könnte, muss sie verzichten. Dem Widerspruch einer zur Norm erhobenen Abweichung entkommt man auch nicht mit dem Gestus der Überbietung.“[892] Die Unmöglichkeit des anders Anders-seins zeigt sich in den Ausprägungen einer kontrollarischen Subjektivität, die in der prinzipiellen Multiplizität ihrer Identitäten kein Außen mehr kennt, weil die Überschreitung zur Regel wird. Als einzige Strategie der Kritik erscheint die Ent-Subjektivierung, „die kontinuierliche Anstrengung, sich dem Zugriff gleich welcher Programme wenigstens zeitweise zu entziehen.“[893] Freilich perfektioniert diese permanente Absetzbewegung das Kontrollregime doppelt. Es erweitert den

889 Deleuze 1993a, S. 251
890 Martinsen 2004, S. 403
891 Foucault 1992, S. 11f
892 Bröckling 2007, S. 285
893 Bröckling 2007, S. 286

Zugriff und die Optionsvielfalt der Regierungen, weil die Resistenz als Feedback zurückkehrt. Zugleich bleibt das Selbst mehr denn je auf sich selbst zurückverwiesen, weil jede Kollektivität und jede Programmatik als unter Regierungsverdacht stehende Zumutung erscheint. Eine politische Ethik der Kontrollordnung muss deshalb Möglichkeiten einer Kritik finden, die nicht nur die Einengung der Kontingenzräume durch Ordnung und Regierung aufdeckt und dabei riskiert alte Kontingenzräume zu verteidigen. Die Kritik der Kontrolle muss vielmehr zugleich die individuellen Kontingenzspielräume erweitern, in dem sie das unerhört neue, weder von der Ordnung noch der Regierung besetzte sieht. Nicht dermaßen regiert zu werden, kann nur heißen, das Anders-sein in die möglichst umfangreiche Vervielfältigung und Erweiterung von Kontingenzfällen zu übersetzen. Kritik erweist sich so nicht darin, so oder anders anders zu sein, sondern eine größere Anzahl an Möglichkeiten zu schaffen, tatsächlich und bisher ungedacht anders zu sein.

Diese Kritik wird freilich erst dann ins Politische gewendet, wenn sie die Isolation des Subjekts überwindet und über die Konstitution politischer Kollektivitäten gesellschaftlich wirksam wird. Eine dem folgende demokratische Perspektive schließt nicht aus, die institutionellen Arenen politischer Auseinandersetzung wiederzubeleben; sie kann umgedreht ebenso dazu führen, das Politische auch außerhalb der Politik zu identifizieren und scheinbar unpolitisches zu politisieren. Jenseits der Politik ist das Politische dann in der prinzipiellen Offenhaltung der Wissensnetze angelegt, um „den über die Metapräskriptionen diskutierenden Gruppen" ausreichenden Wissenserwerb zu ermöglichen „um in Kenntnis der Sachlage zu entscheiden. Die Linie, die man verfolgen muss, um sie in diesem letzteren Sinn umzulenken, ist im Prinzip sehr einfach: Die Öffentlichkeit müsste freien Zugang zu den Speichern und Datenbanken erhalten."[894] Die Freiheit des Einzelnen in der Kontrollordnung ergäbe sich demnach aus der Unordnung, aus der ungeordneten Freiheit des Wissens. Die sozialen Beziehungen, „die Spieleinsätze werden dann durch Erkenntnisse – oder wenn man will – Informationen konstitutiert sein, und der Vorrat an Erkenntnissen, der der Vorrat der Sprache an möglichen Aussagen ist, ist unerschöpflich."[895] Mit der Verwirklichung der emanzipativen Option informatisierter, wissensbasierter Gesellschaften, nach der die gesellschaftlichen Auseinandersetzungen und deren Spieleinsätze durch Erkenntnisse oder Informationen konstituiert werden und der Vorrat an Erkenntnissen sich nie erschöpft, könnte eine Politik sich abzeichnen, in der der Wunsch nach Gerechtigkeit wie nach Unbekanntem gleichermaßen respektiert werden.[896] In der „gemeinsamen Fähigkeit, eine erfolgreiche Kommunikation ohne Rekurs auf bereits gemeinsame Bedeutungen und übereinstimmende Interpretationen herzustellen",[897] könnte sich die Legitimation des Wissens so einem Prinzip der *Republikanität* gegenüber sehen, die sich weniger denn je auf eine starre Institutionalisierung, als vielmehr auf die spontane Präsenz ihres

894 Lyotard 1982, S. 192
895 Lyotard 1982, S. 193
896 Vgl. Lyotard 1982, S. 193
897 Bauman 2000, S. 288

Prinzips und damit auf eine prinzipiell prekäre Existenz gründen kann. Die bedrohte demokratische Idee „ist sinnlich nicht darstellbar, die freie Gesellschaft kann genauso wenig gezeigt werden, wie das freie Handeln, und in einem gewissen Sinne wird die Spannung zwischen dem, was man sein soll, und dem, was man ist, immer gleich stark bleiben. Sicher ist einzig und allein, das das Recht kein Faktum sein kann und dass die reale Gesellschaft ihre Legitimität nicht aus sich selbst bezieht, sondern aus einer Gemeinschaft, die nicht eigentlich benennbar, sondern nur erforderlich ist."[898] Dies zu ermöglichen – nicht ohne, nicht gegen, sondern nur über das Wissen – würde nicht nur ein demokratisches Projekt der Regierungen des Wissens beschreiben, sondern gesellschaftliche Selbstregierungen jenseits des dermaßen-regiert-werdens ermöglichen. Paradoxerweise könnten so die Regierungen des Wissens, wie auch immer sie sich gestalten werden, mit der Intensivierung der Regierung des Menschen über das Wissen auch neue Freiheiten jenseits des Wissens schaffen.

Die Kontrollordnung ermöglicht freilich wie jede andere Ordnung auch eine Freiheit innerhalb und außerhalb von ihr. Die Akte des Widerstands in der Kontrollordnung sind „nur dann etwas wert, wenn sie, während sie stattfinden, sowohl den bestehenden Wissensformen als auch den herrschenden Mächten entgehen. Auch wenn sie anschließend neue Mächte hervorbringen oder in neue Wissensformen eingehen. Aber im Augenblick besitzen sie eine rebellische Spontaneität."[899] In der kontrollarischen Normalität des Anders-seins drohen diese beständigen Akte indes den Kalkülen der Ordnung, des Optimierens und Selbstoptimierens zu entsprechen. Wer das richtige Leben im falschen nicht akzeptieren mag, für den bleibt ein Ausstieg als Rückzug. Die Ironie der Kontrollordnung: man scheint sich aus ihr nur in der Flucht zurück befreien zu können, in der Rückkehr zur Normalität, zur Gewalt, zum Glauben – eine Flucht, die nie die Ursprünglichkeit dessen erreicht, zu dem sie zurückkehrt. Bliebe der Rückzug versperrt, würden sich die Fluchtlinien abseits der Kommunikation, im Jenseits der Worte verlieren. „Das Wichtigste wird vielleicht sein, leere Zwischenräume der Nicht-Kommunikation zu schaffen, störende Unterbrechungen, um der Kontrolle zu entgehen."[900] So bleibt letztlich als Ausweg die Nicht-Kommunikation, das Unwissen; ein Ausweg, der vielleicht den Keim neuer Ordnung in sich trägt. Den Keim einer Ordnung der Stille.

898 Lyotard 1990, S. 66
899 Deleuze 1993a, S. 252f
900 Deleuze 1993a, S. 252

Literatur

Adloff, Frank, Zivilgesellschaft. Theorie und politische Praxis, Frankfurt am Main 2005

Agamben, Giorgio, Homo sacer. Die souveräne Macht und das nackte Leben, Frankfurt am Main 2002

Albert, Mathias, Die Politik der Weltgesellschaft. Identität und Recht im Kontext internationaler Vergesellschaftung, Weilerswist 2002

Alexander, Jeffrey C./Paul Colomy (Hrsg.), Differentation Theory and Social Change, New York 1990

Anheier, Helmut K., Matthias Freise, Der Dritte Sektor im Wandel, zwischen New Public Management und Zivilgesellschaft, in, Dieter Gosewinkel et. al. (Hrsg.), Zivilgesellschaft – national und transnational, Berlin 2004, S. 129.

Anter, Andreas, Die Macht der Ordnung. Zu einer Grundkategorie des Politischen, Tübingen 2004

Arbeitsgruppe menschen formen, Weltgesellschaft Kontrollgesellschaft Gesellschaft?, Marburg 2005

Arnhold, Katja, Digital divide. Zugangs- oder Wissenskluft?, München 2003

Arns, Inke, Netzkulturen, Hamburg 2002

Bachmann, Manuel / Thomas Hofmeier, Geheimnisse der Alchemie, Basel 1999

Bacon, Francis, Aphorismen über die Interpretation der Natur und die Herrschaft des Menschen (Erstes Buch), in, Manfred Buhr (Hrsg.), Francis Bacon, Das Neue Organon (Novum Organon), Berlin 1962

Badie, Bertrand, Souveränität und Verantwortung. Politische Prinzipien zwischen Fiktion und Wirklichkeit, Hamburg 2002

Baecker, Dirk, Die Kunst der Unterscheidungen, in Ars Electronica (Hrsg.), Im Netz der Systeme, Berlin 1990, S. 7.

Ders., Wozu Systeme?, Berlin 2002

Ders., Studien zur nächsten Gesellschaft, Frankfurt am Main 2007 (2007a)

Ders., Form und Formen der Kommunikation, Frankfurt am Main 2007 (2007b)

Barth, Thomas, Soziale Kontrolle in der Informationsgesellschaft, Systemtheorie, Foucault und die Computerfreaks als Gegenmacht zum Panoptismus der Computer- und Multimedia-Kultur, Pfaffenweiler 1996

Baudrillard, Jean, Die Intelligenz des Bösen, Wien 2004

Bauman, Zygmunt, Postmoderne Ethik, Hamburg 1995

Ders., Das Unbehagen in der Postmoderne, Hamburg 1999

Ders., Die Krise der Politik. Fluch und Chance einer neuen Öffentlichkeit, Hamburg 2000

Beck, Klaus, No sense of place? Das Internet und der Wandel von Kommunikationsräumen, in, Christiane Funken, Martina Löw, Raum-Zeit-Medialität. Interdisziplinäre Studien zu neuen Kommunikationstechnologien, Opladen
2003, S. 119.

Beck, Ulrich, Wissen oder Nicht-Wissen? Zwei Perspektiven »reflexiver Modernisierung«, in, Ulrich Beck, Scott Lash, Anthony Giddens (Hrsg.), Reflexive Modernisierung. Eine Kontroverse, Frankfurt am Main 1996, S. 289.

Ders., Risikogesellschaft. Auf dem Weg in eine andere Moderne, Frankfurt am Main 1986

Bell, Daniel, Die dritte technologische Revolution und ihre möglichen sozioöonomischen Konsequenzen. In, Merkur, 44. Jg. (1990), Heft 1, S. 28.

Ders., Die nachindustrielle Gesellschaft, Frankfurt am Main 1996

Bittlingmeyer, Uwe, Wissensgesellschaft als Wille und Vorstellung, Konstanz 2005

Blanke, Bernhard/Stefan Plaß, Vom schlanken Staat zum aktivierenden Staat. Leitbilder der Staats- und Verwaltungsmodernisierung, in, Fritz Behrens et. al., Ausblicke auf den aktivierenden Staat. Von der Idee zur Strategie, Berlin 2005, S. 27.

Böhle, Fritz, Wissenschaft und Erfahrungswissen. Erscheinungsformen, Voraussetzungen und Folgen einer Pluralisierung des Wissens, in, Stefan Böschen, Ingo Schulz-Schaeffer (Hrsg.), Wissenschaft in der Wissensgesellschaft, Opladen 2003

Böschen, Stefan/Peter Wehling, Wissenschaft zwischen Folgenverantwortung und Nichtwissen. Aktuelle Perspektiven der Wissenschaftsforschung, Wiesbaden 2004

Boltanski, Luc / Eve Chiapello, Der neue Geist des Kapitalismus, Konstanz 2003

Boutang, Yann Moulier, Vorwort, in, Toni Negri, Maurizio Lazzarato, Paolo Virno (Hrsg.), Umherschweifende Produzenten, Berlin 1998, S. 5.

Brieler, Ulrich, Die Unerbittlichkeit der Historizität. Foucault als Historiker, Köln 1998

Bröckling, Ulrich, Totale Mobilmachung, Menschenführung im Qualitäts- und Selbstmanagement, in, Ulrich Bröckling, Susanne Krasmann und Thomas Lemke (Hrsg.), Gouvernementalität der Gegenwart, Studien zur Ökonomisierung des Sozialen, Frankfurt am Main 2000, S. 131.

Ders., Susanne Krasmann und Thomas Lemke (Hrsg.), Gouvernementalität der Gegenwart, Studien zur Ökonomisierung des Sozialen, Frankfurt am Main 2000

Ders., Empowerment, in, ders., Susanne Krasmann, Thomas Lemke, Glossar der Gegenwart, Frankfurt am Main 2004, S. 55. (2004a)

Ders., Balance of Power. Zivilgesellschaft und die Gouvernementalität der Gegenwart, in, Dieter Gosewinkel/Sven Reichardt (Hrsg.), Ambivalenzen der Zivilgesellschaft. Gegenbegriffe, Gewalt und Macht, WZB Discussion paper SP IV 2004 – 501, Berlin 2004, S. 60. (2004b)

Ders., Das unternehmerische Selbst. Zur Soziologie einer Subjektivierungsform, Frankfurt am Main 2007

Brock, Lothar/Mathias Albert, Entgrenzung der Staatenwelt. Zur Analyse weltgesellschaftlicher Entwicklungstendenzen, in, Zeitschrift für Internationale Beziehungen, Nr. 2, 1995

Brock, Lothar, Verweltlichung der Demokratie. Von der Verflechtungs- zur Entgrenzungsfalle?, in, Michael Greven (Hrsg.), Demokratie – eine Kultur des Westens? Opladen 1998, S. 39. (1998a)

- Staatenwelt, Weltgesellschaft und Demokratie, in, Dirk Messner, Die Zukunft des Staates und der Politik. Möglichkeiten und Grenzen politischer Steuerung in der Weltgesellschaft, Bonn 1998, S. 44. (1998b)

Burke, Peter, Papier und Marktgeschrei. Die Geburt der Wissensgesellschaft, Berlin 2000

Bußjäger, Peter, Reinventing Leviathan?, in, Zeitschrift für Politik, Nr. 1, 2007, S. 5.

Campanella, Tommaso, Sonnenstaat, in, Klaus J. Heinisch (Hrsg.), Der utopische Staat, Hamburg 1998

Castells, Manuel, The Informational City. Information Technology, Economic Restructuring and the Urban Regional Process, Cambridge 1989

Ders., Der Aufstieg der Netzwerkgesellschaft. Das Informationszeitalter I, Opladen 2004 (2004a)

Ders., Die Macht der Identität. Das Informationszeitalter II, Opladen 2004 (2004b)

Chlada, Marvin, Heterotopie und Erfahrung. Abriss der Heterotopologie nach Michel Foucault, Aschaffenburg 2005

Corsani, Antonella, Wissen und Arbeit im kognitiven Kapitalismus. Die Sackgassen der politischen Ökonomie, in, Thomas Atzert/Jost Müller (Hrsg.), Immaterielle Arbeit und imperiale Souveränität, Münster 2004, S. 156.

Czempiel, Ernst-Otto, Modelle der Weltordnung, in, Hans Vorländer (Hrsg.), Gewalt und die Suche nach weltpolitischer Ordnung, Baden-Baden 2004

Deleuze, Gilles, Foucault, Frankfurt am Main 1992 (1992a)

Ders., Differenz und Wiederholung, München 1992 (1992b)

Ders., Kontrolle und Werden, in, Gilles Deleuze, Unterhandlungen. 1972-1990, Frankfurt am Main 1993, S. 243. (1993a)

Ders., Postskriptum über die Kontrollgesellschaften, in, Gilles Deleuze, Unterhandlungen. 1972-1990, Frankfurt am Main 1993, S. 254. (1993b)

Ders., Die Falte. Leibniz und der Barock, Frankfurt am Main 1995

Deleuze, Gilles / Felix Guattari, Einleitung, Rhizom, in, Tausend Plateaus, Berlin 1992, S. 11.

Demirovic, Alex, Demokratie und Herrschaft. Aspekte kritischer Gesellschaftstheorie, Münster 1997

Drucker, Peter F., Die postkapitalistische Gesellschaft, Düsseldorf 1993

Ders., The Next Society, A Survey of the Near Future, in, The Economist, 03.11.2001

Dubiel, Helmut, Ungewissheit und Politik, Frankfurt am Main 1994

Düchting, Susanne /Kerstin Plüm, Nichtwissen, in, I.K.U.D. – Zeitschrift für Kunst und Designwissenschaften, Essen 2006, S. 118.

Edwards, Paul N., Schwache Disziplin. Der Macht-Wissen-Komplex in Netzwerken und der Niedergang des Expertentums, in, Stefan Kaufmann (Hrsg.), Vernetzte Steuerung. Soziale Prozesse im Zeitalter technischer Netzwerke, Zürich 2007, S. 48.

Eisenstadt, Shmuel N., Der Fundamentalismus als moderne Bewegung gegen die Moderne, in Eisenstadt; Die Vielfalt der Moderne, Weilerswist 2000

Ders., Paradoxien der Demokratie. Die politische Theorie auf der Suche nach dem Politischen, Frankfurt am Main 2005

Eisenstein, Elisabeth L., Die Druckerpresse. Kulturrevolution im frühen modernen Europa, Wien 1997

Fach, Wolfgang, Staatskörperkultur. Ein Traktat über den schlanken Staat, in, Ulrich Bröckling, Susanne Krasmann und Thomas Lemke (Hrsg.), Gouvernementalität der Gegenwart, Studien zur Ökonomisierung des Sozialen, Frankfurt am Main 2000, S. 110.

Ders., Politische Ethik. Vom Regieren und Räsonieren, Opladen 2003 (2003a)

Ders., Die Regierung der Freiheit, Frankfurt am Main 2003 (2003b)

Fink-Eitel, Hinrich, Foucault zur Einführung, Hamburg 1992

Florida, Richard, The Rise Of The Creative Class, New York 2002

Flusser, Vilém, Kommunikologie. Schriften Band 4, Mannheim 1996

Fohrmann, Jürgen, Arno Orzessek (Hrsg.), Zerstreute Öffentlichkeiten, München 2001

Foucault, Michel, Die Ordnung der Dinge, Frankfurt am Main 1971

Ders., Überwachen und Strafen. Die Geburt des Gefängnis, Frankfurt am Main 1973

Ders., Der Wille zum Wissen. Sexualität und Wahrheit 1, Frankfurt am Main 1977

Ders., Recht der Souveränität/Mechanismus der Disziplin, in, ders., Dispositive der Macht. Michel Foucault über Sexualität, Wissen und Wahrheit, Berlin 1978, S. 75.

Ders., Was ist Kritik?, Berlin 1992

Ders., Die »Gouvernementalität«, in, Ulrich Bröckling, Susanne Krasmann und Thomas Lemke (Hrsg.), Geschichte der Gouvernementalität, Teil 2. Die Geburt der Biopolitik. Vorlesung am Collège de France 1977 – 1978, Frankfurt am Main 2004

Ders., Die Heterotopien/ Der utopische Körper. Zwei Radiovorträge, Frankfurt am Main 2005 (2005a)

Ders., Omnes et singulatim, zu einer Kritik der politischen Vernunft, in, Michel Foucault, Analytik der Macht, Frankfurt am Main 2005 (2005b), S. 188.

Ders., Macht und Körper, in, Michel Foucault, Analytik der Macht, Frankfurt am Main 2005 (2005c), S. 74.

Ders., Die Maschen der Macht, in, Michel Foucault, Analytik der Macht, Frankfurt am Main 2005 (2005d), S. 220.

Ders., Die Disziplinargesellschaft in der Krise, in, Michel Foucault, Analytik der Macht, Frankfurt am Main 2005 (2005e), S. 144.

Friedman, Milton, Kapitalismus oder Freiheit, München 2005

Fuchs, Peter/Dietrich Schneider, Das Hauptmann-von-Köpenick-Syndrom, in, Soziale Systeme. Nr. 2, 1995, S. 203.

Funken, Christiane, Digitale Identitäten, in, Carsten Winter et. al., Medienidentitäten. Identität im Kontext von Globalisierung und Medienkultur, Köln 2003, S. 282.

Gerhards, Jürgen /Friedhelm Neidhardt, Strukturen und Funktionen moderner Öffentlichkeit, in, Müller-Dohm, Öffentlichkeit, Kultur, Massenkommunikation, Oldenburg 1991, S. 90.

Gerlof, Karsten / Anne Ulrich, Einführung und Zusammenfassung, in, Heinrich-Böll-Stiftung (Hrsg.), Die Verfasstheit der Wissensgesellschaft, Münster 2006, S. 11.

Geser, Hans, Auf dem Weg zur Neuerfindung der politischen Öffentlichkeit. Das Internet als Plattform der Medienentwicklung und des sozio-politischen Wandels, in, Renate Martinsen / Georg Simonis (Hrsg.), Demokratie und Technik – (k)eine Wahlverwandtschaft?, Opladen 2000, S. 401.

Ders., Freiwillige Vereinigungen im Spannungsfeld konventioneller und neuer Medien, in, Udo Thiedecke, Soziologie des Cyberspace, Wiesbaden 2004, S. 437.

Gibbons, Michael, Camille Limoges/Helga Nowotny/Simone Schwartzmann/Peter Scott/Martin Trow (Hrsg.), The New Production of Knowledge. The Dynamics of Science and Reasearch in Contemporary Societies, London 1996

Giddens, Anthony, Wandel der Intimität, Frankfurt 1993

Ders., Risiko, Vertrauen und Reflexivität, in, Ulrich Beck, Scott Lash, Anthony Giddens (Hrsg.), Reflexive Modernisierung. Eine Kontroverse, Frankfurt am Main 1996, S. 316.

Giesecke, Michael, Der Buchdruck in der frühen Neuzeit. Eine historische Fallstudie über die Durchsetzung neuer InformationsDers.,und Kommunikationstechnologien, Frankfurt am Main 1991

Görg, Christoph, Globalisierung, in, Ulrich Bröckling, Susanne Krasmann, Thomas Lemke, Glossar der Gegenwart, Frankfurt am Main 2004, S. 105.

Göhler, Gerhard / Ansgar Klein, Politische Theorien des 19. Jahrhunderts. In, Hans J. Lieber (Hrsg.), Politische Theorien von der Antike bis zur Gegenwart, Bonn, Wiesbaden 2000, S. 259.

Gottschalk-Mazouz, Niels, Was ist Wissen? Überlegungen zu einem Komplexbegriff an der Schnittstelle von Philosophie und Sozialwissenschaften, in, Sabine Ammon et. al. (Hrsg.), Wissen in Bewegung. Vielfalt und Hegemonie in der Wissensgesellschaft, Weilerswist 2007, S. 21.

Greco, Monica, Homo vacuus. Alexithymie oder das neoliberale Gebot des Selbstseins, in, Ulrich Bröckling, Susanne Krasmann und Thomas Lemke (Hrsg.), Gouvernementalität der Gegenwart, Studien zur Ökonomisierung des Sozialen, Frankfurt am Main 2000, S. 265.

Grimm, Dieter, Recht und Staat der bürgerlichen Gesellschaft, Frankfurt am Main 1987

Ders., Der Wandel der Staatsaufgaben und die Krise des Rechtsstaats, in ders., Wachsende Staatsaufgaben – sinkende Steuerungsfähigkeit des Rechts, Baden-Baden 1990, S. 291.

Ders., (Hrsg.), Staatsaufgaben, Frankfurt am Main 1996

Großklaus, Götz, Medien-Zeit Medien-Raum. Zum Wandel der raumzeitlichen Wahrnehmung in der Moderne, Frankfurt 1995

Guéhenno, Jean-Marie, Das Ende der Demokratie, München 1994

Günther, Klaus, Der Wandel der Staatsaufgaben und die Krise des regulativen Rechts, in, Dieter Grimm, Wachsende Staatsaufgaben – sinkende Steuerungsfähigkeit des Rechts, Baden-Baden 1990, S. 51.

Gusy, Christoph, Demokratiedefizite postnationaler Gemeinschaften unter Berücksichtigung der Europäischen Union, in, Hauke Brunkhorst, Matthias Kettner (Hrsg.), Globalisierung und Demokratie. Wirtschaft, Recht, Medien, Frankfurt am Main 2000, S. 131.

Habermas, Jürgen, Strukturwandel der Öffentlichkeit. Untersuchungen zu einer Kategorie der bürgerlichen Gesellschaft, Frankfurt am Main 1961

Ders., Theorie des kommunikativen Handelns, Frankfurt am Main 1981

Ders./Niklas Luhmann, Theorie der Gesellschaft oder Sozialtechnologie. Was leistet die Systemforschung? Frankfurt am Main 1990

Ders., Über den internen Zusammenhang von Rechtstaat und Demokratie, in, Ulrich K. Preuß (Hrsg.), Zum Begriff der Verfassung. Die Ordnung des Politischen, Frankfurt am Main 1994, S. 83.

Hardt, Michael / Toni Negri, Empire. Die neue Weltordnung, Frankfurt am Main/ New York 2002

Ders., Multitude. Krieg und Demokratie im Empire, Frankfurt am Main/ New York 2004

Hartmann, Frank, Wissensgesellschaft und Medien des Wissens, in, SWS-Rundschau (42. Jg.), Wien Heft 3/2002, S. 245.

von Hayek, Friedrich August, Arten der Ordnung, in, ders., Freiburger Studien. Gesammelte Aufsätze, Tübingen 1969, S. 32. (1969a)

Ders., Rechtsordnung und Handelnsordnung, in, ders., Freiburger Studien. Gesammelte Aufsätze, Tübingen 1969, S. 161. (1969b)

Ders., Der Wettbewerb als Entdeckungsverfahren, in, ders., Freiburger Studien. Gesammelte Aufsätze, Tübingen 1969, S. 249. (1969c)

Ders., Zwei Arten des Denkens in Wolfgang Kerber (Hrsg.), Die Anmaßung von Wissen. Neue Freiburger Studien, Tübingen 1996, S. 317.

an der Heiden, Uwe, Selbstorganisation in dynamischen Systemen, in, Wolfgang Krohn und Günter Küppers (Hrsg.), Emergenz, Die Entstehung von Ordnung, Organisation und Bedeutung, Frankfurt am Main 1992, S. 57.

Heidenreich, Martin, Die Debatte um die Wissensgesellschaft, in, Stefan Böschen, Ingo Schulz-Schaeffer (Hrsg.), Wissenschaft in der Wissensgesellschaft, Opladen 2003, S. 25.

Heidorn, Joachim, Legitimität und Regierbarkeit. Studien zu den Legitimitätstheorien von Max Weber, Niklas Luhmann, Jürgen Habermas und der Unregierbarkeitsforschung, Berlin 1982

Hennig, Marina, Individuen und ihre sozialen Beziehungen, Wiesbaden 2006

Hennis, Wilhelm, Das Problem der Souveränität. Ein Beitrag zur neueren Literaturgeschichte und gegenwärtigen Problematik der politischen Wissenschaften, Tübingen 2003

Hickethier, Knut, Gibt es ein medientechnisches Apriori? Technikdeterminismus und Medienkofiguration in Hirschfelder, Gunther/Birgit Huber, Die Virtualisierung der Arbeit. Zur Ethnographie neuer Arbeits- und Organisationsformen, Frankfurt a.M./New York 2004

Hobbes, Thomas, Leviathan, Stuttgart 1998

Hoffmann-Riem. Wolfgang, Modernisierung von Recht und Justiz. Eine Herausforderung des Gewährleistungsstaates, Frankfurt am Main 2001

Höhne, Thomas, Pädagogik der Wissensgesellschaft, Bielefeld 2003

Holert, Tom/Mark Terkessidis (Hrsg.) Mainstream der Minderheiten. Pop in der Kontrollgesellschaft, Berlin 1996 (1996a)

Holert, Tom/Mark Terkessidis, Einführung in den Mainstream der Minderheiten, in, diess., (Hrsg.) Mainstream der Minderheiten. Pop in der Kontrollgesellschaft, Berlin 1996, S. 5. (1996b)

Holland-Cunz, Barbara, Die alte neue Frauenfrage, Frankfurt am Main 2003

Ders., Die Regierung des Wissens. Macht, Wissen und Geschlecht in der Wissensgesellschaft, Opladen 2005

Holzer, Boris, Netzwerke, Bielefeld 2006

Husserl, Edmund, Ideen zu einer einen Phänomenologie und phänomenologischen Philosophie, Erstes Buch, Allgemeine Einführung in die Phänomenologie, in, Husserliana (Band 3), Hrsg., Walter Biemel, Den Haag 1950

Hutchins, Edwin, Cognition in the Wild, Cambridge 1996

Hutter, Michael/Gunther Teubner, „Der Gesellschaft fette Beute. Homo juridicus und homo oeconomicus als kommunikationserhaltende Fiktionen" in Peter Fuchs/Andreas Göbel (Hrsg.), Der Mensch – das Medium der Gesellschaft, Frankfurt am Main 1994, S. 110.

Inglehart, Ronald, Modernisierung und Postmodernisierung. Kultureller, wirtschaftlicher und politischer Wandel in 43 Gesellschaften, Frankfurt am Main 1998

Innis, Harold A., Kreuzwege der Kommunikation, Wien/New York 1997

Japp, Klaus P., Zur Soziologie des fundamentalistischen Terrorismus in, Soziale Systeme, Nr. 1, 2003, S. 54-87

Jarren, Otfried /Patrick Donges, Governance und Integration der Massenmedien, in Stefan Lange, Uwe Schimank (Hrsg.), Governance und gesellschaftliche Integration, Wiesbaden 2004, S. 47.

Jellinek, Georg, Allgemeine Staatslehre, Darmstadt 1959

Kamps, Klaus, Individualisierung und Integration durch das Netz? Der Grenznutzen des Internet für die politische Partizipation, in, Uwe Hasebrinck, Patrick Rössler, Publikumsbindungen. Medienrezeption zwischen Individualisierung und Integration, München 1999

Kaelble, Hartmut/Martin Kirsch/Alexander Schmidt-Gernig (Hrsg.), Transnationale Öffentlichkeiten und Identitäten, München 2002

Kämper, Eckard/Johannes F.K. Schmidt, Netzwerke als strukturelle Kopplung. Systemtheoretische Überlegungen zum Netzwerkbegriff, in, Johannes Weyer (Hrsg.), Soziale Netzwerke. Konzepte und Methoden sozialwissenschaftlicher Forschung, Wien 2000, S. 211.

Kant, Immanuel, Kritik der reinen Vernunft, Hamburg 1998

Kantorowicz, Ernst H., Die zwei Körper des Königs. Eine Studie zur politischen Theologie des Mittelalters, München 1990

Kaufmann, Franz-Xaver, Diskurse über Staatsaufgaben, in Dieter Grimm (Hrsg.), Staatsaufgaben, Frankfurt am Main 1996, S. 15.

Kaufmann, Stefan (Hrsg.), Vernetzte Steuerung. Soziale Prozesse im Zeitalter technischer Netzwerke, Zürich 2007

Keller, Evelin-Fox, Liebe, Macht und Erkenntnis. Männliche oder weibliche Wissenschaft?, Frankfurt am Main 1998

Klein, Ansgar, Zivilgesellschaft im reformpolitischen Diskurs. In, Hubertus Buchstein/Rainer Schmalz-Bruns, Politik der Integration. Symbole, Repräsentation, Institution, Baden-Baden 2006, S. 281.

Kob, Janpeter, Soziologische Theorie der Erziehung, Stuttgart 1976

Kocka, Jürgen, Zivilgesellschaft. Zum Konzept und seiner sozialgeschichtlichen Verwendung, in, ders. et. al., Neues über Zivilgesellschaft aus historisch-sozialwissenschaftlichem Blickwinkel, WZB Discussion paper P 01 – 801, Berlin 2001, S. 4.

Kocyba, Herrmann, Aktivierung in, Ulrich Bröckling, Susanne Krasmann, Thomas Lemke, Glossar der Gegenwart, Frankfurt am Main 2004, S. 17. (2004a)

Ders., Wissen, in, Ulrich Bröckling, Susanne Krasmann, Thomas Lemke, Glossar der Gegenwart, Frankfurt am Main 2004, S. 300. (2004b)

Knorr-Cetina, Karin, Epistemic Cultures, Cambridge 1999

Ders., Postsoziale Beziehungen. Theorie der Gesellschaft in einem postsozialen Kontext, in, Thorsten Bonacker/Andreas Reckwitz, Kulturen der Moderne. Soziologische Perspektiven der Gegenwart, Frankfurt am Main 2007, S. 267.

Krasmann, Susanne, Die Kriminalität der Gesellschaft. Zur Gouvernementalität der Gegenwart, Konstanz 2003

Ders., /Michael Volkmer, Einleitung, in diess., Michel Foucaults „Geschichte der Gouvernementalität" in den Sozialwissenschaften. Internationale Beiträge, Bielefeld 2007, S. 7.

Ders., /Sven Opitz, Regierung und Exklusion. Zur Konzeption des Politischen im Feld der Gouvernementalität, in, Susanne Krasmann, Michael Volkmer, Michel Foucaults „Geschichte der Gouvernementalität" in den Sozialwissenschaften. Internationale Beiträge, Bielefeld 2007, S. 127.

Kreibich, Rolf, Die Wissenschaftsgesellschaft, Frankfurt am Main 1986

Kreissl, Reinhard, Community, in, Ulrich Bröckling., Susanne Krasmann, Thomas Lemke, Glossar der Gegenwart, Frankfurt am Main 2004, S. 37.

Krohn, Wolfgang/Günter Küppers, Die Selbstorganisation der Wissenschaft, Frankfurt am Main 1989

Krücken, Georg, Wissen zwischen Netzwerk und Identität, in, Heinrich-Böll-Stiftung (Hrsg.), Die Verfasstheit der Wissensgesellschaft, Münster 2006, S. 57.

Kron, Thomas/Lars Winter, Fuzzy-Systems – Überlegungen zur Vagheit sozialer Systeme, in, Soziale Systeme, Nr. 2, 2005, S. 370.

Kuchler, Barbara, Das Problem des Übergangs in Luhmanns Evolutionstheorie, in, Soziale Systeme, Nr.1, 2003, S. 27.

Kübler, Hans-Dieter, Mythos Wissensgesellschaft. Gesellschaftlicher Wandel zwischen Information, Medien und Wissen. Eine Einführung, Wiesbaden 2005

Kuhlen, Rainer, Universal Access – wem gehört Wissen? in, Heinrich-Böll-Stiftung (Hrsg.), Die Verfasstheit der Wissensgesellschaft, Münster 2006, S. 164.

Küppers, Günter, Wolfgang Krohn, Selbstorganisation. Zum Stand einer Theorie in den Wissenschaften, in, Wolfgang

Krohn und Günter Küppers (Hrsg.), Emergenz, Die Entstehung von Ordnung, Organisation und Bedeutung, Frankfurt am Main 1992, S. 7.

Laclau, Ernesto/Chantal Mouffe, Hegemonie und radikale Demokratie. Zur Dekonstruktion des Marxismus, Wien 2000

Lahrem, Stephan /Olaf Weißbach, Grenzen des Politischen. Philosophische Grundlagen für ein neues politisches Denken, Stuttgart, Weimar 2000

Landwehr, Achim, Zur Naturalisierung von Wissen und Staat, in, Peter Collin/Thomas Horstmann(Hrsg.), Das Wissen des Staates. Geschichte, Theorie und Praxis, Baden-Baden 2004, S. 65.

Larner, Wendy (Hrsg.), Global Governmentality. Governing International Spaces, London 2004

Lazzarato, Maurizio, Immaterielle Arbeit in, Toni Negri, Maurizio Lazzarato, Paolo Virno (Hrsg.), Umherschweifende Produzenten, Berlin 1998, S. 39.

Ders., Leben und Lebendiges in der Kontrollgesellschaft, Kooperation zwischen Gehirnen und Noopolitik, in, Marianne Pieper, Thomas Atzert, Empire und biopolitische Wende. Die internationale Diskussion im Anschluss an Hardt und Negri, Frankfurt am Main 2007, S. 235.

Lefort, Claude, Fortdauer des Theologisch-Politischen, Wien 1999

Leggewie, Claus, Demokratie auf der Datenautobahn, in, ders./Christa Maar, Internet & Politik. Von der Zuschauer zur Beteiligungsdemokratie? Köln 1998, S. 15.

Legnaro, Aldo, Subjektivität im Zeitalter ihrer simultanen Reproduzierbarkeit, Das Beispiel des Disney-Kontinents, in, Ulrich Bröckling, Susanne Krasmann und Thomas Lemke (Hrsg.), Gouvernementalität der Gegenwart. Studien zur Ökonomisierung des Sozialen, Frankfurt am Main 2000, S. 286.

Lemke, Thomas, Eine Kritik der Politischen Vernunft. Foucaults Analyse der modernen Gouvernementalität, Hamburg, Berlin 1997

Ders., Ulrich Bröckling, Susanne Krasmann, Guovernementalität, Neoliberalismus und Selbsttechnologien, in, Bröckling et. al. (Hrsg.), Gouvernementalität der Gegenwart. Studien zur Ökonomisierung des Sozialen, Frankfurt am Main 2000, S. 7.

Ders., Die politische Theorie der Gouvernementalität, Michel Foucault, in, André Brodosz, Gary S. Schaal (Hrsg.), Politische Theorien der Gegenwart I, Opladen 2002, S. 471.

Ders., Eine unverdauliche Mahlzeit? Staatlichkeit, Wissen und die Analytik der Regierung, in, Susanne Krasmann, Michael Volkmer, Michel Foucaults „Geschichte der Gouvernementalität" in den Sozialwissenschaften. Internationale Beiträge, Bielefeld 2007, S. 47.

Lepenies, Wolf, Die drei Kulturen – Soziologie zwischen Literatur und Wissenschaft, Reinbeck 1988 Link, Jürgen (Hrsg.), KultuRRevolution, Nr. 46, 2004 (2004a)

- KultuRRevolution, Nr. 47, 2004 (2004b)

Lipschutz, Ronnie D./James K. Rowe, Globalization, Governmentality and Global Politics. Regulation for the rest of us?, New York 2005

Luhmann, Niklas, Zweckbegriff und Systemrationalität, Frankfurt am Main 1968

Ders., Legitimation durch Verfahren, Darmstadt 1975

Ders., Soziale Systeme. Grundriß einer allgemeinen Theorie, Frankfurt am Main 1984

Ders., Ökologische Kommunikation. Kann die moderne Gesellschaft sich auf ökologische Gefährdungen einstellen?, Opladen 1986

Ders., Archimedes und wir. Interviews. Hrsg. Von Dirk Beacker und Georg Stanitzek, Berlin 1987

Ders., Die Wirtschaft der Gesellschaft, Frankfurt am Main 1988

Ders., Die Wissenschaft der Gesellschaft, Frankfurt am Main 1990

Ders., Die Weltgesellschaft, in, ders., Soziologische Aufklärung 2. Aufsätze zur Theorie der Gesellschaft, Opladen 1991

Ders., Beobachtungen der Moderne, Opladen 1992

Ders., Gesellschaftsstruktur und Semantik. Studien zur Wissenssoziologie moderner Gesellschaften (Band 1-3), Frankfurt am Main 1993 (1993a)

Ders., Das Recht der Gesellschaft, Frankfurt am Main 1993 (1993b)

Ders., Die Realität der Massenmedien, Opladen 1995 (1995a)

Ders., Kausalität im Süden, in, Soziale Systeme, Nr. 1, 1995 (1995b), S. 7.

Ders., Protestbewegungen, in Kai-Uwe Hellmann (Hrsg.), Niklas Luhmann. Protest. Systemtheorie und soziale Bewegungen, Frankfurt am Main 1996

Ders., Die Gesellschaft der Gesellschaft, Frankfurt am Main 1997

Ders., Der Staat des politischen Systems, Geschichte und Stellung in der Weltgesellschaft, in, Ulrich Beck, Perspektiven der Weltgesellschaft, Frankfurt am Main 1998

Ders., Der Politik der Gesellschaft, Frankfurt am Main 2000

Lyotard, Jean-Francois, Das postmoderne Wissen, Wien 1982

Ders., Memorandum über die Legitimität, in, Peter Engelmann (Hrsg.), Postmoderne und Dekonstruktion. Texte französischer Philosophen der Gegenwart, Stuttgart 1990, S. 54.

MacWorther, Ladelle, Bodies and Pleasures. Foucault and The Politics of Sexual Normalization, Bloomington 1999

Maresch, Rudolf, Medientechnik. Das Apriori der Öffentlichkeit, in, Die Neue Gesellschaft/Frankfurter Hefte 9, Bonn 1995, S. 790.

de *Marinis*, Pablo, Überwachen und Ausschließen. Machtinterventionen in urbanen Räumen der Kontrollgesellschaft, Pfaffenweiler 2000

Marquard, Odo, Zeitalter der Weltfremdheit? Beitrag zur Analyse der Gegenwart, in, Odo Marquard, Apologie des Zufälligen, Stuttgart 1986

Martinsen, Renate, Staat und Gewissen im technischen Zeitalter , Prolegomena einer politischen Aufklärung, Weilerswist 2004

Ders., Demokratie und Diskurs. Organisierte Kommunikationsprozesse in der Wissensgesellschaft, Baden-Baden 2006

Massey, Doreen, Empire und Geographien der Verantwortung, in, Marianne Pieper, Thomas Atzert, Empire und biopolitische Wende. Die internationale Diskussion im Anschluss an Hardt und Negri, Frankfurt am Main 2007, S. 67.

Mayntz, Renate, Politische Steuerung und gesellschaftliche Steuerungsprobleme, in diess., Soziale Dynamik und politische Steuerung. Theoretische und methodologische Überlegungen, Frankfurt am Main 1997, S. 186.

Ders., Governance im modernen Staat, in, Arthur Benz, Governance – Regieren in komplexen Regelsystemen, Wiesbaden 2004, S. 65.

McLuhan, Marshal, Die magischen Kanäle, Dresden 1994

Menzel, Ulrich, Globalisierung versus Fragmentierung, Frankfurt am Main 1998

Messner, Dirk, Gesellschaftliche Determinanten wirtschaftlicher Entwicklung in der Weltmarktwirtschaft. Markt, Netzwerksteuerung und soziale Gerechtigkeit als Elemente einer Entwicklungsstrategie jenseits des Neoliberalismus, in, Hauke Brunkhorst, Matthias Kettner (Hrsg.), Globalisierung und Demokratie. Wirtschaft, Recht, Medien, Frankfurt am Main 2000, S. 90.

Mirbach, Thomas, Überholte Legitimität? Oder, Auf dem Weg zu einem neuen Politik-Begriff, Darmstadt 1990

Mittelstraß, Jürgen, Der Flug der Eule. Von der Vernunft der Wissenschaft und der Aufgabe der Philosophie, Frankfurt am Main 1989

Morais, Ana et.al., Towards a Sociology of Pedagogy. The Contribution of Basil Bernstein to Reasearch, New York 2001

Nassehi, Armin/Markus Schroer, Staatsbürgerschaft. Über das Dilemma eines nationalen Konzepts unter postnationalen Bedingungen. In, Klaus Holz (Hrsg.), Staatsbürgerschaft. Soziale Differenzierung und politische Inklusion, Opladen 2000, S. 31.

Nietzsche, Friedrich, Werke I, München, Wien 1980

Nonhoff, Martin, Diskurs, radikale Demokratie, Hegemonie – Einleitung, in ders. (Hrsg.), Diskurs – radikale Demokratie – Hegemonie. Zum politischen Denken von Ernesto Laclau und Chantal Mouffe, Bielefeld 2007, S. 173.

Nowotny, Helga, Es ist so. Es könnte auch anders sein. Über das veränderte Verhältnis von Wissenschaft und Gesellschaft, Frankfurt am Main 1999

Ders., Wissenschaft neu denken, Vom verlässlichen Wissen zum gesellschaftlich robusten Wissen in, Heinrich-Böll-Stiftung (Hrsg.), Die Verfasstheit der Wissensgesellschaft, Münster 2006, S. 24. (basierend auf „Rethinking science, from reliable to socially robust knowledge“ in, Jahrbuch 2000 des Collegium Helveticum. Hrsg. Martina Weiss. Zürich 2000

Ders.,,/Peter Scott/Michael Gibbons, Wissenschaft neu denken. Wissen und Öffentlichkeit in einem Zeitalter der Ungewissheit, Weilerswist 2004

Osborne, Thomas, Techniken und Subjekte, von den ‚Governmentality Studies' zu den ‚Studies of Governmentality', in, Demokratie, Arbeit, Selbst, Analysen liberal-demokratischer Gesellschaften im Anschluss an Michel Foucault, Mitteilungen des Instituts für Wissenschaft und Kunst Wien, 56, Nr. 2/3, S. 12., Wien 2001

Peters, Bernhard, Die Integration moderner Gesellschaften, Frankfurt am Main 1993

Phillips, Axel, Proteste und Resistenzen der Erwerbslosen, in, Daniel Hechler/Axel Phillips (Hrsg.), Widerstand denken. Michel Foucault und die Grenzen der Macht, Bielefeld 2008, S. 261.

Pieper, Marianne/Encarnación Gutiérrez Rodríguez (Hrsg.), Gouvernementalität, ein sozialwissenschaftliches Konzept in Anschluss an Foucault; Frankfurt am Main, New York 2003

Pongs, Armin (Hrsg.), In welcher Gesellschaft leben wir eigentlich? Gesellschaftskonzepte im Vergleich, München 1999

Poser, Hans, Bedingungen und Grenzen wissenschaftlichen Wissens. Das Beispiel Natur- und Technikwissenschaften, in, Sabine Ammon et. al. (Hrsg.), Wissen in Bewegung. Vielfalt und Hegemonie in der Wissensgesellschaft, Weilerswist 2007, S. 41.

Powers, Michael, The Audit Society, Rituals of Verification, Oxford 1997

Prinz, Sophia/Ulf Wuggenig, Das unternehmerische Selbst? Zur Realpolitik der Humankapitalproduktion, in, Susanne Krasmann/Michael Volkmer (Hrsg.), Michel Foucaults „Geschichte der Gouvernementalität" in den Sozialwissenschaften. Internationale Beiträge, Bielefeld 2007, S. 239.

Priddat, Birger P., 2nd-order-democracy, Politikprozesse in der Wissensgesellschaft, in, Peter Collin/Thomas Horstmann (Hrsg.), Das Wissen des Staates. Geschichte, Theorie und Praxis, Baden-Baden 2004, S. 72.

Ders., Zivilisierungsfortschritte, Demokratisierung der Wissensgesellschaft und professioneller Staat. Erste Skizzen zur Konzeption eines virtuellen Staates in, Heinrich-Böll-Stiftung (Hrsg.), Die Verfasstheit der Wissensgesellschaft, Münster 2006, S. 66.

Prisching, Manfred, Fundamentalismus aus Sicht der Sozialwissenschaften, in, Kurt Salumun (Hrsg.), Fundamentalismus „interdisziplinär", Wien 2005, S. 243.

Rammert, Werner, Zwei Paradoxien einer innovationsorientierten Wissenspolitik. Die Verknüpfung heterogenen und die Verwertung impliziten Wissens, Paper, (veröffentlicht in, In Soziale Welt 54), Berlin 2002

Ranciere, Jacques, Demokratie und Postdemokratie, in, Alain Badiou, Jacques Ranciere, Rado Riha, Jelica Sumic, Politik der Wahrheit, Wien 1997

Reckwitz, Andreas, Der Identitätsdiskurs. Zum Bedeutungswandel einer sozialwissenschaftlichen Semantik, in, Werner Rammert (Hrsg.), Kollektive Identitäten und kulturelle Innovationen. Ethnologische, soziologische und historische Studien, Leipzig 2001, S. 21.

Ders., Die Grenzen des Sozialen und die Grenzen der Moderne. Niklas Luhmann, die Kulturtheorien und ihre normativen Motive, in, Mittelweg 36, 12 (4), Hamburg 2003, S. 61.

Ders., Das hybride Subjekt. Eine Theorie der Subjektkulturen von der bürgerlichen Moderne zur Postmoderne, Weilerswist 2006 (2006a)

Ders., Ernesto Laclau. Diskurse, Hegemonien, Antagonismen, in, Stephan Moebius/Dirk Quadflieg (Hrsg.), Kultur. Theorien der Gegenwart, Wiesbaden 2006, S. 339. (2006b)

Ders., Die historische Transformation der Medien und die Geschichte des Subjekts, in, Andreas Ziemann (Hrsg.), Medien der Gesellschaft – Gesellschaft der Medien, Konstanz 2006 (2006c), S. 89.

Reinhardt-Becker, Elke, (Luhmannsche) Systemtheorie – (foucaultsche) Diskurstheorie. Analogien und Differenzen. Eine Erwiderung, in, KultuRRevolution, Nr. 47, 2004, S. 8.

Rheingold, Howard, Virtuelle Welten, Hamburg 1995

Riethmüller, Jürgen, Kontrollgesellschaft außer Kontrolle. Perspektiven kritischer Theorie im Zeitalter der Globalisierung, Stuttgart 2005

Robertson, Roland, Globalisierung, Homogenität und Heterogenität in Raum und Zeit, in, Ulrich Beck, Perspektiven der Weltgesellschaft, Frankfurt am Main 1998

Rose, Nikolas, Tod des Sozialen? Eine Neubestimmung der Grenzen des Sozialen in, Ulrich Bröckling, Susanne Krasmann und Thomas Lemke (Hrsg.), Gouvernementalität der Gegenwart, Studien zur Ökonomisierung des Sozialen, Frankfurt am Main 2000, S. 72.

Rüstow, Alexander, Die Religion der Marktwirtschaft, Münster 2004

Sassen, Saskia, Digitale Netzwerke und Macht, in, Hauke Brunkhorst, Matthias Kettner (Hrsg.), Globalisierung und Demokratie. Wirtschaft, Recht, Medien, Frankfurt am Main 2000, S. 330.

Ders., The Global City. New York, London, Tokyo, Princeton 2001

Ders., Die Re-Positionierung von Bürgerschaft. in, Marianne Pieper, Thomas Atzert, Empire und biopolitische Wende. Die internationale Diskussion im Anschluss an Hardt und Negri, Frankfurt am Main 2007, S. 143.

Sauer, Birgit, Die Asche des Souveräns. Staat und Demokratie in der Geschlechterdebatte, Frankfurt am Main 2001

Schäfer, Lothar, Das Bacon-Projekt. Von der Erkenntnis, Nutzung und Schonung der Natur, Frankfurt am Main 1993

Scharpf, Fritz W., Verhandlungssysteme, Verteilungskonflikte und Pathologie der politischen Steuerung, in Manfred G. Schmidt (Hrsg.), Staatstätigkeit. International und historisch vergleichende Analysen, Politische Vierteljahresschrift, Sonderheft Nr. 19, 1988, S. 61.

Ders., Regieren in Europa. Effektiv und demokratisch?, Frankfurt am Main 1999

Schiltz, Michael/Gert Verschaegen/Stefano Magnolo, Open Access to Knowledge in World Society?, in, Soziale Systeme, Jahrgang 11 (Heft 2), Stuttgart 2005, S. 346.

Schindler, Gerhard, Das Programm „Moderner Staat – moderne Verwaltung“, in, Enquete-Kommission „Zukunft des Bürgerschaftlichen Engagements“ Deutscher Bundestag (Hrsg.), Bürgerschaftliches Engagement und Zivilgesellschaft, Opladen 2002, S. 161.

Schmalz-Bruns, Rainer, Internet-Politik. Zum demokratischen Potential der neuen Informations- und Kommunikationstechnologien, in, Georg Simonis, Renate Martinsen und Thomas Saretzki (Hrsg.), Politik und Technik. Analysen zum Verhältnis von technologischem, politischem und staatlichem Wandel am Anfang des 21. Jahrhunderts, Opladen 2001, S. 108.

Schmidt, Daniel, Der pädagogische Staat. Die Geburt der Schule aus dem Geist der Aufklärung, Baden-Baden 2000

Ders., Statistik und Staatlichkeit, Wiesbaden 2005

Schmitt, Carl, Legalität und Legitimität, München und Leipzig 1932

Schneider, Steffen /Frank Nullmeier/Roland Lhotta/Zuzana Krell-Laluhová/Achim Hurrelmann, Legitimationskrise nationalstaatlicher Demokratien?, in, Stephan Leibfried und Michael Zürn (Hrsg.), Transformation des Staates?, Frankfurt am Main 2006, S. 179.

Schophaus, Malte, Ökonomische Expertise und die soziale Ordnung von Protestpolitik. Die Tobin-Steuer-Kampagne von Attac, in, Sabine Ammon et. al. (Hrsg.), Wissen in Bewegung. Vielfalt und Hegemonie in der Wissensgesellschaft, Weilerswist 2007, S. 140.

Schulz, Markus S., Die dynamischen Netze der Öffentlichkeit, Struktur, Dynamik und Effektivität elektronische Telekommunikation, in, Otfried Jarren, Kurt Imhof, Roger Blum (Hrsg.), Zerfall der Öffentlichkeit, Opladen 2000, S. 266.

Schuppert, Gunnar Folke, Grenzen und Alternativen von Steuerung durch Recht, in, Dieter Grimm, Wachsende Staatsaufgaben – sinkende Steuerungsfähigkeit des Rechts, Baden-Baden 1990, S. 217.

Ders., Aktivierender Staat und Zivilgesellschaft – Versuch einer Verhältnisbestimmung, in, Enquete-Kommission „Zukunft des Bürgerschaftlichen Engagements" Deutscher Bundestag (Hrsg.), Bürgerschaftliches Engagement und Zivilgesellschaft, Opladen 2002, S. 185.

Ders., Governance-Leistungen der Zivilgesellschaft. Vom staatlichen Rechtssetzungsmonopol zur zivilgesellschaftlichen Selbstregulierung, in, Dieter Gosewinkel et. al. (Hrsg.), Zivilgesellschaft – national und transnational, Berlin 2004, S. 245.

Schweizer, Stefan, Politische Steuerung selbstorganisierter Netzwerke, Baden-Baden 2003

Selbmann, Kirsten, Von kontaminiertem Mais und »falscher« Wissenschaft. Risikokontroversen an den Schnittstellen Wissenschaft/Politik und Nord/Süd, in, Sabine Ammon et. al. (Hrsg.), Wissen in Bewegung. Vielfalt und Hegemonie in der Wissensgesellschaft, Weilerswist 2007, S. 81.

Sennett, Richard, Die Tyrannei der Intimität. Verfall und Ende des öffentlichen Lebens, Frankfurt am Main 2004

Serres, Michel, Der Parasit, Frankfurt am Main 1981

Ders., Das Kommunikationsnetz, Penelope (1964), in ders., Hermes I. Kommunikation, Berlin 1991, 9-23 (wiederabgedruckt, Hermes Claus Pias, Joseph Vogl, Lorenz Engell u.a. (Hrsg.), Kursbuch Medienkultur. Die maßgeblichen Theorien von Brecht bis Baudrillard. Stuttgart 1999, S. 155.

Sertl, Michael, A Totally Pedagogised Society. Basil Bernstein zum Thema in, Erich Ribolits/Johannes Zuber, Pädagogisierung. Die Kunst, Menschen mittels Lernen immer dümmer zu machen!, Wien 2004

Sloterdijk, Peter, Der starke Grund zusammen zu sein. Erinnerungen an die Erfindung des Volkes, Frankfurt am Main 1998

Smithson, Michael, Ignorance and Uncertainty. Emerging Paradigms, New York 1989

Soiland, Tove, Gender, Ulrich Bröckling, Susanne Krasmann, Thomas Lemke, Glossar der Gegenwart, Frankfurt am Main 2004, S. 97.

Spangenberg, Peter M., Moderne Identitätskonstruktionen und vernetzte Kommunikation., in Barbare Becker, irmgard Schneider, Was vom Körper übrig bleibt. Körperlichkeit – Identität – Medien, Frankfurt am Main 2000

Stäheli, Urs, Politik der Entparadoxierung. Zur Artikulation von System- und Hegemonietheorie, in, Judith Butler et. al., Das Undarstellbare der Politik. Zur Hegemonietheorie Ernesto Laclaus, Wien 1998, S. 52.

Ders., Sinnzusammenbrüche. Eine dekonstruktive Lektüre von Niklas Luhmanns Systemtheorie, Weilerswist 2000

Ders., Semantik und/oder Diskurs, »Updating« Luhmann mit Foucault?, in, kultuRRevolution, Nr. 47, 2004, S. 14.

Ders., Differenzierte Moderne? Zur Heterogenität funktionaler Differenzierung am Beispiel der Finanzökonomie, in, Thorsten Bonacker/Andreas Reckwitz, Kulturen der Moderne. Soziologische Perspektiven der Gegenwart, Frankfurt am Main 2007, S. 183-198 (2007a)

Ders., Spektakuläre Spekulation. Das Populäre der Ökonomie, Frankfurt am Main 2007 (2007b)

Stehr, Nico, Arbeit, Eigentum und Wissen. Zur Theorie der Wissensgesellschaften, Frankfurt am Main 1994

Ders., Die Zerbrechlichkeit moderner Gesellschaften. Die Stagnation der Macht und die Chancen des Individuums, Weilerswist 2000

Ders., Wissen und Wirtschaften. Die gesellschaftlichen Grundlagen der modernen Ökonomie, Frankfurt am Main 2001

Ders., Wissenspolitik. Die Überwachung des Wissens, Frankfurt am Main 2003 (2003a)

Ders., Das Produktivitätsparadox, in Stefan Böschen, Ingo Schulz-Schaeffer (Hrsg.), Wissenschaft in der Wissensgesellschaft, Opladen 2003, S. 77. (2003b)

Ders., Die Moralisierung der Märkte. Eine Gesellschaftstheorie, Frankfurt am Main 2007

Steinbicker, Jochen, Zur Theorie der Informationsgesellschaft. Ein Vergleich der Ansätze von Peter Drucker, Daniel Bell und Manuel Castells, Opladen 2001

Stichweh, Rudolf, Zur Entstehung des modernen Systems wissenschaftlicher Disziplinen, Physik in Deutschland 1740 - 1890, Frankfurt am Main 1984

Ders., Inklusion in Funktionssysteme der modernen Gesellschaft, in, Renate Mayntz et.al. (Hrsg.), Differenzierung und Verselbständigung, Zur Entwicklung gesellschaftlicher Teilsysteme, Frankfurt am Main 1988, S. 261.

Ders., Wissenschaft, Universität, Professionen. Soziologische Analysen, Frankfurt am Main 1994

Ders., Systemtheorie der Exklusion. Zum Konflikt von Wohlfahrtsstaatlichkeit und Globalisierung der Funktionssysteme, in ders., Die Weltgesellschaft. Soziologische Analysen, Frankfurt am Main 2000 (2000b), S. 85.

Ders., Zur Theorie der Weltgesellschaft in ders., Die Weltgesellschaft. Soziologische Analysen, Frankfurt am Main 2000 (2000c), S. 7.

Ders., Migration, nationale Wohlfahrtsstaaten und die Entstehung der Weltgesellschaft, in ders., Die Weltgesellschaft. Soziologische Analysen, Frankfurt am Main 2000 (2000d), S. 66.

Ders., Zur Genese der Weltgesellschaft – Innovationen und Mechanismen, in ders., Die Weltgesellschaft. Soziologische Analysen, Frankfurt am Main 2000 (2000a), S. 245.

Ders., Wissensgesellschaft und Wissenschaftssystem, Schweizerische Zeitschrift für Soziologie, Nr. 2, 2004, S. 147.

Ders., Politische Inklusion in der Weltgesellschaft, Zur Theorie der politischen Inklusion, in, ders. Inklusion und Exklusion. Studien zur Gesellschaftstheorie, Bielefeld 2005, S. 45-63

Stingelin, Martin, Das Netzwerk von Deleuze. Immanenz im Internet und auf Video, Berlin 2000

Strübing, Jörg/Ingo Schulz-Schaeffer/Martin Meister/Jochen Gläser, Kooperation im Niemandsland. Neue Perspektiven auf Zusammenarbeit in Wissenschaft und Technik, Opladen 2004

Tacke, Veronika, Netzwerk und Adresse, in, Soziale Systeme, Nr. 2, 2000, S. 291.

Tangens, Rena, Tausche Bürgerrechte gegen Linsengericht. Die Wir-wollen-alles-über-sie-Wissensgesellschaft in, Heinrich-Böll-Stiftung (Hrsg.), Die Verfasstheit der Wissensgesellschaft, Münster 2006, S. 196.

Taylor, Charles, Quellen des Selbst. Die Entstehung der neuzeitlichen Identität, Frankfurt am Main 1994

Taylor, Frederick Winslow, Die Grundsätze wissenschaftlicher Betriebsführung, Weinheim 1995 (Reproduktion der Ausgabe von München 1913)

Tilly, Charles, Big Structures, Large Processes, Huge Comparisons, New York 1984

Thimm,Caja, Mediale Ubiquität und soziale Kommunikation, in Udo Thiedecke, Soziologie des Cyberspace, Wiesbaden 2004

Teubner, Gunther, Die vielköpfige Hydra, Netzwerke als kollektive Akteure höherer Ordnung, in, Wolfgang Krohn und Günter Küppers (Hrsg.), Emergenz, Die Entstehung von Ordnung, Organisation und Bedeutung, Frankfurt am Main 1992, S. 189.

Tiqqun, Kybernetik und Revolte, Zürich/Berlin 2007

Tönnies, Sybille, Die liberale Kritik des Liberalismus. Zur Aktualität Alexander Rüstows, in, Alexander Rüstow, Die Religion der Marktwirtschaft, Münster 2004, S. 159.

Tudyka, Kurt, Weltgesellschaft Unbegriff und Phantom, in, Politische Vierteljahresschrift, Nr. 30, 1989, S. 503.

Turkle, Sherry, Leben im Netz, Identität in Zeiten des Internet, Reinbek bei Hamburg 1999

Vismann, Cornelia, Akten. Medientechnik und Recht, Frankfurt am Main 2000

Ders., Was weiß der Staat noch?, in, Peter Collin/Thomas Horstmann (Hrsg.), Das Wissen des Staates. Geschichte, Theorie und Praxis, Baden-Baden 2004, S. 41.

Voelzkow, Helmut, Von der funktionalen Differenzierung zur Globalisierung, Neue Herausforderungen für die Demokratietheorie in Raymund Werle, Uwe Schimank (Hrsg.), Gesellschaftliche Komplexität und kollektive Handlungsfähigkeit, Frankfurt am Main 2000, S. 279.

Voswinkel, Stephan/Hartmut Kocyba, Entgrenzung der Arbeit. Von der Entpersönlichung zum permanenten Selbstmanagement, in, WestEnd (2) 2005, S. 73.

Walzer, Michael, Zivile Gesellschaft und amerikanische Demokratie, Berlin 1992

Weber, Max, Die protestantische Ethik (Band 1), Hamburg 1975

Ders., Wirtschaft und Gesellschaft, Neu Isensburg 2005

Weber, Stefan, Medien – Systeme – Netze. Elemente einer Theorie der Cyber-Netzwerke, Bielefeld 2001

Wefer, Matthias, Kontingenz und Dissens. Postheroische Perspektiven des politischen Systems, Wiesbaden 2004

Wehling, Peter, Die Schattenseite der Verwissenschaftlichung. Wissenschaftliches Nichtwissen in der Wissensgesellschaft, in, Stefan Böschen, Ingo Schulz-Schaeffer (Hrsg.), Wissenschaft in der Wissensgesellschaft, Opladen 2003, S. 119.

Ders., Reflexive Wissenspolitik. Öffnung und Erweiterung eines neuen Politikfeldes, in, Technikfolgenabschätzung. Theorie und Praxis, Nr. 3, 13. Jahrgang -12/2004, S. 63.

Ders., Im Schatten des Wissens? Perspektiven der Soziologie des Nichtwissens, Konstanz 2006

Ders., Die Politisierung des Nichtwissens, in, in, Sabine Ammon et. al. (Hrsg.), Wissen in Bewegung. Vielfalt und Hegemonie in der Wissensgesellschaft, Weilerswist 2007, S. 221.

Weiler, Hans N., Wissen und Macht in einer Welt der Konflikte. Zur Politik der Wissensproduktion. In, Heinrich-Böll-Stiftung (Hrsg.), Gut zu wissen – Links zur Wissensgesellschaft, Münster 2002, S. 238.

Weingart, Peter, Die Stunde der Wahrheit? Zum Verhältnis der Wissenschaft zu Politik, Wirtschaft und Medien in der Wissensgesellschaft, Weilerswist 2001

Wiener, Norbert, Mensch und Menschmaschine, Berlin 1958

Willke, Gerhard, Neoliberalismus, Frankfurt am Main 2003 (2003a)

Willke, Helmut, Entzauberung des Staates. Überlegungen zur sozietalen Steuerungstheorie, Königstein im Taunus 1983

Ders., Ironie des Staates. Grundlinien einer Staatstheorie polyzentrischer Gesellschaft, Frankfurt am Main 1992

Ders., Systemtheorie. Eine Einführung in die Grundprobleme der Theorie sozialer Systeme, Stuttgart, Jena 1993

Ders., Supervision des Staates, Frankfurt am Main 1997

Ders., Atopia. Studien zur atopischen Gesellschaft, Frankfurt am Main 2001

Ders., Dystopia. Studien zur Krisis des Wissens in der modernen Gesellschaft, Frankfurt am Main 2002

Ders., Heterotopia. Studien zur Krisis der Ordnung moderner Gesellschaften, Frankfurt am Main 2003 (2003b)

Ders., Global Governance, Bielefeld 2006 (2006a)

Ders., Symbolic anarchist, in, Klaus Thoman (Hrsg.), Thomas Feuerstein. Outcast of the Universe, Wien 2006 (2006b), S. 215.

Wimmer, Hans, Zur Bedeutung politischer Macht in der Evolution von Gesellschaften, in, Renate Martinsen (Hrsg.), Das Auge der Wissenschaft. Zur Emergenz von Realität, Baden-Baden 1995, S. 13.

Wobbe, Theresa, Weltgesellschaft, Bielefeld 2000

Wolf, Rainer, »Herrschaft kraft Wissen« in der Risikogesellschaft, in, Soziale Welt 39, München 1988, S. 164.

Wolf, Klaus-Dieter, Die Grenzen der Entgrenzung, in, Beate Kohler-Koch (Hrsg.), Regieren in entgrenzten Räumen, PVS-Sonderheft 29, Opladen 1998, S. 77.

FSC
www.fsc.org
MIX
Papier | Fördert
gute Waldnutzung
FSC® C083411

Kolibri 360 GmbH
Ferdinand-Jühlke-Straße 7
99095 Erfurt, Deutschland
produktsicherheit@kolibri360.de